www.ingramcontent.com/pod-product-compliance
Lightning Source LLC
LaVergne TN
LVHW030007180726
843489LV00009B/3194

مصادر تاريخ الصومال

وَمَرَاجِعُهُ عَرْضٌ وَنَقْدٌ

الدكتور محمد حسين معلم علي

لوح برس للطباعة والنشر والتوزيع
Looh Press | Publishing & Distribution
LOOH PRESS
1445/2024

LOOH PRESS LTD.

Copyright © Mohammed Hussein Moallin Ali 2024.
Second Edition, Second Print January 2024.

جميع الحقوق محفوظة: الطبعة الثاني ٢٠٢٤

PUBLISHED BY:
Looh Press Ltd.
56 Lethbridge Close
Leicester, LE1 2EB
England. UK
www.LoohPress.com
LoohPress@gmail.com

COVER DESIGN: Looh Press   تصميم غلاف كتاب:

A catalogue record of this title is available from the British Library.

ISBN:
978-82-693484-4-6   Paperback

قال السخاوي:

"اتفقوا على الرجوع في كل فنّ إلى أهلهِ، ومن تَعَاطى تَحرير فنّ غير فنِّهِ فهو مُتَعَنٍّ".

بسم الله الرحمن الرحيم

الحمد لله رب العالمين، والصلاة والسلام على أشرف المرسلين سيدنا محمد ﷺ.

إهداء...

إلى مقام المعلمين والأساتذة الذين ربوني على مائدة البحث العلمي أهدي هذه الدراسة، وأولهم شيخي ومشرفي في مرحلة الماجستير الأستاذ الدكتور محمد بن صامل بن صويمل العلياني السلمي، وكذا مَنْ درست على يديه الأستاذ الدكتور سعد موسى حمد الموسى الذي كان بمثابة أخ لي يهتم بمستقبل حياتي العلمية، والأستاذ الدكتور عبدالله محمد علي حيدر علي، وغيرهم من أساتذة جامعة أم القرى بمكة المكرمة، والأستاذ الدكتور محمد الريح حمد النيل الليث مشرفي في مرحلة الدكتوراه بجامعة النيلين بالخرطوم، كل هؤلاء أكنّ لهم كل التقدير والاحترام، فجزاهم الله خير الجزاء.

وإلى كل مَنْ فتحوا قلوبهم قبل علومهم ودورهم وسمحوا لي بمرافقتهم في حلِّهم وترحالهم فترة من الفترات، وأخذوا بيدي إلى دراسات ميدانية كانوا يقومون بها لأتعلم كيفية البحث والتوثيق للمعلومة التاريخية والأدبية في مجتمعنا الصومالي، وأخص بالذكر راوي التاريخ الصومالي وشعره الشيخ الجليل/ جامع عمر عيسى، ومعالي شريف صالح محمد علي هرم الثقافة الصومالية، ورئيس لجنة كتابة اللغة الصومالية، وفضيلة الشيخ محمد أحمد محمود الشاشي المشهور بـ "شيخ أبا" صاحب المعلومات الكثيرة والمخطوطات الثمينة، رحمهم الله جميعًا.

ولا يفوتني أن أشير إلى من كان يهتم بي في أكثر من ميدان علمي وثقافي ابن عمي البروفيسور الدكتور/ محمد حاج مختار صاحب العطاء الوافر والناقد الصامد الحر، أهدي إلى مقامه هذا الكتاب، وأتمنى له العمر المبارك والصحة والعافية.

وأخيرًا وليس بآخر إلى والدتي الحنونة رحمها الله، وإلى زوجتي الراضية، وأولادي البررة أهدي هذا الجهد العلمي.

شكر وتقدير

أحمد الله وأشكره أولًا وقبل كل شيء على ما منّ به عليّ من نعمه الكثيرة التي لا تحصى ولا تعدّ، وأشكره أن وفقني في إتمام هذا المشروع رغم صعوبته، إلا أنّه سهل لي الطريق والأسباب، فله الشكر والمنّ . ثم أقدم شكري وتقديري لفضيلة الدكتور باشنا إبراهيم محمود أحد أعمدة الفقه الإسلامي وأصوله في الساحل الشرقي الأفريقي، ممن صحبنا أيام الدراسة الجامعية في رحاب جامعة أم القرى بمكة المكرمة، ومن أخذت منه العلم وخاصة الفقه الشافعي (كتاب منهاج الطالبين وعمدة المفتين) على يديه ونحن في أحد أربطة مكة، أقدم كل الشكر والتقدير لفضيلته لما بذله من جهد متواصل لقراءة الكتاب وتصحيحه تصحيحًا علميًّا ولغويًّا، بالإضافة إلى توجيهاته المفيدة ونصائحه السديدة، فجزاه الله خير الجزاء، وجعل عمله هذا في ميزان حسناته يوم القيامة.

وأقدم شكري لكل من كان لي سندًا وعونًا في نجاح المشروع منذ أن كان فكرة، وفي مراحله المختلفة، سواء أفرادًا ومكتبات ومراكز علمية في داخل بلاد الصومال وخارجه، وكل من مدني بما احتجت إليه من معلومات ومشاورات لها صلة بالموضوع بما كان له الأثر العظيم في إنجاز هذا المشروع.

وأتقدم بعظيم الشكر والاحترام لزوجتي عبادة أحمد سنغاب التي وقفت بجانبي وساندتني في عناء الغربة، فالحق أنّها كانت – وما تزال – بعد الله، نِعْم السند والعون لي في نجاحاتي في الحياة ممتن لإخلاصها في مهمتها وقيامها بأعباء أسرتنا في فترة انشغالي إلى البحث العلمي والمؤتمرات المحلية والإقليمية والعالمية. فشكرًا على صبرها ودعمها الدائم لي وعلى قيامها بدور الأم والأب معا خلال فترة غيابي، بالإضافة إلى تشجيعها المادي والمعنوي لإتمام حلمي تجاه تاريخ بلادنا، فجزاها الله خير الجزاء.

ثم أزجي الشكر فائقه والثناء أجله إلى قدوتي وسندي بعد الله – سبحانه وتعالى – سعادة البروفيسور الدكتور محمد حاج مختار والذي أكنّ له كل حب وتقدير يملؤها كل معاني الأخوة والصداقة ... سعادته كان له الفضل الأكبر في نجاح الموضوع منذ أن طرحت عليه المشروع كفكرة، وهو السبب أن يتحول هذا الحلم إلى الواقع، أسأل الله أن يرزقه الصحة والعمر المبارك.

المقدمة

إنّ أيّ مؤرخ أو باحث ينبغي أن تتوفر لديه مسانيد يعتمد عليها في كتابته وبحثه، ولا يمكن كتابة أي موضوع يراد له بالنجاح حتى يستقي صاحبه من مصدر موثوق قوي. ومن هنا سوف نعرض هنا ما نراه مناسبًا في الموضوع، علمًا أنّ كاتب هذه السطور يستشعر المعاناة التي عانى منها أيام دراسته في قسم التاريخ عندما كان في بواكير البحث العلمي في الدراسات التاريخية والحضارية بجامعة أم القرى بمكة المكرمة[1]، بحيث عانى كثيرًا من قلة المصادر والمراجع التي لها علاقة بتاريخ منطقة القرن الأفريقي عمومًا، وبلاد الصومال خصوصًا؛ لعدم وجود مصدر يتناول هذا المنحى أو دراسة تكون مدخلًا للموضوع، رغم توفر ذلك لأغلب البلدان في مصادر تاريخها وآدابها، وهو السبب الذي جعله يجنح عن خدمة تاريخ بلده إلى دراسة التاريخ الإسلامي العام في مراحله الأولى، لعدم إلمامه آنذاك بالمصادر التي سوف يعتمد عليها، وخوفه أن يقع في مشكلة تعوقه للوصول إلى مآربه البحثية، وهو في أول سلم البحث العلمي. ومنذ ذلك الحين كانت تراوده خدمة هذا المجال وملء الفراغ العلمي والثقافي الذي عانى ويعاني غيره، بالإضافة إلى الإجابة على الأسئلة والاستفسارات التي كانت ترد على المؤلف عندما اشتهر بتخصصه في تاريخ المنطقة.

ولا شك أنّ من أهم المشاكل التي تواجه الباحث في التاريخ الصومالي – سواء من أهل الصومال أو غيرهم – هي صعوبة معرفة تلك المصادر أو الحصول عليها، بسبب بعثرة تلك المصادر والمراجع وعدم وجود دليل أو دراسات تسلط الضوء على هذا المجال، مما يجعل بعضهم يظن ندرة ذلك المجال أو عدمه بسبب قلة المصادر والمراجع، والأمر ليس كذلك، وإنّما بسبب ندرة الدراسات والبحوث التي تبرز على ذلك بحيث لا يوجد على الساحة الثقافية والعلمية معين أو دليل يخدم الباحثين في التاريخ الصومالي

---

(1) عندما اخترت عنوان " الحياة العلمية في مدينة الزيلع" طلب مني مشرفي أن آتي إليه بخمسة مصادر حتى يوافق على الموضوع، ولم يتوفر لدى الباحث ما يستند إليه ليعرف المصادر المناسبة، وكانت النتيجة أن زهد في العنوان بسبب عدم معرفته بالمصادر المختصة بالصومال، وكان ذلك في مرحلة الماجستير.

وحضارته ينور الطريق ويسهل الوقوف على المصادر، وما له صلة بالمادة البحثية، ومن هنا قد رأيت أن أقوم على إملاء ذلك الفراغ في دولة انهارت كلية وانعدمت جميع مقومات الحياة فيها، عسى أن أكون دليلًا للباحثين في تاريخ منطقة القرن الأفريقي في عصوره المختلفة.

وينبغي أن نشير إلى الجهود البحثية التي بذلها سعادة الدكتور محمد حاج مختار عبر بحثه القيم المتفرد من نوعه المعنون: (تاريخ الصومال من مصادر عربية)، وهي دراسة عميقة وفي منتهى الروعة، بل وتُعدّ دراسته هذه من بواكير الدراسات التي قُدِّمت لتكون عونًا للباحثين في تاريخ الصومال وحضارته)[1].

والحديث عن المصادر ليس أمرًا سهلًا ؛ لأنّ المصادر في الحقيقة ليست متكافئة في القيمة ولا هي موزعة على الزمان والمكان توزيعًا متساويًا من حيث المواضيع. والأصعب من ذلك أن المصادر والمراجع التي سوف نتناولها هنا لها علاقة ببلاد الصومال تاريخًا وحضارةً، ومن هنا يتحتم الرجوع إلى أغلب الموسوعات والحاويات والأسفار ككتب التاريخ والبلدان والرحلات والتراجم والجغرافيا وغير ذلك، ثم تجريدها بما فيها من المعلومات التي لها علاقة بالمنطقة؛ لأنّه لا يوجد مصادر أولية خصصت لتاريخ المنطقة وحضارتها، وخاصة فيما يتعلق بالتاريخ القديم والوسيط.

ومن هنا أصبح لزامًا على الكاتب العناء في خوض هذا الموضوع لما يحتاج إلى بذل جهد وفير وعمل جاد وصبر متواصل، وفي سبيل تحقيق ذلك توكلنا على الله رغم صعوبته، والله ميسر الأمور ومسهل المراد، ويقيننا أنّ الكتاب سوف يقدم للباحثين خدمة جليلة، لا سيما أنّه يعتبر أول كتاب باللغة العربية – على الأقل – يحمل هذا العنوان ويرى النور.

وليس ثمة شك في أن البحث لتاريخ دولة من الدول، يقتضي في البداية التعرف على المصادر التي يستقي منها المؤرخ والباحث أحداث هذا التاريخ ووقائعه ومراحله

<hr>

(١) وجاء هذا البحث ضمن البحوث في مجلة نشر الثقافة العربية التى كان يصدرها المكتب الإقليمى بشرق أفريقيا مقديشو التابع للمنظمة العربية للتربية والثقافة والعلوم، في عام ١٩٨٣م، العدد رقم ١٦، ص٦.

المختلفة، وتبين طبيعة هذه المصادر وأهميتها، فعلى أساس تلك الأهمية، تكمن قيمة الدراسة ومصداقيتها، كما أنّ التعرف على المصادر يمثل خطوة أولية هامة تتلوها خطوات البحث العلمي المعروف، من جمع المادة العلمية من هذه المصادر، ونقد هذه المادة نقدًا تاريخيًا له مقاييسه ومعاييره التي يعرفها المشتغلون بالبحث العلمي التاريخي، ثم تحليل هذه المادة وإعادة تركيب الوقائع وعرضها، وغير ذلك.

والقارئ لهذا الكتاب سوف يحسّ بأنّ تاريخ الصومال يحتاج إلى مزيد من الدراسات والبحوث، وعلى جميع الفترات التاريخية؛ لأنّ ما توصل إليه الباحثون حتى الآن ليس كافيًا، وفيه فراغ كبير ولا سيما في العصور الأولية القديمة، وكذا في العصر الإسلامي منذ بعثة الرسول ﷺ وحتى فتح القسطنطينية على يد المسلمين العثمانيين، لذلك نرى أن ما تم إنجازه حتى الآن لم يلبِّ الحاجة، كما أنه لم يغط تاريخ البلاد سواء في شؤونها التاريخية والحضارية والاقتصادية والاجتماعية عبر العصور المختلفة؛ لأنّ أغلب ما تم من الدراسات والبحوث لم تعط العناية على الاعتماد على المصادر الأولية والآثار المتوفرة في القطر الصومالي، ولا شك أن مرد ذلك إنها هو ندرة المصادر والمراجع وتشتتها والتي حالت دون ظهور الكثير من الدراسات الصومالية الهامة على غرار البلدان الإسلامية الأخرى كاليمن والحجاز والعراق والشام ومصر وحتى المغرب العربي، وهنا باتت الحاجة ماسة إلى كتاب يعرِّف مصادر ومراجع تاريخ الصومال، ويدلل على مظان وجودها في الكتب القديمة والحديثة، ويضم شتاتها في مجلد واحد، وذلك خدمة للباحثين والدارسين لتاريخ المنطقة.

ومن المعلوم أن تاريخ أي مجتمع لا يمكن أن يُدرس بدون معرفة لغته الأصلية على الأقل، ومن هنا تزداد معاناة الدارسين لتاريخ المنطقة لأنّ اللغة الصومالية وغيرها من اللغات في الشعوب القاطنة بمنطقة القرن الأفريقي لم تكن مكتوبة إلا في الآونة الأخيرة، مما جعل لزامًا على الباحثين الرجوع إلى مصادر ومراجع مكتوبة بلغة غير لغات شعوب المنطقة كالصومالية والأورومية والعفرية والساهو والبجا والأمهرية والتجرينية وغير ذلك.

والحقيقة ليس هدفنا في هذه الدراسة أن نقوم بمسح شامل لجميع مصادر ومراجع تاريخ الصومال في عصوره المختلفة، وإنما هدفنا أن نشير فقط إلى أهمية تلك المصادر وما

نراه مناسبًا للحديث عنه، كما أننا نسلط الضوء على أهمية الآثار والنقوش رغم ما حصل عليها من الضياع والسرقة، وبدون هذا النوع من المصادر سوف يشكل كثيرًا من الغموض حول تاريخ المنطقة ولا سيما في الحقب التاريخية القديمة، ونعني بذلك المصادر النقشية والمتمثلة في الرسومات الصخرية والكتابات القديمة والنقوش، ونهدف من وراء ذلك كله إلى توضيح المصادر والنصوص التي يمكن الرجوع إليها، وخاصة الجزئيات والمواضيع التي نريد أن نتناولها؛ ولذلك قد قسمنا الكتاب إلى حقب تاريخية وأدوار زمنية ليسهل معرفة حيثيات ومواضيع كل حقبة من تلك الحقب، ثم صياغتها وعرضها بأسلوب مترابط حسب الإمكان، مع الإشارة إلى المصادر والمراجع التي اعتمدنا عليها، ليجد الباحثون مدخلًا لتاريخ المنطقة من حيث الزمن والموضوع. ومن المؤكد – بإذن الله – أنّ الكتاب سوف يُزود المكتبة العربية وخاصة الصومالية وكذا الباحثين وكل من يرغب في البحث عن تاريخ الصومال ومنطقة القرن الأفريقي.

د. محمد حسين معلم علي

أوسلو – النرويج

الفصل التمهيدي
التاريخ والمؤرخون

- علم التاريخ.
- التدوين التاريخي.
- المؤرخون الأوائل.
- تعريف كلمة التاريخ.
- صفات المؤرخ.
- حقب التاريخ.
- أهمية التاريخ وتنوع مصادره.
- بين المصدر والمرجع.
- المخطوطات والوثائق.
- الآثار والنقوش والحفريات.
- الصكوك والمخلفات التاريخية الأخرى.
- تطور كتابة دراسات تاريخية في الصومال.
- أهمية تدوين التاريخ الشفهي.
- ضياع مصادر تاريخية.
- علاقة التاريخ بالعلوم الأخرى.

علم التاريخ:

علم التاريخ علم قديم وله جذوره في تاريخنا الإسلامي، ولم يأت من فراغ عندما برز كوكبة من أهل التاريخ والأخبار الذين تذوقوا هذا العلم وتحدثوا عنه في العصور الوسطى والحديثة، بعد أن تصدوا لتوضيح هذا العلم وتبيينه في أكثر من وجه وحيثية، ومن المعلوم أن للعلم أقسامًا وفروعًا، ومن خلال قراءة كتب التراث ومصادره وخاصة تلك التي وصلت إلينا يتبين لدينا بأنّ أوائل من تحدث عن تقسيم العلم إلى أصناف وأقسام العلامة محمد بن أحمد بن يوسف الخوارزمي المتوفى سنة (٣٨٧هـ/ ٩٩٧م) في كتاب "مفاتيح العلوم"، ورغم أن كتابه هذا لم يُخَصَّص بالموضوع ولم يتحدث بالتفصيل إلا أنّه ناقش في الباب السادس موضوع الأخبار والتاريخ ولاسيما فيها له علاقة بالمصطلحات التاريخية وخاصة تلك التي وردت في تواريخ الفرس والعرب والروم واليونان، ثمّ جاء بعده بسنة أبو نصر محمد بن محمد الفارابي المتوفى (٣٣٩هـ/ ٩٥٠م) صاحب كتاب "إحصاء العلوم"[1].

وهكذا توالت الأخبار وبرزت فيها بعد موسوعات تتناول التاريخ ومقاصده على أيدي نبغاء من العلماء، ولسنا هنا بصدد دراسة تسليط الضوء على هؤلاء جميعًا، ولكننا نركز فقط هنا على ما ظهر في القرنين التاسع والعاشر الهجريين لبروز أقلام مهمة في الساحة العلمية بحيث وصل علم التاريخ ذروته، فمثلًا ظهر في مصر كتاب "المختصر في علم التاريخ" لمحيي الدين محمد بن سليمان الكافيجي المتوفى عام (٨٧٩هـ/ ١٤٧٤م)، ويُعدُّ كتابه هذا أقدم كتاب تناول نظرية علم التاريخ، لقد تحدث كاتبه عن خصائص علم التاريخ وغرضه وأهدافه وفوائده، كما ظهر كتاب "الإعلان بالتوبيخ لمن ذم التاريخ" للعلامة السخاوي أبي الخير شمس الدين محمد بن عبدالرحمن بن محمد المتوفى عام (٩٠٢هـ/ ١٤٩٧م)، ووضع العلامة جلال الدين عبدالرحمن بن أبي بكر السيوطي المتوفى عام (٩١١هـ/ ١٥٠٥م) كتابًا سماه" الشماريخ في علم التاريخ"، ثم جاء كتاب "زهر الشماريخ في علم التاريخ" لأبي زيد عبدالرحمن بن عبدالقادر الفاسي المتوفى عام (١٠٩٦هـ/ ١٦٨٥م).

---

(١) شاكر مصطفى: التاريخ العربي والمؤرّخون .. دراسة في تطوّر عِلم التّاريخ ومعرفة رجاله في الإسلام، الجزء الأول، دار العلم للملايين، بيروت – لبنان، الطبعة الثالثة سنة ١٩٨٣م، ص ١٢.

وهناك مراجع حديثة يصعب حصرها تناولت علم التاريخ في العصور المتأخرة مثل كتاب "نشأة علم التاريخ عند العرب" للدكتور عبد العزيز الدوري، بحيث تحدث الدكتور الدوري عن نشأة هذا العلم في القرون الثلاثة الأولى للهجرة، وكذلك دوافع البداية التاريخية ومصادره الأولى. كما وضع السيد عبد العزيز سالم بحثًا سماه: "التاريخ والمؤرخون العرب" في منتصف ستينيات القرن المنصرم، وقد تناول الكتابة التاريخية عند العرب نشأة وتطورًا ومنهجًا وتنوع صوره، وكذا مصادر التاريخ الإسلامي. أمّا حسين نصار فوضع كتاب "نشأة التدوين التاريخي عند العرب" الذي صدر عام ١٩٥٦م، وقد أسهب في المجهودات التي بذلها المؤرخون المسلمون في عملية تدوين التاريخ الإسلامي. وينبغي أن لا نغفل ما وضعه الكاتب شاكر مصطفى في الموضوع نفسه من خلال كتابه "دراسة في تطوّر علم التّاريخ ومعرفة رجاله في الإسلام"، وهو ثلاثة أجزاء ضخمة، وتناول الكاتب نشأة وتدوين علم التاريخ في الإسلام، مشيرًا إلى تلك الجهود في تدوين علم التاريخ وما يتعلق بالمؤرخين ومناهجهم في كتابة "علم التاريخ ومصادره الأولى". إذًا علم التاريخ يشير إلى دراسة منهجية تطور التاريخ كتخصص، وكذا مجموعة من الأعمال التاريخية بشأن موضوع متخصص.

التدوين التاريخي:

ومن خلال المواد التاريخية الموجودة في الأسفار التاريخية وموسوعاته الضخمة تجلى لنا بأن الأخباريين والمؤرخين الأوائل الذين قاموا بتدوين المادة التاريخية تناولوا التاريخ في عدة مجالات مختلفة، ومن بين تلك المجالات والمواضيع التي تناولوا فيها:

١- تاريخ الأنبياء والرسل: والمعروف بأن تلك الأخبار قد وردت في القرآن الكريم دونما تفصيل، ثم جاءت بشكل تفصيلي موسع على ألسنة أهل الكتاب وخاصة أولئك الذين أسلموا ودخلوا في دين الله، كأمثال كعب الأحبار وعبد الله بن سلام وغيرهما. ثم جاءت الأخبار التي رواها محمد بن كعب القرظي ووهب بن المنبه.

٢- تاريخ الفرس والروم والأمم السابقة الأخرى: وقد تمّ تدوين هذا النوع بعد إكمال تدوين السنة والسيرة النبوية، ولاسيما فيها يتعلق بتواريخ الإمبراطورية الساسانية والبيزنطية.

٣- أيام العرب وأخبار الجاهلية قبل بعثة سيدنا محمد ﷺ: وقد أخذت أخبارها من أفواه الرواة للأخبار والأنساب وأيام العرب، وكان أصل قصص الأيام روايات شفهية قبلية جماعية وهي ملك مشترك للقبيلة، ثم صارت جزءًا من الأخبار التاريخية فيها بعد، وقد حاول ابن الأثير أن يورد أخبار الأيام في تسلسل تاريخي. ويرى حاجي خليفة أن تكون الأيام فرعًا من التاريخ، إذ يقول: "علم أيام العرب علم يُبحث فيه عن الوقائع العظيمة والأهوال الشديدة بين قبائل العرب.."[1].

وقد ظهرت هذه الجماعة في عهد الخلفاء الراشدين وفي الصدر الأول من عهد بني أمية، ومنهم النسّاب دغفل السدوسي الذهلي، والنسَّابة البكري النصراني، وعلاقة بن كرشم الكلابي، وورقاء بن الأشعر أبو كلاب وغير ذلك، ولم يكن هؤلاء الأخباريون مجرد نقلة الأخبار وإنّما كان لبعضهم كتب في المجال مثل صالح بن عمران المعروف الصغدي، كما كان بعض منهم يزيد الأخبار أو ينقص على ما كان يوافق هواهم أو يوحي بتحليلاتهم تجاه تلك الأخبار والوقائع الماضية. وكان لهؤلاء علم في أخبار العرب وأنسابهم وأيام الناس. ولم يكتف هؤلاء الأخباريون في نقل الأخبار للحجاز وملحقاته، وإنما تطرقوا أيضًا على عموم الجزيرة العربية شمالها وجنوبها، ومن بين أعمالهم ما نقلوا إلينا من أخبار العرب وأيامهم في اليمن قديمًا، وكذلك بأخبار العرب في الحيرة، وأهم من نقل أخبار هؤلاء هشام بن الكلبي وعبيد بن شرية الجرهمي ووهب ابن منبه.

٤- السيرة النبوية: من المعروف أنّ بدايات التدوين بعد القرآن الكريم تمّ على تدوين السنة والأحاديث النبوية الشريفة، وكذا حياته ﷺ، غير أنّ تدوين السيرة النبوية لم تنته حتى وصل الأمر إلى شكلها النهائي المنتظم على يد محمد بن إسحاق المتوفى سنة (١٥١هـ/٣٦٩م)، والذي يعتبر أقدم من دوّن السيرة النبوية.

---

(١) عبدالعزيز الدوري: نشأة علم التاريخ عند العرب، مركز زايد للتراث والتاريخ، سنة ١٤٢٠هـ/٢٠٠٠م، ص ١٩ - ٢٠.

٥ – أخبار الخلفاء والدول الإسلامية: وأولها أخبار الخلفاء الراشدين وما جرى فيها من الأحداث وحركة الفتوح الإسلامية والاتصال بعالم جديد وأمم أخرى.

٦ – التاريخ العام: ثم بعد ذلك تطور الأمر إلى تدوين التاريخ بشكل عام حسب الحوليات والسنين، وخرج على أسفار كبيرة تمّ تدوينها من قبل المؤرخين المسلمين الذين استمروا على هذا المنوال في عدة قرون عديدة.

وهذه المواضيع وغيرها هي التي تطرق إليها المؤرخون والأخباريون الأوائل، وقد امتاز هؤلاء الأخباريون بنقل مصادر معلوماتهم وسرد إسناد أحاديثهم حتى وإن أثقل ذلك الكتاب، بل إنّ قيمة الروايات في نظرهم – كالطبري – تعتمد على قوة إسنادها، وكل ما كان بدء السند أقرب إلى الحادثة كان الأفضل، وهكذا وصلت إلينا عن طريقه كتابات تاريخية وروايات تاريخية مبكرة، لم تحفظ إلا في تاريخه[1].

المؤرخون الأوائل:

ونعرض هنا بعضًا من المؤرخين المشهورين الذين تركوا آثارًا تاريخية تمّ نقلها فيما بعد. ومن هؤلاء:

١ – خليفة بن خياط الليثي العصفري المتوفى (٢٤٠هـ/ ٨٥٤م)، وله كتاب الطبقات، وقد عرضه على حسب الطبقات والحوليات. وله أيضًا كتاب تاريخ الزمني والعرجان والمرضى والعميان، وكتاب طبقات القراء، وكتاب التاريخ، ويسمى أحيانًا " تاريخ خليفة بن خياط، ويمتاز هذا الكتاب بأنّه يسرد قوائم الولاة وعمال الأمصار، وكذا من تولى القضاء والشرطة وبيت المال والخزان في عهد الخلفاء الراشدين والأمويين وبني العباس حتى في عهده.

٢ – ابن طيفور أبو الفضل أحمد بن أبي طاهر الماروزي المتوفى سنة (٢٨٠هـ/ ٨٩٣م)، وترك بعض الكتب لها صلة بالتاريخ مثل كتب: جمهرة بني هاشم، وفضل العرب على العجم، أسماء الشعراء الأوائل، الجامع في الشعراء وأخبارهم، أخبار مروان وآل مروان وأخبار أشعارهم، وكتاب الملك الحكيم الرومي وغير ذلك من الكتب.

____

(١) عبد العزيز الدوري: المرجع نفسه ص ٦٣ – ٦٤.

٣- أبو حنيفة الدينوري أحمد بن داود المتوفى سنة (٢٨٢هـ/ ٨٩٥م)، وله كتاب الأخبار الطوال، ويتناول كتابه هذا التاريخ العام.

٤- اليعقوبي أحمد بن إسحاق بن جعفر بن واضح المتوفى عام (٢٩٢هـ/ ٨٩٧م)، وله كتاب البلدان وآخر كتاب التاريخ، ويطلق عليه أحيانًا التاريخ اليعقوبي، وقد عرض الأخبار التاريخية بشكل موجز منظم بدءًا ببدء الخلق، ويُتَّهَم بالتشيع.

٥- الطبري محمد بن جرير المتوفى سنة (٣١٠هـ/ ٩٢٣م)، وله كتاب في التاريخ يسمى تاريخ الرسل والملوك، ويسميه بعضهم تاريخ الأمم والملوك، ويختصر أحيانًا بتاريخ الطبري، وهو من أهم المصادر التاريخية، وأسرد في كتابه الأخبار التاريخية قبل بعثة نبينا محمد ﷺ وبعده، حتى قبيل وفاة المؤلف.

ثم بعد ذلك توالت كوكبة ممن اهتم بالتاريخ وعلمه سواء كانوا من المؤرخين أو الأخباريين الذين رووا التاريخ وأخباره، وقد اهتم الباحثون فيما بعد بعرض هؤلاء المؤرخين الأجلاء ومناهجهم، فيما يتعلق بتدوين التاريخ وكُتَّابه، من خلال نتاجهم العلمي الذي خلفوه.

تعريف كلمة التاريخ:

قبل أن نتطرق إلى تعريف التاريخ وما يتعلق به ينبغي أن نشير إلى أنّ كلمة "التاريخ" تستخدم في مناسبات مختلفة وفي ظروف متباينة، وإن كل فريق منهم قد يقصد بالكلمة نفسها معنى يختلف عن المعنى الذي يقصده الفريق الآخر، كما يذكر ذلك الدكتور قاسم عبده قاسم [1].

التاريخ لغة: تعريف الوقت، والتاريخ والتوريخ بمعنى واحد، تقول: أرّخ الكتاب وورَّخه أي بيوم كذا. ومن خلال تتبع التَّعاريف اللغويَّة لكلِمة "تاريخ"، نجد أنَّ تعريف الوقت هو المعنى الغالب لدى علماء اللغة، حيث ذكروا أنَّ التأريخ: "تعريف الوقت، أرَّخ الكتاب: وقَّته"، كما أشار إلى ذلك ابن منظور الأفريقي [2]. ويعرف الرازي في كتابه

---

(١) قاسم عبده قاسم: فكرة التاريخ عند المسلمين قراءة في التراث التاريخي العربي، الطبعة الأولى، سنة ٢٠٠١م، القاهرة، ص ١٤.

(٢) ابن منظور، لسان العرب، دار الجيل، بيروت، د.ط، ١٩٨٨م، (مادة أرّخ)، ١/ ٤٤.

مختار الصحاح: التاريخ والتوريخ بالوقت. وقال السخاوي: التاريخ في اللغة هو الإعلام بالوقت، يقال أرّخت الكتاب وورخته، أي بيّنت وقت كتابته[1]. أما الجوهري فيذكر "أرخ: التأريخ: تعريف الوقت. والتوريخ مثله. وأرّختُ الكتابَ بيوم كذا"[2]. غير أن المصطلح تطور إلى معانٍ أخرى مثل الخبر، ثم تطور إلى معنى تسجيل الأحداث على أساس الزمن. ويرجع بعض الباحثين بكلمة التاريخ إلى أصول غير عربية سواء كانت فارسية أو سريانية أو غير ذلك. وصارت تطلق على عملية التدوين التاريخي، وعلى حفظ الأخبار، بشكل متسلسل، متصل الزمن والموضوع. وعلى العموم فالتاريخ هو تسجيل ووصف وتحليل الأحداث التي جرت في الماضي، على أسس علمية محايدة، للوصول إلى حقائق وقواعد تساعد على فهم الحاضر والتنبؤ بالمستقبل.

صفات المؤرخ:

كتابة التاريخ لها مقوّمات وشروط، وبداهة في طليعة مقوماتها: الأمانة، وتحري الصدق، والبحث عن الحقائق، بل لا بد للمؤرخ أن يقوم بتحليل معلوماته ويناقش فيها دون العكوف على النصوص والأخبار الواردة في المصادر والمراجع، وإلا سوف يصبح إنتاجه مجرد وعاء نسخ من المصادر، وبالتالي فلا قيمة لما يكتبه. ومن هنا ينبغي للمؤرخ أن تتوفر فيه بعض الصفات المهمة حتى يقوم بدوره التاريخي، ويكون مؤرخًا ماهرًا يوظف جميع الإمكانيات المتاحة لديه. ومن هذه الصفات:

- أن تكون لديه مَلَكة النقد، ولا يكون عالةً على غيره كحاطب الليل ربما يحمل الأفعى.

- أن يكون جَلدًا صبورًا، مُحبًّا للبحث العلمي فلا تمنعه مطبات الطريق عن مواصلة العمل البحثي.

- أن يكون المؤرخ متأنيًا حَذِرًا فلا يستعجل الوصول إلى النتيجة.

---

(1) الإعلان بالتوبيخ لمن ذمّ التاريخ، تحقيق فرانز روزنتال، تحقيق الدكتور أحمد صالح العلي، بغداد سنة ١٩٦٣م، ص ١٤.

(2) الجوهري، أبو نصر إسماعيل بن حمّاد (ت ٣٩٣هـ/ ٩٤٠م)، راجعه واعتنى به د. محمد محمد تامر، أنس محمد الشامي، وزكريا جابر أحمد، دار الحديث، القاهرة، ١٤٣٠هـ/ ٢٠٠٩م، ص ٣٤.

- أن يكون أمينًا مخلصًا بعيدًا عن الافتراء والكذب.

- أن يكون بعيدًا عن المحاباة والتحيز فيما يُصل إليه من الأخبار.

- أن يكون عادلًا يؤمن بأنّه بمثابة قاضٍ.

- أن يكون متواضعًا زاهدًا عن السمعة والرياء والشهرة.

ونستنشف فيما مضى بأنّه ليس كل من يكتب التاريخ أو يسرد أخبار الأولين يطلق عليه مؤرخًا، أو حتى من يحاول كتابة التاريخ يصبح مؤرخًا، كما يتصور البعض، وإنّما هناك قوالب وصفات ينبغي أن تتوفر في المؤرخ الباحث.

حقب التاريخ:

يختلف المؤرخون عمومًا في تقسيم التاريخ إلى حقب وعصور وأزمنة مختلفة، بناءً على اختلاف نظراتهم ومشاربهم، علمًا أن العصر حِقبةٌ طويلة من الزمن. ودراستنا تنطلق باعتبار التاريخ وعصوره ينقسم إلى أقسام وعصور معينة؛ وحتى يسهل تناول مصادر تاريخ الصومال فقد قسمتها التقسيم التالي: العصر القديم، والعصر الإسلامي والذي يطلق عليه الأوروبيون العصور الوسطى، والعصر الحديث. ولا نعطي اعتبارًا إلى ذلك التقسيم الجيولوجي مثل العصر الحجري، والعصر البرونزي، والعصر الحديدي، ويبدو أنّ هذا التقسيم جاء بناءً على أسماء المواد الحديثة المستخدمة خلال أي عصر من تلك العصور الغابرة.

أهمية التاريخ وتنوع مصادره:

قبل الحديث عن المصادر التاريخية نشير إلى أهمية التاريخ في الحياة الإنسانية؛ لأننا في الحقيقة لا نستطيع أن نفهم أي علم بشكل عميق، إلا إذا فهمنا تاريخه وخارطة تكوينه وتحوّلاته، ومن هنا وبإشارة إلى أهمية التاريخ وحاجة البشرية إليه بمختلف ألوانها وصنوفها ذكر العلامة عبد الرحمن بن خلدون ذلك حيث قال: "فإنَّ فنّ التاريخ من الفنون التي تتداولها الأمم والأجيال، وتُشدّ إليها الركاب والرحال، وتسمو إلى معرفته السوقة والأغفال، وتتنافس فيه الملوك والأقيال، ويتساوى في فهمه العلماء والجُهال، إذ هو في ظاهره لا يزيد على إخبار عن الأيام والدول، والسوابق من القرون

الأوَّل، تنمو فيها الأقوال، وتُضرب فيها الأمثال، وتُطرَقُ بها الأندية إذا غصَّها الاحتفال وتؤدي إلينا شأن الخليقة كيف تقلبت بها الأحوال، واتسع للدول فيها النطاق والمجال، وعمروا الأرض حتى نادى بهم الارتحال، وحان لهم الزوال، وفي باطنه نظر وتحقيق، وتعليل للكائنات ومباديها دقيق، وعلم بكيفيات الوقائع وأسبابها عميق، فهو لذلك أصيل في الحكمة العريق وجديرٌ بأن يُعدَّ في علومها وخليق"[1].

ومن هنا لم يأت من فراغ عندما عقد العلامة ابن خلدون في كتابه العِبَر فصلًا كاملًا يتحدث عن فوائد علم التاريخ وسمى الفصل: "في فضل علم التاريخ وتحقيق مذاهبه والإلماع لما يعرض للمؤرخين من المغالط وذكر شيء من أسبابها". وقد افتخر سفيان الثوري بعلم التاريخ واستخدمه كأداة للدفاع عن السنة وعدم الافتراء على المصطفى ﷺ، وقال في ذلك: "لما استعمل الرواة الكذب، استعملنا لهم التاريخ".

وكل أمة تأخذ من التاريخ العِبْرَة والعِظة، وتستفيد من تجاربه، ومن هنا أطلق عبدالرحمن بن محمد بن محمد بن خلدون الحضرمي الإشبيلي المتوفى عام (٨٠٨هـ/ ١٤٠٦م) على كتابه التاريخ اسم "العبر وديوان المبتدأ والخبر في أيام العرب والعجم والبربر ومن عاصرهم من ذوي السلطان الأكبر"، بل وذكر صراحة عند تعريفه للتاريخ قائلًا: "اعلم أنّ فنّ التاريخ فنّ عزيز المذهب، جمّ الفوائد شريف الغاية، إذ هو يوقفنا على أحوال الماضين من الأمم في أخلاقهم، والأنبياء في سيرهم، والملوك في دولهم وسياستهم، حتى تتمّ فائدة الاقتداء في ذلك لمن يرومه في أحوال الدين والدنيا، فهو محتاج إلى مآخذ متعددة ومعارف متنوعة، وحسن نظر وتثبُّت يفضيان بصاحبها إلى الحقّ، وينكِّبان به عن المزلات والمغالط" انتهى.

وللمصادر والمراجع أنواع وأشكال متعددة ويصعب حصرها في شكل أو نوع معين مثل: كتب، رسائل جامعية، مقالات في الدوريات، أحاديث إذاعية، حصص تلفزيونية، محاضرات، مراسلات رسائل شخصية...إلخ.

---

(١) حسين مؤنس: التاريخ والمؤرخون ... دراسة في علم التاريخ – ماهيته وموضوعاته ومذاهبه ومدارسه عند أهل الغرب، وأعلام كل مدرسة وبحث وفلسفة التاريخ، ومدخل إلى فقه التاريخ، دار المعارف، سنه ١٩٨٤م، القاهرة، ص ١٣.

والباحث الذكي لا يهمل أي نوع من المصادر والمراجع التي تثبت لديه، بحيث يستخدمها ويوظفها في سبيل تحقيق هدفه والوصول إلى حقيقة علمية أو أقرب إلى الحقيقة في بحثه وإنتاجه العلمي.

بين المصدر والمرجع:

ولكي نفهم الفرق بين المصدر والمرجع ينبغي أن نقوم بتعريف كل على حاله، حتى يظهر الفرق بينهما؛ لأن هناك فرقًا كبيرًا بينهما من حيث المعنى والهدف. فالمصدر هو الذي يحتوي على المادة الأساسية في البحث. أمّا المرجع فهو عكس المصدر، فهو الذي يُرجع معلوماته إلى المصدر ويستند إليه لعدم معاصرته الحدث. ومع ذلك فلا شك أنّ في المرجع فوائد كبيرة إذ تحتوي على وجهة نظر أصحابها الخاصة من شرح وتعليق ونقد، ويستأنس الباحث بذلك ويزيد في توضيح الأمر وإضاءته.

ويخلط البعض ممن ليس لديه إلمام في منهج البحث العلمي التاريخي بين المصدر والمرجع، ولعل السبب في ذلك ما يظنه من ترادف معنى الكلمتين، وليس الأمر كذلك، فالمراجع تأخذ معلوماتها عن المصادر سواء كانت أصلية أو ثانوية، وليس العكس.

المخطوطات والوثائق:

أشرنا فيما مضى بأن المصادر والمراجع أنواع وأشكال متعددة ويصعب حصرها في شكل أو نوع معين، وكُلٌّ له قيمته ورونقه، غير أنّ هناك بعض المصادر التي لم تر النور وما زالت حبيسة في المخازن والدور المختصة كالمخطوطات والوثائق، وإنّ هذين النوعين من الوثائق يُعدّ من أهم المصادر في البحوث التاريخية، فالمعلومات التاريخية التي يرويها المؤرخون ينبغي أن تكون معتمدة على أصول تبرهن صحة المذكور، ومن هذه الأصول الوثائق، وقد تكون أحيانًا مكتوبة بالورق أو الجلد أو الرق والقراطيس، ومنها على سبيل المثال تلك الاتفاقيات المبرمة بين المستعمر الأوروبي وقادة شيوخ القبائل الصومالية التي على أساسها تمّ احتلال الوطن، وقد نَشَرَ بعضًا منها حمدي سيد سالم في ذيل كتابه "الصومال قديمًا وحديثًا". والوثائق لا يقتصر وجودها على التاريخ الحديث أو المعاصر، فقد تضمنت كتب التاريخ الإسلامي ولا سيما التاريخ العام والتراجم الكثير من الوثائق الخاصة والرسمية، ونعني بالوثائق الخاصة تلك الرسائل المتبادلة بين العلماء القاطنين في مدن متباعدة.

ومن الوثائق أيضًا الرسالة التي بعثها الشيخ أويس بن محمد القادري البراوي إلى شيخه الشيخ عبد الرحمن بن عبد الله الشاشي المقدشي، المعروف بحاج صوفي، وهي مكتوبة بورق كبير جدًا، وعددها صفحتان. وكذلك الرسالة التي قام الشيخ عبد الرحمن ابن عبد الله الشاشي المقدشي بكتابتها مجيبًا على الرسالة السابقة التي بعث بها الشيخ أويس ابن محمد القادري البراوي، علمًا أن هذه الرسالة مكتوبة بورقة واحدة كبيرة، وجاء جواب الشيخ على طريقة الشعر والنظم . كما أن هذه الرسالة مختومة بختم فيه عبارة: " لا إله إلا الله شيخ عبد القادر شيء لله، وأختام أخرى.

وسوف نعرض هنا بعض الوثائق والرسائل والكتب، وهي عبارة عن وثيقة حكومية صدرت من المؤسسات الحكومية من الوزارات والمؤسسات، أو الفروع الحكومية الأخرى، عند تناولنا مصادر تاريخ الصومال، كما أنّ بعضًا منها أصدرتها مراكز وهيئات ومؤسسات صومالية خاصة غير حكومية، ولكن سوف يكون عرضنا ضمن المواضيع المناسبة لكل وثيقة. وللشيخ علي بن عبد الرحمن فقيه رسالة خطية، فيها أسئلة وجهها حاج علي إلى شيخه الإمام وعمدته الهمّام القاضي محيي الدين بن شيخ القحطانيّ، وفيها أيضًا بعض أجوبة القاضي محيي الدين بن شيخ القحطاني، وهذه الرسالة مكتوبة بخط واضح ومفهوم، وهي من ضمن رسائل متفرقة جاءت في مجموع متنوع. وأصل هذا المجموع محتفظ به لدى مكتبة الشيخ أبا الخاصة، وقد وقفت عليها ولديّ صورة من الورقة التي جاءت فيها الأسئلة وبعض أجوبتها. وهناك ورقة كبيرة كتبت بخط جميل رائع تتناول تقويم مواقيت الصلاة في مدينة مقديشو على مدار السنة، للشيخ محمد محمود الشاشي المقدشي المشهور بشيخ أبا.

ومن أشهر الوثائق الصومالية رسالة وضعها بعض زعماء الصومال إلى سلطان بن صقر القاسمي أمير منطقة الشارقة، وهي رسالة خطية أرسلها هؤلاء إلى السلطان وهي (رسالة زعماء الصوماليين إلى سلطان بن صقر القاسمي) وكان ذلك في عام ١٨٣٧م، وذلك بعد أن أحس أهل الصومال ببوادر قدوم الاحتلال، وخوفًا من أن يبتلعهم العدو ويستولي على أراضيهم، تحركوا حتى لا يكونوا عرضة للوقوع في يد الاحتلال)[1].

____

(1) زعماء الصومال: رسالة إلى سلطان صقر بن القاسم، دار الخليج للطباعة والنشر، الشارقة – الإمارات، عام ١٩٩٦م.

أما فيما يتعلق بالمخطوطات، فلا شك أنه عند الحديث عن المصادر هناك نوع خاص له رونقه وقيمته عن غيره من المصادر، ومن بين ذلك المخطوطات التي لها علاقة بالتاريخ الصومالي، سواء تلك التي نعرف أصحابها، أو التي نجهل من قام بكتابها حتى الآن ولم يتضح أصحابها، ولكنها في غاية الأهمية، ويرجع إليها الباحثون منذ القرن المنصرم. وقد وجدت بعض من هذه المخطوطات في بيوت العلماء، وتبين علاقتها بذلك العالم من حيث ترجمته أو ترجمة شيوخه ومحيطه العلمي والديني، مثل الأوراق المكتوبة بخط اليد والتي يعتقد واضعها الشيخ أحمد عثمان محمد الشاشي المقدشي تحت عنوان " كشف سرّ المخبأ في ترجمة الشيخ أبا"، وهي ١٢ ورقة، ولديّ صورة مكتوبة بالحاسب الآلي، هدية من مكتبة (الشيخ أبا) العامرة . وكذلك كتاب "تاريخ القرن الأفريقي عبر العصور" للشيخ جامع عمر عيسى، وهو كتاب ضخم لم يتم طباعته، وقد رأيته وقرأته بل واعتمدت عليه أيام دراستي في مرحلة الدكتوراه، وكان المؤلف آنذاك حيًّا، وبعد وفاته رحمه الله لم أسمع بطباعة الكتاب، وقد أخبرني نجل المؤلف عبد الله الشيخ جامع عمر بأنّ الكتاب جاهز للطباعة. ومن المخطوطات كتاب "وردية اللبيب في فضل الحبيب" للشيخ علي بن حاج بن أحمد بن صديق البكري الصديقي. وكتاب "الكبريت الأحمر في تاريخ السادات الغرر السّاكنين في مدينة الهرر" للشيخ عمر بن صوفي حسن القادري البكري، وأصل هذه المخطوطة يحتفظ بها بعض مسلمي هرر. ومن المخطوطات أيضًا "الأجوبة الغيبية لسؤالات الغربية" للشيخ على بن عبد الرحمن بن فقيه، مخطوط غير منشور .

وحاول المؤرخ الصومالي الشيخ جامع عمر عيسى تحقيقه، ولديّ نسخة ناقصة مصوّرة.

الآثار والنقوش والحفريات:

ومن المصادر المهمة في كتب التاريخ الاعتماد على الآثار والنقوش والحفريات، ولا سيما في العصور القديمة والإسلامية، وقد وجدت في بلاد الصومال هذا النوع من المصادر سواء كان في المساجد أو المنارات القديمة، أو آثار بنايات قديمة اندثرت، كما يوجد بعض كتابات منقوشة على الجدران والأحجار تؤرخ تاريخ بناء هذا المبنى، ومن قام ببنائها، مثل تلك الكتابات المنقوشة على جدران المساجد، مثل مسجد أربع ركن

بمقديشو والتي بينت تاريخ بناء المسجد وهو عام ٦٦٧هـ على يد خسرو بن مبارك الشيرازي)[1]. وكذلك تلك الكتابات المنقوشة على القبور والمعابد، ولا ننسى الصور والرموز المنقوشة على جدران الأهرامات ومعابد المصريين القدامى في العهد الفرعوني، والتي تدل على العلاقة بين مصر وبلاد بونت (الصومال) في العصور القديمة، ومن هنا ينبغي تنقيب تلك الآثار والمخلفات الحضارية لتوثيق المعلومة التاريخية.

وغالبًا تعتمد البحوث والدراسات لمنطقة القرن الأفريقي على نوع خاص من المصادر، والتي تأتي في قالب الكتب والروايات الشفوية، لا سيما فيما يخص علاقة المنطقة بالعالم الخارجي في العصور القديمة، ويلاحظ ندرة الدراسات والبحوث التي تعتمد على الآثار وقراءة النقوش المكتوبة على الجدران والقبور، وكذا دراسة المخلفات الحضارية التي عُثِرَ عليها في ظاهر الأرض أو باطنها. وما جرى من الاحتكاك الثقافي والديني واللغوي عبر التاريخ بين بلاد الحبشة – أوما يعرف في عصرنا القرن الأفريقي – والجزيرة العربية لم يظهر منها حتى الآن إلا نزر يسير. ومن الصعب التأكد على وجه التشابه التام في النواحي الثقافية بين الجزيرة العربية ومنطقة القرن الأفريقي بسبب ما يكتنف هذا من الغموض حول هذا الأمر، مع ذلك نستطيع أن نتأكد أن هناك ملامح تماثل ثقافي وديني، من خلال بعض الآثار والنقوش التي عُثِرَ عليها في بلاد الحبشة، والتي ترجع إلى العصور القديمة، ويكفي أن نشير إلى بعض النقوش المكتوبة باللغة السبئية والخط السبئي رغم أنّها عُثِرَ عليها في الحبشة، وهي نقوش ترجع تقريبًا إلى منتصف الألف الأول ق. م. وهذا النقش عبارة عن قطعة حجرية محفوظة في حائط كنيسة قائمة على قمة جبل "الأنبا بنتليون" بالقرب من أكسوم، مثل الحجر النقوض الذي هو عبارة عن مكان سبئي مقدس ما زال بقايا بعض حيطانه قائمة، وفيها ذكر للآلهة السبئية (ذات بعدن). كذلك توجد بقايا بعض الأعمدة في (يح) شمال شرقي عدوة في بلاد الحبشة، وهي تدل دلالة واضحة على وجود موضع مقدس سبئي في ذلك المكان. كما عثر هناك على مذبح صغير مقدم للإله (سين)، وأيضًا وجد جزء من نقش سبئي لتقديس الإله العربي الجنوبي (عثتر)[2].

---

(١) نشر المؤرخ الإيطالي جروللي في كتابه "تاريخ الصومال" عددًا من الكتابات المكتوبة على القبور والجدران باللغة العربية.

(٢) بادئ ذي بدء ينبغي أن نشير هنا إلى أنّ معلوماتنا التي نعرضها هنا، إنما هي نتيجة ما تمخضت عنه الرحلة العلمية التي قامت بها البعثة السويدية إلى القسم الجنوبي من الجزيرة العربية، في أواخر=

ولأهمية المزيد من البحث والتنقيب للآثار القديمة، وما له صلة بالعلاقات الثقافية والدينية بين الجانبين، قامت البعثة الألمانية في بلاد الحبشة بعمل حفائر، واكتشفت بقايا بناء يشتمل على عناصر زخرفية سبئية (مجاري وشكل سن وعرض لنوافذ)، وفي نقش سبئي صغير على شكل سهم وجد في (كسكسي). كما وجد ثلاث مخربشات سبئية في (توكوندا) لم يذكر فيها اسم إله... أما الحفريات في الجزء الجنوبي من الجزيرة العربية، فقد استطاعت البعثة الألمانية العثور على بقايا بعض الأبنية والزخارف (أشكال سهام أو مخازن مياه أو تماثيل وغيرها) بها شبه قوي بينها وبين تلك التي توجد في جنوب بلاد العرب وشمالها، مما يؤيد قيام وحدة بينهما وبين الديانات العربية الجنوبية، بل دليل يدل على الوحدة المعمارية بين الساميين الشماليين والساميين الجنوبيين. هذا إلى جانب الوحدة الفنية بين الشعبين الجنوبيين)[1].

وقد كشفت العمليات الحفرية بعض نقوش مكتوبة باللغة اليونانية في الحبشة، مما يدل على علاقة بين اليونان ومنطقة القرن الأفريقي ولا سيما فيما يتعلق بالأمور الدينية الاعتقادية، ومن ذلك نقش عدولية الذي وجده الرحالة اليوناني (كوزماس Kosmas) على عرش من الرخام الأبيض، والذي يرجع تاريخه إلى القرن السادس الميلادي، علمًا أنّ لغة هذا النقش يونانية، وهو عبارة على الأسماء المعبودات اليونانية (زيوس Zeus) و(واريس Ares) و(وبوسيدن Poseidon) كما يذكر (اريس) ككبير للآلهة)[2].

القرن التاسع عشر الميلادي، علمًا أنّ هذه البعثة كانت تحت إشراف كل من (دافيد هاينرش مولر D.H. Mullar) و(دافيد لندبرج D. Lindberg)، وقد أبحرت البعثة على ظهر الباخرة السويدية (جوتفيريد Gottfiried) المستأجرة من قبل أكاديمية فيينا، فلما وصلت البعثة إلى عدن اضطرت البعثة أن تتحول إلى باخرة أخرى وهي باخرة (بال حاف) خضوعًا لإرادة المستعمر البريطاني، إذ أرادوا استمرار الرحلة والدخول في اليمن، وفعلًا تحركوا من عدن إلى حضرموت إلى أماكن أثرية أخرى في البلاد. وفي يناير عام ١٨٩٩م توجهت البعثة إلى جزيرة سقطرة لدراسة اللهجة الموجودة هناك، كما درست فيها بعد اللغات الحديثة في السومال والمهرة وسقطرة وشخوري، ونشرت أبحاثًا فيها فما بعد. انظر ديتلف نيلسن وزملاؤه: التاريخ العربي القديم، ترجمة د. فؤاد حسنين علي، مكتبة النهضة المصرية، القاهرة، ١٩٥٨م. ص٢٣.

(١) ديتلف نيلسن وفرتز هومل: المرجع السابق، ص ٣٣.

(٢) ديتلف نيلسن وفرتز هومل: المرجع نفسه والصفحة نفسها.

إلى جانب ما مضى وجد أيضًا نقش يوناني هو عبارة عن بناء حائطي لمكان مقدس على أنبا بنتليون، وقد جاء هذا في النقش ذكر الآله (آريس) إله أكسوم الذي لا يُهزم، كذلك عثر على نقش قصير يوناني للملك الأكسومي (سمبروتس Sembruthes)، ومن خلال المجهودات العلمية التي بذلها الباحثون الأوروبيون في الحبشة استطاعت مجموعة متخصصة بالحفريات والآثار العثور على بعض النقود التي عليها إشارات بعض الآلهة الوثنية (هلال وأسطوانة)، وأساطير يونانية.

وتشير بعض الوثائق الملكية الأكسومية إلى أنَّ الملوك الحبشية كانوا ملمين باللغة اليونانية، كما يتحدث (بريبلوس) في الفقرة الخامسة عن الملك الحبشي (زوسكالس Zoskales). ومن خلال هذه النقوش والنقود التي أشرنا إليها من قبل، يتضح بأنَّها كانت عقب دخول المسيحية في الحبشة، بحيث جاء عليها ما يشير في ذلك مثل رسم الصليب، و أسماء يهودية ومسيحية وصيغ عرفت بها المسيحية اليهودية مثل عبارة الأب والابن والروح المقدس [1].

وبمجرد النظر إلى أدوات البناء من أحجار ورخام وأخشاب وغير ذلك، التي كانت متوافرة في جنوب الجزيرة العربية، ومع تلك الأدوات التي كانت موجودة في مملكة أكسوم يظهر بأنها متطابقات، ومثل ذلك نظام البناء الذي كان موجودًا في جنوب بلاد العرب هو نفس النظام للبناء الموجود في بلاد الحبشة، كاستخدام الطوب مع الحجر في العمارة، ويشير بعض علماء الآثار في هذا المضمار إلى تفوق الفنّ العربي لا سيما العرب الجنوبيين وأنّه لم يقتصر فحسب في المعابد والأماكن الدينية والأبراج، بل تجلت أيضًا في الفنون وفي إقامة السدود ونظام الري. والجدير بالإشارة إلى أنّ العرب أخذوا هذا الفن المعماري معهم إلى القارة الأفريقية، حيث نجد مثلًا في الحبشة سد (كوهينو) والذي تبدو عليه السمات العربية وإبداعاتهم الفنية، ومن هنا فلا يستغرب إذا وجد بعض المباني والآثار المتشابهة بين جنوب الجزيرة العربية ومنطقة القرن الأفريقي [2].

ما أشرنا إليه آنفًا يبرهن مدى علاقة سكان الجزيرة العربية بمنطقة شرق أفريقيا، وأنَّها كانت موغلة في القِدم ويصعب تحديد بدايتها، غير أنّ البعض حاول أن يستدل مما عُثِرَ

<hr>

(١) ديتلف نيلسن وفرتز هومل: مرجع سابق، ص ٣٤، ٣٦.

(٢) ديتلف نيلسن وفرتز هومل: مرجع سابق، ص ١٤٣ – ١٦٠.

عليه من أدلة أثرية تثبت الاتصال بين منطقة حضرموت وسواحل شرق أفريقيا، بحيث يحدد بدايات صلات بين الجانبين. وكانت أقدم الهجرات العربية الجنوبية إلى الساحل الشرق أفريقي هي هجرة قبيلة مهرة حبشت حبشت "الأحباش"، ويرجح أن الهجرة الأولى لهذه القبيلة تمت حوالي عام ١٠٠٠ق.م. على عهد الدولة المعينية.

وقد لعب السبئيون دورًا كبيرًا في عقد وتطوير علاقات تجارية مع منطقة الشرق الأفريقي وذلك عند ما قاموا بتكوين أسطول بحري يعتني بذلك الأمر، حتى تفوقوا على أقرانهم في فنّ الملاحة وكل ما له علاقة بالشؤون البحرية، ومن خلال ذلك استطاعوا أن يجعلوا موانئ اليمن مزدهرة، مثل موانئ: عدن ومخا وموسكا وقنا وغير ذلك، ولا غرابة في ذلك لأنّ السبئيين كان لديهم معرفة تامة بمواقيت واتجاهات هبوب الرياح الموسمية، واستفادوا من ذلك في الإبحار بسفنهم على طول سواحل شرق أفريقيا، وجزر البحر الأحمر، بل ونجحوا في الدوران حول القرن الأفريقي إلى ما بعد رأس غوار دفوى.

ولم يكن السبئيون وحدهم الذين اهتموا بالعلاقات التجارية مع منطقة القرن الأفريقي فحسب، وإنّما أيضًا هناك مملكة القتبان اليمنية، والتي كانت لها أيضًا علاقة مع سواحل القرن الأفريقي، عند ما ساهم القتبانيون بدور كبير في تجارة البخور ومختلف التوابل كاللبان والمر، بل وامتدّ نشاطهم التجاري إلى ساحل الشرق الأفريقي، ولشدة اهتمام القتبانيين بتجارة البخور أدى الأمر إلى محاولة السيطرة على مناطق إنتاج البخور على الساحل الصومالي خلال القرن الأول ق.م؛ لأنّ المملكة وصلت إلى أوج عزها في تلك الفترة، بحيث تزايد نفوذها حتى أصبحت تسيطر على الركن الجنوبي الغربي للجزيرة العربية بالكامل؛ وبالتالي احتكرت إنتاج البخور بالمناطق الجنوبية الغربية وسيطرت على محطات توزيعه.

وعلى غرار السبئيين والقتبانيين كان هناك أيضًا الأوسانيون بحيث كان لهم أيضًا دور كبير في عملية تجارة البخور ما بين شبه الجزيرة العربية وشرق أفريقيا بفضل سيطرتهم على الأجزاء الساحلية من الركن الجنوبي الغربي لشبه الجزيرة العربية مواصلين نشاطهم التجاري إلى أماكن مختلفة في سواحل أفريقيا الشرقية خلال فترة ما قبل القرن الرابع ق.م)[1].

---

(١) عبد المعطي بن محمد عبد المعطي سمسم: العلاقات بين شبه الجزيرة العربية والحبشة منذ أقدم العصور، وحتى نهاية العهد الحبشي باليمن، رسالة ماجستير في التاريخ القديم من قسم الدراسات العليا التاريخية والحضارية، كلية الشريعة والدراسات الإسلامية، جامعة أم القرى بمكة المكرمة، السعودية، عام ١٤١٠هـ، ص ١٢٩ – ١٣١.

وكما يبدو فإنّ محاولات عرب الجنوب للسيطرة على منابع البخور في منطقة القرن الأفريقي كانت متكررة، بحيث دفعت تجارة البخور سكان جنوب شبه الجزيرة العربية إلى محاولة السيطرة على مناطق إنتاجه بالساحل الصومالي، حتى لا يكون موضع المنافسة للبخور الذي تنتجه أراضيهم، وكانوا يطلقون على بخور الصومال اسم "بخور الشاطئ البعيد" فكان يتم شحنه مع السلع الأفريقية الأخرى بالسفن المتوجهة إلى جنوب شبه الجزيرة العربية، ومن الواضح أنّ الغرض من ذلك هو إعادة تصدير هذه السلع من موانئ اليمن، وبذلك يحكمون قبضتهم على السلع الأفريقية، وخاصة البخور فلا يكون وسيلة لمنافسة البخور العربي[1].

وقد ذاع صيت خبر البخور المتواجدة في منطقة القرن الأفريقي ولا سيما البخور الصومالي المنتشر في مناطق شمال وشرق البلاد، في أكثر من موقع في العالم القديم، بحيث لم يكن عرب جنوب الجزيرة وحدهم يهتمون في ذلك، بل ترجع أهمية بلاد بونت لدى المصريين القدماء إلى أنّها كانت مصدرًا للبخور، الذي كانوا يستعملونه في الاحتفالات والشعائر الدينية، يضاف إلى ذلك أنّ المصريين كانوا يعتقدون أنّهم من نفس السلاسلة التي تألف منها شعب بونت. وكانت علاقة المصريين ببلاد "بونت" ذات طابع فريد فالنصوص المصرية تتحدث عن روابط المودة التي تربطهم بسكان هذه البلاد[2].

وربما كانت تجارة البخور أحد الأسباب التي دفعت الدولة السبئية إلى إرسال جماعات إلى الساحل الأفريقي؛ لإقامة محطات تجارية يكون هدفها تأمين الطريق التجاري البحري، والسيطرة على تجارة البخور ومنابعه.

---

(1) أسامه محمود عبد المولى: تجارة البخور جنوب شبه الجزيرة العربية في الفترة من القرن العاشر حتى نهاية القرن الأول قبل الميلاد، رسالة الماجستير في التاريخ والحضارة، جامعة الزقازيق، القاهرة، عام ٢٠١٣م، ص ١٣٢، وانظر عبد المنعم عبدالحليم سيد: البحر الأحمر وظهيره في العصور القديمة، مجموعة بحوث نشرت في الدوريات العربية والأوروبية، دار المعرفة الجامعية، الإسكندرية، يناير عام ١٩٩٣م ص ٥٧٦.

(2) عبد المنعم عبدالحليم سيد: المرجع نفسه، ص ١٥، وانظر Maxamed Ibrahim Maxamed (Liiq Liiqato): Taariikhda Soomaaliya (Dalkii Filka Weynaa ee Punt), Muqdisho febraayo 2000, P 16.

وتشير بعض المصادر التاريخية إلى وجود بعض جاليات حبشية ونوبية وسودانية في بعض المناطق بالحجاز في تلك الفترة المتقدمة، بل هناك من يشير إلى أن قريشًا استعانت بنجار قبطي أثناء إعادتهم بناء الكعبة المشرفة قبل البعثة، مما يدل على العلاقة بين أهل الحجاز وأجزاء من القارة الأفريقية وخاصة مع الشعوب في جنوب مصر وبلاد النوبة والسودان الشرقي)[1].

وتواجد الأحباش والنوبيين في الحجاز كان كثيرًا وفي أكثر من مدينة كان وجودهم، وقد أدى ذلك إلى أن يتعلم بعض العرب لغتهم، إذ ثبت أن عددا من صحابة رسول الله ﷺ قد تعلموا بعضًا من تلك اللغات، مما يدل على انتشار هذه اللغات في الحجاز، بحيث لم يكن من الصعب إيجاد مترجم يترجم بين هذه اللغات واللغة العربية، كما كان يفعل زيد بن ثابت الأنصاري ثم الخزرجيّ من بني غنم بن مالك بن النجّار، وهكذا كان حنظلة بن الربيع بن صيفي التميمي الأسيدي مثله مثل زيد بن ثابت، بحيث كانا يترجمان للنبي ﷺ بالفارسية والرومية والقبطية والحبشية وقد تعلماها من أهلها بالمدينة، ويضيف المسعودي إلا أنّ حنظلة كان يكتب بين يدي النبيّ ﷺ إذا غاب زيد بن ثابت وينوب عنه)[2].

الصكوك والمخلفات التاريخية الأخرى:

أما الصكوك والمخلفات التاريخية الأخرى، فيستطيع المؤرخ أو الباحث أن يستشف من خلالها بعض المعلومات التي لها علاقة بتارخ الصومال ومعالمه الحضارية، وهذا النوع عادة من المصادر محفوظة بالمتاحف والمخازن التاريخية، كما أنّ بعضها ملك لشخصيات خاصة. والعلم الذي يركز على فحص أو دراسة العملات يسمى علم النمِّيَّات أي علم المسكوكات، وهو دراسة تركز على جمع العملات سواء القطع النقدية أو أوراق النقد المالي، وحتى ما يرمز وله علاقة في ذلك. وقيام دراسة حول هذا العلم يؤدي إلى معرفة أحوال المجتمع ولاسيما فيما يتعلق بالشؤون الاقتصادية؛ لأن النقود بصفة عامة تُعدّ مصدر معرفة يعتمد على بعض حقائق تاريخية، بحيث يمكن الاعتماد عليها في استنباط

---

(١) ابن هشام: السيرة ١/ ٢٠٥ تحقيق مصطفى عبد الستار وآخرون، مطبعة الحلبي البابي، مصر ١٣٥٥هـ/ ١٩٣٦م:

(٢) المسعودي: التنبيه والإشراف، وطبع في مدينة ليدن المحروسة، بمطبعة بريل، عام ١٨٩٣م، توزيع دار الصادر في بيروت - لبنان، ص ٢٨٣.

الحقائق التاريخية المنقوشة والمذهبة، وهي من الوثائق المهمة التي تعبر عن نوع الحكم وهوية المجتمع وما إلى ذلك .

ومن نافلة القول أنّ الصكوك والعملة تُعدّ من أبرز المصادر؛ لما تحمله في طياتها من أحداث تاريخية ومعالم اقتصادية وحضارية، ومن هنا فلا غرابة إذا اعتُبرت النقود من المصادر المهمة التي يمكن الاعتماد عليها، من الناحية التاريخية والحضارية، فضلًا عن دورها التجاري والاقتصادي.

تطور كتابة دراسات تاريخية في الصومال:

يلاحظ الغيورون وكل باحث له إلمام في البحث العلمي ما آلت إليه بلاد الصومال من الانهيار العلمي والثقافي، وأكثر من يحسّ ذلك أولئك الذين يعملون في مجال البحث العلمي، وخاصة لدى طلبة العلم والباحثين، أو القائمين على الجامعات والمعاهد والمراكز العلمية، وهذا الانهيار نتيجة انهيار البنية التحتية للبلاد، بل وانعدام مقومات الحياة الضرورية في ظل الحروب والمنازعات الداخلية والإقليمية، التي حدثت عقب سقوط الحكومة المركزية. ولا يمكن أن يستقيم الأمر حتى تعود المياه إلى مجاريها ويستتب الأمن على جميع ربوع الوطن وإلا ...، كيف تتطور الأمور – بما في ذلك كتابة التاريخ – في بلد انهارت فيه كل مقومات البحث العلمي؟ سؤال وجيه، غير أنّه من المعلوم أنّه يصعب تقديم بحوث ودراسات تشفي العليل، وتصل إلى المستوى المرجو دون أن تتوافر عدة عوامل وأسباب لها علاقة بالبحث العلمي، ومن بين ذلك إيجاد دعم حكومي ومن صناع القرار في البلد، مثل أن تمدّ الدولة عن طريق مؤسساتها المعنية بالعون والمساندة في ذلك المجال؛ حتى يتمكن الباحثون والدارسون من تقديم تاريخنا على الوجه الكامل، إذ أنّه لا يمكن أن يقدم الباحثون والكُتَّاب دراسات على مستوى عال، إلا من خلال التعاون والدعم الكافي، وهذا العامل وغيره من شأنه أن يساعد في بلورة كتابة التاريخ وحفظه وعنايته، وبذلك يمكن أن تبرز حقيقة مستوى تاريخ الصومال وأهميته؛ لأنّ تطور كتابة التاريخ مرهون بتطور أفق المجتمع الثقافي ومساندته كما يقول ذلك الدكتور عبد العزيز الدوري: "إنّ تطور الكتابات التاريخية يكون جزءًا حيويًا من التطور الثقافي"[1]، سواء كان ذلك ثقافة الكاتب أو ثقافة المجتمع في مختلف مراتبهم ومسؤولياتهم.

____

(١) بحث في نشأة علم التاريخ عند العرب، عبدالعزيز الدوري، ص ٦٥.

فالروايات المبعثرة – في الأخبار والحديث والأنساب – صارت تُجمع من قِبَل الأخباريين والمحدثين بصورة شفوية، إلا أنّ التاريخ لم يظهر بصورة ثابتة، إلا عند بدء استعمال الكتابة لحفظ الأخبار والروايات.

وما وصلت إليه أوروبا من طفرة في الدراسات التاريخية في العصر الحديث، فمرده يكون مساندة الدول الغربية وصُنَّاع قرارها لهذا النوع من الدراسات والبحوث، وذلك بعد ما فتحت دور المحفوظات الأوروبية أبوابها لأهل العلم، فأخذوا يستخرجون كنوزها، وينشرونها على الناس، فكانت هذه الثروة الضخمة حافزًا لكثيرين على هذا الاتجاه نحو دراسات تكون الدراسات التاريخية أساسها، حتى حدث التطور الهائل في مجال البحث العلمي تجاه الدراسات التاريخية)[1].

أهمية تدوين التاريخ الشفهي:

التاريخ الشفهي مشهور ومعروف في كل مجتمعات العالم بشكل أو بآخر، ولا أحد يعرف متى وكيف بدأ هذا النوع من التاريخ، إلا أنّ بعض تلك الشفهيات أكثر رواجًا من غيرها، بحيث وجدت قبولًا، وتناقلها الناس جيلًا بعد جيل، ومع هذا لا يعدها بعض الباحثين ضمن منظومة المصادر التي تعتمد على التاريخ والأخبار. غير أنّه يبدو وجود ازدياد لأهمية التاريخ الشفهي واستعماله في الآونة الأخيرة، باعتباره مصدرًا تاريخيًا، بل ووصل الأمر إلى أن لقي رواجًا في الأوساط العلمية. ومهما كان الأمر فإنّ هذا النوع من المصادر لا يصل إلى مستوى المصادر الأخرى، التي يعتمد عليها الباحثون من حيث القوة والانتشار، ومع هذا ينبغي العناية به حتى يُستأنس، رغم أن بعض المؤرخين ينظرون إلى ذلك التراث نظرة غير جدية، ويعدونه ضربًا من الفنون الشعبية، لا يمكن الرّكون إليها. ويأتي الأدب الشفهي القديم إما قصيرًا أو طويلًا كملحمة أدبية، شعرية أو أدبية، وهي عبارة عن أدب نثري يُروى عن طريق الفم شفاهة، أو سرد كتابي في العصور المتأخرة، مثل مغامرات شخصية لأبطال شعبيين من التاريخ أو الأساطير الشعبية، بغض النظر عن المحتوى أو الشكل، وكذا الحكايات: مثل الحكايات العامّة، والمحلّيّة، والعائلية،

---

(١) حسين مؤنس: التاريخ والمؤرخون ... دراسة في علم التاريخ – ماهيته وموضوعاته ومذاهبه ومدارسه عند أهل الغرب، وأعلام كل مدرسة وبحث في فلسفة التاريخ، ومدخل إلى فقه التاريخ، دار المعارف، سنة ١٩٨٤م، القاهرة، ص ٦١.

والأساطير، والذكريات الشخصية. والتراث الشفهي له علاقة قوية بالتاريخ العام، وبالتالي يمكن تحويل هذا النوع من التاريخ إلى كتابة بدلًا من أن يظل على ذاكرة الناس، ومن هنا اهتمّ بالتاريخ الشفهي والمروي جلّ المحدثين والمؤرخين والأخباريين والأدباء والشعراء الأوائل، بحيث استفادوا من المصادر الشفهية، كما فعل البلاذري (ت ٢٧٩هـ)، والطبري (ت ٣١٠هـ)، والمسعودي (٣٤٦هـ)، وابن خلدون (٨٠٨هـ) وغيرهم.

وفيما يتعلق بالمؤرخين المسلمين الأوائل فإنّه اعتمدوا بشكل كبير على الروايات الشفهية عند تأليفهم كتبهم، ويكاد الشعر العربي الجاهلي برمته أن يكون شعرًا شفهيًا نشأ في وسط غنائي ويرجع الفضل إلى العلماء المسلمين الذين قنّنوا قواعد علمية للاستفادة من الروايات الشفهية، أصبحت تلك القواعد فيما بعد علومًا مستقلة مثل: علم الإسناد، وعلم الرجال، وعلم الجرح والتعديل، ومصطلح الحديث وغير ذلك. وليس معنى ذلك الاعتماد على التاريخ الشفهي دون غربلته وتمحيصه، بل ينبغي على المؤرخ أن يقوم على فحص الروايات الشفهية وتقويمها، ومعرفة الدوافع من ورائها، وكذلك طريقة تناقلها، مثل ما يعمل المؤرخ على المصادر الأخرى عند اعتماده على الحقيقة. ومن هنا على الباحثين جمع المادة التاريخية الشفهية من مصادرها الأصلية، ثم تصنيف ما تمّ جمعه وفهرسته، وبعد ذلك يستطيع الباحثون غربلة ودراسة أو تحليل ما تمّ جمعه وتصنيفه. وإنّ الأدب وخاصة بشقه النظمي ذي الوزن والموسيقى كالشعر والنظم أصبح إحدى المصادر التاريخية، بحيث يُعتمد عليه، ولدينا كثير من هذا النوع من المصادر، وضرب من الأخبار الشفهية. واهتمّ في الآونة الأخيرة بعض الباحثين في التاريخ الشفهي، وبذلك سخروا أقلامهم وإبداعاتهم بهذا المنحى، بحيث وضع بعض الكُتّاب مؤلفات تناولت حول ذلك[1].

---

(1) وعلى سبيل المثال فقد ألف السيد يان فانسينا كتابًا سماه: " المأثورات الشفهية، دراسة في المنهجية التاريخية"، ترجمه أحمد علي مرسى، القاهرة، دار الثقافة للطباعة والنشر، عام ١٩٨١م. جمع المأثورات الشفهية لسعد الصويان، الدوحة، مركز التراث الشعبي لدول الخليج العربية، ١٩٨٥م. ومناهج التراث والتاريخ الشفهي عند العرب لسيد حامد حريز، أبو ظبي، جامعة الإمارات العربية المتحدة، كلية الآداب، عام ١٩٩٢م. الرواية الشفهية بين مناهج التراثيين الشفهيين والمؤرخين التقليديين، لإبراهيم إسحاق، مجلة المأثورات الشعبية، العدد الثاني، يناير ١٩٨٩م؛ مبارك جعفري: التراث الشفهي وأهميته في الكتابة التاريخية، قسم العلوم الإنسانية جامعة أحمد دراية، أدرار،=

ضياع مصادر تاريخية:

ضاع كثير من مؤلفات لها علاقة بالتاريخ الصومالي وحضارته بعوامل كثيرة، غير أننا نذكر هنا فقط ثلاثة عوامل مختلفة:

- السيطرة البرتغالية على المنطقة وهجماتهم على بعض أجزاء جنوب بلاد الصومال، التي كانت غنية بمراكز تشع بنور العلم والمعرفة . ولا شكَّ أن ذلك له أثره السلبي في علمية الإنتاج، بعد اختفاء بعض المؤلفات والكتب؛ لأن البرتغاليين حين أحرقوا بعض هذه المراكز في براوة ومقديشو أحرقوا من ضمن ذلك بعض المخطوطات والكنوز العلمية التي كانت تزخر بها هذه المدن والمراكز. ومن هنا ما حصل للتراث من الإهمال والنهب والإتلاف من قبل الغزاة الأوروبيين سواء في فترة الغزو البرتغالي الذي غزا البلاد في أواخر القرن الخامس عشر الميلادي، من خلال محاولتهم للنزول على المدن الصومالية الساحلية واقتحامها، مثل براوة ومركة ومقديشو، فحينما أيقنوا شدّة مقاومة أهل البلاد، وأنهم غير راضين لاستقبالهم استقدموا المدافع على تلك المدن وأحدثوا تدميرًا وحرقًا للبلد، كما أنّهم تمكنوا من سرقة بعض الكتب التي كانت محفوظة في الخزائن في تلك الفترة بعد اقتحامهم لها، كما استطاع هؤلاء نهب وسرقة بعض هذه الكنوز القيّمة والمخطوطات النفيسة مثل ما عملوا في كلوة، حيث أخذوا منها كتابًا نفيسًا يؤرخ لتاريخ منطقة شرق أفريقيا وحضارتها الإسلامية، من ضمن الكتب والوثائق العربية العريقة، مثل الوثيقة العربية التي عثروها عليها عام ٩١٠هـ الموافق سنة ١٥٠٥م)[1].

- وفي عهد الاحتلال الأوروبي حدثت أيضًا أضرار جسيمة بالتراث الإسلامي والعربي في الصومال، حيث وقعت سرقات منظمة لبعض المكتبات العامة والخاصة. وأشار المؤرخون إلى بعض هذه الكتب التي وصلت إلى أيديهم، مثل: "كتاب الزنوج" الذي يُعدّ من أهم الكتب التاريخية والحضارية التي تؤرخ لبلاد

=الجزائر، التراث الشفهي وأهميته في الكتابة التاريخية، مجلة الدراسات التاريخية والاجتماعية، دورية أكاديمية دولية محكمة، تصدر عن كلية الآداب والعلوم الإنسانية، جامعة نواكشوط- موريتانيا، العدد ١١، سنة ٢٠١٦م؛ عبد الله بن إبراهيم العسكر: أهمية تدوين التراث الشفاهي كمصدر تاريخي" في رابط: https://arab-yes.ahlamontada.com/t356-topic.

(١) السيد حمدي سالم: مرجع سابق ١/ ٣٥٥.

الصومال خاصةً ومنطقة شرق أفريقيا عامةً. وهذا الكتاب وُجِد في مدينة مقديشو، وبالتحديد عند مكتبة قاضي مقديشو الشهير، الشيخ محي الدين أبو بكر بن مكرم، وذلك في عام ١٩٢٣م)[1]. وبلاد الصومال ليست شاذةً عن البلدان الإسلامية الأخرى التي حصلت بها عملية سرقة التراث. وما نشاهده اليوم من احتفاظ بعض الدول الأوروبية في مكتباتهم ومراكزهم البحثية، من الكتب الخطية من تراث عربي إسلامي، إنما يرجع إلى نتيجة ما ذكرناه، بالإضافة إلى عوامل الإغراء والثراء، نتيجة استفادة الحالة الاقتصادية السيئة والأوضاع المتردية لبعض البلدان في فترة الاحتلال.

– ثم كانت الطامة الكبرى للتراث في بلاد الصومال، عندما دخلت البلاد بحروب أهلية طويلة، حيث قضت هذه الحروب المجنونة على الكثير من المعالم الحضارية والمآثر الإسلامية والتراث العريق، فاحترقت الآلاف من خزائن المكتبات العامة والخاصة، ومن بين هذه المكتبات: المكتبة الوطنية والمتحف القومي ومكتبة الأكاديمية للعلوم والآداب، وعدد من المكتبات الحكومية والخاصة، كما مُزِّقَت كتبٌ لا تُعدّ ولا تُحصى، وهذا دليل واضح على أن قلة الإنتاج الفكري والعلمي في الصومال يرجع إلى نتيجة ما ضاع من التراث الضخم.

علاقة التاريخ بالعلوم الأخرى:

لقد توصل المؤرخون والباحثون بأنّ هناك علومًا كثيرة لها علاقة وطيدة بالتاريخ، سواء كان ذلك مباشرة أو غير مباشرة، وأنه لا يوجد علم قائم بذاته دون الاستناد إلى قضايا ومؤثرات أخرى أو علومًا وتخصصات أخرى.

ومن العلوم التي أثرت في علم التاريخ، بل وله علاقة وثيقة به هو: الحديث وعلومه، طالما نتناول مصادر التاريخ الصومالي فإنه من الفائدة أن نشير إلى أنّه كلما ذكر علم الحديث وعلومه وإسهامات المسلمين في ذلك، يفتخر أهل الصومال بأن لهم في ذلك فضل كبير، من خلال بعض أهل العلم، ولهم أصول في منطقة القرن الأفريقي الذين

---

(١) 251 – 231 pp , Gerulli: op. cit – وهذا المؤرخ الإيطالي جرولي قام بنشر هذه المخطوطة في ذيل كتابه من ص ٢٣١ – ٢٥١، ويظهر أن كثيرًا من معلومات كتابه اعتمد على هذه الخطوطة المهمة، كما ذكر ذلك نفسه .

برعوا في هذا الفنّ، بل ولهم إسهامات في ذلك، سواء كان هؤلاء بعض الزيالعة أو الجبرتية أو بعض المقدشاويين أو غيرهم، حيث يخطر ببالهم من أول الوهلة جهود هؤلاء المحدثين الأخيار، الذين ذاع صيتهم، وارتفع شأنهم في ذلك الفنّ، مثل المحدث المتقن البارع أبو محمد جمال الدين عبد الله بن يوسف بن محمد الزيلعي. وقد وضع لخدمة فنّ حديث رسول الله ﷺ وعلومه كتابًا سماه "نصب الراية في تخريج أحاديث الهداية". كما قام بجهود علمية تتعلق بعلم الحديث وضروبه المختلفة .

ومن هؤلاء أيضًا الذين خدموا أحاديث رسول الله ﷺ، الفقيه أبو عبد الله محمد بن علي بن أبي بكر المقدشي معيد البادرائية . ومن المحدثين الصوماليين الذين أثروا الحياة العلمية لا سيما فيما يتعلق بالحديث وعلومه، وكانت لهم مدارس خاصة، بل وتتلمذ على أيديهم نخبة من أهل العلم في العالم الإسلامي، الشيخ أبو علي ابن أبي بكر بن علي بن الحسين ابن أحمد بن يوسف بن أسد التميمي الجوهري المقدشي، ويعرف بابن البلوي، غير أنه اشتهر بنسبته إلى مقديشو)[1].

ويكفي فضل بعض المقدشاويين والزيالعة في الحديث وعلومه، أن كبار المحدثين في العالم الإسلامي مثل الحافظ ابن حجر العسقلاني والحافظ الذهبي أخذوا بعض شيء من علم الحديث من هؤلاء المقدشاويين أو الزيلعيين مباشرة أو عن طريق شيوخهم)[2]. وقال ابن حجر العسقلاني في كتابه (تبصير المنتبه بتحرير المشتبه): "وشيخنا أبو عبد الله محمد بن محمد بن أحمد شمس الدين المقدشي حدثنا عن ابن عبد الهادي..)[3].

وهناك جهابذة من أهل الصومال قدموا للحديث خدمات علمية منذ العصور الوسطى وحتى يومنا هذا، وقد أشرنا في ذلك أكثر من مكان)[4].

---

(١) ابن ناصر الدين الدمشقي، شمس الدين محمد بن عبد الله بن محمد القيسي (ت ٨٤٢هـ): توضيح المشتبه (في ضبط أسماء الرواة وأنسابهم وألقابهم وكناهم)، حققه وعلق عليه محمد نعيم العرقسوسي، مؤسسة الرساله، الطبعة الأولى، ١٤١٤هـ - ١٩٩٣م، ٨/ ٢٤٤ .

(٢) الذهبي: معجم الشيوخ "المعجم الكبير" ٢/ ٢٥١، مكتبة الصديق، تحقيق أستاذنا الدكتور / محمد الحبيب الهيلة ؛ وانظر أيضًا ابن حجر العسقلاني: الدرر الكامنة في أعيان المائة الثامنة ٢/ ٣١٠

(٣) ابن حجر العسقلاني: تبصير المنتبه بتحرير المشتبه ٤/ ١٣٨٤، المكتبة العلمية، بيروت، بتحقيق علي محمد البجاوي.

(٤) انظر على سبيل المثال: الثقافة العربية وروادها في الصومال – دراسة تاريخية حضارية، محمد حسين معلم علي . وانظر أيضا مقدمة كتاب معجم المؤلفين الصوماليين في العربية.

الفصل الأول
الصومال في العصور القديمة

- تمهيد.

- نزوح السكان الأوائل وأصولهم.

- ظهور اسم السومال "الصومال".

- علاقة الصومال بالعالم الخارجي قبل بعثة النبي ﷺ.

- المصريون القدامى وبلاد الصومال.

- علاقة الصومال بالصين ودول جنوب شرق آسيا.

- اهتمام الأمم الأخرى بالصومال.

- العلاقات الصومالية العربية في العصور القديمة.

تُعدُّ دراسة التاريخ القديم لأي بلد من البلدان من أصعب فترات البحث العلمي؛ لأنّ قيام دراسة فيما يتعلق بالعصور القديمة الغابرة ليست سهلة، لبعدها ولنذرة مصادرها، بل ولصعوبة فهمها وغموضها إذا وجدت بعض المادة العلمية، وبلاد الصومال ليست مستثنى من ذلك، بل ربما تكون أكثر تعقيدًا في ذلك لأسباب عدة منها فقدان بعض المخلفات والآثار التي كانت موجودة في المتاحف والمكاتب الحكومية قبل انهيار البلاد، بسبب النهب والسرقات التي حدثت بعد سقوط الحكومة المركزية وبالتالي انهار الأمن والاستقرار، وفشت الفوضى والحرب، بالإضافة إلى عدم وجود لغة البلاد الأصلية المكتوبة آنذاك، ومع ضعف استخدام اللغات المكتوبة الأخرى أو فقدانها كالعربية والفارسية والهندية. ورغم وجود هذه الأسباب وغيرها إلا أننا سوف نحاول أن نشير إلى المواضيع التاريخية في العصور القديمة، ثم تدليلها إلى المصادر التي ينبغي الاعتماد عليها، والوصول إلى نتيجة علمية إن أمكن.

نزوح السكان الأوائل وأصولهم:

الإشارة إلى ما سبق بأنّه ليس من السهل الدراسة حول المواضيع التي لها علاقة بسكان بلاد الصومال في العصور القديمة وأصولهم. ولكنه مما لا شك فيه أنّ الدراسات الانتربيولوجية تأخذ دورًا في ذلك، وقيام حفريات ثم دراسة تلك المخلفات على أيدي أهل الاختصاص والدراية، مع استئناس بعض البحوث والدراسات التي قام بها بعض الكُتّاب في هذا المنحى، وهي جديرة بالاهتمام بها ومليئة بمعلومات غزيرة، مما ييدوا بأن أصحاب تلك الدراسات بنوا دراساتهم على مصادر خاصة. ومن تلك الدراسات كتاب " ملامح صومالية من العصور القديمة " بقلم الكاتب الصومالي علي أحمد عبد نور المشهور بطرابلسي.

وهناك كتابان مهمان مكتوبان باللغة الصومالية:

الأول قام بتأليفه المرحوم/ السيد محمد إبراهيم محمد (ليقلقتو) في كتابه "تاريخ الصومال"

Taariikhdii Soomaaliya (dhulkii filka weynaa ee Punt)

والثاني وضعه السيد/ خالد علي غول ورسمة باسم " سلسلة تاريخ الصومال"

Taxanihii Taariikhda soomaaliyeed Jiska 1-2

وله كتاب آخر سماه "علاقة المجتمع الصومالي القديمة"

Xiriirkii hore ee bulshada soomaaliyeed

وتتحدث هذه الكتب الثلاثة عن أماكن نزوح بعض العناصر الصومالية القديمة قبل عشرة آلاف سنة، بحيث كان يعيش حول جبال القوقاز – التي يعتقد بأنها شمال أرض العراق "Persia" عناصر حامية – نزحوا فيها بعد إلى الغرب، وهؤلاء كانوا ثلاث عشائر: مصر، كوش و بوث. (قوت) . ولم يذكر الباحثون سبب هذا النزوح الكبير، ومن المحتمل أن عناصر أخرى – جاءوا من الشرق الأقصى – ودفعوا هؤلاء النزوح إلى جهة الغرب . فهذه العشائر الثلاثة هاجرت إلى شمال أفريقيا وبالتحديد أرض مصر، وفي ذلك الزمن السحيق لم يكن هناك فاصل مائي بين شمال أفريقيا والشرق الأوسط، بل كان ضحلًا غير عميق، سهل العبور، وبذلك تمكنوا من العبور بكل سهولة واستطاعوا الوصول إلى أفريقيا، واستراحوا حول ضفاف نهر النيل، ومكثوا هناك سنين طويلة أو عدة أجيال متعاقبة)[1].

ولا غرابة في ذلك، لأن القارة الأفريقية كانت تتصل بالعالم القديم عبر ثلاثة مداخل مختلفة وهي: مدخل مضيق جبل طارق، ومدخل شبه جزيرة سيناء، ومدخل مضيق باب المندب . ولا شك أن هذه الطرق والمداخل كانت تمثل جسر الاتصال بين القارة الأفريقية والعالم القديم، ولاسيما مدخل باب المندب. وبعد فترة طويلة هاجرت عشيرتان من العناصر الحامية إلى منطقة القرن الأفريقي، مثل مجموعة بوث (بونت) والتي منهم الصوماليون مع أورما وسدامو)[2].

ويذكر الباحثون بأن هذه الهجرة لم تكن هي الوحيدة التي وصلت إلى بلاد الصومال، وإنما كان هناك هجرات حامية توالت واحدة تلو أخرى على الصومال، واختلطت هذه العناصر الحامية بالسكان الأصليين في المنطقة مثل العنصر الزنجي القديم الذي سبق إلى المنطقة. ولمعرفة مزيد حول هذه الهجرات الأوائل يرجع إلى كتاب " الثقافة العربية

)1(Muhamed Ibrahim: op.cit , p10
)2(Muhamed Ibrahim: op.cit , p15

ورّوادها في الصومال، دراسة تاريخية حضارية)[1]. أما من حيث انتماء الصوماليين القدامى إلى أجناس الحاميين الشرقيين وتحديدًا العنصر الكوشي والذي يشمل أيضًا كلًّا من المصريين القدماء والبجة والبربر والنوبيين والغالا (الجالا) والدناكل (العفر)، فقد ناقش الأستاذ عبد المنعم عبد الحليم في " الجمهورية لصومالية الإقليم الجنوبي صوماليا "، كذلك تحدث الأستاذ حمدي السيد سالم في كتابه الضخم" الصومال قديمًا وحديثًا " في جزأه الأول)[2].

وحسب علمي لم تنشر علميًا دراسة حول النقوش المنحوتة على الجدران والكتابات القديمة، وكذا الآثار المتناثرة في أنحاء البلاد سواء كانت البنايات القديمة أو الكهوف والمعالم الأخرى والتي تدل على ما ذكرنا سابقًا، وعلى الرغم من قيام البعثة البريطانية العلمية التي قامت بحفريات في بعض المناطق الساحلية في سبعينيات القرن المنصرم، إلا أنَّ نتائج تلك الدراسات لم تصل إلى الأيدي الوطنية، وقد أخبرني وزير التعليم العالي والثقافة آنذاك الدكتور شريف محمد صالح بأن رئيس تلك البعثة البريطانية احتفظ بكثير من الآثار والمخلفات التاريخية والحضارية، دون أن يخبرنا أو يطلعنا عليها. ومهما كان الأمر فينبغي الاستعانة بعلم اللغات والآثار (انتروبولوجي) والبحث عن مخلفات الإنسان، إضافة إلى كتابات أجنبية للوصول إلى معلومات مبنية على نتائج يُرجى أن ترقى إلى القبول.

وعلى الرغم من أن مؤرخي العرب يميزون بين سكان الصومال وبين الشعوب الزنجية التي تسكن ساحل أفريقيا الشرقي الممتد جنوب صوماليا، إلا أن بعض الباحثين يرون أن عناصر حامية استقرت في منطقة القرن الأفريقي، وامتزجت بالعناصر الزنجية القديمة التي سبقتها إلى المنطقة، ونتيجة لهذا التصاهر ظهر جيل جديد يحمل سمات الاختلاط بين الجانبين ونشأ جيل أطلق عليه "البانتو" أي الخليط بين الجنسين .

---

(١) د. محمد حسين معلم علي: الثقافة العربية وروادها في الصومال، دراسة تاريخية حضارية، دار الفكر العربي، القاهرة، سنة ٢٠١٠م.

(٢) عبد المنعم عبد الحليم: الجمهورية الصومالية "الإقليم الجنوبي أو صوماليا، مكتبة الشرق بالفجالة، القاهرة، عام ١٩٦٠م، ص ١٧٢؛ حمدي السيد سالم: الصومال قديمًا وحديثًا، الدار القومية للطباعة والنشر، مقديشو، ١٩٦٣م، ١/ ٢٧٥.

وقضية نسب الصومال وجذورهم العرقية قد اختلف النسابون والأثريون والمتخصصون في علم اللغات، وبعض المؤرخين حولها، وذهبوا إلى عدة نظريات مختلفة. وأكبر دليل على ذلك ما وُجِد من شواهد وآثار ترجع إلى القرن الثاني عشر قبل الميلاد، نتيجة بعض الحفريات التي أُجريت، وكذلك العلاقات التاريخية القديمة بين بلاد بونت (الصومال) والمصريين القدامى، ولاسيما في عهد الملكة حتشبسوت ورحلتها للمنطقة في القرن ١٥ ق م، وما خلفته هذه الرحلة من النتائج والتقارير المصورة على جنبات حوائط تذكار فرعون أمون في دير البحر، وعلى جدران جناح كامل من معبد الملكة بالقرب من مدينة الأقصر، ويعرف ذلك" بجناح بونت ". ومن أهم نتائج هذه الرحلة، صلة القرابة والأصل المشترك، بين المصريين والصوماليين الأوائل بحيث ينتمون إلى أصل واحد، وأن كليهما من الجنس الحامي الذي قدم من آسيا منذ عقود، حتى وصلوا إلى منطقة القرن الأفريقي، ثم هاجر البعض منهم نحو الشمال واستقر في مصر)[1]. إضافة إلى العلاقة الفسيولوجية والعنصر الآدمي بين الجنسين، وكذا العلاقة الثقافية واللغوية بين هذه الشعوب. ومن الدلائل أيضًا التي تؤيد أن الجنس الصومالي ينحدر من العنصر الحامي، بعض الآثار التي وجدت في مناطق ميت (Meydh) وبربرا (Berbera)، وأماكن كثيرة في بلاد الصومال، وهذه النظرية ترى أن المجتمع لم يتغير، وإنما تغيرت أسماء السكان الأصليين.

وهناك نظرية ثانية يرى أصحابها أنهم ينحدرون من أصول عربية، وهذه النظرية تستند إلى آثار وجدت في مدن بنادر وزيلع، وهي مدن أسسها وسكنها العرب، بالإضافة إلى أحاديث شفهية غير مؤكدة رويت عن بعض الصوماليين، والتي توحي بأن أصل الصومال من العرب. وهذه النظرية لها صداها عند الباحثين وعند المجتمع الصومالي، حيث لا تجد قبيلة أو فئة إلا وتزعم بأنها تنحدر من أصل عربي قرشي، ومن الآراء من

)1(Muhamed Ibrahim: Ibid p. 16

وانظر محمد عبد الفتاح هندي: الصومال، دار المعارف، بمصر، سنة ١٩٦١م، ص ١٣، ٢٠؛ أحمد شلبي: موسوعة التاريخ الإسلامي والحضارة الإسلامية، مكتبة النهضة المصرية، القاهرة، الطبعة الرابعة، ١٩٨٣م، ٦/٦٥٨، ٦٥٩-٦٥٨، وانظر مجيب ناهي النجم: الصومال الجنوبي، منشورات وزارة الثقافة والإعلام لجمهورية العراقية، سنة ١٩٨٢م، ص١٣٧.

أرجعهم إلى سكان شبه الجزيرة العربية. ويؤكد هذا الزعم روايات عربية وصومالية ترجع أصل الصومال إلى أشراف العرب، الذين هاجروا من شبه الجزيرة العربية ولجأوا إلى الصومال.

ومن أهم هذه الروايات العربية، الرواية التي وردت في مخطوط قديم بعنوان "هجرة الجزيرة في فجر الإسلام وضحاه" من تأليف مؤرخ يمني يدعى محمد النجدي، وخلاصة هذه الرواية أن الصوماليين ينتسبون إلى عثمان بن محمد بن حنبل، الذي ينحدر من محمد بن عقيل بن أبي طالب العربي القرشي الذي هاجر إلى منطقة شرق أفريقيا في القرن الثالث الهجري[1]. ومن المسلَّمات عند أهل الصومال أنهم ينحدرون من سلالة عربية عريقة تنتسب إلى بيت الرسول ﷺ، وهو خبر شائع تتناقله الأجيال عبر التاريخ حتى صار من المسلَّمات التاريخية التي توارثتها الأمة، وإن كان لا يوجد شيء يبرهن على هذا الادعاء. ومن القبائل الصومالية التي تنتمي إلى سلالة عربية صريحة النسب قبائل سمالي[2] وهي تسعة فروع كبيرة، وهذا الأمر يطابق ما أورده المؤرخ اليمني محمد النجدي المشار إليه آنفًا، من أن عثمان بن محمد عندما استقر في الصومال تزوج فتاة حامية وأنجب منها تسعة أولاد تسلسلت منهم القبائل الصومالية[3].

---

(١) نقلًا عن عبد المنعم عبد الحليم: الجمهورية الصومالية، مرجع سابق ص ١٧١؛ عيدروس بن الشريف علي العيدروس النضيري العلوي: بغية الآمال في تاريخ الصومال، مطبعة الإدارة الإيطالية الوصية على صوماليا بمقديشو في ١٢ شوال ١٣٧٤هـ الموافق ٤ يونيو ١٩٥٥م، ص ٢٧٩ - ٢٨٠؛ وانظر الشيخ أحمد عبد الله ريراش: كشف السدول عن تاريخ الصومال وممالكهم السبعة، طبع بمطابع الدولة للطباعة بمقديشو ١٩٧٤م ص ١٢-١٤؛ محمد حاج مختار: تاريخ الاستعمار الإيطالي في الصومال ص٣، ومن الغريب لم أجد من أطلع هذا المخطوط المذكور آنفًا حتى الآن من قبل الباحثين، بل يكتفون بإشارته فقط.

(٢) يذكر المتخصصون في علم الأنساب الصومالية بأن هذا الشخص تفرع منه تسع عشائر وهم: إرر (Irir)، مقر (Maqarre)، غرطيري (Gardheere)، ميل (Mayle)، كرور (Kuruurre)، غرير (Gariirre)، حمر (Hamarre)، حرير (Hariirre)، و يابور (Yaabuur). الجدير بالذكر أن كرور، وحرير انقرضوا ولا يعرف أين انتهى فروعهم. انظر الشريف العيدروس: مرجع سابق ص ٢٨٨.

(٣) عبد المنعم عبد الحليم سيد: الجمهورية الصومالية، مرجع سابق ص ١٧١؛ الشريف العيدروس: مرجع سابق ص ٢٧٩ - ٢٨٠.

ومن خلال قراءة الوثائق والمخطوطات المحفوظة لدى بعض الأسر في مقديشو نلاحظ أن بعض أسر وقبائل ومجموعات ترجع جذورها إلى أصول عربية قدمت إلى الصومال منذ زمن سحيق، ومن بين هذه القبائل، قبائل رير حمر (كتلة حمروين Reer xamar) التي تقطن في المدن الساحلية فقط مثل: مقديشو، مركة، وبرواة ... وهذه القبائل قد تصوملت وإن كانت لم تندمج اندماجًا حقيقيًّا مع أهل الصومال الأصليين بسبب حرصهم على المحافظة على أصالتهم العربية السامية، وإن حدث شيء منها بالتغيير. والمتمعن فيهم يستطيع أن يميز بينهم وبين الصوماليين الأصليين رغم قدوم الأوائل قبل قرون عديدة لا تقل عن سبعة قرون. وكل من يدخل في أحياء حمروين وشنغاني في مدينة مقديشو وكذا مدن مركة وبراوة يلاحظ أصالة عروبة هؤلاء وملامحهم العربية السامية كما يلاحظ البنايات الطويلة المبنية على الطراز العربي الإسلامي الأصيل.

ومن هذه الهجرات الجماعية هجرة تسع وثلاثين قبيلة، منها اثنتا عشرة من الجدعاني (الزهريون الشاشيون من ذرية زهرة بن كلاب) وست من الإسماعيلي (الشائخ الكندرشيون) من بني يحي بن كلاب بن مرة، وست من العقبي (درقبية) ذرية عقبة بن عامر من بني تيم بن مرة، وثلاثة من العفيفي (جدمني) من بني مالك بن مدركة بن إلياس، اثنتا عشرة من القحطانيين (من بلد المقري بصنعاء) من بني وائل بن حجر . وأتت بعد ذلك قبيلة آل المخزومي ذرية الشيخ عبد العزيز محمد بن أبو بكر المخزومي (صاحب المنارة الكائنة بقرب ميناء مقديشو القديم)، ثم أتى السادة من حضرموت واليمن منهم آل أهدل وآل جمل الليل وآل النضير (نسبة إلى محمد بن النضير)، وأتت أيضًا قبائل أخرى مثل آل العمودي وآل با صديق وآل با مختار وآل با حميش وآل فخر الدين وآل شمس الدين وآل وائلي وآل باجمال وآل الأموي وآل الحاتمي وآل شاوس بن على)[1]. ويمتاز آل حمر أو المجموعة البناذرية بأنهم يحتفظون الوثائق والكتابات القديمة التي توضح إلى أنسابهم، بل إنّه يقل عالم ألف كتابًا من هذه المجموعة لم يذكر من أين ينحدر أصلًا، بخلاف غيرهم من أهل الصومال.

---

(١) الشيخ محمد أحمد محمود (الشيخ أبا): مجموعة من أسئلة وأجوبتها حول تاريخ الصومال الجنوبي، (مخطوط) ص ٣- ٤؛ وانظر: الشريف العيدروس: مرجع سابق ص ٤٢ - ٤٣.

ومع هذا كله يترجح لدينا أن غالبية أهل الصومال حاميو الأصل، وإن كانت قد دخلت في كثير منهم الدماء العربية نتيجة الهجرات العربية والعلاقة المتينة، التي كانت بين أهل الصومال السكان الأصليين للمنطقة، وبين العرب الذين هاجروا إلى المنطقة بالعوامل الدينية والسياسية والاقتصادية، حيث ترك العرب منذ وقت مبكر أثرًا بالغًا على جميع أنماط الحياة الصومالية عبر العصور، ولاسيما بعد دخول الإسلام في المنطقة ووصوله إليها. وهذا الأمر ساعد على امتزاج العنصرين امتزاجًا قويًا، حتى نتج عنه بمرور الزمن الجنس الصومالي على الرغم من أن الاختلاط والامتزاج لم يكن بدرجة واحدة في كافة المناطق على وتيرة واحدة)[1].

ومهما كان فإن ما ذكرناه من الآراء أو نقلناه من الأقوال، توحي بأن أصل الصومال ينحدر من عنصر سامي عربي قرشي، غير أن كثيرًا من الباحثين لا يرون صحة تلك النظرية القائلة بالأصل السامي والجذور العربية للصوماليين، وأن بعض المتخصصين في علم الأجناس والاجتماع يخالفون هذه الفكرة جملة وتفصيلًا، بل ويتشككون فيها، وقد أشار بعضهم إلى أن الصوماليين من الناحية العرقية والثقافية ينتمون إلى المجموعة العرقية الحامية)[2].

أما ادعاء انتساب بعض القبائل الصومالية وانتسابها إلى أصول عربية، إنما يعود إلى حب الصوماليين للنبي ﷺ وذريته البررة، وتمسكهم العميق بالدين الإسلامي، بدليل أن القبائل لا تنتمي إلا لآل بيت النبي ﷺ، ويضاف إلى ذلك العلاقات التاريخية بين الصومال والجزيرة العربية التي ساعدت على انتشار الدين الإسلامي وثقافته في الصومال)[3]؛ لذلك فإنه من الصعوبة تصديق تلك الروايات الشفهية التي تتحدث عن الأصل العربي للصوماليين؛ لأنها تحتوي على القليل جدًا من المادة التاريخية التي يمكن الاعتماد عليها، كما ذكر ذلك بعض العلماء المتخصصين في علم الأجناس)[4].

---

(١) مجيب ناهي: مرجع سابق ص ١٣٨.

(٢) محاسن عبد القادر حاج الصافي: المسألة الصومالية في كينيا، دار هايل للطباعة والنشر، سنة ١٩٩٨م ص ٤،٦.

(٣) مرجع نفسه ص ٤؛ وانظر أحمد شناوي وآخرون ٤٤٦/١٤.

(٤) محاسن: مرجع نفسه ص ٤ - ٥.

وهناك نظرية أخرى توحي بأن أصل الصومال يرجع إلى أفريقيا)[1]. وبتحديد من جنوب أثيوبيا، مثل أروميين (الغالا) الذين هاجروا معًا إلى موطنهم الحالي.

كما أنّ هناك من ذهب إلى أصل الصومال هنود ينحدرون من القارة الهندية، ومن هؤلاء صاحب كتاب (رحلة الحبشة من أستانة إلى أديس أبابا) حيث يرى بأنّ أصل أهل الصومال قوم ليسوا من أفريقيا بل هم هنود، وكان في القرن الحادي عشر الميلادي قد جاء أحد رجال الهند بحرًا بجيش عظيم على مضيق باب المندب وغلب ساحل جزيرة العرب ومرّ من هناك على البر الغربي واستولى على ساحل أفريقيا واستوطن هناك هو وجنوده، ومن هنا يرى بأنّ أهل الصومال هم من سلالة هؤلاء الجنود)[2].

ولا أحد يستغرب أنّ بعض المجموعات لهم أصول في القوميات الأورمية، كما أنّه يمكن أن يكون لبعض الأسر تنحدر من القارة الهندية ذات الكثافة السكانية بحكم الجوار والعلاقات التاريخية، ولكنه من الصعب التصديق على أنّ أهل الصومال قاطبة لهم أصول مشتركة وينحدرون من أصل واحد، على الرغم من أنّه حصل فيما بعد اندماج قوي وامتزاج شديد بين السكان، وبالتالي تكوّن هذا الشعب ذات ملامح مشتركة.

ظهور اسم السومال " الصومال":

ويتضح مما سبق ذكره أن اسم "الصومال" المعروف حاليًا بجمهورية الصومال لم يرد ذكرها على ألسنة الأمم والطوائف السابقة، كما أنه لم تذكر المصادر العربية في العصور الوسطى، والتي نقلت إلينا معلومات مهمة تتعلق بتاريخ الصومال السياسي والحضاري والثقافي والاقتصادي، رغم أن هذه المصادر ذكرت بإسهاب بعض المدن والموانئ الصومالية مثل زيلع، بربرا، حافون، مقديشو، مركة و برواة، ولعلنا نستشف من ذلك بأن اسم الصومال لم يكن معروفًا في تلك الأزمة، رغم شهرة المدن الساحلية التي ذكرناها آنفًا، وقد أشرت إلى ذلك في كتابي " الثقافة العربية وروادها في الصومال.

---

(١) أحمد برخت ماخ: وثائق عن الصومال والحبشة وأريتريا ص ٢٣؛ وانظر د/ حسن حسين الخولي: أنماط تحركات السكان في الصومال، المهاجرون واللاجئون، ص ٢٩٤ (ضمن بحوث كتاب المسح الشامل لجمهورية الصومال)، ص ٢٨٤.

(٢) صادق باشا المؤيد العظم: رحلة الحبشة من الآستانة إلى أديس أبابا ١٨٩٦م، ط/ ١، دار السويدي للنشر في أبوظبي، والمؤسسة العربية للدراسات في بيروت، ٢٠٠١م.

إذًا متى ظهر اسم الصومال كمصطلح جغرافي يدل على الموقع الحالي للمنطقة، أو يدل على القاطنين من بني الإنسان في هذا الموقع؟ . بعد تتبع عدد من المصادر العربية – ولا سيما الجغرافية منها – نجد أن اسم الصومال ورد في أول مرة في أواخر القرن التاسع الهجري، الخامس عشر الميلادي، ففي كتاب " ثلاث أزهار في معرفة البحار " لشهاب الدين أحمد بن ماجد النجدي)[1]، (ت ٩٢٣هـ/ ١٥١٧م)، نجد اسم السومال – بالسين – مذكورًا في أرجوزته)[2].

والحقيقة أن أحمد بن ماجد لم يقتصر في ذلك، وإنما أورد في خريطة العالم التي رسمها وخططها بنفسه اسم سمالي فيها)[3].

وأن أحمد بن ماجد استخدم اسم السومال – بالسين – بكثرة في كتابه: " الفوائد في أصول علم البحر والقواعد والفصول "[4]، كما أنه أورد أغلب المدن الصومالية الساحلية الواقعة على البحر الأحمر أو المطلة على المحيط الهندي. وجاء بعد ابن ماجد بحار ماهر يطلق عليه سليمان بن أحمد)[5] المهري (٩٦١هـ / ١٥٥٤م) الذي أكثر من

---

(١) شهاب الدين أحمد بن ماجد السعدي النجدي، أشهر ربان في زمانه، وأهدى الناس في البحار وطرقها بين الهندي وجزيرة العرب وأفريقيا، وكان مع ذلك صاحب تآليف متعددة في طرق البحار والأمور الملاحية نثرًا ونظمًا. وله حاوية الاختصار في أصول علم البحار ألفها ٨٨٦هـ / ١٤٤٢م. انظر: ترجمته عمر رضا كحالة: معجم المؤلفين، مؤسسة الرسالة، ط/ ١، بيروت، عام ١٤١٤هـ/ ١٩٩٣م، ٢٣٤/١.

(٢) أحمد بن ماجد: ثلاثة أزهار في معرفة البحار ص ٤٢، تحقيق ونشر تيودور شوموفسكي، ترجمة وتعليق د/ محمد منير مرسي، عالم الكتب، القاهرة. وانظر: تعليق المترجم على هذا البيت من الأرجوزة حيث قال: سمالي: الصومال وهي المنطقة الشرقية للساحل الأفريقي للمحيط الهندي، وتعرف أيضًا بر العجم تمييزًا لها عن بر الزنج، وهي كينيا وتنجانيقا وموزمبيق . ص ١٦٢، من الكتاب .

(٣) راجع الخريطة من الملحق العاشر من كتاب ثلاث أزهار في معرفة البحار

(٤) الفوائد في أصول علم البحر والقواعد والفصول، تحقيق وتحليل إبراهيم خوري، بغداد، سنة ١٩٨٩م، وانظر الصفحات التالية: ١١٩، ١٢٣، ١٧٥، ١٧٦، ١٨٧، ٢١٠، ٢١٨، ٢٢٩ .

(٥) سليمان بن أحمد بن سليمان المهري، فلكي، ربان بحري، ويدل اسمه على أصله، وينتمي إلى الفرقة المحمدية المعروفة، كما أشار بنفسه وهو من المدرسة البحرية الجنوبية، وله مصنفات عديدة، ومن مؤلفاته النثرية:
أ– العمدة المهرية في ضبط العلوم البحرية.
=

استخدام اسم السومال – بالسين – ولاسيما في كتابه "العمدة المهرية في ضبط العلوم البحرية"[1]، و" شرح تحفة الفحول في تمهيد الأصول في أصول علم البحار"[2] .

ويشير بعض الباحثين إلى أن اسم الصومال ظهر في القرن الخامس عشر الميلادي على لسان أحد الشعراء الأثيوبيين في أنشودة حبشية تخلد انتصارات النجاشي إسحاق (١٤١٤ – ١٤٢٩م) على إحدى السلطنات الإسلامية في منطقة القرن الأفريقي، وهي سلطنة إفات. ثم بعد ذلك ترددت كلمة الصومال كثيرًا في كتابات المؤرخين الذين جاءوا بعد تلك الفترة، ولا سيما في كتاب المؤرخ الشهير عرب فقيه، ومهما كان الأمر فإن الباحثين اختلفوا حول مدلولية كلمة الصومال ومؤدّاها الحقيقي، كما أنهم اختلفوا في أصل الكلمة. فمنهم من ذهب إلى أن الكلمة مأخوذة من كلمة "سمل" العربية، وكانت تطلق على أحد زعماء القبائل الصومالية لأن سمل "فقأ" عين[3] أخيه[4] . وهذا بعيد الاحتمال والظاهر أنه نوع من التفسيرات اللغوية التي يلجأ إليها الناس عادة

=ب– المنهاج الفاخر في علم البحر الزاخر .

جـ– رسالة قلادة الشموس واستخراج قواعد الأسوس .

د– تحفة الفحول في تمهيد الأصول في علم البحار .

هـ– كتاب شرح تحفة الفحول في تمهيد الأصول في أصول علم البحار .

وسليمان المهري لا يعرف سنة وفاته ولكن من المؤكد أنه كان حيًّا عام ٩١٧هـ الموافق عام ١٥١١م، انظر ترجمته الوافية إبراهيم الخوري: في مقدمة الكتاب العمدة المهرية، بغداد ص ٧ – ٨؛ عمر رضا كحالة: معجم المؤلفين، مصدر سابق ١ / ٧٨٥ .

(١) سليمان المهري: العمدة المهرية في ضبط العلوم البحرية، ضمن موسوعة (العلوم البحرية عند العرب)، دمشق، مجمع اللغة العربية، ١٣٩٠ – ١٣٩٢هـ / ١٩٧٠ – ١٩٧٢م، صفحات: ٤٨، ٨٦، ٨٧، ٨٨ .

(٢) سليمان المهري: شرح تحفة الفحول في تمهيد الأصول في أصول علم البحار، تحقيق إبراهيم خوري، بغداد، ص ٩٥، انظر شروح وتعليقات المحقق في صفحات التالية: ٥٦١، ٥٦٤، ٥٦٨، ٥٦٩ .

(٣) انظر ابن منظور: لسان العرب ١١ / ٣٤٦، في كلمة "سمل"، دار صادر، بيروت، الطبعة الثالثة ١٤١٤هـ – ١٩٩٤م .

(٤) انظر محمد مختار: مرجع سابق ص٢، نقلًا عن: R . Burton: First Footsteps in East Africa , Routledge & Kegen, London 1966, p,87.

لتفسير ما غمض عليهم من الأشياء، وأن الغمر من الشائع في تاريخ أية مسألة صومالية أعطى الفرصة لجميع المغرضين أن يمدوا أيديهم ويدخلوا فيه ما يشاءون)[1].

وهنا من يرجع أصل الكلمة إلى أحد مصدرين، أو إلى الاثنين معًا، وهما وادي شمايل الموجود في عمان في جنوب شرق الجزيرة العربية أو وادي صومل الموجود في اليمن على مسافة من صنعاء، وفي هذه الحالة يكون هذا الاسم في صورته المحرفة قليلًا، قد جاء مع جماعات عربية جاءت إلى الإقليم)[2]. ولكن المصدر الأول بأن صومال جاء من نسبة إلى وادي شمايل الموجود في عمان هو بعيد الاحتمال؛ لعدم وجود توافق أو تقارب بين الكلمتين، ولا يوجد أحد ذكر ذلك من الرحالة والجغرافيين، كما أنه لم ينقل هذا الأمر أحد من أهل عمان أو الصومال رغم العلاقات التاريخية القديمة بين البلدين، وتبادل الهجرات عبر التاريخ ولا سيما الشق الجنوبي من البلاد التي استمرت فيها هذه العلاقة حتى العصر الحديث.

أما الاحتمال الثاني (المصدر الثاني) الذي يرجع اسم الصومال إلى وادي صومل الموجود في اليمن، فأول من ذكر ذلك فهو الكاتب عبد المنعم عبد الحليم حيث قال: "تبين لي عند ما كنت أعمل ببلاد اليمن أنه يوجد فعلًا واد يسميه اليمنيون وادي "صومال" أو بالأصح وادي "صومل" وهو واد صغير يقع على خط عرض ١٦ درجة شمالًا تقريبًا، على مسيرة ثلاثة أيام شمال غرب صنعاء عاصمة اليمن، وبالقرب من بلدة تسمى "شهارة" في لواء (مديرية) حجة. ويروى أن وادي صومل هذا نبع صغير أو "غيل" كتعبير اليمنيين، يبلغ طوله خمسة كيلو مترات تقريبًا. ويقول سكان وادي صومل إن اسمه يرجع إلى أيام دولة حمير، وهي دولة قديمة حكمت اليمن من القرن الثاني قبل الميلاد إلى القرن السادس بعد الميلاد. أما أن هذا الوادي هو موطن صومال جد الصوماليين فهذا ما لم أعثر في اليمن على دليل قاطع يثبته"[3]. والحقيقة أنه لا يوجد دليل

---

(١) انظر محمد مختار: المرجع نفسه ص٢.

(٢) عبد الفتاح مقلد الغنيمي: مرجع سابق ص ٢٠.

(٣) عبد المنعم عبد الحليم: الجمهورية الصومالية، مرجع سابق ص ١٧١.

قاطع حول هذه المسألة، ولا سيما أن المصادر العربية أوردت كلمة السومال – بالسين – وليس بالصاد (الصومال)[1].

أما ما أورده ياقوت الحموي في معجمه من لفظ "سمال"، فذكر أنه اسم موضع دون أن يحدد أو يشير إلى موقعها. والأرجح أنها في بلاد العرب؛ لأنها وردت في شعر ذي الرّمة كما ذكر ذلك ياقوت نفسه[2].

وهناك إقليم كردي يقع في بلاد الفرس قرب الحدود التركية يسمى "صوماى" ومعناه في الكردية المنظر، ومعنى صوما في الفارسية: (النهاية، الآخر، الطرف)[3]، وعلى الرغم من أن هجرة حامية كبيرة حدثت حول الجبال القوقاز في شمال العراق قبل عشرة آلاف سنة[4] – وفي القرون الوسطى – إلا أنه لم يثبت أنهم نقلوا أسماء بلدانهم إلى منطقة الصومال، على غرار ما حدث في بعض أسماء المدن والقرى الصومالية التي ترجع أصولها ونسبتها إلى شبه الجزيرة العربية والعراق والشام[5].

ويحاول البعض في تفسير كلمة الصومال بأنها محرفة من كلمة حبشية "سوماهة"، أي الكفار، وهي التسمية التي أطلقها الأحباش على الصوماليين إبان الصراع الإسلامي المسيحي، بقيادة الإمام أحمد بن إبراهيم جران لبلادهم، ولا شك أن هذه الرواية تحمل في طيّاتها ما يهدمها؛ لأن كلمة الصومال عرفت قبل زمن الإمام أحمد جرات[6].

وقد تواترت عدة تفسيرات لكلمة الصومال بين الكُتّاب، ومن بين هذه التفسيرات، أن الكلمة مكونة من مقطعين صوماليتين هما: "سما" أو "سمى" بمعنى الرمح، و"ل" ومعناه "ذو" أي صاحب، ومعنى اللفظ كله ذو الرمح أو صاحب الرمح إشارة إلى السلاح الغالب عند الصوماليين في تلك الأزمنة السحيقة.

---

(١) انظر تلك المصادر مثل كتاب الفوائد في أصول علم البحر والقواعد والفصول، لأحمد بن ماجد، تحقيق وتحليل إبراهيم خوري، سنة ١٩٨٩م، صفحات ١١٩، ١٢٣، ١٧٥، ١٧٦، ١٨٧، ٢١٠، ٢١٨، ٢٢٩؛ سليمان المهري: مصدر سابق، صفحات: ٤٨، ٨٦، ٨٧، ٨٨ .

(٢) ياقوت الحموي: معجم البلدان، دار صادر، بيروت – لبنان، ١٣٩٧هـ/ ١٩٧٧م.

(٣) انظر أحمد الشناوي: دائرة المعارف الإسلامية، القاهرة – مصر، ١٤/ ٤٥٤.

)4(Muhamed Ibrahim: op.cit ,p. 10

(٥) مثل القرى الصومالية: بغداد، بصرة، مصر، البلد الأمين، وغير ذلك في أقاليم شبيلي السفلى .

(٦) محمد مختار: مرجع سابق ص ٢ - ٣ .

وهنالك تفسير آخر لكلمة الصومال فتقول بعض الروايات بأن "صومال" هو الجد الأكبر للصوماليين .

غير أن بعض الباحثين يرون إلى ما تناقل به الصوماليون عبر الأجيال من أن كلمة الصومال مركبة ومكوّنة من كلمتين صوماليتين هما: "سو" بالسين بمعنى "اذهب" وكلمة "مال" أي احلب، إذًا فيكون المعنى "اذهب واحلب المواشي"، ولعل هذا التفسير يكون أصح وأقرب التفاسير إلى الصواب، وخاصة أن المجتمع الصومالي كان مجتمعًا ريفيًا رعويًا يعتمد في حياته على هذه الحرفة، وأن الحليب هو الغذاء الرئيس لهم وأفضل ما يقدم للضيف)1(.

وهناك من لا يوافق على ما سبق ذكره، بل ويرى أن الكلمة – سواءً كانت اسمًا أو لقبًا– لفظ من ألفاظ العرب، وليس فعلًا ولا عجميًا كما يفهم البعض. بل ويفترض بعض هؤلاء بأن جذور الكلمة ترجع إلى سمال Samaale الذي يطلق على ذكور الصوماليين، ولاسيما في القرى والأرياف حتى الآن، وأنها جاءت جذور (سمان Samaan) أي بمعنى الطيبة والحسنى، ومثل ذلك من الألفاظ في الصومالية كثيرة كما يلي:

[سماتر Samatar، سمود Samawade، سموله Samalaho، سمال Samaale])2(.

وعلى الرغم من أنه لا أحد يستطيع تحديد الفترة الزمنية التي أطلقت فيها هذه الكلمة على البلاد والعباد القاطنين فيها، إلا أنه من المتفق عليه علميًا أن كتابتها الصحيحة هي "السومال" بالسين، وليست "الصومال" بالصاد، نظرًا لعدم وجود حرف الصاد في الأبجدية الصومالية حتى الآن، قبل تدوين اللغة الصومالية أو بعدها، إضافة إلى أن المصادر العربية التي ذكرت اسم البلاد أوردته السومال)3(، وبذلك يكون الاسم الحقيقي

------

(١) محمد مختار: مرجع سابق ص٤.

(٢) الشيخ أحمد عبد الله ريراش: مرجع سابق ص ١٥؛ وانظر , Ahmed hange: Dhulkii Udgoonaa Muqdisho–.13 P , Somalia .

(٣) ارجع إلى ما سبق ذكر من ذلك .

لهذا الشعب الذي يقطن في منطقة القرن الأفريقي "سمالي" واسم بلاده "سماليا"، واسم "الصومال" دخيل غير أصيل ولا وجود له في التاريخ)1[.

علاقة الصومال بالعالم الخارجي قبل بعثة النبي ﷺ:

تُعدّ الدراسة في التاريخ الصومالي القديم وعلاقته بالعالم الخارجي من القضايا التي لا زالت غامضة، تشغل بال الباحثين الصوماليين وغيرهم، الذين يريدون التعمق في معرفة ماضيهم التاريخي العريق. ولاشك أنه من الصعوبة بمكان الحديث عن تاريخ الصومال وعلاقته الخارجية مع العالم القديم على وجه الدقة، وذلك لندرة المعلومات في هذا الجانب، على الرغم من أن هناك تقارير ومحاولات لبعض البعثات العلمية الحديثة لكشف المعلومة من خلال الآثار، والمكنون الحضاري الذي من خلاله يمكن الوقوف والاستدلال على العالم القديم، وبالذات تاريخ بلاد الصومال وحضارته في العصور الغابرة.

لذا سوف تعتمد دراستنا هنا على تلك المعلومات التي ذكرها المصريون القدامى والأمم الأخرى – عن الصومال، إبان علاقاتهم به ومن خلال ما دوّنوه. ولا شك أن ذلك سوف يكون أقوى ما نستند إليه)2[، وخاصة إذا عرفنا أن المصادر لم تعطنا ما يشير إلى أن السكان الأوائل لساحل شرق أفريقيا بصورة عامة والساحل الصومالي بصورة خاصة قد عرفوا نوعًا من الكتابة الخاصة بهم، أو استخدموا كتابة مستعارة لتسجيل أحوالهم)3[.

---

(١) عبد القادر علسو عسبو (دنان): مقالات عن التاريخ السمالي، (غير منشور) وانظر محمد مختار: مرجع سابق ص٤، عند مناقشته بذلك في هامش رقم (١)، علمًا أننا – تناولنا هذه المعلومات في كتابنا "الثقافة العربية وروادها في الصومال" فصله الأول.

(٢) أما البحوث والدراسات التي أجريت في بلاد الصومال ونتائجها ولاسيا فيما يتعلق بالمدن الساحلية القديمة (مثل: مقديشو، مركة، براوة، بربرا، زيلع وورشيخ ...) من تنقيب وحفريات، التي كانت في حوزة المراكز الوطنية أصبح مآلها إلى ضياع، إلا نذر يسير نتيجة الانهيار الثقافي والحضاري الذي صاحب الحروب الأهلية الصومالية عام ١٩٩١م، وما بعده عقب سقوط الحكومة الصومالية.

(٣) انظر على أحمد نور: مرجع سابق ص ٥١.

المصريون القدامى وبلاد الصومال:

من المعلوم أنّ رحلات المصريين سجلت لنا معلومات تاريخية في غاية الأهمية، ونستطيع أن نقرأ هذه المعلومات من النقوش المختلفة التي تركها المصريون القدامى، في قالب ثقافي حضاري يجمع لغة واضحة وإبداعًا فنيًّا وثقافة عالية من حيث الفن والمعمار، على الرغم من بُعد الزمان والمكان، حيث تكشف مكامن حضارة قوم ولوا، لهم سماتهم الحضارية وعلاقتهم الثقافية والاقتصادية والسياسية ولهم دور رياديّ في التاريخ الثقافي والحضاري في العالم القديم، ولا شك أن قيمة هذه الآثار والنقوش تكمن في كونها تكشف النقاب عن فترة من تاريخ بلاد الصومال القديم، والتي من الصعب العثور عليها، والحقيقة أن هذه الآثار الأصيلة تعدّ أهم مصدر يؤرخ لتلك الحقبة التاريخية، وأنها بدون أدنى شك تُلقي في ظلالها شعاعًا قويًا على دياجير الظلام فتنيرها، بل وتساعدنا على جلاء هذا التاريخ العميق وإدراك كنهه، وبفضل تلك المصادر نستطيع أن نعلم بقايا حضارة ولَّت، وأن نصل إلى ما لم نكن نعلم عنها. بل إن بعض المعلومات في هذه الفترة لا يمكن التعرف عليها إلا من خلال الاعتماد الكلي تقريبًا على المصادر الخارجية من الأمم السابقة، فمثلًا عندما نتحدث عن البعثة التجارية التي أرسلتها الملكة حتشبسوت إلى الصومال، ينبغي أن نرجع إلى ما قدمت لنا هذه البعثة، من إسهام حضاريّ عظيم بما حوت تقاريرها المفصلة الوافية عن تلك البلاد من تضاريس ومناخ ونباتات وحيوانات، وسكان وأسلوب حياة، وهكذا أصبحت تقارير هذه البعثة هي حجر الزاوية في معرفة ما كان يدور في الأرض الصومالية من نشاط في تلك العصور السحيقة[1].

ونضرب مثلًا على جدران معهد الملكة حتشبسوت بالدير البحري، يوجد قصة الرحلة البحرية التي أرسلتها إلى بلاد بونت لجلب بعض منتجات هذه البلاد، خاصة البخور، وبعض الأشجار لزراعتها في حديقة معبدها، ولا شك أن هذه المعلومات

---

(١) فوزي مكاوي: الصومال في العصور الوسطى، ضمن بحوث كتاب المسح الشامل للجمهورية الصومال الديموقراطية، معهد البحوث والدراسات العربية، التابع للمنظمة العربية للتربية والثقافة والعلوم، بغداد، ١٩٨١م، ص ٣١.

والصور عن بلاد بونت تعتبر مصدرًا هامًا لتاريخ بلاد الصومال القديم ولاسيما علاقتها مع العالم القديم مثل عهد المصريين القدامى)[1].

والحقيقة أن جذور العلاقات الصومالية المصرية تمتد إلى عصور ما قبل التاريخ واستمرت في أغلب الأدوار التاريخية مع وجود فترات انخفاض وتطور حسب حالة عوامل الاتصال والظروف السياسية والاقتصادية. ويرى بعض الباحثين من خلال قراءتهم هذه العلاقة عبر التاريخ بأدوارها المختلفة تقسيمها إلى عدد من المراحل الرئيسة وهي: عصر ما قبل التاريخ، والعصر الفرعوني، والعصر الإغريقي الروماني، والعصر الإسلامي (القرون الوسطى)؛ غير أن ما يهمنا هو هذه العلاقة في عصورها القديمة)[2].

وأول مخطوط يبين العلاقات المصرية الصومالية وجد من خلال رحلة مصرية مدونة في البحر الأحمر، هي التي أرسلت في عهد الفرعون "ساحورع" في الأسرة الخامسة (٢٧٦٣ – ٢٦٦٠ ق م)، ويذكر المخطوط أن الحملة البحرية عادت بأحمال من المر والأشجار الغالية، والمعادن النفيسة)[3]. من هنا نستطيع القول إن تاريخ الصومال في العصور القديمة اقترن بالتاريخ المصري آنذاك، بل وإن أكثر المعلومات عن تاريخ الصومال القديم يرجع مصدرها إلى ما سجله المصريون من النقوش والرسومات على الآثار المصرية القديمة عبر رحلات المصريين إلى هذه البلاد)[4]. مثل لوحات أردوازية ترجع لعصر ما قبل الأسرات في مصر، وعليها نقوش تؤيد الصلات المصرية القديمة بالصومال، ومن أشهر هذه اللوحات لوحة الملك "نارمر" المحفوظة في المتحف المصري بالقاهرة)[5].

---

(١) انظر مهاب درويش: البحران الأبيض والأحمر في التاريخ المصري القديم، مكتبة الإسكندرية، صفحة مصريات، ص ٩.

(٢) عبد المنعم عبد الحليم: الجمهورية الصومالية، مرجع سابق ص ٣٢٦.

(٣) حمدي السيد سالم: مرجع سابق ١/ ٣١٢؛ الدكتورة أجية يونان جرجس: البحر الأحمر ومضايقه بين الحق العربي والصراع العالمي، مكتبة الغريب، القاهرة، سنة ١٩٨٤م، ص٢٩.

(٤) محمد عبد الفتاح هندي: مرجع سابق ص١٢.

(٥) عبدالرحمن النجار: الإسلام في الصومال، مطابع الأهرام التجارية، القاهرة، سنة ١٩٧٣م ص٥١.

ولا شك أن أهم رحلة قام بها المصريون وأكثرها معلومات، هي تلك الرحلة المشهورة التي حدثت في عهد الملكة حتشبسوت والتي اعتبرت أول مغامرة بحرية[1].

ومن حسن الحظ أن الآثار والنقوش التي دونت على الجدران لها قيمة تاريخية، بحيث تصور لنا المستوى المعيشي والسياسي الذي كانت الصومال تتمتع به في ذلك الزمن، لذلك من المحتمل أن الملكة حتشبسوت قبل سفرها إلى الصومال كان لديها فكرة واضحة عن المنطقة وسلطانها، ولم يكن الوفد المصري بقيادة الملكة قد فوجئ بالترحيب الكريم، والحفاوة الرائعة التي قوبلت بها البعثة المصرية على يد ملك بلاد بونت وحاشيته والأسرة المالكة، وكل ذلك مُدون على الآثار المصرية وكتاباتهم القديمة، وهو ما يرجع إليه اليوم الباحثون والدارسون بتاريخ مصر القديمة وعلاقتها الخارجية مع بلاد بونت[2].

وقد ساعد المصريين القدماء في هذه الرحلات وملاحتهم في البحر الأحمر، معرفتهم القديمة ببناء السفن من شواطئ لبنان ٦٥، كما أن سفن قدماء المصريين أقدم سفن معروفة إلى الآن طافت شواطئ البحر الأحمر[3]. والواقع أن أشهر رحلة مصرية إلى بلاد الصومال في التاريخ القديم هي بعثة الملكة حتشبسوت، ويرجع الفضل في ذلك إلى حرص الملكة ونوابها حيث قاموا بتدوين أخبار الرحلة مفصلة بأسلوب سهل ممتع، إضافة إلى الإبداع والدقة التي توخاها الفنانون والرسامون المصريون في تصوير الرحلة وما شاهدوه من مظاهر الحياة الصومالية بجوانبها المختلفة[4].

والمصريون القدامى كانت لهم علاقة وطيدة مع بلاد يونت (الصومال)، وأن المصادر المصرية في تلك الحقبة تشير إلى هذه العلاقة، ولاسيما العلاقات الاقتصادية والتبادل التجاري الذي كان يحدث بين الجانبين قبل عصر الملكة حتشبسوت، والتي استمرت عبر العصور التاريخية، وأن البعثة المصرية للملكة إلى بلاد الصومال ما هي إلا ترجمة وتوكيد لهذه العلاقة المتينة، وخاصة أن الرحلة لم تكن الأولى من نوعها، وإنما كان قبلها رحلات وعلاقات تجارية مع بلاد بونت، ويؤكد ذلك – أي العلاقات الاقتصادية بين القطرين –

(١) محمد عبد الفتاح هندي: مرجع سابق ص ١٢.

(٢) محمد عبد الفتاح هندي: المرجع نفسه ص ١٣.

(٣) الدكتورة أجية يونان جرجس: مرجع سابق ص ٢٨.

(٤) عبد المنعم عبد الحليم: الجمهورية الصومالية، مرجع سابق ص ٣٤٦.

بعض البضائع والمنتجات الصومالية التي وجدت في أسواق مصر)[1]. وكان من أهم هذه البضائع: البخور والقرفة واللبان والعاج والأخشاب الذكية الرائجة وجلود الأنعام، كما أن المصريين بدورهم تبادلوا منتجاتهم الوطنية حيث كانوا يصدرونها إلى بلاد بونت، وأهم هذه السلع: الحُلِي والأساور والخناجر والبلط والصناديق المزخرفة والأقواس والأقمشة)[2]. واستمرت العلاقة بين الجانبين حيث تبادلوا الزيارات والرحلات، ويُعدّ عصر رمسيس الثالث من الأسرة العشرين الذي حكم مصر في القرن الثاني عشر قبل الميلاد، من أهم العصور التاريخية بالنسبة للعلاقات الصومالية المصرية منذ عهد الملكة حتشبسوت في جميع الفترات، حيث انتعشت الحركة التجارية ليس للصومال فحسب وإنما لمنطقة القرن الأفريقي وجنوب الجزيرة العربية وحفظت لنا بردية)[3] هاريس (Harris) أخبار بعثة تجارية ضخمة أرسلها هذا الملك إلى بلاد بونت)[4].

وعلى الرغم من أن رمسيس الثالث استفاد من جهود وإنجازات من سبقه من الملوك، إلا أن حركة التجارة المصرية في منطقة البحر الأحمر اضمحلت بعده واتسمت بالركود وعدم الحركة، حتى عصر الأسرة السادسة والعشرين)[5].

ولا نستطيع أن ننسى العامل الديني الذي لم يكن بأقل من العامل الاقتصادي، بل إن العامل الديني كان باعثًا قويًا للعلاقة بين الجانبين، وفي سبيل التواصل الزمني بين البيئتين. ويدل على ذلك أن المصريين قد اهتموا ببلاد بونت، حتى أطلقوا عليها أسماءً دينية مثل: بلاد الآلهة، البلاد المقدسة، وما إلى ذلك، بل ويذكر البعض أن المصريين القدامى كانوا في فترة من الفترات يتوجهون إليها بالصلاة والعبادة – أي إلى بلاد الصومال – تبجيلًا

(١) فوزي مكاوي: الصومال في العصور الوسطى، مرجع سابق، ص ٣٢.

(٢) محمد عبد الفتاح هندي: مرجع سابق ص١٦.

(٣) ذكرت النصوص الموجودة في هذه البردية أن أسطول الملك رمسيس الثالث كان أضخم وأكبر من أسطول الملكة حتشبسوت، كما يوجد في النصوص تفاصيل أكثر عن هذه البعثة.

(٤) فوزي مكاوي: الصومال في العصور الوسطى، مرجع سابق، ص ٤٢؛ وانظر الرائد وليد محمد جرادات: الأهمية الاستراتيجية للبحر الأحمر، ص ٤٢؛ جورج فضلوا حوراني: العرب والملاحة في المحيط الهندي في العصور القديمة وأوائل القرون الوسطى، ترجمه الدكتور السيد يعقوب بكر، الناشر مكتبة الأنجلو المصرية، من مطابع دار الكتاب العربي بالقاهرة ص ٣١.

(٥) الرائد وليد محمد جرادات: مرجع سابق، ص ٤٣.

وتوقيرًا وتقديسًا [1]، ولاسيما أن هناك إشارات كثيرة تدل على أن بلاد بونت (الصومال) هي الموطن الأصلي لأحد آلهة المصريين وهو الإله (حور) – حسب زعمهم – وكانت إحدى القبائل تعتقد بهذا إلهًا معبودًا، بل وتتخذ رمزًا لها على هيئة الصقر، حسب ما جاء في نصوص الأهرام (وهي أهم وأقدم المراجع الدينية ٢٥٠٠ ـ ٢٢٥٠ ق م). الجدير بالذكر أن اسم حور غريب على اللغة المصرية مما يدل على أنه وافد من بلاد الصومال [2].

ولم يكن المصريون وحدهم الذين اهتموا بالبخور، بل إن البخور كان ذا مكانة مرموقة عند أهالي وادي الرافدين، مما جعل البحارة والتجار يسعون للحصول عليه ويتهافتون فيه، ويتحملون لذلك النفقات الباهظة ومشاق البحار والمحيطات من الأمواج والعواصف واقتحام المجهول؛ وذلك لأهمية البخور والعطور ومكانته العالية عند هؤلاء القوم جميعًا [3].

ولشدة حصرهم واهتمامهم بالبخور والتوابل وصل الأمر إلى أن نقل المصريون بعض نماذج الأشجار إلى بلادهم، لزراعتها تقديسًا لآلهتهم بعد نزع جذورها وربطها وحزمها بعناية، ثم حملها إلى السفن [4].

وقد استطاع البحارة تصوير المصريين وهم يحملون هذه الأشجار ويرصونها في السفن لنقلها إلى مصر وغرسها هناك. وتُعد الملكة حتشبسوت أول الفراعنة الذين أدخلوا زراعة هذه الأشجار، وذلك ما ذكره بعض الباحثين من الفحوصات التي أجريت على رسوم الأشجار في المعابد المصرية، والتي ثبت أنها نوع من الأشجار التي تنبت في بلاد الصومال [5]. ولقد أفادتنا الآثار المصرية القديمة بعدة أسماء كانت تطلق على البخور واللبان، ومن أهم هذه الأسماء "سنتر" و"عنتى" والاسم الأخير لعله تحريف بـ"ميدي"، الذي يراه أهل الصومال من أحسن وأجود أنواع اللبان، ولم يكن من الضرورة أن ينفرد المصريون بمزاولة التجارة مع بلاد الصومال، ويباشروها بأنفسهم، بل كان المصريون

---

(١) انظر: عبد الرحمن عثمان الطويل: الصومال تاريخ وحضارة، ط/ ١، القاهرة، ص ١٤.

(٢) محمد مهران بيومي: تاريخ العرب القديم، الطبعة السابعة عشرة، الإسكندرية ١٩٩٤م، ١/ ١٩٦.

(٣) على أحمد نور: مرجع سابق ص ٥٢ .

(٤) حمدي السيد سالم: مرجع سابق ١/ ٣٢٢.

(٥) عبد المنعم عبد الحليم: الجمهورية الصومالية، مرجع سابق ص ٣٥٦.

يكتفون بمزاولته مع الأمم الأخرى. مقابل مساعدات تسهل مآربهم التجارية مثل ملاحي الفينيقيين ولا سيما في عهد نخاو)[1]، وكذلك عرب الجزيرة العربية الذين كانوا النواة الأولى في تطوير الحركة الاقتصادية والسند المساعد للمصريين القدامى. ولعل تفسير ارتباط المصريين بالمدن الساحلية فقط دون غيرها من المناطق الصومالية؛ يرجع إلى كون هذه المدن الساحلية الواجهة التي يراها القادم من الخارج، حيث لا يرى غيرها، وخاصة إذا كان قدومهم عن طريق البحر، ولاسيما في تلك العصور التي كانت أكثر الرحلات المصرية تعتمد فيها على الملاحة البحرية.

إن الصورة التي توضحها الآثار المصرية تبدي أن الحركة الملاحية كانت لا تهدأ، وأن الرحلات المصرية التجارية كانت تأتي دومًا في المواسم، والعمليات التجارية وتبادل السلع مستمرة، وإن كان يتم ذلك في فترات معينة حسب ظروف الطريق الملاحي والرياح الموسمية، والجدير بالذكر أن الرياح الموسمية لعبت دورًا مهمًّا في هذا الازدهار التجاري، في عصر لم تكن قد عرفت فيه نظم ملاحة متطورة، سواء في المحيط الهندي أو في البحار المحيطة . وكان تغير اتجاه الرياح من الشمال الشرقي إلى الجنوب الغربي في الفترة من نوفمبر إلى مارس، ثم بالاتجاه من الجنوب الغربي إلى الشمال الشرقي في الفترة من أبريل إلى أكتوبر، قد أثر في تحديد مواعيد الإبحار في كل ميناء، فضلًا عن المساهمة في تشكيل حركة الإبحار)[2]. "ولعل آخر إشارة في التاريخ الفرعوني في العلاقات المباشرة بين مصر وبلاد بونت، هي التي جاءت في لوحة ترجع إلى عصر بسماتيك الأول عن معجزة سقوط أمطار غزيرة في غير موعدها على جبال بونت أدت، إلى فيضان النيل في غير موعده"[3] .

والحقيقة أن وصول المصريين إلى بلاد الصومال لم يكن أمرًا سهلًا، بل كان الطريق إليها محاطًا بالمخاطر والمشاق؛ لأن الرحلات المصرية كانت تجتاز أولًا أحد الطرق الصحراوية البرية الوعرة الممتدة بين شاطئ النيل وساحل البحر الأحمر، وكان الطريق

---

(١) الرائد وليد محمد: مرجع سابق ص ٤٣ .

(٢) شوقي عبد القوي عثمان: تجارة المحيط الهندي في عصر السيادة الإسلامية (٤١ – ٩٠٤هـ / ٦٦١ – ١٤٩٨م)، ص ٨ .

(٣) فوزي مكاوي: الصومال في العصور الوسطى، مرجع سابق، ص٤٣ .

البري المؤدي إلى الساحل يتغير أحيانًا بتغير موقع عاصمة الدولة المصرية آنذاك؛ لذا كانت البعثات تستعد لهذا الأمر وتأخذ معها كميات كبيرة من المواد الغذائية والمياه، ولم يكن الطريق البحري أسهل من سابقه، حيث كان محفوفًا أيضًا بالمخاطر والصعاب؛ لأن البحر الأحمر اشتهر بكثرة الجزر الصخرية والشعب المرجانية، إضافة إلى شدة العواصف والرياح التي تعترض السفن في بعض الأحايين[1].

وملوك مصر كانوا يحسون بهذه الخطورة لذلك اهتموا بتعبيد الطريق البري وإصلاحه، ولاسيما في عهد فراعنة الدولة الوسطى حين قاموا بتمهيد الطريق البري بين النيل والبحر الأحمر، كجزء من خطتهم لإنعاش التجارة بين البلدين[2].

ومما تمتاز به المصادر التاريخية القديمة لبلاد مصر التي نعتمد عليها في دراستنا عن العلاقات الخارجية للصومال، أنها تكشف عن تلك العلاقة ولاسيما الجوانب السياسية، وفيما يتعلق بالقادة في تلك الفترة وما كان يجري في داخل بلاطهم من الحفلات واستقبال الوفود... بل إن هذه الآثار والنقوش رُسِمَت بصور تبرز حفلة استقبال حاكم الصومال للبعثة المصرية من قِبَل الملكة حتشبسوت إلى الصومال، واستطاع الفنان المصري أن ينقل صورة حية تمثل تلك المقابلة السياسية بين حاكم الصومال وبين قائد تلك البعثة، وقد وقف حاكم الصومال يرحب بالقائد المصري، وأن تلك الصورة تترجم المستوى السياسي الذي كان يتمتع به هذا الحاكم ونجاحه الدبلوماسي عند لقائه مع الوفد المصري[3].

الجدير بالذكر أن كتابات المصريين المدونة على النقوش ذكرت بعض أسماء من الأسرة الحاكمة وعلى رأسهم قديمة التي تعني "رئيسة"[4]. كما بينت الآثار المصرية القديمة في العصر الفرعوني أيضًا ما كان يجري في بلاط الفراعنة نفسه، ونستطيع أن نجد بعض تلك الآثار صورة لرجل صومالي يدعى "هرتيزي"، وأن هذه الصورة رُسِمَت بجوار صورة لأحد أبناء الملك خوفو باني الهرم الأكبر (حوالي عام ٢٧٠٠ ق م). ولعل هرتيزي هذا كان مكلفًا بالإشراف على الرحلات البحرية التي تجوب البحر الأحمر بين مصر

<hr>

(١) عبد المنعم عبد الحليم: مرجع سابق ص ٣٣٥ – ٣٣٧.

(٢) المرجع نفسه، ص ٣٤٠.

(٣) عبد المنعم عبد الحليم: مرجع سابق ٣٥١–٢٥٢.

(٤) المرجع نفسه ٣٥١، ٣٥٣؛ محمد عبد الفتاح هندي: مرجع سابق.

والصومال)[1]. ولاشك أن مثل هذه المصادر والنقوش تفيدنا بأن الصومال كانت تمتلك حنكة سياسية ودبلوماسية عالية، وأن قادة الصومال في هذا العصر استطاعوا التعامل المباشر مع الزعماء الآخرين والتبادل معهم في المصالح المشتركة بين الجانبين. مما يؤكد لنا أن الشعب الصومالي لم يكن بعيدًا عن مسار الحضارة بل شارك فيها وقام بدوره الحضاري والتعامل مع القوى الكبرى في تلك العصور القديمة، في وقت كانت أغلب شعوب العالم ما تزال تعيش بداياتها الأولى. ورغم أهمية المصادر الأجنبية وما تحمل إلينا من الأخبار عن بلاد الصومال، إلا أن بعض الباحثين يعيبون هذا النوع من المصادر بأنها تقدم وجهة نظر الآخرين في الشئون الصومالية، فضلًا عن أنها لا تغطي جميع حقب التاريخ الصومالي القديم)[2].

وقد سبق أن ذكرنا أن المصريين القدماء وأسلاف الصوماليين يشتركون في وحدة الانتماء والأصل، فكلا الجنسين ينتميان إلى الجذور الحامية، وهذا ما جعل الرسام المصري يبدع في تصوير أهل الصومال على أشكالهم بكل يسر وسهولة، ويجد المتمعن والمتأمل في الصور والرسوم التي وجدت على النقوش بالجدران في المتاحف المصرية شبهًا عجيبًا في الملامح المشتركة بين الشعبين. ومع ندرة المصادر الوطنية التي تجلي العلاقة المصرية الصومالية نجد أن بعض الآثار التي عثر عليها في قرية بورهيبة (Buur haybe) شمال بلدة بورهكبة (Buur hakaba) في جنوب الصومال من أسلحة حجرية ترجع إلى العصر الحجري، وتظهر فيها التأثيرات الصناعية التي تميزت بها بلدة حلوان)[3] في مصر، مما يدل على عمق العلاقة التاريخية في تلك الفترة)[4]، بل ويتفق معهم أهل بونت في معبد الملك

---

(١) عبد المنعم عبد الحليم: المرجع نفسه ٣٣١؛ عبد الرحمن النجار: الإسلام في الصومال ص ٥٣؛ حمدي السيد سالم: مرجع سابق ٣١٢/١.

(٢) فوزي مكاوي: الصومال في العصور الوسطى، مرجع سابق، ص ٤٧.

(٣) حلوان: الإقليم الرابع وهي مدينة مصرية جليلة وفيها آثار ملوك الفرس، وأهلها كان أخلاط من العرب والفرس والأكراد، وافتتحت أيام عمر بن الخطاب. انظر الشيخ إسحاق بن حسين المنجم (من علماء القرن الرابع الهجري): آكام المرجان في ذكر المدائن المشهورة في كل مكان، باعتناء الدكتور فهمي سعد، عالم الكتب، ط/ ١، عام ١٤٠٨هـ/١٩٨٨م، بيروت٦٨.

(٤) عبد المنعم عبد الحليم: مرجع سابق ٣٢٨؛ وانظر عبد الرحمن النجار: الإسلام في الصومال، ص٥١؛ حمدي السيد سالم: مرجع سابق ٣٢٦/١.

"ساحورع" من الأسرة الخامسة، فضلًا عن مناظرهم على جدران معبد الملكة حتشبسوت (١٤٩٠ ـ ١٤٦٨ ق. م) في الدير البحري، وبعض مقابر طيبة من الأسرة الثامنة عشرة (١٥٧٥ ـ ١٣٠٨ ق . م)[1].

وفي قرية "جسوما"[2] أيضًا وجد بعض مخلفات تاريخية عبارة عن أدوات متكون من رءوس سهام مجوفة القاعدة، وهذه الأدوات تشبه مثيلاتها التي عثر عليها في منطقة الفيوم[3] المصرية والتي ترجع إلى العصر الحجري الحديث[4]. أما من النواحي الثقافية والفنية فمن الجلي أن العلاقات المصرية الصومالية أثّرت بشكل واضح على الملامح الثقافية واللغوية ويشير بعض الكُتّاب إلى قائمة من مفردات لغوية متشابهة بين البلدين، حيث يسرد هؤلاء مجموعة من هذه الكلمات[5].

ولعل سبب هذا التشابه بين اللغتين يرجع إلى تلك الصلات القديمة بين مصر والصومال زمن الفراعنة، أو قد يرجع لوجود أصول حامية في اللغة المصرية القديمة من أيام الهجرات الحامية البعيدة[6].

ومن تأثيرات الثقافية أيضًا بعض التقاليد والعادات التي ما زال الصوماليون يتمسكون بها، مثل العيد الوطني الشائع بين المجتمع المسمى دبشد (Dabshid) وترجمته "إشعال النار" وهذا العيد يحتفل به الصوماليون عند رأس كل سنة، ويسمى هذا العيد "عيد فرعون"، مما يدل على الصلة البعيدة بين مصر والصومال . وينبغي الإشارة أيضًا إلى إحدى احتفالات في مدينة أفجويي (Afgooye) في جنوب الصومال يسمى هذا

---

(١) محمد مهران بيومي: تاريخ العرب القديم، مرجع سابق ١ / ١٩٧ .

(٢) قرية في شمال بلدة بولو بوردي (Buulo burde) في إقليم هيران .

(٣) الفيوم: ولاية من إحدى الولايات المصرية تقع في وسط مصر . (انظر: ياقوت الحموي: مصدر سابق ٤ / ٣٢٥) .

(٤) عبد المنعم عبد الحليم: مرجع سابق ص ٣٢٨ ـ ٣٢٩ .

(٥) محمد عبد الفتاح هندي: مرجع سابق ص٢٢، ويشير هذا الكاتب إلى أنه لا يقتصر التشابه بين اللغتين على نطق الكلمات فقط بل تمتد إلى التراكيب التصريفية . انظر عبد المنعم عبد الحليم: مرجع سابق ص ٣٦٢، وانظر محمد حسين معلم: الثقافة العربية وروادها، مرجع سابق.

(٦) عبد المنعم عبد الحليم: مرجع سابق ص ٣٦٢ هامش رقم (١) .

الاحتفال بـ"اِستن Istun"، أي التحطيب وهو نوع من المبارزة بالعصا . وكلا الاحتفالين يعتبران من المؤثرات الثقافية المصرية على الصومال[1]. إضافة إلى عملية ختان البنات التي ما زالت حتى الآن يطلق عليها في الصومال"ختان فراعنة أو الختان الفرعوني"، كما أن هناك أيضًا تأثيرات أخرى في النواحي الفنية والحضارية تُلاحظ في تأثير المقابر القديمة، والوسادة المصنوعة من الخشب والسهام المجوفة والصناعات الأخرى[2].

ومن الكتب والبحوث التي تناولت علاقة المصريين القدامى مع بلاد الصومال ما يلي:

- **البحر الأحمر وظهيره في العصور القديمة**، لعبد المنعم عبدالحليم سيد.

وهذا الكتاب عبارة عن مجموعة بحوث نشرت في الدوريات العربية والأوروبية، دار المعرفة الجامعة، الإسكندرية، يناير عام ١٩٩٣م.

- **دراسات لعلاقات مصر القديمة ببلاد بونت ونشاطها في البحر الأحمر**، لعبد المنعم عبدالحليم سيد.

وهذه الدراسة كان أصلها رسالة ماجستير، لقسم التاريخ بكلية الآداب بجامعة الإسكندرية عام ١٩٦٨م.

- **دراسة تاريخية للصلات والمؤثرات الحضارية بين حضارة مصر الفرعونية وحضارات البحر الأحمر**، لعبد المنعم عبدالحليم سيد.

وهي رسالة الدكتوراه في التاريخ لقسم التاريخ بكلية الآداب في جامعة الإسكندرية، أكتوبر عام ١٩٧٣م.

- **محاولة لتحديد موقع بونت**، لعبد المنعم عبد الحليم سيد.

جاء هذا البحث ضمن بحوث مجلة دراسات تاريخية وأثرية، العدد رقم ٥ من مطبوعات جمعية الآثار، الإسكندرية ١٩٧٤م، والبحث موجود أيضًا في كتاب " البحر الأحمر وظهيره في العصور القديمة " للمؤلف نفسه، والذي سبقت الإشارة إليه.

- **العلاقات المصرية الصومالية**، لجلال يحيى.

---

(١) عبدالمنعم عبدالحليم: المرجع نفسه ص ٣٦٥؛ وانظر محمد عبد الفتاح هندي: مرجع سابق ص٢٤.
(٢) حمدي السيد سالم: مرجع سابق ٣٢٥/١- ٣٢٦؛ وانظر محمد عبد الفتاح هندي: مرجع سابق ص٢٣.

والكتاب يتناول العلاقات المصرية الصومالية في العصور القديمة أيام الفراعنة، وقد اتبع المؤلف عدة خطوات في سبيل الوصول إلى تحقيق وابراز هذه العلاقة، حيث تحدث عن الإمبراطورية الأفريقية، ويعني بها النفوذ المصري في المنطقة في العصور الحديثة وانضمام بربرة إلى هذه الإمبراطورية. وتحدث المؤلف أيضًا عن مدن زيلع وتاجورة وهرر من حيث المشروعات الإنشائية والإدارة المصرية، ثم تحدث عن التدخل البريطاني والاتفاقية المصرية الإنجليزية المتعلقة بسياسات المنطقة. وأشار المؤلف إلى التقسيم الإداري للصومال ابتداء بالاحتلال الإنجليزي، وإلى فرنسا وبداية نشاطها وأطماعها الاحتلالية، وأشار إلى إيطاليا والحبشة وأطماع كل منها تجاه المنطقة. واختتم المؤلف علاقة مصر بالصومال الجديد، والكتاب يقع ٢٥٤ صفحة، ومن مطبوعات مطبعة التأليف والترجمة والنشر، القاهرة، عام ١٩٦٠م.

علاقة الصومال بالصين ودول جنوب شرقي آسيا:

أهم ما يُعتمد هنا الآثار والسجلات القديمة التي وجدها الباحثون؛ للاستدلال على العلاقة بين منطقة القرن الإفريقي ومناطق جنوب شرقي آسيا وحتى بلاد الصين الواسعة. ويذكر الباحثون في هذا المقام حصول بعض آثار ومخلفات تاريخية في بلاد الصومال التي ترجع إلى العهود القديمة، وخاصة فترة الإمبراطورية الصينية الزرقاء القديمة، وهذه المخلفات عبارة عن بعض الأدوات والأسلحة المصنوعة في الصين. وكانت بعض تلك الآثار والمخلفات التاريخية محفوظة في المتحف القومي في الصومال، والذي انهار أو ضاع عن بكرة أبيه، بسبب النهب والسرقات التي حصل فيه عند قيام الحرب الأهلية في البلاد عام ١٩٩١م، مع علمنا بأنّ الأبحاث والدراسات الكثيرة الأثرية في منطقة القرن الأفريقي ما زالت قاصرة، إلا أنه من الثابت أن الهجرات التي وفدت إلى المنطقة من بلدان المحيط الهندي كثيرة)[1].

ووجدت أيضًا كميّة من خزف أسرة سنج الصينية (٩٦٠-١٢٧٩م)، مع بعض عملات صينية يرجع قليل منها إلى أسرة تانج (٦١٨-٩٠٧م) مما يدل على أن هناك

---

(١) شوقي عبد القوى عثمان: مرجع سابق ص ١٦٥.

علاقات بين كل من مقديشو والصين، وإن لم يكشف عن حجم هذه العلاقات وبداياتها[1]. ولا غرو في ذلك لأن مقديشو كانت من الموانئ الهامة على المحيط الهندي، حيث كانت يجتمع فيها نخبة من التجار، وأنها كانت تصدر ريش النعام والصندل والأبنوس والعنبر والعاج[2].

وقد وجد مخطوط صيني قديم يذكر قصة مغامر صيني وصل إلى سواحل الصومال، ولاسيما جزيرة باجون في شرق مدينة كسمايو الساحلية، وذلك في عهد مملكة سنج "إمبراطورية بكين"، وأن الإمبراطورية الصينية أرسلت بعثات إلى ساحل الصومال، غير أن أهم بعثة أرسلت إلى الصومال كانت بعثة الأسطول الصيني "شينج هو" Ceng Hwo[3]. هذا الاتصال كان متواجدًا رغم بعد المسافة، وأنَّ المحيط الهندي ينقسم إلى قسمين: شرقي وغربي، فالقسم الشرقي ينتهي من جانب جزيرة تيز مكران، ومن الجانب الآخر بالصين.

وعلى الرغم من أن الصين كانت أرضًا مجهولةً وأرض أسرارٍ في نظر الجغرافي العربي[4]، إلا أن الصوماليين تجرأوا على أن يجوسوا خلالها ولم يمنع ذلك الوصول إليها، لأن الدلائل والبراهين التاريخية والأثرية تشير إلى العلاقات الصومالية الصينية القديمة، والمستوى الذي وصلت إليه هذه العلاقة التي امتدت إلى العصور الإسلامية اللاحقة. ومن بين هذه الدلائل تلك الحفريات التي أجريت في سواحل مقديشو، وقد نتج عن ذلك إيجاد بعض المخلفات التاريخية من أدوات وأسلحة صينية ترجع إلى عهد الإمبراطورية الزرقاء القديمة في الصين[5]. ومن الصعب أن نقر بأنّ العلاقة بين الصومال والصين كان من جانب واحد وخاصة من جانب الصينيين، على الرغم من أننا لم نعثر حتى الآن على رحلات وبعثات صومالية، مماثلة لتلك التي قام بها الصينيون إلى بلاد الصومال عبر عباب المحيط الهندي، ولكن عند البحث في المتاحف الصينية ومراكزها البحثية ربما نجد ما يثبت تلك العلاقة في تلك الفترة المتقدمة.

---

(١) شوقي عبد القوى عثمان: مرجع سابق ص ١٦٦.

(٢) حمدي السيد سالم: المرجع نفسه ص ١٦٥.

(٣) المرجع نفسه ١/٣٢٦.

(٤) أحمد الشنتناوي وآخرون: دائرة المعارف الإسلامية ١٤/٤٦٠.

(٥) حمدي السيد سالم: مرجع سابق ١/٣٢٦.

والمعروف بأنّه قد وصل إلى بلاد الصومال بعض الرحالة الصينيين، الذين سجلوا مشاهداتهم وانطباعاتهم عن الصومال، مما يعتبر مصدرًا مهمًّا للصومال، كما تذكر ذلك بعض المراجع، وحتى يمكن الوصول إلى معلومات أكثر مما لدينا، ينبغي الرجوع إلى السجلات الصينية التي تناولت رحلاتهم مع الصومال.

على الرغم من صعوبة الحركة الملاحية بين الصومال وبين دول جنوب شرق آسيا، حيث إن السفن التقليدية الصغيرة كان يصعب عليها الإبحار في المحيط الهندي إلا أن العلاقة الصومالية بهذه الدول كانت موجودة، وإن لم تصل للمستوى العالي على غرار العلاقات الصومالية مع الدول الأخرى في البحرين الأحمر والمتوسط؛ لأن المحيط الهندي وإن كان هادئًا إلا أن اتساعه العظيم حال دون حركة السفن الصغيرة بين موانئ جنوب شرقي آسيا والصومال، لذا ينبغي الرجوع إلى الجانب الآخر من تلك الدول الآسيوية ربما لديها معلومات كافية ومحفوظة في سجلاتهم البحرية ووثائقهم التاريخية.

اهتمام الأمم الأخرى بالصومال:

في هذا المقام سوف يكون أقوى مصدر يُعتمد عليه سجل الرحلات التي قامت بها تلك الأمم تجاه الصومال قديمًا، ولعل ذلك يوجد في المتاحف أو المراكز البحثية في إيران وتركيا ويونان بعد ضياع وفقدان سجلات ووثائق صومالية في هذا المضمار، ومن الصعب حصر تلك الصلات والبعثات والرحلات، والتي تمّت بين جانبين في التاريخ القديم، وضرب أمثلة يكفينا أن نشير إلى:

- الرحلات الملاحية من الإمبراطورية الفارسية إلى الصومال في عهد الملك نرس (٢٩٢ - ٣٠٢م)، وكان هدفها اقتصاديًا.

- البعثات الدينية من قبل الرومان إلى المنطقة، لهدف خلق مناخ مناسب للسيطرة الرومانية دينيًا لتمهيد الأهداف السياسية والاقتصادية.

- تقارير الملاحين مثل الملاح اليوناني الذي سمى مذكراته: " Periplus Maris Erythaei"، ومعناها في اليونانية "الطواف حول البحر الإريتري" أو "دليل البحر الإريتري"، وكان يقصد بالبحر الإريتري في ذلك الوقت البحر الأحمر

والمحيط الهندي والخليج الفارسي[1]، وقد أورد الملاح اليوناني في كتابه الذي أشرنا إليه معلومات مهمة تتعلق بالنشاط التجاري التي كانت تشتهر به السواحل الصومالية، وكيف كانت السفن مزدحمة إبان زيارته في المنطقة، ومن حسن الحظ ما زال كتابه موجودًا حتى الآن ومترجمًا إلى اللغة الإنجليزية.

ويرجح بعض الباحثين أن مؤلف الكتاب كان يعيش في النصف الأول من القرن الأول الميلادي[2]. كما يرجح بإجماع الدارسين إلى أنه يوناني سكندري، وكان له صلة ببيت الملك البطلمي، حيث رباه أحد البطالمة[3]. وأشار هذا الملاح المجهول إلى معلومات أولية من تواجد سفن مختلفة وحركتهم على الساحل الصومالي. علمًا أنَّ المعلومات التي أوردها ذلك الملاح لها أهميتها التاريخية، على الرغم من أن ما ورد في هذا الكتاب يُعدّ معلومات قليلة غير كافية، ولكنها تستأنس مع نصوص وأخبار أُخرى. والمؤلف كان بحارًا يونانيًا يعيش في مصر ووصف في رحلته البحرَ الأحمر وسواحل بلاد العرب الجنوبية، وقد اختلف الباحثون في تاريخ هذا الكتاب على تواريخ مختلفة ولكن المرجح في منتصف القرن الأول أو أواخره[4].

وتكمن أهمية هذا الكتاب بأنَّه يُعدّ من أهمّ المصادر المكتوبة التي ذكرت وكشفت عن العلاقات الصومالية والعالم الخارجي، ولاسيما فيما يتعلق بالنواحي التجارية والملاحية في زمن الرومان، فهو يحوي التقارير والمذكرات التي تركها أحد الملاحين التجار اليونانيين، على الرغم من أن المؤرخين اختلفوا في مؤلف الكتاب، كما اختلفوا في عصره[5].

---

(١) عبد المنعم عبد الحليم: مرجع سابق ص ٣٧٠.

(٢) عبد الله الشيبة: مرجع سابق ص ١٠٣.

(٣) محمد بيومي مهران: تاريخ العرب القديم، مرجع سابق ص ١/ ٨٥؛ عبدالمنعم: مرجع سابق ص٣٧٠.

(٤) أحمد محمود حسين صابون: حول موقع ميناء لويكي كومي، منشور في مركز الخدمة للاستشارات البحثية، إصدار رقم ٢٨ في أبريل عام ٢٠٠٩م. جامعة المنوفية بمصر، ص ٤.

(٥) أغلب الباحثين ذهبوا إلى أن مؤلف الكتاب مجهول لا يعرف اسمه، [انظر عبد الله الشيبة: دراسات في تاريخ اليمن القديم، مكتبة الوعي الثوري للطباعة والنشر، ط/١، صنعاء، ١٩٩٩ – ٢٠٠٠م،ص ١٠٣؛ عبد المنعم عبد الحليم: مرجع سابق ص ٣٧٠] في حين نرى أن البعض=

والحق أنه مما يرفع شأن هذا المصدر وقيمته العلمية أن صاحبه كان شاهد عيان، حيث رحل بحرًا بدءًا من ميوس هورموس على طول الساحل الأفريقي حتى أبونة (رأس حافون) الواقعة على القرن الأفريقي، وكذلك على طول الساحل العربي أيضًا، وربما امتدت رحلاته وشملت كذلك ساحل أفريقيا الشرقي حتى رهاباتا (في نطاق زنجبار)[1].

وقد تحدث المؤلف عن بلاد الصومال وشواطئها وموانيها، كما تحدث عن مراكزها الهامة التي تقع في البحر الأحمر من الجهة الأفريقية وإلى الداخل منها، فيذكر في أثناء ذلك الأمكنة الواقعة على الساحل الصومالي وأولها أواليتس Aualites، وزيلع، وحافون، بالذات مناطق الطيوب والتوابل[2].

وينبغي الرجوع والاعتماد على المصادر القديمة عند الأمم السابقة، سواء المصريين القدامى والرومان والفرس واليونان، وذلك لمعرفة أكثر لمعلومات أصيلة لتاريخ المحيط الهندي والبحر الأحمر، الذي كان له لدى هؤلاء مكانة مهمة، علمًا أنّه كان لكل فريق اسمًا خاصًا يعرفه البحر الأحمر، فمثلًا كان الفراعنة قد أطلق عليه اسم " الأخضر الهائل"، على حين ورد في كتاب العهد القديم تحت اسم «يم سوف» Yam Sof. كما عنت كلمة سوف بالعبرية أيضًا «نبات البردى». وهو ما جعل البعض يرى أن البحر الأحمر إنما هو تحريف لكلمة (بحيرة البردى) التي ورد ذكرها في الوثائق المصرية القديمة التي ترجع إلى القرن الثالث قبل الميلاد. وأسماه اليونانيون والرومان البحر الإريتري، بفضل لون مياهه الحمراء بُعيد انعكاس أشعة الشمس عليها، أو بسبب جباله التي أصبحت حمراء بفضل الشمس الحارقة. وذكر هذا الملاح في كتابه " دليل البحر الإريتري" أنّ إبحار السفن من مصر إلى موانئ البحر الأحمر والساحل الأفريقي المطل على المحيط الهندي، إنما يكون في شهر تموز (يوليو). وينبغي هنا من أن نتذكر أن تسمية البحر الإريتري لم يكن يقصد بها

=يعاينه ويطلق عليه اسم " أجاثارخيديس Agatharchides" انظر (محمد بيومي مهران: مرجع سابق ١/ ٨٥)، كما الباحثون في تاريخه وعصره، فهناك من يراه في الفترة (٥٠ – ٦٠ م) ومن يراه حوالي عام ٧٥م، ومن يراه حوالي عام ٨٠م، بل إن هناك من يراه في النصف الأول من القرن الثالث الميلادي . انظر محمد بيومي مهران: مرجع سابق ١/ ٨٥.

(١) عبد الله الشيبة: مرجع سابق ص ٢٣١.

(٢) المرجع نفسه ص ٢٣٥.

البحر الأحمر الحالي فقط، بل أيضًا المنطقة البحرية شمالي المحيط الهندي وجنوب شبه الجزيرة العربية، إضافة إلى الخليج العربي، ومن هنا أشار الباحثون إلى أنّ البحر الإريتري ينقسم إلى خليجين، قسم في الشرق وهو ما يُطلق عليه الخليج الفارسي، والآخر في الغرب ويسمى الخليج العربي، بينما يسمى المحيط الهندي بحر عزانيا، كما تراوحت المصادر الرومانية البيزنطية بين تسمية البحر الأحمر بالخليج العربي أو بالبحر الهندي أيضًا. ولدينا معلومات مهمة من المصادر البيزنطية حول طبيعة السفن التي أبحرت في البحر الأحمر والمحيط الهندي في القرن السادس الميلادي. كما أنها ارتبطت بالقصة التي وردت في التوراة والمتعلقة بابتلاع الحوتِ النبيَّ يونس. وتمتاز تلك المصادر القديمة بأنّها وصفت تلك السفن التي أبحرت إلى البحر الأحمر والمحيط الهندي، على الرغم مما دخل فيها من الأساطير، وخاصة فيما يتعلق بصناعة تلك السفن من غير مسامير بسبب وجود جبال مغناطيس في البحر تجذب السفن. وبعيدًا عن تلك الأساطير أشار صاحب كتاب "الطواف" إلى وجود السفن التي تدخل الحبال في صناعتها بدلًا من المسامير منذ القرن الأول الميلادي، حينما يتحدث عن آخر الموانئ التجارية في شرق أفريقيا على ساحل عزانيا، وهو ميناء ربطة (المخيوطة) الذي اشتق اسمه من صناعة القوارب المخيطة، أو التي تدخل الحبال في صناعتها)[1]، وبالرجوع إلى أرشيف وسجل الرحلّات والبعثات في كل من إيران وتركيا واليونان ربما نعثر على وثائق أو تقارير؛ تبرهن مدى ما وصلت إليه تلك العلاقة، مما له من أهمية تاريخية وحضارية، ولعلنا نستكشف معلومات وحقائق تاريخية جديدة يمكن الاعتماد عليها.

ويظهر مما سبق أنّه لم يكن المصريون القدامى وحدهم هم الذين أدركوا أهمية بلاد الصومال خاصة ومنطقة القرن الأفريقي عامة، وكذا البحر الأحمر والمدن المحيطة به،، بل إن الأمم الأخرى مثل الفرس والإغريق والرومان وغيرهم كان لديها اهتمامات سياسية واقتصادية مع بلاد الصومال، وذلك من خلال تتبع رحلات هؤلاء إلى بلاد الصومال في تلك الأزمنة السحيقة، بحيث كان الفرس يعطون اهتمامهم للبحر الأحمر وتجارته بعد احتلالهم لمصر على يد ملكهم قمبيز عام ٥٢٥ ق. م . الذي حاول بعد إتمام سيطرته على

____

(١) حاتم الطحاوي: تاريخ البحر الأحمر، مواعيد الإبحار وأسطورة جبال المغناطيس، جريدة الحياة، السبت ١٨ أبريل/ نيسان ٢٠١٥م، موقع اللغة والثقافة العربية.

مصر التوسع نحو المناطق الواقعة على الساحل الغربي، واستطاع الفرس أن يقودوا زمام قيادة تجارة البحر الأحمر طيلة فترة حكمهم في مصر، وظلت الحالة الاقتصادية في المنطقة مزدهرة في الوقت الذي كانت فيه بلاد الصومال ضمن تلك المناطق التي كانت لها علاقة مع الفرس، وبالذات في عهد الملك نرسي بن هرمز (٢٩٣ – ٣٠٢م) حيث أرسل الفرس رحلات ملاحية وأقاموا صلات تجارية مع ساحل الصومال، وعقدوا أول اتفاق تجاري مع حاكم الصومال . ولاشك أن هذا الاتفاق التجاري يُعدّ أول اتفاق تجاري من نوعه بين بلاد الفرس والصومال، وبذلك استطاعوا – أي الفرس – أن ينافسوا التجارة البيزنطية التي كانت قائمة في المنطقة)[1].

ولما تمكن الفرس من الاستيلاء والسيطرة على مصر سيطرة كاملة في عهد الفراعنة لم تنقطع علاقتهم بالمنطقة، كما في العصر اليوناني، وخاصة زمن البطالمة (بطليموس الثاني) حيث كانت بلاد مصر تواصل نشاطها التجاري مع بلاد الصومال وغيرها، رغم تغير الأحوال السياسية في البلاد)[2]، ومن هنا ينبغي الرجوع إلى التقارير والوثائق التي تتناول النشاط الفارسي في مصر وانطلاقاته تجاه البحر الأحمر ووصولًا إلى المحيط الهندي، وخاصة أنّه حدث اصطدام بين العرب والفرس في المنطقة، ثم ما تمخض منه من تعرض سفن الفرس وبعض موانئها إلى قرصنة وغارات عربية، وكان أقواها وأشدها سنة ٣١٠م وبالذات زمن سابور الثاني الذي بادر إلى الردّ على هؤلاء، بل وأقام على الساحل الغربي للخليج جالية فارسية وطأت لنفوذهم ونواياهم التوسعية في جنوب الجزيرة العربية، وحمت مصالحهم الخاصة)[3].

وقد تنافست الدول الكبرى في التاريخ القديم وهي من فرس وروم في منطقة البحر الأحمر والسواحل الأخرى وبلاد اليمن. لذلك فإن الروم لم يستطيعوا الوقوف مكتوفي الأيدي إزاء ما يجري من محاولات التوسع الفارسي التي كانت تستهدف جنوب الجزيرة العربية ومنطقة القرن الإفريقي، وقد أدى تنافس هؤلاء إلى استخدام الروم السلاح

---

(١) حمدي السيد سالم: مرجع نفسه ٣٨/ ١؛ الرائد وليد محمد: مرجع سابق ص ٤٣– ٤٥ .

(٢) بلقاسم رحماني وحرفوش مدني: الدور المصري في جنوب شبه الجزيرة العربية والشرق الأفريقي ص ٤٥،٤٩ .

(٣) الرائد وليد محمد: مرجع سابق ص ٤٥ .

الديني في توسيع رقعة نفوذهم وسلطانهم بالمنطقة، فأدخلت الديانة المسيحية في منطقة الحبشة فضلًا عن بلاد اليمن، حتى باتت في نجران جالية مسيحية كبيرة، وكان هدف ذلك كله أن تكون المنطقة تابعة لهم سياسيًا واقتصاديًا[1].

ومن هنا بدأ الروم يفكرون في استغلال الدّين واستخدامه لأجل تحقيق مآربهم السياسية والاقتصادية وهيمنتهم على التجارة الشرقية، إضافة إلى ضمّ بلاد العرب الجنوبية إلى سلطتهم، فلذلك عمدوا إلى إرسال البعثات التبشيرية من جهة، ولإيجاد مناخ مناسب وتهيئة الأفكار والنفوس لقبول النفوذ الروماني من جهة أخرى[2].

وعلى أية الحال فإن الرومان رواد فكرة ضم اليمن إلى حوزة إمبراطوريتهم منذ أن استولوا على أرض الكنانة، لبسط نفوذهم وسيطرتهم على خيرات اليمن الكثيرة واحتكارها وطرق النقل التجاري بين العالم، وتحقيق فكرة جعل البحر الأحمر بحرًا رومياً، غير أن هذه الفكرة لم تنجح لسوء تقدير الرومان واستهانتهم بطبيعة بلاد العرب. ومن هنا اقتصرت أطماعهم فيما بعد على النواحي الاستراتيجية وتقوية علاقاتهم بدول حوض البحر الأحمر[3].

ومنذ ذلك الوقت اتبع الرومان نهجًا مغايرًا عن ذي قبل، وهو سياسة تشجيع التجارة في المنطقة، ويرى بعض الباحثين أن ذلك يهدف إلى تقليل أرباح أعدائهم الفرس من التجارة التي تمر عبر أراضيهم.

ولتحقيق ذلك الأمر قاموا بتقوية العلاقات التجارية بين البيزنطيين والأحباش، الذين كانوا يسيطرون في ذلك الوقت على جنوب البحر الأحمر[4]، لذلك فقد عقد الروم حلفًا قويًا مع الأحباش لأجل وقف الزحف الفارسي وكبح جماحه، وتعطيل الدور الذي

---

(1) عبد الله الشيبة: دراسات في تاريخ اليمن القديم، مرجع سابق، ص ٣٠؛ الرائد وليد محمد: مرجع سابق ص ٤٥؛ عصام عبد الرؤوف الفقي: اليمن في ظل الإسلام: منذ فجره حتى قيام دولة بني رسول، دار الفكر، الطبعة الأولى، ١٩٨٢م، ص ١٠.

(2) محمد بيومي مهران: تاريخ العرب القديم، مرجع سابق، ١/ ٥٧٥.

(3) المرجع نفسه ص ٥٠٤ - ٥٠٦؛ وانظر تفاصيل هذه الحملة وتداعياتها ونتائجها في صفحات الكتاب المذكور من ص ٥٠٤ - ٥٠٩.

(4) أجيه يونان جرجس: مرجع سابق ص ٣٠.

يمارسه الفرس وحلفاؤهم العرب لأجل السيطرة على الطرق التجارية، والانفراد بمزاولتها وتسويقها في سواحل العرب والبحر الأحمر)1[. ومن جانب آخر استطاع الفرس مساندة اليهود في اليمن لأجل مضايقة الروم، حيث كان يرى الفرس في انتشار المسيحية في ذلك الإقليم الجنوبي على جانبي البحر الأحمر الآسيوي والأفريقي امتدادًا لنفوذ الروم، وبالتالي فإن ذلك يشكل خطرًا على الفرس ومصالحها من ناحية الجنوب، بل ويهدد طرق التجارة الشرقية في المياه الهندية، كما ساند الفرس أهل اليمن للقضاء على النفوذ الحبشي لليمن، حيث كان الأحباش على صلات طيبة وتحالف مع الروم العدو الرئيس للفرس)2[.

وقد وصل شأن بلاد الصومال وسواحلها وموانئها وما تتمتع به من الخيرات إلى جميع أنحاء الإمبراطورية الرومانية، وذلك نتيجة لما نقله إليهم أحد البحارة الرومانيين ويطلق عليه هيبالوس، الذي وصل إلى المدن الساحلية للصومال المطلة على المحيط الهندي والبحر الأحمر)3[.

وكان الإغريق واليونان قبل ذلك كله ينافسون العرب الجنوبيين، ولاسيما السبئيين في النواحي الاقتصادية، وكان لهم طموح كبير في السيطرة على الملاحة البحرية، بل كان الإغريق يرغبون في مشاركة العرب في الانتفاع بتجارة البخور والتوابل، عن طريق البحر الأحمر وما يتصل به من تجارة المحيط الهندي، حتى وصل بهم الأمر إلى التطلع إلى احتكار الطريق التجاري البحري، وحرمان العرب منها، وهذا التطلع كان موجودًا منذ عهد الإسكندر المقدوني بعد أن دانت له دولة بابل حتى الخليج العربي، وأراد أن يمتد نفوذه إلى تجارة العرب والهند معًا، وعندما انهارت مملكة الإسكندر المقدوني استغل هذه الفرصة البطالمة الذين استقروا في مصر، والذين أرادوا تحقيق آمال الإسكندر؛ لذلك استأنفوا الرحلات البحرية نحو السواحل الطويلة على البحر الأحمر إلى أقصى الحدود وذلك في أواخر القرن الرابع ق.م.)4[وفي فترة حكم هؤلاء البطالمة مارسوا نشاطًا ملاحيًا مكثفًا في

____

(١) الرائد وليد محمد: مرجع سابق ص ٥٠.

(٢) عصام الدين عبد الرؤوف الفقي: مرجع سابق ص ١٠.

(٣) على أحمد نور: مرجع سابق ص ٦٣.

(٤) وعرف هذا العصر في التاريخ بعصر البطالمة، وكان مقرهم الرئيس مصر، وقد أعلن بطليموس نفسه ملكًا عليها، وتوارث أبناؤه وأحفاده الحكم من بعده، وقد امتد حكمهم لمصر وسواحلها زهاء ثلاثة قرون، وانتهى حكمهم بهزيمة المملكة كليوباترا أمام جيوش الرومان سنة ٣٠ قبل الميلاد.

سواحل البحر الأحمر، وكان هذا النشاط يهدف إلى النواحي التجارية لجلب الفيلة الأفريقية واستيرادها؛ ومن أجل ذلك أقاموا محطات ومراكز في الشواطئ الغربية للبحر الأحمر ومنطقة القرن الأفريقي؛ لتسهيل مهمة الملاحة التجارية[1].

ولمعرفة ذلك ينبغي الرجوع إلى أرشيف السجلات والوثائق الإغريقية واليونانية الموجودة؛ للوصول إلى معلومات إضافية حول علاقتهم مع سواحل البحر الأحمر والمحيط الهندي؛ لأنّ هذه الدول أرسلوا بعثات إلى المنطقة بسبب تفوقهم بالملاحة؛ نتيجة تطويرهم أساطيلهم البحرية، وخاصة في عهد البطالمة الذين كانوا يهتمون بتجارة البحر الأحمر، بحيث أرسلوا بعثات متتالية واحدة تلو الأخرى، وقامت هذه البعثات بسلسلة من البحوث والدراسات الكشفية؛ لمعرفة أحوال الشواطئ والشعوب وموارد الثروة في البحر الأحمر وفي منطقة المحيط الهندي – وأهمها سواحل الصومال، كما اهتموا بتجارة البحر الأحمر في المدن والمستودعات ومراكز الصيد التي أسسوها على شواطئ القرن الأفريقي في البحر الأحمر، فضلًا عن أنهم جددوا حفر القناة التي تربط بين فرعي النيل الشرقي وخليج السويس، إضافة إلى اهتمامهم بالطرق البرية التي تربط بين وادي النيل والبحر الأحمر لتنشيط التجارة عبر البحر وترويجها[2].

ويرى بعض الباحثين أنه لا يوجد دليل قاطع على أن البطالمة الأوائل وصلوا إلى مناطق باب المندب والساحل الصومالي، ولكن مما يعارض هذه الفكرة أن مؤرخي اليونان في ذلك العصر قد أشاروا إلى هذا الساحل ووصفوا رأس جردافي، كما أشاروا إلى سلسلة من السواحل عرفوها باسم سواحل المر ثم البخور وأخيرًا القرفة، وإن استخدامهم بالاسم الأخير يدل على الشاطئ كله في بعض الأحيان[3].

ولا شك أن مصادر اليونان عن بلاد الصومال وأهله محدودة ولا ترقى إلى المستوى المأمول على غرار المصادر المصرية، وبالذات تلك التي قدمت لنا معلومات غزيرة عن الصومال في نواحي الحياة في عصر المملكة حتشبسوت، إلا أن هؤلاء الكُتّاب من اليونان لم تخل كتبهم عن أخبار الصومال، بل إنها تصف الأرض والموانئ والبضائع، كما تتحدث

---

(١) الرائد وليد محمد: المرجع نفسه ص ٤٦.

(٢) أجيه يونان جرجس: مرجع سابق ص ٢٩.

(٣) فوزي مكاوي: الصومال في العصور الوسطى، مرجع سابق، ص ٤٤.

عن القبائل وما يتعلق بها)[1]. وأهم هذه المعلومات تلك التقارير التي كان المستكشفون يرفعونها إلى ملوكهم من خلال ذكرهم للمسافات وبيان سبل الوصول إلى المواني، ووصف بعض الشئون السياسية والاقتصادية والحضارية)[2]. ويطلق بعض الباحثين على عصر البطالمة وعصر حكم الرومان مجتمعين "العصر الإغريقي الروماني" ويعللون ذلك بأن مظاهر الحضارة خلالهما كانت متشابهة إلى حد كبير، وليس في مصر فقط، بل في مختلف أجزاء العالم التي سيطر عليها اليونان أو الإغريق أولاً ثم الرومان)[3].

وقد كان الفينيقيون يدًا مساعدة للقوى الكبرى التي كانت تعمل في العمليات الملاحية والاستكشافية للبحر الأحمر والمحيط الهندي والمنطقة عمومًا، وقد سبق أن ذكرنا أن المصريين في عهد الفراعنة ولاسيما في عصر الملك نخاو الثاني كانوا يستعينون بالملاحين الفينيقيين، الذين طبقت شهرتهم الآفاق، وتحقق فيما بعد المشاريع البحرية المرتبطة بالتجارة والدولية)[4]. وفي جانب آخر فقد تلقى الإغريق تعليمات تتعلق بتحرك السفن الكبيرة للاهتداء في أسفارهم البحرية بالنجم القطبي على يد الفينيقيين)[5]، بحيث كانوا يتفوقون في العلوم البحرية وصناعة السفن، بل وتدل النقوش المصرية في عهد الملك ساحورع في أبوصير على مدى توطد ومتانة العلاقة التجارية بين البلدين)[6].

العلاقات الصومالية العربية في العصور القديمة:

تاريخ الصومال في العصور القديمة وخاصة علاقتها مع العرب لا تختلف عن علاقة غيرها من الأمم الأخرى، فالمصادر التاريخية الأولية لا زالت شحيحة رغم بعض الإشارات في القرآن الكريم والسنة الشريفة المطهرة، وذلك إذا اعتبرنا الصومال جزءًا من الأراضي التي كان يعرفها المؤرخون ببلاد الحبشة، أو يعرف في العصر الحديث بمنطقة

---

(١) المرجع نفسه ص ٤٤، ٤٧ .

(٢) عبد المنعم عبد الحليم: مرجع سابق ص ٣٦٩ .

(٣) المرجع نفسه ص ٣٦٦ .

(٤) جورج فضلو حوراني: مرجع سابق ص ٣٧؛ الرائد وليد محمد: مرجع سابق ص ٤٣ .

(٥) محمد الصغير غانم: التوسع الفينيقي في غربي البحر المتوسط، المؤسسة الجامعية للدراسات والنشر، ط/ ٢، بيروت، سنة ١٩٨٢م، ص ٥٧ .

(٦) محمد الصغير غانم: المرجع نفسه ص ٤٨ - ٤٩ .

القرن الأفريقي، ومهما كان الأمر فإنّ الدراسات التاريخية في العصور القديمة ليست من السهل الخوض فيها وتحتاج إلى أن تستند إلى مصادر أولية أو مباشرة بالحدث في الفترة الزمنية المشار إليها.

وفيما يتعلق بعرب الشمال الفينيقيين فقد كانت لهم أيضًا بصمات بحرية مع المنطقة، بحكم شهرتهم في عالم البحر والملاحة وتفوقهم في صناعة السفن، كما ذكرنا سابقًا، وهذا التفوق والريادة جعل الفينيقيين يحافظون على نشاطهم البحري طيلة عهد البطالمة وجزء من عهد الرومان، رغم أنهم تلاشوا كقوة سياسية قائمة بذاتها بعد سيطرة الرومان. ولم يكن عرب اليمن وجنوب الجزيرة العربية أقل نشاطا في الشئون الملاحية والتجارية، ليس في البحر الأحمر فحسب، بل وفي المحيط الهندي وسواحل الهند والصين، وقد امتد نشاطهم التجاري إلى البحر المتوسط، وبذلك أصبحوا منافسين للأمم الأخرى ذات الريادة في الملاحة، واستطاعت أساطيلهم نقل البضائع والسلع إلى أقطار كثيرة، ومن بينها منطقة شرق أفريقيا[1].

ومن هنا ينبغي الرجوع إلى الكتابات القديمة التي خلفها الأوائل، مثل الآثار المختلفة والنقوش على جدران القبور والقصور والمعابد، في اليمن، علمًا أنّ تاريخ اليمن القديم هو التاريخ الذي يتناول الحضارات العريقة من الألفية الثانية قبل الميلاد حتى القرن السابع بعده. ونحن نعتني بتاريخ اليمن أيام مملكة سبأ، ثم فترة الدول المستقلة المتقاربة مثل دول سبأ، وحضرموت، وأوسان، ومعين، وقتبان وأخيرًا مملكة حمير، علمًا أنّ أغلب مصادر تاريخ اليمن القديم هي بكتابات خط المسند بدرجة أولى تليها الكتابات اليونانية، ولعلنا نجد ما يوضح جليًا علاقة اليمنيين بالقطر الصومالي في تلك الفترة، علما أنّه تصدى بعض الباحثين في دراسة هذه النقوش ولاسيما من جانب الكُتَّاب الأوروبيين، بحيث قام كثير من المستشرقين الأوروبيين بدراسة هذه النصوص اليمنية القديمة، وأشهر هؤلاء المستشرق النمساوي إدوارد جلازر الذي جمع خلال زياراته المتكررة إلى اليمن حوالي ١٠٣٢ نقشًا قديمًا[2]. كما قام الباحث الفرنسي جوزيف هاليفي دراسة مماثلة، حيث درس

---

(١) الرائد وليد محمد: مرجع سارق ص ٥٣.

(2) Fritz Hommel: On the Historical Results of Eduard Glaser's Explorations in South Arabia Hebraica, Vol. 6, No. 1 (Oct., 1889), Published by: The University of Chicago Press, pp. 49-54

وحده ٨٠٠ نقش لها علاقة بتاريخ اليمن القديم، وهو ما أشار إليه الدكتور جواد علي[1].
ومن ناحية أخرى فإنَّ كتابات النسابة والأخباريين بعد بعثة المصطفى ﷺ لها أهميتها من
حيث غزارة الأخبار، ولكن لا يمكن الاعتماد عليها بشكل كامل لعدم قدرتهم قراءة خط
المسند، واتساع الهوة الزمنية بينهم وبين مملكة سبأ.

وهناك عدد من الباحثين العرب بذلوا جهودًا بحثية تجاه تاريخ اليمن القديم،
معتمدين على ما ورد في كتابات النسابة والأخباريين في الفترة الإسلامية، وقد رأى هؤلاء
الباحثون بأن هذه الكتب وحدها لا تكفي، ومن هنا اعتمدوا على قراءة النقوش
والكتابات القديمة في اليمن لكي تكتمل الصورة، ويمكن الوصول إلى ما يشبه الحقيقة
التاريخية، ومن هؤلاء شيخ الآثاريين العرب في العصر الحديث الدكتور أحمد فخري، وله
عدة كتب في هذا المنحى؛ نتيجة زيارات قام بها الدكتور إلى اليمن، وشارك في أعمال
التنقيب والحفريات. ولا ننسى جهود الكاتب العراقي الدكتور جواد علي وخاصة
موسوعته الضخمة المسمى: "المفصل في تاريخ العرب قبل الإسلام" فقد تناول المؤلف
في كتابه أخبار العرب وأيامهم قبل بعثة النبي ﷺ. ويمتاز كتاب المفصل في تاريخ العرب
قبل الإسلام بأنَّ مؤلفه لم يكن مجرد ناقل للأخبار وأحاديث المؤرخين والأخباريين في
تاريخ العرب القديم، وإنّما كان يُبدي رأيه في كثير من المسائل كلام المؤرخين الأوائل
بالنقد والدراسة والتمحيص، ومع احترامه لأبحاث وجهود المستشرقين الذين قاموا
بعمليات الحفريات والدراسة على النقوش القديمة إلا أنّه لم يكن يقبل كل ما يقوله
هؤلاء.

كما أنَّ هناك باحثين من اليمن قاموا بدراسات أكاديمية تسلط الضوء على كمية كبيرة
من النقوش والرسومات لليمن في العصور القديمة، ومن هؤلاء الباحث رياض أحمد
سعيد باكرموم الذي قام بدراسة تحليلية على نقوش عربية جنوبية قديمة من اليمن،
"اعتمادًا على معرض اليمن في بلاد ملكة سبأ"[2]، فقد قام الباحث بدراسة تسع وثلاثين
نقشًا عربيًا جنوبيًا دراسة تحليلية لغوية مقارنة.

---

(١) انظر المفصّل في تاريخ العرب قبل الإسلام، الطبعة الثانية، سنة ١٤١٣هـ/ ١٩٩٣م، ٨/ ٤٤.

(٢) دراسة لنيل درجة الماجستير، قسم النقوش، كلية الآثار والأنثروبولوجيا بجامعة اليرموك، عام
١٤٣٦هـ/ ٢٠١٤م.

ومن قام بدراسة النقوش والمخلفات أيضًا مطهر الأرياني من خلال كتابه " نقوش مسندية وتعليقات"[1].

خالد أسكوبي: دراسات تحليلية مقارنة لنقوش من منطقة رم جنوب غرب تيماء، الرياض، وزارة المعارف وكالة الآثار والمتاحف، ١٩٩٩م.

والمشهور أنه كان هناك دومًا علاقات وثيقة بين اليمنيين وسكان القرن الأفريقي، وقد أشارت البحوث إلى هجرات أهل اليمن منذ أقدم العصور إلى المنطقة ولاسيما نواحي شمال الحبشة (أثيوبيا)، ويؤكد هذه العلاقة ما عُثِرَ عليه من الكتابات القديمة باللهجة السبئية[2]. وكانت هدف الهجرات العربية إلى الساحل الأفريقي الاستيطان وإيجاد مراكز للتجارة، ومن هنا اتفق أغلب العلماء على أن الهجرات البشرية المبكرة من شبه الجزيرة العربية كانت في اتجاه واحد من هذه المنطقة إلى شرق أفريقيا، وهؤلاء المهاجرون الجدد نقلوا إلى القرن الأفريقي أنظمتهم الاجتماعية والسياسية والثقافية، وهو أمر واضح في تأثيره على المنطقة[3]. وقد حدث إجماع بين الدارسين على هجرة جماعات من جنوب بلاد العرب إلى الساحل الأفريقي من البحر الأحمر، في وقت ما بعد القرن العاشر ق.م، على أبعد تقدير. ونحن لا نعرف أسماء هذه الجماعات أو القبائل التي نزحت وهاجرت في هذا التاريخ المبكر... أما الأسباب التي أدت إلى هذه الهجرات فكثيرة، ولكن ربما يكون أحد هذه الأسباب الصراع الذي ساد ممالك جنوب جزيرة العرب لتأمين الطريق التجاري البحري، بل ربما كان الوصول إلى بعض مصادر تلك التجارة هو الذي دفع الدولة السبئية إلى إرسال جماعات إلى الساحل الأفريقي؛ لإقامة محطات تجارية في البداية[4]. ثم مستوطنات على الساحل الصومالي تضم بعضًا من المهاجرين العرب ومن اليمنيين بالدرجة الأولى، الذين نزحوا مع الباحثين للاستيطان غير أن هذا

(١) طبع بصنعاء، مركز الدراسات والبحوث اليمنية، ١٩٨٨م..

(٢) عبد الله الشيبة: مرجع سابق ص ١٥٢.

(٣) محمد بركات البيلي: التنافس الدولي في منطقة القرن الأفريقي حتى ظهور الإسلام ٨٤٥/٢ – ٨٤٦، بحث ضمن أعمال الندوة الدولية للقرن الأفريقي ١–٧ يناير ١٩٨٥، القاهرة.

(٤) عبد الله الشيبة: مرجع سابق ص ٣٠٩ – ٣١٠.

الاستيطان العربي على أراضي الصومال أصبح بمثابة عملية "صوملة" لعرب الجنوب، وتعريب لأبناء الشعب الصومالي)[1].

ومن خلال الاستيطان العربي الوافد من الجزيرة لطلب التجارة، اختلط العرب بالصوماليين وتزوجوا من نسائهم، وأدى اختلاط هذه الجماعات العربية بالعناصر الوطنية إلى امتزاج الدم العربي بالدم الصومالي، وينبغي أن نتساءل ما هي الأسباب التي أدت إلى هذا النزوح العربي - خاصة عرب الجنوب - إلى بلاد الصومال في العصور القديمة؟ علمًا بأن المؤرخين ذكروا أنهم اندمجوا مع السكان الأصليين)[2]. وإذا تتبعنا الظروف التي أدت إلى هذه الهجرات يتضح لنا أن بعضها حدث نتيجة تردي الأوضاع الاقتصادية التي سادت بلاد اليمن، حينما تصدع سد مأرب وانهار كلية، كما أشرنا من قبل، والمعلوم أن هذا السد كان يقع في منطقة مأرب التي كانت عند ملتقى طريق تجارة القوافل القديمة الواردة من بيحان وحضرموت وموانئ البحر العربي، فضمنت لنفسها موارد اقتصادية كبيرة من مكوس التجارة. وهذا السد مر بمراحل عديدة، وإصلاحات متجددة مع الزمن، وكان جدار السد متماسكًا، غير أنه حدث للسد تدهورات كثيرة في فترات مختلفة، وقد وقع أضخم انشقاق وانفجار غير أن ذلك التاريخ اختُلِفَ في زمنه، فيرى بعض العلماء أن تلك الحادثة وقعت في منتصف القرن السادس الميلادي، أي بعد عام ٥٥٠م، وذلك قبل ميلاد الرسول ﷺ بسنوات قليلة)[3].

ونستطيع القول بأن سد مأرب تصدع تدريجيًا في اليمن وفقد فعاليته، بل ولم يستطع احتمال تدفق السيول والأمطار العزيزة المحجوزة خلفه فانهار كلية، ثم أتلف القرى بما فيها المزارع التي كانت معتمدهم الأكبر لحياتهم، وبالتالي ساءت الحياة الاقتصادية في اليمن فاضطر السكان إلى الفرار والهجرة إلى البلدان المجاورة بحثًا عن حياة أفضل، وكانت بلاد الصومال أقرب بلد يلجأ إليها العرب في جنوب الجزيرة)[4].

(١) صالح محمد على: مرجع سابق ص ٢ - ٣؛ عبد الرحمن النجار: الإسلام في الصومال ص ٥٥.

(٢) عصام الدين عبد الرؤوف: مرجع سابق ص ٩ .

(٣) عبد الله الشيبة: مرجع سابق ص ١٢٣، ١٢٤.

(٤) عصام الدين عبد الرؤوف الفقي: مرجع سابق ص ٩ .

ولعل هناك عوامل أخرى غير العامل الاقتصادي أدى بالمهاجرين العرب إلى الذهاب والنزوح إلى الصومال مثل: انتشار الفتن والثورات التي كانت تشتعل في تلك البيئة العربية مما حفزهم إلى التحرك نحو المنطقة، وإن لم نعثر على هجرات من هذا النوع من العصور القديمة . ولكن أهم عامل يجعلهم وغيرهم من القوى العالمية تعطي اهتمامها بمنطقة القرن الأفريقي عامة والصومال خاصة، هي كونها تقع في منطقة استراتيجية، لذا فقد كانت دومًا محط أنظار القوى الأجنبية بغية السيطرة عليها واستغلال إمكاناتها المادية، باعتبارها مستودعًا لعديد من البضائع التي كانت عصب تجارة العالم القديم كالبخور والتوابل واللبان والمر والعاج والذهب وغير ذلك)[1].

وحتى حينما تتوقف الرحلات الملاحية التجارية بين مصر وبلاد بونت (الصومال)، فإن العرب الجنوبيين كانوا يسهمون في سد هذه الثغرة، وتطوير النشاط التجاري البحري في البحر الأحمر، حيث كانوا ينقلون التوابل اللازمة للطقوس الدينية إلى مصر، وهذا ما نستشفه من النصوص التي وُجِدَت على نقش يمني مكتوب بالخط العربي الجنوبي واللهجة المعينية، يعود تاريخه إلى سنة ٢٦٣ ق . م، وهذا النقش عثر عليه داخل تابوت كاهن أو تاجر من معين اسمه (زيد آل بن زيد) في منطقة الجيزة بمصر)[2].

وعقب انهيار سلطان سبأ اعتلى عرش اليمن الحميريون، الذين أسسوا مملكة أطلق عليها "دولة حمير" في جنوب الجزيرة العربية، وقد ورث هؤلاء مملكة سبأ بما فيها من النواحي التجارية والحضارية، لذا فقد استطاع الحميريون مواصلة العلاقة مع الصومال، وخاصة فيما يختص بالنواحي الاقتصادية، فيما " تمثل فترة هذه الدولة – العصر الذهبي – للملاحة في البحر الأحمر وعلى شواطئ الصومال "[3]، وربها يوجد معلومات إضافية عن هذه العلاقة في تلك الفترة، إذا أمكن الرجوع إلى الرسوم والنقوش اليمينة والتي ما زالت حتى الآن متوافرة)[4].

____

(١) محمد بركات البيلي: مرجع سابق ٢/ ٨٤١.

(٢) جورج فضلو حوراني: مرجع سابق ؛حسن صالح شهاب: مرجع سابق ص ٣٨.

(٣) حمدي السيد سالم: مرجع سابق ١/ ٣٣٥.

(٤) انظر رياض أحمد سعيد باكروم: نقوش عربية جنوبية قديمة من اليمن، رسالة الماجستير، قسم النقوش، كلية الآثار والأنثروبولوجيا بجامعة اليرموك، عام ١٤٣٦هـ/ ٢٠١٤م.

وفي الفترة التي ازداد فيها النزاع والصراع بين القوى العالمية في اليمن، وانشغل العرب بتنافس الديانات – المسيحية واليهودية – والتشاحن فيما بينهم، وكان الأحباش تراودهم فكرة توسيع نفوذهم إلى السواحل الصومالية وموانئها؛ بهدف سيطرتهم على اقتصاديات الصومال والاستيلاء على حركة الملاحة في خليج عدن والبحر الأحمر، غير أن هذا أصبح أضغاث أحلام؛ لأن الأسطول الصومالي كان قادرًا على الدفاع عن ممتلكاته وأراضيه، وقد وصف ذلك بعض الباحثين البحرية الصومالية بقوله: ".. إن البحرية الصومالية كانت قد نمت، وأصبح لها بحارة مهرة في فنون البحرية، وأصبح للأسطول البحري التجاري الصومالي شأن في الأعمال التجارية، وفي الضرب على يد قراصنة البحار"[1]؛ لذلك لم يتمكن الأسطول الحبشي من الظهور على سواحل البحر الأحمر والمحيط الهندي، حيث ظلوا منعزلين عن هذه السواحل، بل واضطروا للبقاء في داخل منطقة أكسوم[2].

وكان اقتصاد عرب الجنوب يعتمد في جزء كبير منه على التجارة الدولية، لذلك فإنهم أقاموا مراكز تهدف إلى تبادل السلع في سواحلهم، كما أقاموا قواعد تجارية على سواحل الهند والصومال، بغية احتكار تجارة الذهب والبخور والمر وأخشاب الزينة التي تصدرها تلك المناطق إلى الشمال[3]. لذلك ارتفع مستوى التبادل التجاري بين البلدين، حتى عمت السلع الصومالية والمنتجات التجارية المتنوعة إلى أسواق جنوب الجزيرة العربية خاصة، ثم امتدت إلى بلاد الصين والهند وجاوه شرقًا، وإلى مصر والشام شمالًا مما رفع المستوى التجاري بين القطرين وقوى الترابط الحضاري[4].

ومما لا شك فيه فإنَّ هذه المعلومات التي يتناقلها الباحثون عن العلاقة المبكرة بين منطقة القرن الأفريقي وجنوب الجزيرة العربية في غاية الأهمية، غير أنَّها تحتاج ما يؤيدها من النصوص والمصادر الأولية، سواء من جانب جنوب الجزيرة، أو من جانب منطقة القرن الأفريقي عامة، والحبشية خاصة، ولعل هناك ما يؤكد ذلك إذا رجعنا إلى النصوص

(١) حمدي السيد سالم: مرجع سابق ١/ ٣٣٨.

(٢) مرجع نفسه ١/ ٣٣٨.

(٣) محمد بيومي مهران: تاريخ العرب القديم، مرجع سابق ١/ ٥٨٧.

(٤) صالح محمد على: أصول اللغة الصومالية في العربية، ص ٣ .

القديمة المنقوشة بالجدران والقبور، ومن حسن الحظ فإنّ كثيرًا من النقوش والرسومات نُشِرَت وقام الباحثون عليها بدراسات تحليلية وتقابلية، وأخرى لغوية بغية تفكيك النصوص ومقابلتها باللغات الجنوبية الأخرى، كما أشرنا من قبل.

وفي دراسة (التنافس الدولي في منطقة القرن الأفريقي حتى ظهور الإسلام)، لمحمد بركات البيلي، وردت معلومات مهمة لها صلة بعلاقة بلاد الصومال مع العالم القديم، وهذه الدراسة جاءت ضمن بحوث أعمال الندوة الدولية للقرن الأفريقي ١ – ٧ يناير، ١٩٨٥، القاهرة.

الفصل الثاني
الصومال في العصر الإسلامي

- تمهيد.

- الصومال لدى الكُتَّاب العرب القدامى.

- الجغرافية الصومالية.

- تشييد المدن في الصومال.

- وصول الإسلام وانتشاره في منطقة القرن الأفريقي.

- هجرة الصحابة إلى أرض الحبشة.

- الهجرات العربية إلى الصومال.

- السلطنات الإسلامية في منطقة القرن الأفريقي.

- الحياة العلمية والثقافية في بلاد الصومال.

تمهيد:

مصادر تاريخ الصومال في الفترة الإسلامية مثل غيرها من مصادر الأمصار الإسلامية الأخرى؛ لأنّ بلاد الصومال لم تنقطع يومًا من الأيام عن محيطها الإسلامي والعربي، بحكم الجوار والتداخل الاجتماعي عبر تدفق الهجرات مناطق مختلفة في شرق أفريقيا عامة، ومنطقة القرن الأفريقي خاصة، ولكن يختلف الأمر فيما يخص المعلومات والمادة التاريخية الواردة في تلك المصادر، بحيث حظ الصومال يقل كثيرًا جدًا عن غيرها من المعلومات والأخبار للبلدان الإسلامية الأخرى، ولعل ذلك يرجع إلى عدة عوامل مختلفة مثل:

- عدم شمل بلاد الصومال بالفتوحات الإسلامية التي وصلت إلى أقصى ما وصلت إليه في بلاد ما وراء النهر من جهة الشمال، وفي المغرب الأقصى وبلاد الأندلس.

- عدم وقوع الصومال بطرق الحج ومسالك الأمصار، مما جعلها تفتقد فوائد جمة؛ لأنّ ذلك له رونقه وتأثيره الحضاري والثقافي.

- عدم وفود جملة من الكُتَّاب والمؤرخين العرب على المنطقة أو ندرتهم، لكي ينقلوا انطباعاتهم عن البلاد، سواء كانوا الرُّحَّال أو الجغرافيون العرب، على غرار ما حصل في المشرق والمغرب الإسلاميين بما فيها بلاد الأندلس.

ومهما كان الأمر، فعند الحديث عن تاريخ الصومال في العصور الإسلامية الزاهية سوف يكون الباحث عالة على المصادر الإسلامية، التي كتبها العرب في العصور الوسطى، وهذه الكتابات والأخبار ليست متناسقة ومنتظمة، وإنما متناثرة في حنايا المصادر المتنوعة، مثل مصادر الرحالة والجغرافيين، وكذلك ضمن كتب التراجم والسير، وكذلك بعض المعاجم والقواميس التي وضعها العرب، ومن المعلوم أنّ المؤرخين المسلمين صنفوا صنوفًا من المؤلفات والكتب تختص بمجال التاريخ، وعلى الرغم من أنّ في بدايات الأمر ركزوا بكتابة سيرة النبي ﷺ، إلا أنّه وجدت إلى جانب ذلك بعض المصادر حاولت أن تغطي على جميع الحقب التاريخية، وهذه الكتب تميز أغلبها بالضخامة ولذلك أطلق عليها من قِبَل بعض الباحثين مصطلح "كتب التاريخ العام"؛ لأنها حوت مادة تاريخية عن الأحداث منذ بدء الخليقة، وحتى السنة التي يتوقف فيها

المؤلف عن متابعة الكتابة، وهي في الغالب قبل وفاته بمدة قصيرة، ورتبت فيها الأحداث التاريخية التي وقعت قبل البعثة النبوية ترتيبًا موضوعيًّا أو حسب تعاقب الأحداث، أما الفترة الإسلامية فقد اعتمد في تنظيمها حسب تعاقب السنين، وتعرف عند بعض الباحثين بالحوليات.

وكتب التراجم وسيرة الأشخاص من المصادر المهمة في تاريخ الصومال، ولعل ترجمة شخص ما تطول سيرته أو تقصر، وهذا مرتبط حسب ما يراه المؤلف في أهمية أصحاب التراجم. وخلال قراءتنا لاحظنا قلة المادة العلمية في هذا النوع من المصادر عن تراجم أهل الصومال، وأنّها متناثرة في ثنايا بطون مصادر مختلفة، ومن هنا على الباحث أن يتحلى بالصبر ويغوص في غور معاني تلك المصادر واحدًا تلو الآخر حتى يصل إلى نتيجة مرجوة، وخاصة من كتب التراجم والسير في اليمن والحجاز، عن طريق بعض الألقاب كالزيلعي والجبرتي والحبشي، إذ لم تكن يُعرف اسم الصومال في العصور القديمة، بحيث ظهر هذا المصطلح فيما بعد وبالتحديد في القرن التاسع الهجري، الخامس عشر الميلادي، كما سبق ذكره. وكتب التراجم لها أهمية بالغة عند الباحثين، وذلك لأن معظم كتابات المؤرخين العرب المسلمين كانت على شكل تراجم، فضلًا عن ذلك تميزت هذه الكتب بالثقة والدقة والغنى بالمعلومات السياسية والإدارية والاقتصادية والاجتماعية والدينية والثقافية، وتأتي مصداقية هذه الكتب من تأثرها بالشروط التي وضعها علماء الحديث، ولا سيما اتباع مؤلفيها لمبدأ "الجرح والتعديل" في أغلب الأحيان، ومنها المؤلفات التي تناولت تراجم العلماء والفقهاء والمحدثين والمفسرين.

ونضرب هنا بعض تلك المصادر مثل معجم الشيوخ "المعجم الكبير" للذهبي، شمس الدين محمد بن أحمد بن عثمان الذهبي (ت ٧٤٨هـ)، الضوء اللامع لأهل القرن التاسع للسخاوي، شمس الدين محمد بن عبد الرحمن (ت٩٠٢هـ)، وطبقات فقهاء اليمن للجعدي، عمر بن علي بن سمرة (كان حيًّا في سنة ٥٨٦هـ)، ومؤلفات ابن حجر العسقلاني، شهاب الدين أحمد بن علي (ت ٨٥٢هـ) مثل: تبصير المنتبه بتحرير المشتبه، والدرر الكامنة في أعيان المائة الثامنة، وإنباء الغُمر بأبناء العُمر. ومن مؤلفات علماء اليمن السلوك في طبقات العلماء والملوك للجندي: أبو عبد الله بهاء الدين محمد بن يوسف. وفي المعاجم اللغوية، مثل كتاب تاج العروس من جواهر القاموس للزبيدي السيد المرتضى الحسيني الزبيدي (ت١٢٠٥هـ).

كتب سعادة الدكتور محمد حاج مختار في بداية الثمانينيات في القرن المنصرم مقالًا مطولًا سماه: "تاريخ الصومال من مصادر عربية"، ضمن البحوث في شهر الثقافة العربية التى يصدرها المكتب الإقليمى بشرق أفريقيا، مقديشو التابع للمنظمة العربية للتربية والثقافة والعلوم، العدد رقم ١٦ – ١٩٨٢/٤/١٥م، وقد بذل الدكتور جهدًا جبارًا وخاصة أنّ دراسته هذه تعتبر الأولى من نوعها، بل وأصبحت دراسته مفتاحًا لدراسات أخرى فيها بعد؛ لأنّه سلط الضوء على تاريخ الصومال وحضارته من أقوال وعيون الرحالة والجغرافيين العرب القدامى.

كما أنني تناولتُ مسميات بلاد الصومال عند الكُتّاب القدامى في كتابنا "الثقافة العربية وروادها في الصومال" في مبحثه الثالث من الفصل الأول؛ لأنّ الكُتّاب العرب القدامى أوردوا أخبار بلاد السومال "الصومال"، بحيث أشار الرحالة والجغرافيون العرب في ثنايا كتبهم أحوال البلاد والعباد، سواء في النواحي السياسية والاجتماعية والاقتصادية والثقافية، غير أنه ينبغي أن نعرف أن المعلومات التي نقلها هؤلاء ليست غزيرة وكافية، بل من الصعب أن تكون تلك المعلومات كافية ويمكن الاعتماد عليها؛ لإبراز حقيقة أوضاع البلاد وأحوالها التاريخية والحضارية، دون الاستعانة والرجوع إلى ما تنقله المصادر الأخرى، حيث إن الرحالة والجغرافيين لم يتوسعوا في نقل الأخبار والمعلومات التاريخية والحضارية، بل إنّ أخبارهم كانت تنحصر فقط في جوانب ضيقة لا تشمل تلك المعلومات التي نقلوها من الأقطار الإسلامية الأخرى، كاليمن والحجاز والعراق والشام ومصر وبلاد المغرب الإسلامي، وحتى بلاد الأندلس. كما أنّه ينبغي أن نعرف أن المصادر القديمة لم تذكر الصومال باسمها الحالي المعروف، رغم الحديث عنها والإشارة إليها، وإنما بأسماء وتعاريف أخرى .

ومن بين الأسماء التي كانت تطلق على البلاد والعباد اسم "بربراوي"، وقد أطلق عليهم هذا الاسم مؤرخو اليونان والرومان في العصور القديمة، وإن كان هذا الاسم تغير إلى البربر من قبل مؤرخي العرب في العصور الوسطى، ثم تحول الاسم إلى بربر نسبة إلى مدينة بربرة الواقعة على الساحل الصومالي الشمالي مقابل خليج عدن)[1]. ومن الأسماء

---

(١) عبد المنعم عبد الحليم: مرجع سابق ص ١٦٨؛ وانظر محمد حاج مختار: تاريخ الاستعمار الإيطالي ص ١-٢.

أيضًا "بلاد بونت"، وقد كان المصريون القدامى يعرفونها بهذا الاسم دون غيرهم، ولا سيما في فترة الملكة حتشبسوت وبعثتها المشهورة إلى الصومال، وقد دوَّن المصريون القدامى أخبار هذه الرحلة على الجدران والمعابد في مدينة الأقصر[1].

كما أن اسم "أزانيا" قد استعمله الكُتّاب الجغرافيون الإغريق والرومان القدامى للدلالة على بعض الأجزاء الجنوبية من الصومال[2]. وعرفت البلاد أيضًا في عهد الأسرة الأولى من العصر الفرعوني (الأراضي المقدسة)، حيث كانوا يعتقدون بأن إلها لهم يظهر في كل يوم على أرض بلاد الصومال . وعرفت أيضًا بأنها بلاد البخور والعطور والأشجار الكريمة[3].

وكانوا يعرفون أيضًا ببلاد الذهب والعطور[4]. وثمة اسمٌ آخر كان يطلق على بلاد الصومال من قبل الفينيقيين وهو اسم"إقليم البخور"[5] نسبة إلى البخور والعطور التي كانت الصومال مشهورة بها في ذلك التاريخ . ويطلق على المناطق الشمالية الشرقية للصومال المتاخمة للساحل باسم "بر عجم"، وقد حرفه الصوماليون إلى "برعجن"، وظهرت هذه التسمية على بعض الخرائط القديمة للصومال[6].

ولم تخل المصادر الإسلامية في العصور الوسطى عن ذكر الصومال، حيث تناولت هذه المصادر في عدة جوانب مختلفة تتعلق بتاريخ الصومال وحضارته مثل:

____

(1) محمد عبد الفتاح الهندي: مرجع سابق، ص ١٣؛ وانظر د/ فوزي مكاوي: الصومال في العصور الوسطى، مرجع سابق، ص ٣١، ٤٣؛ د/ عبد الفتاح مقلد الغنيمي: الإسلام والمسلمون في شرق أفريقيا، عالم الكتب، القاهرة، الطبعة الأولى، ١٤١٨هـ – ١٩٩٨م، ص ٢٠ .

(2) على أحمد نور: (طربلس: ملامح صومالية قديمة) مرجع سابق، ص ٦٨ .

(3) حمدي السيد سالم: مرجع سابق ٣١٢/١؛ وانظر محمد على عبد الكريم وآخرين: تاريخ التعليم في الصومال، مقديشو ١٩٧٨م، من مطبوعات وزارة التربية والتعليم، ص٢ .

(4) حمدي السيد سالم: مرجع سابق ٣١٢/١.

(5) مرجع نفسه ٣٢٢/١؛ عبد الرزاق حسين حسن: المسح اللغوي في الصومال وتأثير اللغة العربية في اللغة الصومالية، الدوحة، جامعة قطر، ١٩٩م ص ١١ .

(6) شريف صالح محمد على: أصول اللغة الصومالية في العربية، ص ١، نقلًا عن:

Cote somalienne arabie meridionale vol. 1,Roma , p.528 C.DE Landberg :

أبو الحسن المسعودي (٣٤٥هـ)[1] الرَّحالة الجغرافي عرف الصومال بأرض الحبشة[2]، وفي مكان آخر أطلق عليها – أي الصومال – **بلاد حافون**. أما ساحل الصومال فسماها **ببحر الزنج**، وتارة **بخليج البربري**. الجدير بالذكر أن المسعودي أول من فرَّق وميَّز بين أهل بربر في الصومال وبين البرابرة في شمال أفريقيا[3]. أما الإدريسي (٥٥٩هـ / ١١٦٦م) صاحب الكتاب "نزهة المشتاق في اختراق الآفاق" فيعرف مدن الصومال مثل مركة وبراوة بأرض بربرة[4]. ومرة يسميها بأرض الحبشة[5]. وأطلق على بعض أجزاء من الصومال بالهاوية[6].

والجغرافي ياقوت الحموي[7] يسمي أرض الصومال بأنها بلاد الزنج[8]، وفي مكان آخر قال: "ويقال لبلاد هؤلاء سواحل بربرة"[9].

---

(١) أبو الحسن علي بن الحسين المسعودي، المتوفى سنة ٣٤٥هـ كان أخباريًا، صاحب ملح وغرائب وفنون، وكان معتزليًا تتلمذ على أيدي مشائخ عدة أمثال أبي خليفة الجمحي، ونفطويه، مات في جمادى الآخرة سنة خمس وأربعين وثلاث مائة هجرية كما ذكر الذهبي، وله تصانيف عدَّة مثل: مروج الذهب ومعادن الجوهر، التنبيه والأشراف لأخبار الأمم من العرب، وأخبار الزمان، وغيرهم. [انظر الذهبي: سير أعلام النبلاء ١٥/ ٥٦٩؛ عمر رضا كحالة: معجم المؤلفين ٢/ ٤٣٣ – ٤٣٤].

(٢) المسعودي، أبو الحسن علي بن الحسين (٣٤٥هـ): مروج الذهب ومعادن الجوهر، تحقيق محمد محي الدين عبدالحميد، مكتبة الرياض الحديث، البطحاء – الرياض ١/ ١٠٧. الجدير بالذكر أن اسم الحبشة كان لا يعني بمفهومها الحالي، وإنما كان يشمل أرضًا أوسع مما هو مشهور، كما تدل على ذلك القواميس اللغوية والجغرافية، وهي جنس من السودان وذلك تضمّ أقوامًا عديدة مختلفة الأعراق والأصول .

(٣) المسعودي: المصدر نفسه والصفحة.

(٤) الإدريسي: نزهة المشتاق في اختراق الآفاق ١/ ٤٨ .

(٥) المصدر نفسه ١/ ٤٣ – ٤٤ .

(٦) المصدر نفسه ١/ ٤٤، ولعله يقصد بتلك القبيلة الصومالية الكبيرة التي مازالت تسمى الهوية حتى الآن، والتي تقطن غالبيتها في الجنوب الصومالي .

(٧) أبو عبد الله ياقوت بن عبد الله الرومي الحموي الملقب بشهاب الدين، الأديب الأوحد السفَّار النحوي الأخباري المؤرخ الجغرافي، وكان شاعرًا متقنًا جيد الإنشاء، توفي في العشرين من رمضان سنة ست وعشرين وستمائة، عن عمر يناهز نيفا وخمسين سنة، وصنّف عدة كتب أهمها: معجم البلدان، معجم الأدباء، المشترك وضعًا والمفترق صقعًا وغير ذلك . [انظر: الذهبي: مصدر سابق ٢/ ٢١٣؛ فريد عبد العزيز الجندي: مقدمة معجم البلدان ص ٧] .

(٨) ياقوت الحموي: مصدر سابق ٥/ ١٧٣ .

(٩) المصدر نفسه والجزء والصفحة .

الجدير بالذكر أن ياقوت الحموي يذكر منطقة اسمها: "سمالي" – بفتح أوله وآخره لام – دون أن يحدد في أي بقعة كانت من العالم، وإنما يكتفي بأنها اسم موضع فقط[1].

والدمشقي شيخ الربوة[2] يسمى الصومال "بأرض الزيلع"، وتارة "أرض أوقل"، نسبة إلى إمبراطورية "أوقل" الصومالية القديمة، كما أن الدمشقي يطلق على بعض أجزاء من الصومال بأرض الهاوية[3]، مثله مثل الإدريسي كما سماها أبو سعيد المغربي بلاد بربرا.. ثم أشار إلى بعض المدن مثل: مدن بربرة وحافون ومركة ومقدشو التي وصفها – أي مقدشو – بأنها مدينة الإسلام المشهورة[4].

ورغم أن الرحالة المغربي أبا عبدالله ابن بطوطة (٧٩هـ/١٣٧٧م) من الرحالة المتأخرين الذين زاروا بلاد الصومال، إلا أنه لم يذكر اسم الصومال مع أنه طاف القطر الصومالي شمالًا وجنوبًا، وإنما اقتصر على ذكر بعض مدنها الساحلية والتاريخية كالزيلع ومقديشو، كما اقتصر على وصف أهل البلاد بأنهم برابرة من طوائف السودان، دون أن يتطرق إلى تفاصيل أجناس المجتمع ومكوناتهم رغم ما كان عنده من الوقت والاستقبال الحافل والترحيب الكبير من قبل أهالي مقديشو وقيادتهم، ومع ذلك نقل إلينا الرحالة معلومات في غاية الأهمية لم يسبقه لها أحد من قبله، عندما تحدث عن مقتطفات عما كان يجري في بلاط السلطان في مقديشو، وشيء من الحياة الاجتماعية والاقتصادية. أما في زيلع فنقل إلينا معلومات مهمة أيضًا، ولا سيما إشارته إلى بعض أوضاع المجتمع الدينية والفكرية، وكذا حديثه عن معيشة أهالي الزيلع وأكلهم ورغد عيشهم، بحيث كانوا

<hr>

(١) ياقوت الحموي: المصدر نفسه ٢٧٨/٣.

(٢) وهو شمس الدين أبو عبدالله محمد بن أبي طالب الأنصاري الدمشقي المعروف بشيخ الربوة (ت٧٢٧هـ).

(٣) الدمشقي (شيخ الربوة): تحفة الدهر في عجائب البر والبحر، دار إحياء التراث العربي، الطبعة الأولى، ١٤٠٨هـ – ١٩٨٨م، ص ٢١٨ – ٢١٩.

(٤) ابن سعيد المغربي، أبو الحسن علي بن موسى العنسي (ت ٦٨٥هـ – ١٢٨٦م): كتاب الجغرافيا، حقق هذا الكتاب وقام بتعليقه الأستاذ إسماعيل العربي، وصدرت الطبعة الأولى، من منشورات المكتب التجاري للطباعة والنشر والتوزيع، بيروت ١٩٧٠م.

يأكلون الإبل والأسماك بكثرة، وكذا عدم نظافة مدينتهم حتى اضطر الرحالة المبيت على البحر، على حد قوله)[1].

الجغرافية الصومالية:

أشار بعض الباحثين إلى أهمية بلاد الصومال بسبب موقعها الجغرافي الفريد، بحيث تمثل همزة وصل بين القارة الأفريقية والجزيرة العربية ومنطقة غرب آسيا، كما تمثل الصومال بالإضافة إلى عموم منطقة شرق أفريقيا همزة وصل بين عالم المحيط الهندي من ناحية وقلب أفريقيا من ناحية أخرى. وأهم المصادر التي أشارت إلى بلاد الصومال هي كُتب الرحالة والجغرافيين العرب، بحيث ورد في ثنايا كتبهم أحوال البلاد والعباد سواء في النواحي السياسية أو الاجتماعية أو الاقتصادية أو الثقافية، غير أنه ينبغي أن نعرف أن المعلومات التي نقلها هؤلاء ليست غزيرة وكافية، بل من الصعب أن تكون تلك المعلومات كافية على وجه يمكن الاعتماد عليها لإبراز حقيقة أوضاع البلاد وأحوالها التاريخية والحضارية، دون الاستعانة والرجوع إلى ما تنقله المصادر الأخرى، حيث إن الجغرافيين والرحالة لم يتوسعوا في نقل الأخبار والمعلومات التاريخية والحضارية، بل إنّ أخبارهم كانت تنحصر فقط في جوانب ضيقة لا تشمل تلك المعلومات التي نقلوها من الأقطار الإسلامية الأخرى، كاليمن والحجاز العراق والشام ومصر وبلاد المغرب الإسلامي، وحتى بلاد الأندلس، كما أنّه ينبغي أن نعرف أن المصادر القديمة لم تذكر الصومال باسمها الحالي المعروف، رغم الحديث عنها والإشارة إليها، وإنما بأسماء وتعاريف أخرى، فمتى ظهر إذًا اسم الصومال كمصطلح جغرافي يدل على الموقع الحالي للمنطقة، أو يدل على القاطنين من بني الإنسان في هذا الموقع؟.

بعد تتبع عدد من المصادر العربية – ولا سيما الجغرافية منها – نجد أن اسم الصومال ورد في أول مرة في أواخر القرن التاسع الهجري، الخامس عشر الميلادي، ففي كتاب "ثلاث أزهار في معرفة البحار " لشهاب الدين أحمد بن ماجد النجدي، (ت٩٢٣هـ

---

(1) ابن بطوطة، أبو عبد الله محمد بن عبد الله بن إبراهيم اللواتي الطنجي (ت ٧٧٩هـ): تحفة النظار في غرائب الأمصار وعجائب الأسفار، دار إحياء العلوم، تحقيق الشيخ محمد عبد المنعم العريان، راجعه وقدم له فهارسه مصطفى القصّاص ٢٦١/١.

/١٥١٧م)، نجد اسم السومال – بالسين– مذكورًا في كتابه[1] وأوردها في خريطة العالم التي رسمها وخططها بنفسه اسم سمالي فيها، كما ذكرنا سابقًا في ص٤٩ في الفصل الأول من هذا الكتاب.

إذًا عرفنا أن بعض المدن الساحلية الصومالية كانت أكثر شهرة من الصومال نفسها، بحث لم يذكر الرحالة والجغرافيون القدامى اسم الصومال إلا في القرن التاسع الهجري، الخامس عشر الميلادي، في حين تناولت هذه المصادر أسماء المدن في ثنايا الكتب، مثل: زيلع، حافون، مقدشو، مركة، وبراوة، في القرن الثاني والثالث الهجريين.

والموقع الجغرافي له دوره أيضًا فيما يتعلق بألقاب الأشخاص، ومن هنا اشتهر في الجزيرة العربية بأنّ ألقاب الزيلعي والجبرتيّ وكذا الحبشي أن تطلق على كل قادم من جهة منطقة القرن الأفريقي، بما فيها بلاد الصومال وجيبوتي وأثيوبيا وأريتريا، في حين أن هذه البلدان كانت تعرف عند المؤرخين والجغرافيين القدامى (بلاد الحبشة)[2]، حينما يأتون إلى بلاد اليمن والحجاز ومصر وغير ذلك. غير أنّ لقبي الزيلعيّ والجبرتي يتميزان عن لقب الحبشيّ، بحيث إن لقبي الزيلعي والجبرتي يشيران إلى شخص مسلم قادم من جهة الحبشة إلى الجهات العربية الإسلامية الأخرى. أما لقب الحبشي فلم يكن بالضرورة أن يكون هذا الشخص القادم من هذه المناطق مسلمًا، ربّما كان غير ذلك.

ومن ناحية أخرى إنّ قرب مسافة منطقة شرق أفريقيا عمومًا، وبلاد الصومال خصوصًا، إلى منطقة الجزيرة العربية، هي من أهم العوامل التي سهل الهجرات العربية إلى المنطقة، سواء هجرة أهل عمان واليمن والحجاز في العصور القديمة والوسطى، كهجرة مجموعة من عرب عمان نحو منطقة شرق أفريقيا، وذلك بعد ظهور الإسلام بعشرين عامًا من وفاة الرسول ﷺ.

وقد ساعدهم على ذلك عدة عوامل منها: سهولة الاتصال بها وقربها جغرافيًّا[3]، بالإضافة إلى تفوق العمانيين في العلوم البحرية وصناعة السفن. وهذا العامل – أي قرب

---

(١) أحمد بن ماجد: ثلاث أزهار في معرفة البحار، مرجع سابق، ص ١٦٢.

(٢) المسعودى: مروج الذهب ومعادن الجوهر، مصدر سابق، ١٠٧/١.

(٣) محمود محمد الحويري: ساحل شرق أفريقيا منذ فجر الإسلام حتى الغزو البرتغالي، مؤسسة المعارف للطباعة والنشر، ط/ ١، القاهرة، ١٩١٦، ص ١٨.

الموقع الجغرافي - من أهم العوامل التي سهلت الاتصال بين الجانبين بأغراض تجارية أو حتى دينية، بحيث استفاد المهاجرون والدعاة إلى الله، وكذا الرحلات العلمية فيما بعد لهذا العامل الجغرافي.

وإذا كان أهل اليمن اشتهروا بنشر دين الإسلام إلى ربوع مختلفة من هذا العالم، حيث دأب بعض العلماء الشرعيّ في نشر العلم والخروج إلى أماكن بعيدة عن موطنهم الأصلي، فكان لبلاد الصومال حظ كبير من ذلك؛ لقرب موقعها الجغرافي وسهولة الوصول إليها فضلًا عن معرفة أهل اليمن بالمنطقة وعلاقتهم القديمة بها، لذا من البديهي أن يصل بعض العلماء إلى بلاد الصومال لغرض نشر الإسلام والعلوم الشرعية.

والعامل الجغرافي أصبح أيضًا سببًا لطمس بعض الآثار والمعالم في الصومال، بل كان ضمن الأخطار التي هددت بذلك؛ لأنّ التأثيرات البيئية والطبيعية، كالرمال والتراب والأعاصير طمست كثيرًا من الآثار والمعالم، مثل ما حدث لأجزاء من مقديشو، حيث غطت الرمال المتحركة أسقف المنازل في حمر جب جب والعلواني، ولا شك أن بعض الآثار قد اختفت بعد طمسها، علمًا أن آثار حمر جب جب كانت من أكبر الآثار التاريخية حجمًا في الصومال، بل إن أصل مدينة مقديشو وبداياتها كان من حمر جب جب في منطقة معسكرات المطار الحالية، على ضوء الحفريات والدراسات الأثرية التي أجريت فيها)[1]. وتؤكد تلك الوثائق والخرائط التي عُثِرَ عليها مدفونة في هذه المنطقة، ورجح بعض الباحثين أن هذه المنطقة هي مدينة مقديشو القديمة التي بناها العرب في فجر الإسلام وسورها وخططوها على النهج العربي، يتمثل ذلك في الأبنية الحجرية وزخارف الأبواب والشبابيك على الطراز العربي الصميم، كما أن الدراسات كشفت أيضًا وجود بقايا مبان وآبار وقنوات لتوزيع المياه على الطريقة الفارسية، مما يشير إلى امتداد العمران إلى هذه المنطقة، ويتضح مما سبق أن البيئة وسوء الأحوال الجوية والتغييرات الموسمية قد أثرت في طبيعة التراث الحضاري والفن المعماري، واتضح ذلك في آثار كثيرة)[2].

(١) الشيخ جامع عمر عيسى: مقديشو ماضيها وحاضرها، مرجع سابق، ص ٢٩.

(٢) حمدي السيد سالم: مرجع سابق ١/ ٣٥٨.

تشييد المدن في الصومال:

قبل الحديث عن دراسة أسباب تأسيس المدن، ينبغي أن نعرف أن دراسة المدن ليست حكرًا على الجغرافيين فقط، بل هناك أطراف أخرى يهتمون بالمدن وما يتعلق بها من العلوم والدراسات، ولكن في نواح مختلفة عن تلك التي يعالجها الجغرافيون، أو يهتمون بما يتعلق بها. والحقيقة أنّ تلك الدراسات تختلف حسب مراد أصحابها من دراسة إلى أخرى " فالاقتصادي يهتم بالمدينة مثلًا فيدرسها من ناحية ثمن الأراضي داخل المدينة، أو تكلفة تعميرها أو إعادة تعمير بعض أجزائها، أو تكلفة إنشاء بعض الجسور أو الأنفاق في المدينة، أو غير ذلك من الأمور الاقتصادية، وكذلك فإن عالم الاجتماع يهتم بدراسة المدينة في النواحي الاجتماعية، مثل مظاهر الفقر والثروة في المدينة، مناطق الإجرام، توزيع الطبقات الاجتماعية داخل المدينة، مناطق التمييز العنصري أو الديني أو العرقي، داخل الفرد أو الأسر؛ سلوك سكان المدن مقارنة مع سلوك السكان الريفيين، أو العادات والتقاليد المتبعة في المدينة، وغير ذلك من القضايا الاجتماعية الحضرية، كما أنّ المؤرخ يهتمّ أيضًا بدراسة المدينة من تأثير البعض منها على سير تاريخ تلك المنطقة، أو تأثير الهجرات العرفية إلى بعض المدن في أسلوب تطورها، أو علاقته بالثورات الفكرية أو الحضارية أو السياسة التي ظهرت في بعض المدن، أو دور المؤسسات أو النظم السياسية الموجودة في بعض المدن في خلق بعض الأحزاب أو الحركات القومية أو الحزبية، أو مدى مساهمة إحدى المدن في تغيير مجرى الأحداث في تلك المنطقة، أو في المناطق المجاورة، أو غير ذلك من القضايا التاريخية"(1).

تشييد مدن جديدة أو تعمير المدينة بعينها وتأسيسها فإنه لم يكن أمرًا جديدًا وليد الحدث في الصومال أو في منطقة شرق أفريقيا فحسب، وإنما كان هناك أيضًا اهتمام عند المسلمين الأوائل حيث كانوا يهتمون بإنشائها وتشييدها لدى المجتمع الإسلامي، بل وأخبارها أحيانا كثيرة في مختلف العصور. ومن خلال قراءة التراث الإسلامي تُعدّ مدينتا البصرة والكوفة من أوائل ما اهتم به المسلمون في التأسيس والإنشاء لا سيما في عهد

---

(1) فوزى عبد المجيد الأزدى: جغرافية المدن والمراكز الحضارية، بيروت – لبنان ص٣٢.

خليفة المسلمين أمير المؤمنين عمر بن الخطاب ﷺ[1]، وجاء بعد ذلك بغداد، والقيروان، وفاس، والقاهرة ...إلخ.

وقد استمر المسلمون على هذا الدرب وعلى هذا المنوال، حتى تمّ تأسيس وإنشاء مدن كثيرة في مختلف الأصقاع على مختلف الأزمنة والأمكنة حتى اتسعت رقعة الخلافة الإسلامية وصارت دولة كبيرة مترامية الأطراف، تمتد إلى آفاق بعيدة. والحقُّ أن أول ما كان يهتمّ به المسلمون في تخطيط المدينة، وكان يتم تشييد مسجد في وسطها، وكذا دار الإمارة، كما كانت الأسواق والمرافق المهمة في أوليات ما يخطط له في تعمير المدينة وإنشاؤها . وكان خلفاء الإسلام يحرصون كل الحرص على بناء المساجد ودار الإمارة في أول وهلة، ولكن في أن يكون بناؤها في وسط المدينة[2].

وهناك عوامل ودوافع مختلفة لعبت أدوارًا قويةً في تأسيس المدن، مثل العامل الديني الذي هو: انتشار الدين الإسلامي في ربوع مختلفة في هذا الكون، واستمرار عملية الفتح والجهاد ليخضع الخلق لخالقه، كما قال المولى عزّ وجلّ: ﴿ ...أَلَا لَهُ الْخَلْقُ وَالْأَمْرُ... ۝ ﴾ [الأعراف].

وقد حظيت منطقة الشرق الأفريقي باهتمام كبير من قِبَل قادة المسلمين في الشرق الإسلامي، كما حصل ذلك في عهد الخليفة الأموي عبد الملك بن مروان، حيث تمّ تأسيس بعض المدن على الساحل الأفريقي الشرقي مثل مدن: مالنيدي وزنجبار ومومباسا ولامو وكلوة وباتا وذلك حينما كثر المخالفون والخارجون على هيبة الخلافة في تلك النواحي[3].

وأما في بلاد الصومال فقد لعب انتشار الإسلام واتساعه دورًا كبيرًا في عملية إنشاء المدن والمراكز، بل وأدى ذلك إلى قيام ممالك إسلامية فيها، من القرن الحادي عشر الميلادي، سواء في جنوب البلاد أو شمالها، وصارت هذه المدن مشيخات وممالك فيما بعد، بدءًا من مدينة ورشيخ شمالًا إلى لامو جنوبًا في أقصى جنوب المنطقة.

____

(١) تم تأسيس مدينة البصرة بيد عتبة بن غزوان والكوفة وبيد سعد بن أبي وقاص في عهد أمير المؤمنين عمر بن الخطاب ﷺ، انظر الطبري: تاريخ الرسل والملوك، مصدر سابق ٣/ ٥٩٠ - ٥٩٧ ٤/ ٤٠.

(٢) الشيخ محمد عبد الله ريراش: مرجع سابق ص٥١.

(٣) محمد النقيرة: انتشار الإسلام في شرق أفريقيا ومناهضة الغرب له، مرجع سابق، ص٨٥ .

أما في القطر الشمالي فكانت الممالك الإسلامية تلعب دورًا مهمًّا في نشر الإسلام وتأسيس بعض المدن والمراكز الثقافية لتكملة الدور الديني والحضاري، من منطقة زيلع إلى مناطق سيدامو وبالي وحواف مرتفعات شوا الشرقية.

وفي النواحي العمرانية، فيكفى أن الجغرافي المسعودى ذكر بأن للحبشة مدنًا كثيرة وعمائر واسعة، مشيرًا إلى المستوى الحضاري والعمراني الذي كان تتمتع بها تلك المدن في تلك القرون الماضية، سواء في البناء والتشييد والاهتمام وتوسيع رقعة المدن وتطورها، ومن بين المدن التي أشار إليها المسعودى زيلع، ودهلك، وباضع، ومصوع [1].

أما المدن الجنوبية فلم تكن أقل مستوى في التعمير والبناء، بل وفي الرخاء والرفاهية وعلى رأسهم مدينة مقديشو التي أصبحت في فترة من الفترات كمركز حضاري تجاري، ينبض بالحياة ويعج بحركة التجارة حتى عمتها الرفاهية والرخاء، واتسع بها العمران وأصبحت في قمة المجد والريادة بفترة طويلة في المنطقة [2].

ومن هنا توجهت أعداد كبيرة من طلبة العلم، تشد رحالها إلى مدارس بعض تلك المدن المزدهرة والتي احتوت مراكز ثقافية ومنابر علمية، فأخرجت أجيالًا تحمل هذه الثقافة تشق طريقها إلى مناطق أخرى [3]. وعلى كل حال، فإنّ تاريخ المدن الساحلية ينبغي أن يوظف أغلب المعلومات التي يعثر عليها في المصادر، رغم قلتها وندرتها، وأغلبها من المصادر الجغرافية وكتب الرحالة. ويكفي أن نشير إلى مدينة مقدشو التي ورد اسمها في أغلب المصادر الجغرافية والسجلات العربية القديمة، كما أشار إلى هذه المدينة بعض الرحالة الذين زاروها أو وصلت إليهم أخبارها عن طريقهم الخاص.

والحقيقة قلما تجد كتابًا جغرافيًّا أو بلدانيًّا حاول أن يتناول منطقة الساحل الشرقي الأفريقي، قد غفل عن تلك المدينة سواء ذكر اسمها الصريح (مقديشو) أو أشار إليها بأسماء أخرى مترادفة [4].

---

(١) المسعودى: مصدر سابق ١ / ١ / ٨. ١ / ٩.

(٢) محمد النقيرة: مرجع سابق، ص٢٨.

(٣) غيثان بن علي جريس: الهجرات العربية إلى ساحل شرقي أفريقيا، مرجع سابق ص ٢٢.

(٤) مثل بنادر، حمروين وغير ذلك. ولا عجب في ذلك لأن هناك مدنًا صومالية أخرى لها أسماء كثيرة مثل هرر، ويسمى أيضًا أدرى وزيلع، ويسمى أيضًا أودل، وبوساسو، ويطلق أيضا عليها بندر قاسم نسبة إلى آل القواسم في الشارقة.

وهناك مصادر ومراجع مهمة للجغرافية الصومالية أشارت إلى أجزاء مختلفة من المدن والبقاع في بلاد الصومال، مثل:

- كتاب الجغرافيا، ابن سعيد المغربي، أبو الحسن علي بن موسى (ت٦٨٥هـ - ١٢٨٦م) .

حقق هذا الكتاب وقام بتعليقه الأستاذ إسماعيل العربي، وصدرت الطبعة الأولى، من منشورات المكتب التجاري للطباعة والنشر والتوزيع، بيروت ١٩٧٠م.

- وثائق تاريخية وجغرافية وتجارية عن شرق أفريقيا، مسيو جيان شارل الفرنسي.

وقد ترجم الكتاب ملخصًا يوسف كمال، القاهرة، ١٩٢٧م

- الجمهورية الصومالية، دراسة لبيئتها الطبيعية وإمكانياتها الاقتصادية ونظم الصوماليين الاجتماعية وعاداتهم وعلاقتهم بإقليم مصر في مختلف العصور، للدكتور عبد المنعم عبدالحليم سيد.

وجزء كبير من الكتاب تناول المؤلف فيه جغرافية الصومال وبيئتها الطبيعية، مع قضايا أخرى لها علاقة بأمور اقتصادية واجتماعية وتاريخية. وقد صدر هذا الكتاب بمدينة القاهرة - مصر، وكان يحمل الكتاب رقم العدد ٢٩١.

- الصومال الجنوبي (دراسة في الجغرافية الإقليمية)، مجيب ناهي النجم، والكتاب من منشورات وزارة الثقافة والإعلام بالجمهورية العراقية، سنة ١٩٨٢م .

- بعض المدن العربية على ساحل أفريقيا الشرقي في العصور الوسطى، لزكي عبد الرحمن، الجمعية الجغرافية المصرية، المحاضرات العامة للموسم الثقافي سنة ١٩٦٤م.

- العلاقات التجارية بين مدينتي عدن وزيلع في العصر الإسلامي، لدكتور معمر الهادي القرقوطي، ليبيا، ص ٣٨ - ٤٧، مجلة التراث، جامعة زيان عاشور الجلفة، العدد الحادي عشر، جانفي (يناير) ٢٠١٤م - ليبيا، مخبر جمع دراسة وتحقيق مخطوطات المنطقة وغيرها.

وصول الإسلام وانتشاره في منطقة القرن الأفريقي:

كان العرب - وبالذات عرب الحجاز واليمن - يأتون إلى المنطقة قبل بعثة النبي ﷺ لأسباب مختلفة، وهو ما أشرنا إليه سابقًا، وأن هذه العلاقة كانت موجودة في تلك الأزمنة السحيقة، بحيث كانت الحركة التجارية تتزايد بين الجزيرة وبلاد الحبشة، وهذا التزايد بطبيعة الحال اقتضى تزايدًا في توطيد العلاقات بين الجانبين، بحيث اطمأن كل طرف للآخر، غير أن العامل الاقتصادي وما يتعلق به لم يكن السبب الوحيد الذي أدى إلى العلاقة الوطيدة بين الساحلين، بل أن عرب جنوب الجزيرة قد اعتادوا أن يجدوا في الساحل الأفريقي ملجأ ومنفذًا يفرون إليه، من ظروف الحياة القاسية التي تميزت بها طبيعة بلادهم، وأساليب الحياة فيها، لذلك كانوا يجدون فيه فرصًا كثيرةً بكسب الرزق باحتراف التجارة وسائر المهن المختلفة[1]، حتى تكونت تجمعات عربية في المنطقة . ولم يأت من فراغ نصح الرسول ﷺ أصحابه الذهاب إلى أرض الحبشة، لأن العرب ولاسيما قريش منهم كان لديهم معرفة كاملة للحبشة وتعود بالسفر إليها حتى صارت سوقًا ومتجرًا لهم يتجرون فيها، ويجدون فيها رفاهًا من الرزق، ورواجًا لتجارتهم[2]. ولاشك أن معرفة العرب بأرض الحبشة ولإحاطة خبرها مهد للمسلمين الطريق إليها، بل وسهل دخول الإسلام وانتشاره في المنطقة عمومًا، غير أن هذه العلاقة تغيرت في الفترة الإسلامية بحيث أخذت بُعدًا دينيًا وسياسيًا.

وبالرجوع إلى المصادر الأصلية في تلك الفترة المبكرة، مثل بعض الأخبار والروايات التي وردت في السنة النبوية الصحيحة، وكتب التراجم والسير، وكذا كتب الطبقات والأنساب، وكتب الرحلات والجغرافية ربما تمدنا بمعلومات تاريخية مهمة في المنطقة وخاصة فيها يتعلق بالهجرات الأولى التي قام بها المسلمون، وهذا النوع من المصنفات كثيرٌ جدًا مثل مصادر السيرة كسيرة ابن إسحاق وابن هشام وغير ذلك، وكذلك كتب التاريخ

---

(1) بشير أحمد صلاة: التاريخ السياسي لسلطنة عدل الإسلامية في القرن الأفريقي (٨١٨هـ - ٩٤٩هـ/١٤١٥ - ١٥٤٣م)، جامعة الدول العربية، قسم البحوث والدراسات التاريخية، ذي القعدة ١٤٠٧هـ، أب ١٩٨٧م .

(2) الطبري، محمد بن جرير (ت ٣١٠هـ): تاريخ الملوك والأمم والرسل، تحقيق محمد إبراهيم أبو الفضل، طبعة دار المعارف القاهرة ١٩٦١- ١٩٦٢م، ٢/٣٢٨هـ.

العام مثل: كتاب تاريخ الملوك والأمم والرسل، لأبي جعفر محمد بن جرير الطبري المتوفى ٣١٠هـ، وكتاب تاريخ سني ملوك الأرض والأنبياء، للشيخ حمزة الأصفهاني المتوفى سنة ٣٦٠هـ، وكتاب البدء والتاريخ، للمقدسي المطهر بن طاهر المتوفى نحو ٣٥٥هـ، وغير ذلك. بالإضافة إلى هناك مراجع كثيرة لا حصر لها مثل:

- محمود محمد الحويري: ساحل شرق أفريقيا منذ فجر الإسلام حتى الغزو البرتغالي، ط/ ١، دار المعارف، القاهرة .

- محمد عبد الله النقيرة: انتشار الإسلام في شرقي أفريقيا ومناهضة الغرب له، دار المريخ للنشر، الرياض ١٤٠٢هـ- ١٩٨٢م.

- محمد سعيد ناود: العروبة والإسلام بالقرن الأفريقي، بدون التاريخ والمكان والمطبعة .

- عبد الفتاح مقلد الغنيمي: الإسلام والمسلمون في شرق أفريقيا، عالم الكتب، القاهرة، الطبعة الأولى، عام ١٤١٨هـ – ١٩٩٨م.

- عبد الرحمن زكي: الإسلام والمسلمون في شرق أفريقيا، القاهرة، سنة ١٩٧٠م.

- جمال زكريا قاسم: الأصول التاريخية للعلاقات العربية الأفريقية، دار الفكر العربي، القاهرة، ١٤١٦هـ – ١٩٩٦م.

- محمد المعتصم: دول إسلامية في شرق أفريقيا "هرر والصومال"، القاهرة، عام ١٩٦٤م.

- الإسلام في الصومال، للشيخ عبدالرحمن النجار، المجلس الأعلى للشئون الإسلامية، عام ١٩٧٣م.

- سبنسر برمنجهام: الإسلام في شرق أفريقيا، ترجمة محمد عاطف النواوي، القاهرة، ١٩٧٣م.

- الدعوة إلى الإسلام، للسير توماس أرنولد، ترجمة حسن إبراهيم وآخرون، الطبعة الثالثة.

- د. الشريف محمد عيدروس: أضواء على تاريخ الصومال، دمشق، ط/ ١، ١٩٩٩م.

قبل الخوض في الحديث عن هجرة صحابة رسول الله ﷺ إلى أرض الحبشة، يجدر بنا أن نسلط الضوء على لفظة الحبشة[1]، وهي بلا شك اسم أو لفظ ذات مدلول حضاري، وقد تردد على ألسنة المؤرخين والكُتّاب عندما يتحدثون عن المنطقة، بل إنّ المصادر الإسلامية تفضل استخدام هذا الاسم على غيره، على الرغم من أنّ بعض الجغرافيين والرحالة أشاروا إليها بأسماء العجم (برّ العجم)، وأحيانًا اسم السودان، وأخرى بألقاب الزيلعي والجبرتي، ولسنا هنا في صدد الحديث عن تفاصيل تلك الألفاظ والأسماء أو الألقاب وقد ناقشناها في أماكن أخرى[2].

والحديث عن هجرة صحابة رسول الله ﷺ إلى أرض الحبشة، ينبغي تناولها إلى حيثيات ومحاور متعددة لها علاقة قوية بالموضوع، إذ بدونها نجد كثيرًا من الغموض والضبابية حولها... ومن ذلك عرض المصادر الإسلامية الأولية، وما عدا ذلك سوف يكون معينًا لتلك المصادر الأولية، بحيث أغلبها تعطي تفسيرًا لبعض الأحداث، وأخرى تبسط وتوضح ولكن على مفاهيم أصحابها، ويسمى هذا النوع الأخير مراجع. وعموم المصادر حول هجرة الصحابة إلى أرض الحبشة واضحة ومتوافرة، وخاصة مصادر السيرة النبوية والتي جاء في ثناياها موضوع الهجرة إلى أرض الحبشة، ثم كتب الحديث والآثار التي لا يخلو من أغلبها بعض الروايات والآثار حول هجرة الصحابة الأولى والثانية. وإذا حاولنا أن نضرب بعض الأمثلة من تلك المصادر: "سيرة ابن إسحاق" لمحمد بن إسحاق (ت١٥١هـ)، و"سيرة ابن هشام" لعبد الملك بن هشام (ت٧٦١هـ)، و"الروض الأنف" للسهيلي أبو القاسم عبدالرحمن بن عبد الله الخثعمي (ت ٥٨١هـ)، ودلائل النبوة ومعرفة أحوال صاحب الشريعة للبيهقي، أبو الفضل أحمد بن الحسين (ت ٤٥٨هـ)، ووفاء الوفاء بأخبار دار المصطفى للسمهودي، نور الدين علي بن عبد الله (ت٩١١هـ)، والسيرة النبوية وأخبار الخلفاء لابن حبان البُستي (ت٣٥٤هـ)، و"الدرر في اختصار المغازي

---

(1) حبش: الجمع أحباش وحُبشان، والحبش: جنس من السُودان من سكّان بلاد الحبشة من المحيط الهندي إلى صعيد مصر، واحدة حبشيّ والجمع: حبشان.

(2) انظر على سبيل المثال: "كتاب الثقافة العربية ورواذها في الصومال" في أماكن متفرقة، وكتاب "علاقة القرن الأفريقي بالعالم الخارجي" وكذا بحثنا "علاقة الزيالعة والجبرتية بالحجاز".

والسير" لأبي عمر ابن عبد البر النمري (ت٤٦٣هـ)، و"جوامع السير" لابن حزم، أبو محمد علي بن أحمد بن سعيد (ت٤٥٦هـ)، و"عيون الأثر في فنون المغازي والشمائل والسير" لابن سيد الناس محمد بن محمد العميري (ت ٧٣٤هـ)، و"سير أعلام النبلاء" لشمس الدين الذهبي (ت٧٤٨هـ)، وغير ذلك من الكتب. الجدير الذكر أن كل هذه الكتب تناولت موضوع هجرة الصحابة إلى أرض الحبشة.

ومن المهم أيضًا الرجوع إلى كتب الحديث والآثار، على الرغم من أنها تتناول مواضيع مختلفة، إلا أنّ أغلبها أورد روايات وأخبار للهجرة إلى الحبشة، سواء الصحيحين والكتب الستة أو غيرها من المجاميع والمصنفات مثل: الجامع الصحيح لأبي عبد الله محمد بن إسماعيل البخاري، وصحيح مسلم لأبي عبد الله مسلم النيسابوري، ومجاميع السنن كأبي داود والطبراني ومجمع الزوائد ومنبع الفوائد لابن حجر الهيثمي، نور الدين علي بن أبي الهيتمي (ت٩٧٤هـ) وغير ذلك. وما يرفع مستوى قيمة هذه الكتب وأهميتها بأنّ هناك من قام من العلماء الأنام في شرحها وضبطها وتخريجها مثل الحافظ ابن حجر العسقلاني، والإمام النووي أبو زكريا يحيى بن شرف.

ونحن قد أشرنا في بداية هذا الفصل بأنه من المهم الرجوع والاعتماد على المصادر التاريخية العامة الأولية واللاحقة مثل: "تاريخ الطبري" لمحمد بن جرير الطبري (ت ٣١٠هـ)، و"البداية والنهاية" لابن كثير أبو الفداء عماد الدين إسماعيل بن عمر بن كثير (٧٧٤هـ)، وخاصة أنه تناول موضوع السيرة، بحيث أفرد مجلدًا خاصًا في السيرة النبوية، و"الكامل في التاريخ" لابن الأثير، عز الدين أبي الحسن علي بن أبي الكرم الشيباني الجزري (٦٣٧هـ). كما أننا لا نستغني عن كتب الطبقات وتراجم الصحابة رضوان الله عليهم مثل: الطبقات الكبير أو الكبرى لابن سعد (ت٢٣٠هـ)، وكتاب "المعرفة والتاريخ" للفسوي يعقوب بن سفيان (ت٢٧٧هـ). ومثل ذلك مصادر التراجم ولاسيما تلك التي تخصصت بترجمة صحابة رسول الله ﷺ، مثل كتاب "الإصابة في تمييز الصحابة" لابن حجر العسقلاني، وكتاب "أسد الغابة في معرفة الصحابة"، لابن الأثير عز الدين أبو الحسن علي بن محمد الجزري. ومن المهم أيضًا كتب الأنساب مثل: "كتاب أنساب الأشراف" للبلاذري.

أما المراجع والبحوث حول موضوع الهجرة إلى الحبشة فهي كثيرة جدًا ولها أهميتها العلمية أيضًا بحيث يُستأنس بها في توضيح وترجيح في قضية ما، بل ويكون معينًا لتلك المصادر الأولية، بحيث أغلبها تعطي تفسيرًا لبعض الأحداث، وأخرى تبسط المعنى وتوضحه ولكن على مفاهيم أصحابها كما أسلفنا فيما سبق، ومن أهم هذه المراجع:

١- الهجرة الأولى في الإسلام لسليمان بن حمد العودة.

٢- بين الحبشة والعرب لعبد المجيد عابدين.

٣- الهجرة إلى الحبشة لمحمد عبد الفتاح عليان.

٤- أصحاب الهجرة في الإسلام لباقر أمين المحامي.

٥- أثيوبيا والعروبة الإسلام عبر التاريخ، لمحمد الطيب بن محمد يوسف اليوسف، وغير ذلك .

٦- لمحة تاريخية عن دخول الإسلام في أرض الهجرتين، عبد القادر عثمان عبدالسلام. وهو عبارة عن كتاب على شكل مقالات شرعية وغيرها، نشر المؤلف في البداية على بعض المواقع العربية والصومالية.

٧- معالم الهجرتين إلى أرض الحبشة، علي الشيخ أحمد أبوبكر.

وكتاب معالم الهجرتين كتاب علمي وفيه معلومات نادرة ومفيدة، وقد بذل المؤلف جهدًا جبارًا في سبيل إخراجه ونشره،، وتناول المؤلف هجرة صحابة رسول الله ﷺ إلى أرض الحبشة، بحيث تتبع أغلب الآثار التي وردت في ذلك المجال، ويظهر بأن المؤلف أراد نيل ترقية علمية من خلال هذا الكتاب لذلك ظهر الكتاب مليئًا بالآثار والأخبار التي لها صلة بالموضوع. والكتاب من مطبوعات دار التوبة بجدة في المملكة العربية السعودية ويقع في ٥٠٠ صفحة. والكتاب من إصدار مركز الخليج للخدمات الإعلامية، ٢٠٠١م.

ومن المحاور المهمة التي ينبغي أن تثار حول موضوع الهجرة: الأسباب والظروف التي أجبرت الصحابة النزوح من مسقط رأسهم "مكة المكرمة" والهجرة إلى منطقة خارج الحجاز واليمن والعراق والشام، وكذا الأسباب، لاختيار المصطفى ﷺ أرض الحبشة دون غيرها. كذلك من المهم أيضًا التتبع بالوفود والرسل من قِبَل قريش إلى

النجاشي، وأخرى الوفد الحبشي الذي أرسله إلى الرسول ﷺ، وهو ما يزال بمكة ليسمعوا كلامه، ويروا صفاته، كما أشارت بعض مصادر السيرة إلى ذلك. كما ينبغي أن تسلط الضوء على عدد الهجرات التي خاض فيها الصحابة إلى الحبشة، ودوافعها، علمًا أنّ مصادر السيرة النبوية تسرد بهجرتين قام بها الصحابة إلى الحبشة، والتي أطلق عليها الهجرة الأولى والثانية. ولكن من خلال قراءة المصادر الأولية وتفتيشها، نستشف أنّ هناك هجرة ثالثة قام بها الصحابة رضوان الله عليهم، غير أنّ انطلاق هذه الهجرة لم تكن من الحجاز فضلًا عن مكة المكرمة، وإنما كانت من اليمن، وهي التي قام بها الأشعريون الذين أسلموا على يد الصحابي الجليل معاذ بن جبل ﷺ، علمًا أنّ جهتهم الأولى كانت نحو المدينة عاصمة الدولة الإسلامية ومقر الرسول ﷺ، وكان رأس هذه المجموعة أبو موسى الأشعري، وكان عددهم ثلاثة وخمسين أو اثنين وخمسين رجلًا وفيهم أخوان لأبي موسى الأشعري، ولم يطب لهؤلاء المكوث في اليمن دون ملاقاة الحبيب المصطفى ﷺ وقد زالت المعوقات والعقبات التي كانت تحول دون اللقاء بنبيهم إبان إقامته بمكة، غير أنّه حدث ما لم يتوقعه هؤلاء عندما سافروا عن طريق البحر، بحيث جنحت سفنهم نحو منطقة القرن الأفريقي. وقد بيّن المؤرخون وأهل السير استقلالية هذه الهجرة وأن الأشعريين لم يهاجروا إلى الحبشة برغبتهم، وإنما ألقت أمواج البحر العاتية سفنهم إلى الشاطئ الغربي للبحر الأحمر، غير أن الحظ جعلهم يلتقون بالمهاجرين وعلى رأسهم جعفر بن أبي طالب فعاشوا معهم هناك.

والمفيد أن نعرف بأنّ هجرة الأشعريين مرت عبر بلاد الصومال؛ لأن أي هجرة قادمة من جهة اليمن ومتوجة نحو الحبشة تتم عبر الأراضي الصومالية، ومن الممكن قيام هؤلاء بالنشاط الدعوي ولا يستبعد تأسيسهم مراكز دعوة دائمة في المنطقة. ومهما كان الأمر فإنّ اتصال المهاجرين بالحبشة قد نشّط حركة الاتصال والنقل بين الجانبين، بل وازداد مستوى هذه الحركة رغم أن أغلب السفن كان يمتلكها الأحباش؛ لأن قريشًا لم تكن تمتلك أسطولًا بحريًّا، ورغم أن البحر كان حاجزًا مائيًّا بين المنطقتين إلا أن هذه الحركة استمرت بدليل أن المسلمين المهاجرين وجدوا سفينتين فور وصولهم إلى ميناء الشعيبة، لينتقلوا إلى جهة الحبشة، كما أن وفد قريش وصلوا إلى الحبشة بكل يسر وسهولة عندما أرادوا تعقب المسلمين، وهذا الأمر يحدث للباحثين على التنقيب

والبحث في تلك السفن وربّانها، وكذلك بالعملة المستخدمة وقد أشارت بعض مصادر السيرة لبعض المعلومات المتعلقة بالأمر.

ومن المصادر المهمة أيضًا تلك الأشعار والأبيات التي قالها الصحابة إبان وجودهم في الحبشة، بحيث هذه الأبيات تخبر أحوالهم والمعاناة التي لاقوها من التنكيل والتعذيب في مكة على أيدي بني عمومتهم قريش، معبرين في ذلك عن عاطفتهم الجياشة المكنونة في قرائحهم الشعرية وموهبتهم الأدبية، كما فعل عبد الله بن الحارث بن قيس بن عدي كقوله على سبيل المثال:

مـن كـان يرجـو بـلاغ الله والـدين	يـا راكبـا بلغـن عنـي مُغلغلـةً
بـبطن مكـة مقهـور ومفتـون	كل امرئ مـن عبـاد الله مُضطهد
تُنجى من الـذل والمخزاة والهـون	إنّـا وجـدنا بـلاد الله واسـعة

ولم يكن الصحابة منعزلين عن المجتمع الحبشي فترة إقامتهم هناك، بل كانوا يختلطون بالأحباش، ويستأجرون منازلهم، ويتبادلون معهم عملية الشراء والبيع، وهناك روايات توضح لنا مدى العلاقة بين المهاجرين وأهل البلاد الأصليين، ولقد بلغت هذه العلاقة ذروتها حين وصل الأمر أن اختلط بعض الأسر من الجانبين ودخل بعضهم مقر النجاشي ومسكنه الخاص، ولاسيما أسرة آل جعفر، والنجاشي، بل حينما ولد للنجاشي ولد سماه عبد الله، فأرضعته أسماء (وهي زوج جعفر) حتى فطمته، كما يذكر ذلك ابن حجر العسقلاني في كتابه الإصابة في تمييز الصحابة[1].

وقد رزق الله بعض العائلات من المهاجرين أطفالًا وهم في أرض الحبشة، خلال مدة إقامتهم الطويلة في الحبشة، وكان يشمل هؤلاء الأطفال ذكورًا وإناثًا، وهؤلاء الأطفال بعضهم ماتوا في الحبشة، أما الباقون فرجعوا مع أسرهم إلى الحجاز. والموت لم يقتصر على الصغار فقط فإنما شمل أيضًا عددًا من المسلمين الكبار، وقد حدد بعض الباحثين عدد

____

(1) ابن حجر العسقلاني، أحمد بن علي (ت ٨٥٢هـ): الإصابة في تمييز الصحابة، دار الكتب العلمية، بيروت، الطبعة الأولى، ١٤١٥هـ - ١٩٩٥م، ٣٩/٦؛ وانظر سليمان بن حمد العودة: الهجرة الأولى في الإسلام، وفقه المرويات، دار طيبة للنشر والتوزيع، عام ١٩٩٨م، ص٩٩.

الذين توفوا هناك من المهاجرين وأطفالهم، رجالًا ونساءً باختلاف أعمارهم، ستة عشر شخصًا تقريبًا)[1].

وفي هذا المقام يهمنا تتبع حياة الصحابة في الحبشة وعلاقتهم بأهالي المنطقة ونشاطهم الدعوي؛ لأنّهم مكثوا هناك قرابة خمسة عشر عامًا، وخلال وجودهم في المنطقة لا شك أنهم نشروا العقيدة الإسلامية والأخلاق الفاضلة التي من أجلها فارقوا الأهل والأوطان. واستمر الأمر على هذا المنوال ولم يزل المسلمون بأرض الحبشة إلى أن ذكر رسول الله ﷺ الخروج إلى المدينة، فمنهم من رجع إلى مكة فهاجر مع النبي ﷺ إلى المدينة، ومنهم من بقي بأرض الحبشة حتى لحق رسول الله ﷺ بعد قدومه المدينة، كما ثبت في جامع الصحيح البخاري: "فهاجر من هاجر قِبَل المدينة، ورجع عامة من كان هاجر إلى الحبشة إلى المدينة "[2].

ومن هنا لم يأت من فراغ إسلام كبير القوم وسلطانهم النجاشي ﷺ، علمًا أنه لم يكن وحده من دخل في دين الإسلام، وإنما اتبعه قومه على الإسلام، وأقروه، بما في ذلك الأساقفة والرهبان . وبعد ذلك إسلام قائد وفد كفار ورائدها عمرو بن العاص، والذي فيما بعد أحسّ بأنّ أفريقيا لها عليه دين، غير أنّه ردّ هذا الدين في فتح مصر وملحقاتها.

وهناك من بقي في أرض الحبشة من المهاجرين حتى العام السابع الهجري، رغم رجوع بعض المسلمين منها، وكان رأس هؤلاء الباقين جعفر بن أبي طالب، ولا شك أن بقاءهم لم يكن للسياحة والترف، بل أولئك كانوا منشغلين بالدعوة إلى الله ونشر دينه الحنيف، الذي من أجله هاجروا وعبروا الصعاب وابتعدوا عن الخلان والأوطان، والأهل والأموال، لذلك فالرسول ﷺ عبر عن سروره وفرحته بعودة قائد الفرقة جعفر ابن أبي طالب بقوله: "ما أدري بأيهما أنا أسر. بفتح خيبرَ أم بقدوم جعفر "[3]، وكأن

---

(1) على الشيخ أحمد أبو بكر: مرجع سابق ص ٢٢٠.

(2) البخاري، أبو عبد الله محمد بن إسماعيل (ت ٢٥٦هـ): صحيح البخاري، دار ابن كثير، دمشق – بيروت، ط/١، ١٤٢٣هـ/٢٠٠٢م، باب هجرة الحبشة، ص ٩٤٧.

(3) ابن عبد البر: الدرر في اختصار المغازي والسير ص ٢٠٦؛ الذهبي، أبو عبد الله شمس الدين محمد بن أحمد (ت ٧٤٨): سير أعلام النبلاء، مؤسسة الرسالة، الطبعة الخامسة، بيروت، ٢١٣/١.

الرسول تساوت عنده فرحته وبهجته بفتح خيبر وقدوم المهاجرين المتأخرين من الحبشة، الذين كانوا يمارسون الدعوة ونشر الرسالة المحمدية، التي يعد من أهم الفتوح وأقواها ثبوتًا ورسوخًا، إذ إن فتح القلوب كان أولى بفتح الأمصار والبلدان والدور.

ومن هنا فلا غرابة أن ينتشر الإسلام في بلاد الحبشة ويصبح ذا شأن كبير، لاسيما في السهول والأراضي المبسوطة التي تحيط بالمملكة الحبشية من الشرق والجنوب والغرب، حيث حقق نجاحًا كبيرًا، وقد أشار بعض الباحثين إلى زحف الإسلام وانتشاره من السواحل الصومالية من مدينة زيلع وبربرا في شمال الصومال تجاه الغرب، وانتصاره على الوثنيين والنصارى على حد سواء في الأراضي الواطئة السهلة، فملوك الحبشة كانوا يحتمون في المناطق الجبلية كلما ضاقت عليهم السبل وأعيتهم الحيل في أكسوم وحواليها، إلا أن انتشاره الواسع تمّ من خلال قيام دويلات وإمارات إسلامية كانت على امتداد الساحل، ابتداءً من السواحل الإريترية على البحر الأحمر، وحتى سواحل الصومال الجنوبية على المحيط الهندي[1].

ولعل أداء رسالة الإسلام ومزاولة الدعوة إلى الله في المنطقة كان لها أثرها في مكوث بعض الصحابة بالحبشة، وهناك عوامل أخرى كان لها أثرها في بقاء من بقي بالحبشة من المسلمين، مثل حرب قريش للمسلمين، وزعزعة الأوضاع الأمنية في الحجاز[2].

والدليل على ذلك حديث جعفر للأشعريين حين وافقوه بالحبشة: "إن رسول الله ﷺ بعثنا هاهنا وأمرنا بالإقامة فأقيموا معنا"[3].

ويرى بعض الباحثين أن جعفر بن أبي طالب ﷺ قد أسس مراكز للدعوة في المنطقة، بمساعدة الجاليات العربية المستوطنة فيها أثناء وجوده في الحبشة[4].

والحقّ أن الوجود الإسلامي كان له أثره الطيب في انتشار الإسلام في ربوع منطقة القرن الأفريقي، ولا شكّ "أن هذه الهجرة كانت الشعاع الذي أضاء القارة الأفريقية

---

(١) علي الشيخ أحمد أبو بكر: مرجع: سابق ص ٢٥٧.

(٢) سليما بن حمد العودة: مرجع سابق ص ١٣١.

(٣) ابن حجر العسقلاني، أحمد بن علي (ت ٨٥٢هـ): فتح الباري بشرح صحيح البخاري، تصحيح وتحقيق عبد العزيز بن عبد الله باز، رقم كتبه وأبوابه محمد فؤاد عبد الباقي، إخراج وتصحيح محب الدين الخطيب، دار المعرفة، بيروت. ٢٣٧/٦.

(٤) بشير أحمد صلاة: مرجع سابق ص ٦؛ وانظر حمدي السيد سالم: مرجع سابق ٣٤٨/١.

بمصابيح الهدى، وهي أساس الإسلام فيها، فما زالت آثارها تنمو وتتفاعل حتى قامت للإسلام دول وإمارات عظم شأنها، حيث أصبحت فيها بعد من قلاع الإسلام وحصونه"[1]. وبذلك أصبحت منطقة القرن الأفريقي أسبق من أي منطقة أخرى في القارة الأفريقية وصولًا وانتشارًا للإسلام)[2].

الهجرات العربية إلى الصومال:

على الرغم من أن الهجرات العربية إلى منطقة ساحل الشرق الأفريقي تتابعت بعد هجرة صحابة رسول الله ﷺ إلى الحبشة، إلا أنّه ينبغي أن نعرف بأنّ تدفق العرب ونزوحهم إلى منطقة القرن الأفريقي لم يبدأ عند بزوغ فجر الإسلام، وإنما كانت منطقة الجزيرة العربية وغيرها من المناطق العربية الأخرى لها صلات قوية مع الشعوب القاطنة في شرق أفريقيا منذ أمد بعيد، حيث كانت سواحل المنطقة تعتبر نقطة مهمة للاتصال، وذكرت بعض المصادر الأولية بأنّه شوهد في السواحل الصومالية سفن عربية كثيرة في القرن الأول الميلادي)[3]، وكان أهل اليمن يعدُّون من أوائل النازحين إلى بلاد الصومال حين تصدع وانهار سد مأرب في سنة ٥٨٠م، والمعلوم تاريخيًا أن سد مأرب في هذه الفترة كان بمثابة شريان الحياة الاقتصادية وعمود فقرها، ولا شك أن انهياره كان يعني انهيار اقتصاديات البلاد كاملة، ولأجل هذا الظرف المعيشي الصعب اضطر السكان للنزوح إلى النواحي الكثيرة "فاتجه معظمهم إلى منطقة القرن الأفريقي حيث الأرض الفسيحة الصالحة للسكنى، والتي رحبت بمقدمهم منذ أول وهلة..."[4].

وقد ازداد حجم الهجرات العربية إلى شرق أفريقية بعد ظهور الإسلام وذلك بسبب حدوث عوامل جديدة . وإذا كان العامل الاقتصادي هو الدافع الرئيس قبل الإسلام،

---

(١) علي الشيخ أحمد أبو بكر: مرجع سابق ص ٢٥٨.

(٢) ثم يأتي بعد الحبشة، مصر التي تم فتحها عام ٢٠هـ على يد عمرو بن العاص ﷺ الذي أسلم على يد النجاشي الحبشي .

(٣) المسعودي: مصدر سابق ١٨/٣ - ١٩، وقبل المسعودي نقل هذه المعلومة الملاح الإغريقي في كتابه: الطواف حول البحر الإريتري، انظر الترجمة الإنجليزية المسماة (Periplus Maris Erythaei).

(٤) غيثان بن علي بن جريس: الهجرات العربية إلى ساحل شرقي أفريقيا في العصور الوسطى، وآثارها الاجتماعية والثقافية والتجارية حتى القرن الرابع الهجري، من منشورات جامعة الملك سعود، فرع أبها، ١٤١٦هـ - ١٩٩٥م ص ١١.

فقد أصبح لدى العرب دوافع جديدة غير العامل التجاري أو الاقتصادي وأبرزها دوافع دينية وسياسية طرأت في العهدين الأموي والعباسي، وكان العرب يحاولون إيجاد أماكن استقرار دائم في سواحل أفريقيا الشرقية، وإقامة كيانات سياسية إسلامية، ومن هنا ارتفع مستوى العلاقات بين الجانبين وازدادت الروابط بين الشعبين[1]. وبتزايد الهجرات العربية ازدادت الاستيطان العربي على سواحل القرن الأفريقي وانتشرت هذه المستوطنات على طول السواحل الصومالية المطلة على البحر الأحمر، والمشرفة على المحيط الهندي، ومهما كانت دواعي ودوافع هذه الهجرات إلا أن تأثيرها وتأثرها بالمجتمع الصومالي كان ملموسًا[2]. وقد أشار المؤرخون إلى مستوى ما وصلت إليه علاقة العرب بالقرن الأفريقي، وأكدوا أن العرب المسلمين كانوا يسيطرون على زمام أمور الملاحة والتجارة في المحيط الهندي[3].

ونحن هنا لسنا بصدد الحديث عن تفاصيل هذه الهجرات ونوعياتها ودوافع النزوح والهجرة إلى المنطقة، وإنّما نريد أن نشير هنا إلى ما نعتقد بأنّه يبادر إلى ذهن الباحث عند الحديث عن الهجرات العربية إلى ساحل الشرق الأفريقي عمومًا، ومنطقة القرن الأفريقي خصوصًا، مع الإشارة إلى أماكن نزوحهم، ثم أثر هذه الهجرات على انتشار الإسلام في المنطقة. وفي هذا الإطار ينبغي للباحث الرجوع إلى المصادر الأولية التي تناولت هذه الهجرات ولو بإشارة بسيطة، حتى يستأنس، ثم الاعتماد على البحوث والمراجع التي ناقشت. ولا أحد من المؤرخين يختلف النشاط التجاري التي كانت تتمتع به بلاد الصومال في العصور القديمة من خلال علاقتها الخارجية كما أشرنا في تاريخ الصومال القديم، ومن ذلك ما ذكر الملاح الإغريقي في كتابه "الطواف حول البحر الإريتري"[4]

---

(١) محمد محمد أمين: العرب والدعوة الإسلامية في الصومال في العصور الوسطى الإسلامية، ضمن بحوث كتاب (المسح الشامل لجمهورية الصومال الديمقراطية، المنظمة العربية للتربية والثقافة والعلوم، معهد البحوث والدراسات العربية، بغداد، ١٩٨١م، ص٦٢؛ سليمان عبدالغني المالكي: سلطنة كلوة الإسلامية، دار النهضة العربية، الطبعة الأولى، ١٤٠٦هـ – ١٩٨٦م ص١٣.

(٢) غيثان بن علي جريس: مرجع سابق ص ١١.

(٣) المسعودي: مصدر سابق ٣ / ١٨؛ فاطمة السيد علي سباك: التاريخ السياسي لسلطنة زنجبار الإسلامية، من مطبوعات نادي مكة الثقافي والأدبي، الطبعة الأولى، ١٤١٦هـ – ١٩٩٦ ص ٣٥.

(٤) انظر الترجمة الإنجليزية المسماة: (Periplus Maris Erythaei).

بأنّه شاهد في السواحل الصومالية سفن عربية كثيرة في القرن الأول الميلادي، كما أشار إلى مثل ذلك المؤرخ المسعودي في كتابه " مروج الدهب ومعادن الجوهر ".

وقبل أن نتحدث عن بعض هذه الهجرات نذكر هنا بعض المصادر المهمة التي أشارت إلى تلك الهجرات مثل:

- الإلمام بأخبار من بأرض الحبشة من ملوك الإسلام، للمقريزي[1].

- كتاب الزنوج[2].

- جهينة الأخبار في تاريخ زنجبار للشيخ سعيد بن علي المغيري[3].

- السلوة في أخبار كلوة[4].

والهجرات العربية إلى منطقة شرق أفريقيا أغلبها كانت من شبه الجزيرة العربية سواء من جنوب الجزيرة أو شمالها كاليمن وعُمان أو في الحجاز والأحساء، وقد ساعدهم على ذلك عدة عوامل منها: سهولة الاتصال بها وقربها جغرافيًا[5] إضافة إلى تفوق أهل عُمان واليمن في العلوم البحرية وصناعة السفن، ولعل هذه العوامل جعلتهم يتجهون صوب البحر ويجوبون عباب سواحل المنطقة، ولكنه مما لا شك فيه أنّ هناك أهدافًا أو أسبابًا أخرى كانت وراء هذه الهجرات، وبعد تتبع الأمر نستطيع أن نقول إنّ هناك أكثر من هدف أو باعث أدى إلى ذلك، ومن هنا أشار الباحثون إلى بعض من ذلك، وبمجرد النظر أو دراسة أوضاع المناطق التي هاجر منها المهاجرون، ربما نصل إلى معرفة هذه الأسباب، ويتضح ذلك عند رجوع إلى المصادر الأولية التي تناولت أوضاع هذه البلدان التي نزح منها إلى المنطقة.

ومن هذه الهجرات هجرة آل الجلندي من أهل عمان في القرن السابع الميلادي، بحيث كان الجلنديون يحكمون أرض عمان في فترة الخلافة الأموية، وكانوا يتمتعون باستقلال تام

---

(١) الطبعة المصرية، ١٩٠٨م.

(٢) ضمن كتاب تاريخ الصومال، للمستشرق الإيطالي جروللي.

(٣) سلطنة عمان، وزارة التراث القومي ٢٠٠١م.

(٤) من تأليف محمد علي الصليبي، وزارة التراث القومي والثقافة، سلطنة عمان، عام ١٤٠٥هـ/ ١٩٨٥م.

(٥) محمود محمد الحويري: ساحل شرق أفريقيا منذ فجر الإسلام حتى الغزو البرتغالي، ص ١٨.

وبحكم ذاتي منذ صدر الإسلام، بل وكانوا يسيرون أمر عُمان دون الرجوع إلى مقر الخلافة، رغم أن إقليم عُمان كان تابعًا لولاية العراق، ومع ذلك فإن الجلندين لم يقوموا بأعمال تظهر معارضتهم للخلافة الأموية أو خروجهم عليها، رغم ما كانوا يتمتعون به من نفوذ واسع، وفي الوقت نفسه لم يكن هؤلاء يظهرون الولاء والطاعة لها أو يبعثون الخراج إليها، بدليل أن عُمان خلت عن قائمة الولاة والعمال التي كانت عادة تعين من قبل الخلفاء أو نوابهم)1(.

ومن ناحية أخرى فإن الخلافة الأموية لم تحاول ضم هذا الإقليم إلى حوزة أقاليم الدولة؛ لأنها كانت غنية عن تأديبهم وإخضاعهم، ولا سيما بعد وفاة يزيد بن معاوية حيث أصبحت الخلافة مشغولة بالقلاقل والثورات والصراعات الداخلية، وخاصة صراعهم مع حركة عبد الله بن الزبير بن العوام رضي الله عنهما)2(— حتى لا يدخلوا في متاهات وعدم استقرار كانوا في غنى عن الخوض فيها . وحينما استتب الأمر كلية للأمويين وأخمدوا الثورات بل وسيطروا على الأوضاع في العراق والحجاز – عقب مقتل عبد الله بن الزبير – اتجهت عنايتهم نحو عمان التي كانت في هذه الفترة ملاذًا آمنًا ومأوى للثوار)3(، المعارضين للحكم الأموي)4(، علمًا بأن إقليم عمان كان تابعًا لولاية العراق

---

(١) يؤكد على ذلك عند رجوع إلى المصادر مثل: التاريخ لخليفة بن خياط (٢٤٠هـ) ولا تجد ذكر أي وال على عمان أو تعين قاض أو عامل آخر، وأول ذكر لتعيين وال أو عامل كان حينما سيطر الحجاج على أمرها حيث بعث الحجاج إليها موسى بن سنان بن سلمة، ثم طفيل بن حصين البهراني الذي استخلف حاجب بن شيبة ... (انظر – خليفة بن خياط بن العصفري أبو عمرو البصري: تاريخ خليفة بن خياط، تحقيق الدكتور أكرم ضياء العمري، مطبعة الآداب في النجف الأشرف، العراق، ط/ ١، عام ١٣٨٦هـ/ ١٩٦٧م. ص ٣٠٠).

(٢) والصحيح أنها كانت خلافة وليست حركة . انظر محمد حسين معلم: الروايات التاريخية في كتاب العقد الفريد لابن عبد ربه الأندلسي، المتعلقة بالخلفاء الأمويين، دراسة نقدية، رسالة ماجستير غير منشورة بجامعة أم القرى، قسم الدراسات العليا التاريخية والحضارية، سنة ١٤١٨هـ – ١٩٩٨م .

(٣) مثل الخوارج بقيادة نجدة بن عامر بن عبد الله بن ساد بن المفرج الحنفي، وهؤلاء قد استولوا على عمان خلال حكم الجلندين بعد طردهم، غير أن الأمر لم يطل، حيث استطاع آل الجلندين إخراج الخوارج من عمان واستعادوا ملكهم بمساعدة أهل البلاد . (انظر ابن الأثير: الكامل في التاريخ ٢٠٣/٤).

(٤) انظر محمد حاج عمر: مرجع سابق ص ٨٢.

تحت إمرة الحجاج بن يوسف الثقفي، وقد بعث الحجاج جيشًا جرارًا لتأديب الخارجين على سلطته وإعادة الأقاليم إلى طاعة الخلافة، وهذا الجيش استطاع أن ينزل هزيمة ساحقة بالمتمردين من أتباع الجلندين[1]. ويقال إن الأمويين أضعفوا صفوف خصومهم حيث فرقوهم وشتتوا شملهم حينما استعانوا ببعض القبائل عليهم[2]. بل إن الخليفة عين رجلًا مخلصًا له فيما أبعد الجلنديين عن الحكم، مما أدى إلى عصيانهم وتمردهم[3].

ومهما يكن فإن جيش الحجاج بن يوسف احتلَّ عمان، فاضطر سعيد وسليمان ابنا عباد ابن عبد الجلندي إلى الفرار إلى منطقة شرق أفريقيا في نهاية القرن السابع الميلادي (عام ٦٩٥م)، وقد اشترك في هذا النزوح الإجباري عدد كبير من قبيلة الأزد العمانية[4]. ومع أن هذه الهجرة شملت مجموعة كبيرة من أتباع آل الجلندي وأنصارهم، إلا أن هجرة الأميرين سعيد وسليمان ضمن المهاجرين تبرهن على مدى معرفة القوم بأحوال منطقة شرق أفريقيا، وأقل شيء كان لديهم معرفة وجود عُماني سابق إذ إنه لا يستقيم في العقل أن يلجأ سلطانا عمان سليمان وسعيد – وهما ليسا فردين عاديين، فرارًا بنفسيهما وبأهلهما ومن تبعهما من قومهما إلى أرض وبلاد فارغة من الوجود العماني . والفرد العادي لا يمكن أن يلجأ إلا إلى مكان يثق به، فضلًا عن أمير أو سلطان، الذي لا يتصل غالبًا إلا إلى ملك أو أمير مثله . ومن المحتمل أن تكون هناك إمارات أو دويلات عربية في المنطقة، وأن أبناء الجلندي نزلوا ضيوفًا عليها[5]. ورغم أن المصادر الأولية لم تحدد مكان نزول الجلنديين في شرق أفريقيا، إلا أن بعض الباحثين يرون أنهم نزلوا على الساحل الجنوبي الصومالي،

---

(١) خليفة بن خياط: مصدر سابق ص ٢٩٧؛ وانظر محمد حاج عمر: مرجع سابق ص ٨١ – ٨٢؛ الشيخ جامع عمر عيسى: تطور التاريخ في قرن أفريقيا عبر العصور (مخطوط)، الفصل السابع " أهم الهجرات العربية إلى شرق أفريقيا، ص ٤٠.

(٢) محمود محمد الحويري: ساحل شرق أفريقيا، مرجع سابق، ص ٢١.

(٣) حمدي السيد سالم :مرجع سابق ١/ ٣٥٠؛ غيثان بن علي: الهجرات العربية إلى ساحل الشرق الأفريقي، ص ١٧.

(٤) انظر محمود محمد الحويري: مرجع سابق، ص٢١؛ الشيخ جامع عمر عيسى: مرجع سابق ص٤٠ – ٤١.

(٥) محمد حاج عمر: مرجع سابق، ص ٨٢؛ وانظر محمود محمد الحويري: مرجع سابق ص ٢١.

وقيل في جزيرة مافيا)1(أو لامو)2(، غير أننا نستطيع القول بأنهم انتشروا في أغلب أراضي شرق أفريقيا، ولم يستقروا في مكان محدد، ويدل على ذلك انتساب بعض القبائل والجماعات إلى الجلنديين في كل من الصومال وكينيا وتانزانيا.

ويعتبر بعض الباحثين أن العرب العمانيين الذين يقطنون مدينة ممباسا الساحلية من بقايا أبناء آل الجلندي، الذين نزحوا إلى المنطقة في القرن السابع الميلادي . وكذلك زعماء السكان الأصليين في مدينة (تانغة) بتنزانيا يزعمون أنهم من قبيلة الجلنديين، وإن كانوا ينطقون بالكاف (الكلنديين)، كما يوجد في مدينة مالندي الساحلية من ينتسب إلى نفس هذه القبيلة (كلنديين))3(. ويقال أيضًا أن قبيلة (جلدي))4(. في جنوب الصومال ينحدرون من أولاد الجلنديين، وهذه القبيلة كان لها شأن كبير في الحياة السياسية لبلاد الصومال وخاصة مقر مملكتهم في مدينة (أفجوي)، كما كان لهم دور فعّال في نشر الإسلام وعقيدته)5(. وحسب النصوص الواردة وخلال تتبع حركات المهاجرة يرى بعض الباحثين أن أبناء الجلندي جماعة عربية وفدت إلى منطقة شرق أفريقيا لأسباب ودوافع سياسية، أما الهجرات الأخرى فقد وصلت إلى المنطقة عقب الجلنديين، وكان لهم دور كبير في نشر الإسلام في أوساط السكان الأصليين الوثنيين)6(. كما كان لهم

)1(R . Reuach: Hiatory of East Africa (London , 1895) pp . 73-77 .

حمدي السيد سالم: مرجع سابق 1/ 349 – 350؛ غيثان بن على جريس: الهجرات العربية إسلى ساحل الشرقي الأفريقي في العصور الوسطى ص17؛

(٢) جمال زكريا قاسم: الأصول التاريخية للعلاقات العربية الأفريقية، دار الفكر العربي، القاهرة، ١٤١٦هـ – ١٩٩٦م ص ص ٦٨؛ سيد حامد حريز: المؤثرات العربية في الثقافة السواحلية في شرق أفريقيا، دار الجيل / بيروت، ١٩٩٨م ص ص ١٢

(٣) سعيد بن على المغيري: جهينة الأخبار في تاريخ زنجبار، القاهرة، ١٩٧٩، ص ٣٧ – ٣٨؛
Cerulli Enrico: Somali Vari Screeti editi ed Jnediti , Roma 1957 p. 298

(٤) قبيلة جلدي الصومالية من مجموعة دغل ومرفلي التي تقطن في جنوب الصومال ولاسيما في أقاليم شبيلي السفلى من أخصب الأراضي الصومالية على ضفاف نهر شبيلي، وكانت لها سلطنة سياسية على أراضٍ متسعة وما زال سلاطينها تتوارث القيادة بين أبنائها حتى الآن .

(٥) الشيخ جامع عمر عيسى: تطور تاريخ القرن الأفريقي (مخطوط) ص ٤١ .

(٦) حمدي السيد سالم: مرجع سابق، ١/ ٣٥٠؛ محمد حاج عمر شيخ محمد: الحضارة الإسلامية في شرق أفريقيا، رسالة قدمت لنيل درجة الماجستير في التاريخ من جامعة الخرطوم، جمادى الأولى ١٤٠١هـ- مارس ١٩٨١م،ص ص ٨٣ .

تأثير كبير في النواحي الحضارية والثقافية، بل يقال إنهم أسسوا مدن براوة ومركة ومقديشو)[1].

وهناك هجرة عربية أخرى كان فارسها ود بن هشام المخزومي، وذلك في الربع الأول من القرن الأول حتى استقروا في منطقة " شوا" الحبشية، ونشروا العقيدة الإسلامية في قطاع واسع من سكان هذه المنطقة، بل وقد استطاع هؤلاء الانصهار مع السكان الأصليين وذلك بعد التزاوج بينهم، ومن ثم كونوا مملكة " شوا " الإسلامية ضمن الممالك الإسلامية في المنطقة، وقد استمرت هذه المملكة فترة طويلة فيها بين (٢٨٣ / ٦٨٤هـ - ٨٩٦/ ١٢٨٥م)[2]. الجدير بالذكر أن المخزوميين كان لديهم معرفة سابقة بالمنطقة، حيث سبق أن هاجر مخزوميان إلى الحبشة ضمن وفد مع عمرو بن العاص أثناء هجرة المسلمين الأوائل، مما يوحي بأن لهذه الأسرة نفوذًا كبيرًا ومعرفة وإلمامًا واسعًا بالمنطقة أكثر من غيرها من القبائل العربية الأخرى)[3].

ومن الذين هاجروا أيضًا مجموعة من الزيديين الذين هاجروا إلى سواحل بنادر (جنوب الصومال) في الربع الأول من القرن الثاني الهجري . والزيديون أتباع زيد بن علي بن زين العابدين، والمعروف أن زيد بن علي قد خرج على الخليفة هشام بن عبد الملك، غير أنه قُتِلَ في سنة ١٢٢هـ وفرَّ أصحابه إلى أصقاع مختلفة)[4]، ومن بين البلدان التي التجأوا ولاذوا إليها بلاد الصومال، وخاصة المناطق الساحلية من سواحل بنادر، وبعد استقرار هؤلاء بالمنطقة الجديدة استطاعوا الاختلاط بالسكان بل واندمجوا معهم اندماجًا كاملًا، وقد تأقلموا مع الحياة العادية الجديدة واعتادوها حتى استطاعوا أن يحققوا خلال مدة قصيرة تقدمًا في النواحي التجارية والسياسية، كما أصبحوا يزاولون

(١) علي الشيخ عبد الله يلحو: الأدب الصومالي المعاصر، من منشورات منظمة التربية والتعليم، أليسكو، الرباط – المغرب، سنة ١٤٠١هـ - ١٩٨١م ص ١٧.

(٢) انظر محمد حاج عمر شيخ محمد: مرجع سابق، ص ٧١.

(٣) وانظر غيثان بن علي جريس: الهجرات العربية إلى ساحل شرقي أفريقيا، ص ١٥.

(٤) انظر مناقشة مستفيضة حول ثورة زيد بن علي وأسباب قيامها ونتائجها محمد حسين معلم: الروايات التاريخية في كتاب العقد الفريد المتعلقة بالخلفاء الأمويين .

الحياة الزراعية في الأراضي الخصبة في جنوب مقديشو وضواحيها، وبالتحديد حول ضفاف نهر شبيلي)1(.

ويرى بعض الباحثين أن تأسيس مدينة مقديشو وإنشاءها قد تمّ على أيدي الزيديين، وأن مقديشو أصبحت فيها بعد أهم مركز سياسي وتجاري وديني لساحل شرقي أفريقيا في العصور الوسطى)2(. والحقيقة أن الزيديين بسطوا نفوذهم على طول ساحل بنادر واستمر نفوذهم وسيطرتهم على المنطقة بالتدرج فترة من الزمن، وكان لهم فضل كبير في نشر الإسلام في ربوع بلاد الصومال)3(. وخاصة بعد هجرة جماعة الأحساء من قبيلة الحارث العربية إلى مقديشو، حيث اضطر الزيديون إلى التحرك نحو الداخل خوفًا من أن يصطدموا معهم، حتى اختاروا بعيدًا عنهم، ومن ثم اختلطوا بالسكان الأصليين، وكونوا علاقات قوية معهم)4(.

وفي عصر الخلافة العباسية تدفق المهاجرون العرب والمسلمون إلى سواحل الصومال لعوامل سياسية واقتصادية ودينية واجتماعية، حيث وصلت طلائع المهاجرين في سنة ١٤٩هـ إلى مقديشو، وهؤلاء يطلق عليهم قبائل بنادر أو قبائل آل حمر (Reer Hamar))5(منهم هجرة اثنتي عشرة قبيلة من القحطانيين (آل فقيه) من بلد المقري بصنعاء، واثنتي عشرة قبيلة من الجدعني (الشاشيين)، وست من العقبي (الدرقبة)، وثلاث من العفيفي، وست من الإسماعيلي . وهذه القبائل (آل بنادر) توصلوا إلى اتفاق فحواه بأن يتولى آل الفقيه القضاء وتوثيق النكاح)6(.

---

(١) حمدي السيد سالم: مرجع سابق ١/ ٣٥٠؛ محمد حاج عمر: مرجع سابق ص٨٣ –٨٤؛ غيثان بن علي جريس: الهجرات العربية، ص ١٨ – ١٩ .

(٢) غيثان بن علي: مرجع سابق، ص ١٩.

(٣) محمد عبد الله النقيرة: انتشار الإسلام في شرقي أفريقيا ومناهضة الغرب له، دار المريخ للنشر، الرياض، طبعة ١٤٠٢هـ –١٩٨٢م ص ٨٦؛ غيثان بن علي: مرجع سابق، ص ١٩.

(٤) محمود محمد الحويري: ساحل شرق أفريقيا، مرجع سابق، ص ٢٤.

(٥) حمر: اسم آخر لمدينة مقديشو الساحلية.

(٦) الشيخ محمد أحمد محمود المعروف بـ(الشيخ أبا): أسئلة وأجوبة حول تاريخ مقدشو ومركة وبرواة، (مخطوط) ؛ وانظر غيثان بن علي: الهجرات العربية، ص ٢٠.

وصل إلى الساحل الشرق الأفريقي هجرة أصحاب الإخوة السبعة الذين هاجروا من منطقة الأحساء في الخليج العربي، وقد تمّت في بداية القرن الرابع الهجري / النصف الأول من القرن العاشر الميلادي . واستطاع هؤلاء أن يفلتوا من قبضة حاكمهم الذي كان يمارس ضدهم الجور والتعذيب، لذلك فروا إلى بلاد الصومال بواسطة ثلاث سفن . الجدير بالذكر أن هؤلاء الإخوة وأتباعهم ينتمون إلى قبيلة الحارث العربية، وكانوا سنيين على مذهب الإمام الشافعي، وعلى الرغم من أن هجرة الأخوة السبعة كان سببها الرئيس سياسي، إلا أنه من المحتمل أن يكون دينيًا أيضا حيث إن هؤلاء كانوا سنيين فيما كان سلاطين منطقة الأحساء[1] قرامطة . وهؤلاء المهاجرون في أول الأمر رست سفنهم عند شواطئ بنادر في بلاد الصومال، ثم امتد نفوذهم فيها بعد حتى جنوبي ممبسة في كينيا[2] . وهؤلاء الجماعة بقيادة الإخوة السبعة لعبوا دورًا مهمًّا في نشر الإسلام والمحافظة على الهوية الإسلامية في الصومال . ولا شك أن لهجرتهم إلى منطقة شرق أفريقيا نتائج بعيدة الأثر في تاريخ المنطقة عمومًا على مدى قرنين من الزمن . وبفضلهم تحول سكان المنطقة إلى المذهب الشافعي، واستطاع هؤلاء بسط سيطرتهم على المنطقة سيطرة تامة، حتى علا شأنهم وارتفع نشاطهم الحضاري والاجتماعي في المنطقة، حيث أسسوا عدة مدن مثل: مقديشو وبراوة[3]، أو على الأقل أنهم قاموا بتجديد هذه المدن. وهؤلاء المهاجرون من قبيلة الحارث وأتباعهم انصهروا في سكان الصومال، حيث اختلطوا معهم وتزوجوا، بل وتطبعوا بطباعهم، وتخلقوا بأخلاقهم . وقد كان لهجرتهم إلى الصومال أثر كبير في نشر الإسلام، ولم يأت من فراغ أن خرج من بين أهل الصومال فقهاء، ووعاظ ودعاة إلى الله . وفي عهدهم أصبحت الصومال، ولاسيما بعض مدنها الساحلية مثل مقديشو مركز ومنارةً لنشر الدعوة الإسلامية مدة سبعين عامًا[4] . ولعل الرجوع إلى المصادر لتاريخ الأحساء يمكن الحصول على معلومات حول هذه الهجرة.

---

(1) محمد حاج عمر: مرجع سابق ص ٨٤ – ٨٥؛ غيثان بن علي جريس: الهجرات العربية ص ٢.

(2) سليمان عبد الغني مالكي: مرجع سابق ص ١٥.

(3) محمد حاج عمر: مرجع سابق ص ٨٥؛ غيثان بن علي جريس: مرجع سابق، ص ٢؛ جمال زكريا قاسم: مرجع سابق، ص ٦٩؛ سليمان عبد الغني المالكي: مرجع سابق ص ١٥.

(4) حمدي السيد سالم: مرجع سابق ١/ ٣٥١.

من الهجرات التي وصلت إلى الصومال أيضًا هجرة الشيرازيين، نسبة إلى مدينة شيراز الواقعة في غرب إيران، وعلى الرغم من أن هذه الهجرة ليست عربية إلا أنها كانت تحمل طابعًا إسلاميًا، وأنَّ قائد هذه الهجرة وهو الحسن بن علي الشيرازي، حاكم شيراز وكان من ضمن المهاجرين ومعه أبناؤه الستة. أما دافع هجرتهم فلعلها كانت نتيجة لما كان يلقاه من الإهانة والاستهزاء من قبل إخوته وأسرته بسبب سواد لونه، لأن أمه كانت زنجية (حبشية) [1]؛ لذلك عيَّروه لأنهم من أم فارسية [2]. غير أن بعض المؤرخين يرون بأن دافع هجرة حسن بن علي كانت من أجل الذهب الذي كانت المنطقة غنية به [3]. وهناك رأي آخر يقول بأن حسن بن علي وأولاده هاجروا ما بين (١٠٥٥ – ١١٠٠م) على أثر فرار الشيعة الشيرازيين من وجه طغرل بك السلجوقي، الذي سيطر على مدينة شيراز عام (٤٤٧هـ – ١٠٥٥م) [4]. ولعل هذا الرأي الأخير هو الراجح، وهو ما يرجحه أيضًا بعض الباحثين [5]؛ لأن صاحب السلطان لا يمكن أن يتخلى عن سلطته بسهولة، وذكروا أن هذه الهجرة كانت تتألف من نحو ألف ومائتي رجل، وقد وصلوا إلى المنطقة بواسطة سبع سفن، حيث نزلوا في عدة أماكن على الشاطئ [6]. وعلى أية حال فقد تمت هذه الهجرة في النصف الثاني من القرن العاشر حيث جاءوا في سبع سفن متفرقة إلى مدينة مقديشو وبراوة بالصومال في بداية الأمر، وبعد فترة وجيزة تفرقوا واستقروا في أماكن مختلفة في المنطقة [7]. ومعلومات ضافية سوف تجدها عند الرجوع إلى كتابنا " الثقافة العربية وروادها في الصومال".

---

(١) وهناك سبب آخر يذكره الباحثون وهو أن الحسن بن علي رأى في المنام رؤية مفادها خراب مملكته وذهابها، ومن هنا خاف حتى خرج هو وأتباعه إلى أرض الزنج، انظر السلوة في أخبار كلوة، ص ٢٧ – ٢٨؛ محمد حاج عمر: المرجع السابق ص ٨٥.

(٢) فاطمة السيد بن علي سباك: مرجع سابق ص ٣٦ .

(٣) فاطمة السيد بن علي سباك: المرجع السابق ص ٣٦.

(٤) المسيوجيان: وثائق تاريخية جغرافية تجارية عن شرق أفريقيا، ترجمه ولخصه يوسف كامل، سنة ١٩٢٧م ص ٤٨٢؛ فاطمة السيد بن علي سباك: مرجع سابق ص ٣٦.

(٥) انظر جمال زكريا قاسم: مرجع سابق، ص ٦٦ – ٦٧ ؛ محمد حاج عمر: مرجع سابق، ص ٨٦.

(٦) سليمان عبد الغني المالكي: مرجع سابق، ص ١٦ .

(٧) سيد حامد حريز: مرجع سابق، ص ١٣؛ محمد بن عبد الله النقيرة: مرجع سابق، ص ٩١ .

وفي بداية القرن السابع الهجري قَدمت هجرة عربية كبيرة أخرى من أرض عمان، وهم النبهانيون الذين كانوا حكامًا على عمان، غير أنه لما تدهورت سلطتهم نزحوا إلى منطقة شرق أفريقيا، وبالتحديد جزيرة باتى أو باتا الواقعة في المحيط الهندي، وبعد استقرار الأسرة النبهانية في الجزيرة استطاعوا أن يندمجوا مع المجتمع السواحلي بكل سهولة، وقد ساعدهم على ذلك ترحيب العناصر العربية والفارسية التي سبقتهم إلى المنطقة إضافة إلى كونهم كانوا ملوكًا على عمان، لذلك استقبلهم الناس استقبالًا طيبًا رغم أن ملكهم في عمان قد انهار وصاروا مهاجرين، إلا أن الناس قدّروا تاريخهم الماضي ومجدهم السابق، ومن هنا كان من السهولة أن يختلطوا في المجتمع الجديد، بل استطاع الملك النبهاني سليمان بن مظفر النبهاني أن يتزوج من ابنة حاكم الجزيرة السواحلية المدعو إسحاق، الذي تنازل بدوره لابنته ولصهره عن حكم الجزيرة . ومن هنا بدأت للنبهانيين حياة جديدة ودور آخر يواصل حياتهم السياسية وريادتهم القيادية، ولكن في هذه المرة بالقارة الأفريقية)[1]. وعلى الرغم من أن النبهانيين أقاموا دولة كبيرة مركزها جزيرة باتى، إلا أنهم استطاعوا أن يبسطوا سيطرتهم وسلطانهم على مواقع أخرى من الساحل الشرقي لأفريقيا، وذلك في أوج عزها وعنفوانها من تاريخها السياسي، حتى وصل حكمهم إلى بعض المناطق الجنوبية لبلاد الصومال مثل مدن كسمايو وبراوة ومقديشو، وذلك في القرن الثالث عشر الميلادي)[2].

والحقيقة أن التدفق العربي الهائل نحو شرقي القارة بشكلها الكبير والمتتابع وبحلقاتها المتواصلة، كان يختلف بعض الاختلاف عن حركة الفتوح والجهاد الإسلامي، إذ إنه كان يتسم بطابع سلمي ولم يكن نتيجة عمل من قِبَل الخلافة الإسلامية، كما لم يكن نتيجة نشاط للإمارات العربية والإسلامية على السواحل المقابلة للصومال من عمان واليمن والحجاز – خلافًا لما ذهب إليه بعض الباحثين، وإنما كان يرجع الفضل في ذلك بعد الله لتلك المجموعات التي كانت قد وفدت إلى المنطقة، بدوافع دينية وسياسية واقتصادية، وأحيانًا أخرى بقصد الاستقرار والاندماج في المنطقة.

(1) سيد حامد حريز: مرجع سابق، ص ١٥؛ جمال زكريا قاسم: مرجع سابق، ص ٧٠ – ٧١ ؛ محمد عبد الله النقيرة: مرجع سابق ص ١٠٣ .

(2) سيد حامد حريز: مرجع سابق ص ١٥؛ جمال زكريا قاسم: مرجع سابق ص ٧٠ – ٧١ .

وعند الحديث عن أثر هذه الهجرات الإسلامية إلى منطقة القرن الأفريقي يكفي أنّ الهجرات قد أدت دورًا مهمًّا في نشر الإسلام ليس في منطقة القرن الأفريقي فحسب وإنما على منطقة شرق أفريقيا والمناطق المجاورة الأخرى كلها. وقد كانت هذه الهجرات تلعب دورًا فعّالًا في ربط العلاقة المتينة بين سكان المنطقتين العربية والأفريقية، واستمرت هذه العلاقة عبر العصور، بدءًا بهجرة الصحابة إلى أرض الحبشة أكبر هجرة دينية أثرت في المنطقة)[1].

ومن المفيد الاعتماد على بعض المصادر التي ذكرنا من قبل والتي أشارت ولو بإشارة بسيطة مثل: كتاب الإلمام بأخبار من بأرض الحبشة من ملوك الإسلام للمقريزي، وكتاب الزنوج، وكتاب جهينة الأخبار في تاريخ زنجبار للمغيري، وكتاب السلوة في أخبار كلوة، وغير ذلك.

وهناك كان كمًّا كبيرًا من المراجع والبحوث العلمية تناولت الهجرات العربية إلى الساحل الشرقي الأفريقي عامة، وبلاد الصومال خصوصًا، ولا شك أنّ لتلك البحوث العلمية قيمتها رغم أنّها لم تخصص موضوع الهجرات، ولكنها تناولت من خلال تسليط الضوء على تاريخ المنطقة، ومن هذه المراجع البحوث العلمية:

- التاريخ السياسي لسلطنة زنجبار الإسلامية، للدكتورة فاطمة السيد علي سباك، من مطبوعات نادي مكة الثقافي والأدبي، الطبعة الأولى، ١٤١٦هـ - ١٩٩٦م.

- الهجرات العربية إلى ساحل شرقي أفريقيا في العصور الوسطى، وآثارها الاجتماعية والثقافية والتجارية حتى القرن الرابع الهجري، للأستاذ الدكتور غيثان بن علي بن جريس، من منشورات جامعة الملك سعود، فرع أبها، ١٤١٦هـ - ١٩٩٥م.

- الصومال في العصور الوسطى الإسلامية، ضمن بحوث كتاب (المسح الشامل لجمهورية الصومال الديموقراطية)، للدكتور محمد محمد أمين.

- سلطنة كلوة الإسلامية، للدكتور سليمان بن عبد الغني المالكي، دار النهضة العربية، الطبعة الأولى، ١٤٠٦هـ - ١٩٨٦م.

- بغية الآمال في تاريخ الصومال، للشريف العيدروس، مقديشو، ١٩٥٥م.

---

(١) الثقافة العربية وروادها في الصومال، المبحث الأول من الفصل الثاني.

- ساحل شرق أفريقيا منذ فجر الإسلام حتى الغزو البرتغالي، للدكتور محمود محمد الحويري، دار المعارف، القاهرة.

- الأصول التاريخية للعلاقات العربية الأفريقية، لجمال زكريا قاسم، دار الفكر العربي، القاهرة، ١٤١٦هـ – ١٩٩٦م.

- المؤثرات العربية في الثقافة السواحلية في شرق أفريقيا، للدكتور سيد حامد حريز، دار الجيل / بيروت، ١٩٩٨م.

- انتشار الإسلام في شرقي أفريقيا ومناهضة الغرب له، للدكتور محمد عبد الله النقيرة، دار المريخ للنشر، الرياض، طبعة ١٤٠٢هـ –١٩٨٢م.

- الإسلام والممالك الإسلامية بالحبشة في العصور الإسلامية، لإبراهيم علي طرخان، (المجلة التاريخية الحضرية) القاهرة ١٩٥٩م المجلد الثامن.

- الحضارة الإسلامية في شرق أفريقيا، محمد صالح حاج عمر، رسالة الماجستير في التاريخ، جامعة الخرطوم، عام ١٩٨١م.

- تطور العلاقات العربية الأفريقية في العصور الوسطى، للدكتور محمد محمد أمين، القاهرة عام ١٩٧٠م.

- تطور تاريخ القرن الأفريقي (مخطوط) للشيخ جامع عمر عيسى.

- أثيوبيا والعروبة والإسلام عبر التاريخ، للقاضي محمد الطيب بن محمد يوسف اليوسف، المكتبة المكية، الطبعة الأولى، ١٤١٦هـ – ١٩٩٦م.

- انتشار الإسلام في القارة الأفريقية، حسن إبراهيم حسن، مكتبة النهضة المصرية، الطبعة الثانية، عام ١٩٦٤م.

السلطنات الإسلامية في منطقة القرن الأفريقي:

بعد أن استتب الإسلام في منطقة القرن الأفريقي ظهرت السلطنات والممالك في بعض الأجزاء منها، وكان ذلك في القرن السابع الهجري، الثالث عشر الميلادي، وهذه الإمارات كان عددها سبعة وهي: أوفات، دوارو، أرابيني، هديا، شرخا، بالي، ودارة، وقد سماها بعض المؤرخين "بدول الطراز الإسلامي"؛ لأنها كانت على جانب البحر

كالطراز له)[1]. أما ملوكها فكانوا يسمون ملوك عدل أو ملوك زيلع، وهم مسلمون،)[2].

ويخطب ملوك هذه السلطنات على منابر الجمعة والعيدين)[3].

وإذا تتبعنا الظروف التي قامت فيها هذه الدول نستطيع القول بأن تكوين هذه السلطنات أو الممالك، كان يتسم بالطابع السلمي المتمثل في العامل التجاري أو الاقتصادي، بعيدًا عن أي دافع عسكري أو جهادي، إذ إن المسلمين لم يحاولوا فتح منطقة القرن الأفريقي (بلاد الحبشة) عن طريق القوة؛ لأنها كانت مهجر صحابة رسول الله ﷺ الأولى إضافة إلى امتثال أوامر النبيّ حيث قال: "دعوا الحبشة ما ودعوكم، واتركوا الترك ما تركوكم "[4].

والحقيقة أن قيام هذه الدويلات والممالك الإسلامية لم تكن إلا من نتائج الهجرات العربية والإسلامية التي وفدت إلى المنطقة، والتي أشرنا إليها في السطور الماضية، رغم أن تلك الممالك أو السلطنات لم تكن موحدة ومرتبطة بعضها ببعض.

وهناك مجموعة من المؤلفين تناولوا تلك السلطنات والممالك، التي قامت على منطقة القرن الأفريقي من حيث التأسيس والقائمين عليها، وكذلك أنظمة الحكم المساير لها ومراسمها، ثم ما جرى فيها من الخلاف الخارجي مع الأحباش النصارى، والخلاف الداخلي في داخل البيت الحاكم. وممن تناول أخبار هذه الممالك الإسلامية:

العمري، شهاب الدين أحمد بن يحيى بن فضل الله العمري (ت ٧٤٩هـ): مسالك الأبصار في ممالك الأمصار)[5]. وقد تحدث العمري عن ممالك المسلمين في الحبشة في

____

(١) القلقشندي، أبو العباس أحمد بن علي (ت ٨٢١هـ): صبح الأعشى وصناعة الإنشاء، المطبعة الأميرية، القاهرة، ١٩١٣هـ، ٣٢٤/٥؛ إبراهيم علي طرخان: مرجع سابق ص ٣٣؛ محمد محمد أمين: الصومال في العصور الوسطى الإسلامية (المسح الشامل)، مرجع سابق ص ٧٨؛ الشيخ أحمد عبد الله ريراش: مرجع سابق ص ٢٣.

(٢) حمدي السيد سالم: مرجع سابق ١/ ٣٦١؛ محمد محمد أمين: مرجع سابق، ص ٧٨.

(٣) بشير أحمد صلاة: مرجع سابق، ص ٢٥.

(٤) أبو داود، سليمان بن الأشعث السجستاني (ت ٢٧٥هـ): سنن أبي داود، تحقيق محمد عبد العزيز الخالدي، دار الكتب العلمية، بيروت – لبنان، ط/١، سنة ١٤١٦هـ/ ١٩٩٦م، حديث رقم (٤٣٠٢)، ٣/ ١١٦، وحسنه الألباني في "صحيح أبي داود" وغيره.

(٥) تحقيق كامل سليمان الجبوري، وخاصة الجزء الرابع، الباب الثامن، دار الكتب العلمية، ط/١، بيروت – لبنان، عام ٢٠١٠م.

الباب الثامن بعد أن قسمه سبعة فصول، وخصص كل مملكة بفصل معين، وجاء الحديث عن ممالك: الأوفات، دوارو، أرابيني، هدّيا، شارحا، بالي، ودارة.

ويمتاز العمري بأنّه ينقل معلوماته من الممالك الإسلامية، أو عند حديثه عن عموم ذكر بلاد الحبشة من أُناس يثق بهم، وهم الفقهاء والعلماء من منطقة القرن الأفريقي الذين التقاهم في مصر من خلال عمله في ديوان الإنشاء في مصر، واطلاعه على الكثير من المراسلات الرسمية بين حكام مصر وحكام بقية الدول ومنها الحبشة، ومن هؤلاء الفقهاء الذين أخذ عنهم معلوماته: الشيخ الفقيه جمال الدين عبد الله الزيلعي، والشيخ عبد المؤمن عبد الحق، والحاج الفرج الفويّ التاجر، والسيد الشريف عز الدين التاجر. وأحيانًا يقتصر مصدره بقول: "حدثني بعض الفقهاء المتقدّمون أو هؤلاء الفقهاء". ومن مصادر العمري أيضًا عبر لقائه بعدد من المصريين الذين زاروا الحبشة، وهؤلاء جميعًا زودوا العمري بمعلومات قيمة عن الممالك الإسلامية في بلاد الحبشة، مما يدل على أنَّ معلومات العمري لم تأتِ من مشاهداته وزيارته لمنطقة القرن الأفريقي[1].

ثم جاء القلقشندي، أبو العباس أحمد بن علي (ت ٨٢١هـ)، صاحب كتاب "صبح الأعشى وصناعة الإنشاء"[2]، وقد وصف القلقشندي هذه الممالك بأنها على جانب البحر كالطراز له، وطولها برًّا وبحرًا نحو مسيرة شهرين، وعرضها يمتد أكثر من ذلك، ولها جوامعها ومساجدها التي تقام فيها الخطب والجُمع والجماعات، وعند أهلها محافظة على الدين.. وألوان أهلها إلى الصفاء، وليست شعورهم في غاية التفلفل، كما في أهل مالي وما يليها من جنوب المغرب، وفطنهم أنبه من غيرهم من السودان، وفطرهم أذكى، وفيهم الزهاد والأبرار والفقهاء والعلماء، ويتمذهبون بمذهب أبي حنيفة، خلا "أوفات" فإن ملكها وغالب أهلها شافعية. وعلى العموم فإنَّ القلقشندي وصف بعض هذه الممالك، وتكلَّمَ عن عدد عساكرها من فارس وراجل، ناقلًا عن كتاب "مسالك الأبصار" الآنفة الذكر لمؤلفه شهاب الدين العمري.

---

(١) انظر بشار أكرم جميل: ممالك المسلمين في الحبشة، من خلال كتاب مسالك الأبصار في ممالك الأمصار، لابن فضل الله العمري، منشور في العدد (٥٦) لمجلة آداب الرافدين لسنة ٢٠١٠م.
(٢) المطبعة الأميرية، القاهرة، ١٩١٣هـ.

والعلامة المقريزي له عدة كتب تناول عن المنطقة وممالكها، ولكنه يعنينا هنا مصنفه: "الإلمام بأخبار من بأرض الحبشة من ملوك الإسلام"، وكما يظهر عنوان كتابه أنّه تناول الممالك الإسلامية في بلاد الحبشة، وأنّه نقل معلومات كثيرة عن القلقشندي بحيث تحدث في كتابه هذا عن هذه الممالك وطبيعتها، وكذا مساجدها وجوامعها التي تقام بها الجمعة والجماعة، وعند أهلها محافظة على الدين ... وقال لكل مملكة من هذه الممالك السبع ملك، ويتسلط عليهم جميعها الملك الحبشي المسيحي، ويأخذ منهم القطيعة من المال كل سنة.

والمقريزي له كتاب آخر سماه: "البيان والإعراب عما بأرض مصر من الأعراب"[1]. ويظهر أن المقريزي سلك أيضًا نفس مسلك العمري، بحيث كان ينقل معلوماته عن منطقة القرن الأفريقي عمومًا، والممالك الإسلامية وصراعهم مع الأحباش خاصة أيضًا عن أبناء المنطقة من الحجاج، والزوار للحجاز في مواسم الحج، وكذا طلبة العلم من بلاد الحبشة في الأزهر، ويدل على ذلك بأنّه لا يذكر موارده واضحة، بل نجد أنّ المقريزي لا يشير إشارة واضحة إلى موارده عند كتابته لموضوع الحبشة، على الرغم من أنه يذكر أحيانًا اسم المصدر تقريبًا مثل قوله: "أخبرني الشيخ المعمر الأديب الشاعر المغربي الجوال في الأرض رحمه الله..."، ومع هذا تراه غالبًا لا يسند الخبر ولا يوضح المصدر بل يكتفي بقوله: "أخبرني من دخل منهم إلى بلاد الحبشة"، "لقد أخبرني من شاهد"، أخبرني من رآه"، "من العارفين بأخبارهم"، "حدثني بهذا الخبر الثّقاة الذين حضروا ذلك المجلس.. وشاهدوه"، "أخبرني رجلًا". "ويقال".

ويظهر أنّ كل هذه المعلومات الموجودة في كتاب المقريزي – المشار إليه آنفًا – مستقاة من أشخاص شاهدوا الحبشة وما جرى فيها من الأحداث لأنّه يؤكد في كتابه أنّ مصدره " شاهد، رآه، حضر، دخل "[2].

ومن المصادر المهمة للمنطقة ما ألفه السيد أبو بكر بن محمد الهرري حول السطنات الإسلامية في القرن الأفريقي وسماه: "تاريخ عمر وامبراطوريته"، ويعتبر الكتاب من أهم

<hr>

(١) تحقيق إبراهيم رمزي عن النسخة الألمانية المطبوعة في جونكن ١٩٧٤ القاهرة مطبعة المعارف.

(٢) زينب فاضل كامل: دراسة حول كتاب "الإلمام بأخبار من بأرض الحبشة من ملوك الإسلام" المسمى بأخبار الحبشة، مجلة جامعة بابل، العلوم الإنسانية، المجلد ٢٤، العدد ١، عام ٢٠١٦م، ص ٢٢٤.

المصادر التي ألفت في تاريخ منطقة القرن الأفريقي، ويتتبع تاريخ المسلمين وحضارتهم الإسلامية، كما يتطرق إلى الصراع الإسلامي المسيحي الذي جرى في المنطقة. والكتاب مصدر مهم من المصادر التاريخية والحضارية للمنطقة. وما زال الكتاب مخطوطًا غير مطبوع، وقد نشر هذا المخطوط مصورًا على ذيل كتاب كشف السدول عن تاريخ الصومال وممالكهم السبع للشيخ أحمد عبدالله ريراش.

وهناك راوي الجهاد في بلاد الحبشة ويسمى عرب فقيه، شهاب الدين أحمد بن عبد القادر بن سالم بن عثمان الجيزاني، صاحب كتاب: "تحقة الزمان أو فتوح الحبشة" [1]، ويُعدُّ كتابه هذا من أهم الكتب التي تحدثت عن الصراع بين المسلمين والنصارى في الحبشة، وهو راوي جهاد المسلمين بقيادة الإمام أحمد بن إبراهيم جران، ومما يعطي هذا الكتاب القيمة العلمية هو أنّ مؤلفه شاهد العيان، والكتاب جزءان ولكننا ما زلنا نفتقد الجزء الثاني حتى الآن.

أما في المراجع والبحوث فهناك مجموعة كبيرة من ذلك تناولت السلطنات والممالك الإسلامية في منطقة القرن الأفريقي.

الجدير بالذكر أنّ صاحب هذه السطور له بحث مخصص لتلك السلطنات والممالك الإسلامية تحت عنوان: "السلطنات الإسلامية في منطقة القرن الأفريقي" وقد كان هذا البحث ضمن البحوث العلمية التي نوقشت في المؤتمر الدولي " الإسلام في أفريقيا"، الذي نظمته جامعة أفريقيا العالمية ما بين (٢٦ – ٢٧ نوفمبر عام ٢٠٠٦م / ٦ – ٧ ذو القعدة عام ١٤٢٧هـ) بخرطوم – السودان)[2].

ومن بين من ألف عن الممالك والسلطنات الإسلامية في بلاد الحبشة:

- الشيخ أحمد بن عبد الله ريراش: كشف السدول عن تاريخ الصومال وممالكهم السبع، مقديشو، ١٩٧٢م.

(١) تحقيق فهيم محمد شلتوت، الهيئة المصرية العامة للكتاب، القاهرة ١٩٧٤م.
(٢) وقد نشر البحث في الكتاب الخامس ما بين صفحات (٣٦٥ – ٤١٩)، من مطبوعات دار جامعة أفريقيا العالمية للطباعة. ثم نشر أكثر موقع في إنترنت.

- ويمتاز هذا الكتاب بأنّ صاحبه اعتمد على مخطوطة قديمة ألفه السيد أبوبكر بن محمد الهرري، وهو كتابه "تاريخ عمر وإمبراطوريته"، بالإضافة إلى خبرة المؤلف وعلومه الواسعة في المنطقة باعتباره من أبناء المنطقة.

- حمدي السيد سالم: الصومال قديمًا وحديثًا، الدار القومية للطباعة والنشر، مقديشو، ١٩٦٣م.

- رجب محمد عبد الحليم: العلاقات السياسية بين مسلمي الزيلع ونصارى الحبشة في العصور الوسطى، القاهرة، دار النهضة العربية، ١٩٨٥م.

- خديجة أحمد الطناشي: العلاقات السياسية بين القوى الإسلامية والمسيحية في الحبشة خلال النصف الأول من القرن السادس عشر الميلادي، منشورات مركز دراسات جهاد الليبيين ضد الغزو الإيطالي، ط/١، عام ١٩٩٦م، طرابلس – ليبيا.

- غيثان بن علي بن جريس: العرب في مقديشو وأثرهم في الحياتين السياسية والثقافية في ظل الإسلام (ضمن كتاب: بحوث في التاريخ والحضارة الإسلامية) الجزء الأول.

كما أنّ هناك مجموعة من الرسائل العلمية ناقشت مواضيع لها علاقة بالممالك والسلطنات الإسلامية في القرن الأفريقي مثل:

- محمد حاج عمر شيخ محمد: الحضارة الإسلامية في شرق أفريقيا، رسالة قدمت لنيل درجة الماجستير في التاريخ من جامعة الخرطوم، جمادى الأولى ١٤٠٣هـ ـ مارس ١٩٨١م.

- بشير أحمد صلاة: وكتابه (التاريخ السياسي لسلطنة عدل الإسلامية في القرن الأفريقي)، ويتناول هذه السلطنة وغيرها من السلطنات الإسلامية في المنطقة، والتي لعبت أدورًا مهمة في حفظ الإسلام في المنطقة من عدوان المملكة الأمهرية مدة تتجاوز ستة قرون . والكتاب فيه ذكر عن تاريخ تأسيس سلطنة عدل الإسلامية ووضعها السياسي، وأهمّ سماتها لاسيما في فترة جهادها ضد المملكة الأمهرية، ومن خلال ذلك تناول المؤلف الدور الريادي الذي لعبه الإمام أحمد بن

إبراهيم جران، مع ذكر أخبار هذا الإمام ابتداءً من طفولته ونشأته، ثم الظروف التي ظهر فيها، وجهوده في تنظيم أمر السلطنة وحركة جهاده العظمى .

ورغم أهمية الموضوع الذي يتناول الكتاب، إلا أنه لم يُعط اهتمامًا كبيرًا من قبل الباحثين والمؤرخين المحدثين، وموضوع هذه الرسالة لم يسبق أن دُرِسَ وعُولِجَ معالجة علمية تتناسب مع أهميته، وليس تهويلًا إذا قيل إن تاريخ سلطنة عدل لم يحظ بدراسة مستوفية كاملة.

والباحث قد أحسن حين اختار هذا الموضوع ليحاول تأريخ وتدوين تلك السلطنة الإسلامية، التي مثلت الوجود الإسلامي في المنطقة فترة طويلة من الزمن، وظلت أحداثها مسطورة في وجدان الشعب الصومالي وشعوب المنطقة على اختلاف تقييمها وتقبلها لها، حتى لا تنتهي هذه الأحداث إلى ما ينتهي إليه مثلها، من الإهمال والنسيان، فتضيع على مسلمي المنطقة فرصة الاتصال بالأمجاد، والاستمداد من الماضي.

وقد قسم الباحث بحثه إلى تمهيد وأربعة فصول وخاتمة بالإضافة إلى عدد من الملاحق العلمية والخرائط. ففي الفصل التمهيدي تناول نشأة الممالك الإسلامية وعلاقاتها الخارجية، مثل الدول في اليمن والمملكة الأمهرية المسيحية، وفي الفصل الأول تحدث عن تأسيس سلطنة عدل ووضعها السياسي في فترة بين (٨١٨هـ / ١٤١٥م – ٨٤٨هـ / ١٤٤٤م)، مسلطًا الضوء على أهم مميزات هذه الفترة. أما الفصل الثاني فقد تناول الأوضاع السياسية في السلطنة من (٨٤٨هـ – ٩٣٣هـ)، وقد كان من أهم سمات هذه الفترة أن اتبعت السلطنة سياسة الخضوع للمملكة الأمهرية، رغم محاولات عدد من الأمراء والسلاطين المقاومة والجهاد ضد الأحباش من قبل، إلا أن هذه المحاولة والاستئناف باء بالفشل، بسبب قوة الحِلف الصليبي من البرتغاليين.

وتناول الفصل الثالث نشأة الإمام أحمد بن إبراهيم جران صاحب أكبر حدث في تاريخ المنطقة، وتسلمه للحكم في السلطنة، والظروف التي ظهر فيها على مسرح الأحداث، وجهوده في تنظيم أمور السلطنة، كما تناول أيضًا دوافع سياسة الجهاد في عهد الإمام، والاستعدادات التي قام بها لغزو الأمهرة في عقر دارهم.

وأما في الفصل الرابع والأخير فقد تناول أحداث حركة الجهاد العظمى التي قام بها الإمام أحمد، وقسم الباحث هذه الأحداث إلى مرحلتين زمنيتين، وهي عبارة عن غزوات

استهدف منها الإمام أحمد كسر شوكة الأماهرة، وتقليص سلطتها عن الأراضي كانت تحتلها، ويبدو أن الباحث طوَّل كثيرًا الحديث عن عهد الإمام وجهاده.

ويمتاز هذا الكتاب بكثرة التحليلات الصحيحة والآراء السديدة، ثم عرضها بأسلوب سهل ممتع، بالإضافة إلى إبراز شخصيته، حيث حاول كثيرًا النقد والتمحيص في بعض النقاط على بعض الكُتَّاب المحدثين، الذين قدموا آراءً تخالف الحقيقة. وأكبر ميزة للكتاب أنه اعتمد على المصادر الأصلية والمراجع القريبة من الموضوع، مع تعامله مع المصادر والمراجع بطريقة سليمة، بالإضافة إلى ذكره للأماكن وتحقيق أسماء المدن والمواقع ذات الصلة بالموضوع. وعمومًا يمتاز الكتاب بأن مؤلفه كثير التحليل للأحداث، حيث لم يمر حدث إلا وقد علق عليه وأبدى رأيه فيه، ثمَّ قام بعرض أطروحته وفكره بأسلوب سهل وممتنع، والقارئ لهذا الكتاب يشعر بشخصية المؤلف ودوره في البحث، من حيث النقد والتمحيص لبعض النُّقَّاد. والرسالة تقع في ٢٧٧ صفحة، وهي جزء من متطلبات الحصول على درجة الماجستير في الدراسات التاريخية، للمنظمة العربية للتربية والثقافة والعلوم من معهد البحوث والدراسات العربية التابع للمنظمة، بغداد، قسم البحوث والدراسات التاريخية، ذي الحجة ١٤٠٧هـ، آب (أغسطس) ١٩٨٧م.

- أحمد جمعالة محمد: مملكة أوفات الإسلامية في منطقة القرن الأفريقي وآثارها الحضارية والثقافية (١٢٠٠ – ١٥٠٠م)، رسالة ماجستير في التاريخ من جامعة أم درمان الإسلامية بالخرطوم من قسم التاريخ والحضارة في عام ١٩٨٥م. ويؤرخ المؤلف للحياة الثقافية والاجتماعية لمملكة أوفات الإسلامية وآثارها في المنطقة.

- إبراهيم علي طرخان: الإسلام والممالك الإسلامية في الحبشة في العصور الوسطى، ضمن بحوث المجلة التاريخية المصرية، المجلد الثامن، سنة ١٩٥٩م.
- د. الشريف محمد عيدروس: أضواء على تاريخ الصومال، دمشق، ط/ ١، ١٩٩٩م.

حكومات بنادر ومشيخاتها:

وفيما يتعلق بالمشيخات وأنظمة الحكم التي قامت على ساحل المحيط الهندي، ولا سيما منطقة بنادر (مقديشو وضواحيها)، فقد خصص بعض الباحثين بتأليف معين كما فعل ذلك المؤرخ الصومالي الشيخ جامع عمر عيسى في كتابه: "مقديشو ماضيها وحاضرها، ومستقبلها"[1].

وقبل ذلك تناول الموضوع نفسه الشريف عيدروس في كتابه:" بغية الآمال في تاريخ الصومال"، ويظهر أنه نقل معلوماته عن مخطوطة موجودة في مكتبة الفقيه الشيخ محيي الدين معلم مكرم، مما جعل معلومات الشريف عيدروس في غاية الأهمية، وبذلك اضطر أغلب من جاء بعده الرجوع إليه.

كما تناول الدكتور الشريف محمد عيدروس في كتابه (أضواء على تاريخ الصومال) أخبار عن قيام سلطنة مقديشو وازدهارها.

والقارئ سوف يجد في كتاب "الثقافة العربية وروادها في الصومال" للدكتور محمد حسين معلم علي معلومات إضافية لها علاقة بمدينة مقديشو وأنظمة الحكم التي حكمت عبر العصور المختلفة، وقد ناقش المؤلف هذه الدول واحدة تلو أخرى، معتمدًا على أغلب المصادر والمراجع التي تناولت تلك المشيخات.

ولفت أنظار الرحّالة المسلم الفقيه المالكي، ابن بطوطة، مستوى نظام الحكم في مدينة مقديشو إبان وصوله إليها عام (٧٣٨هـ/ ١٣٣١م)، والتي كان يقوم على حكمها السلطان أبوبكر ابن الشيخ عمر، بحيث كانت المدينة في ذروة ازدهارها، ومجد حضارتها، وبالتالي لم يتردد أن يصف الرحّالة نظام الحكم فيها، ومراسم الدولة وسلطانها، وما كان يجري في بلاطه.. كما وصف ابن بطوطة المدينة وكِبَر حجمها وحياتها الاقتصادية والاجتماعية. ولا غرو في ذلك لأنّه عند ما زار المدينة لقي ترحيبًا كبيرًا وتقديرًا واسعًا من قِبَل السلطان وقاضيه وحاشيته، وكل أيامه في مقديشو كان في ضيافة السلطان ورعايته، وكان من عادة

(١) الشيخ جامع عمر عيسى: مقدشو ماضيها وحاضرها ومستقبلها، مقديشو، مطبعة الحكومة المحلية، ١٩٧٩م.

هذا السلطان أن يستقبل أهل العلم فور وصولهم إلى المدينة، وقد أصدر أوامره أن يُحتَرم العلماء وطلبة العلم، وأعد لهم دارًا خاصة لهم ينزلون فيها إذا قدموا، وأنّ كبار مسؤولي الدولة كانوا رهن إشارتهم)[1].

ويعتبر الباحثون مدينة مقديشو من أقدم المدن في الساحل الشرقي لأفريقيا وأعرقها حضارة، وقد كان أهل الأمم السابقة يعرّفها بأنها ذات حضارات عريقة، حيث اتجهوا إليها بواسطة سفنهم؛ لأن موقعها كان من أصلح مواقع الساحل لرسو السفن لذلك تدفقت الهجرات العربية وغير العربية إليها، بغض النظر عن دوافع هذه الهجرات وأسبابها، وكانت السفن المحملة بالمنتجات والسلع ترد إليها، كما أن هذه السفن تنقل المنتجات الوطنية إلى أصقاع مختلفة عبر المحيط الهندي والبحر الأحمر)[2]. وعبر هذا التاريخ العريق برزت في الساحة السياسية بعض الحكومات ذات نفوذ سياسي، قادت مقديشو كسلطنة مستقلة ذات نفوذ سياسي واقتصادي، تنظم أحوال البلاد والعباد، وقد ذكر المؤرخون والباحثون بعضا من تلك الحكومات أو المشيخات التي ساست السلطنة باقتضاب، ولعلنا نجد معلومات جديدة أخرى حول مقديشو ونظامها السياسي، ولاسيما إذا عثر على دراسات اعتمدت على الحفريات والآثار، التي كانت تزخر بها المدينة قبل نشوب الحرب الأهلية.

وقد مرّ على مقديشو عدة حكومات متعاقبة عبر العصور، مثل حكومة الحارثيين نسبة إلى من أسسها، وهم الإخوة السبعة من قبيلة الحارث الذين أتوا على ثلاثة سفن، ويقال أن حكم مدينة مقديشو وضواحيها لم يكن حكمًا موحدًا، يأتي تحت سلطان أو ملك واحد بسط نفوذه على جميع أرجاء المدينة، وهذا الأمر لا يقتصر فقط على فترة حكم قبيلة الحارث فحسب وإنما خلال القرون الأولى للهجرة، حيث كان الناس ينقسمون إلى طوائف وقبائل، لا ملك لهم، كما عبر ذلك الرحالة والجغرافي المسلم ياقوت الحموي: "لا

<hr>

(1) ابن بطوطة، أبو عبد الله محمد بن عبد الله بن إبراهيم اللواتي الطنجي: تحفة النظار في غرائب الأمصار وعجائب الأسفار، دار إحياء العلوم، تحقيق الشيخ محمد عبد المنعم العريان، راجعه وأعد فهارسه مصطفى القصّاص ١/ ٢٦٢؛ وانظر الشريف العيدروس: مرجع سابق، ص ٨٥-٨٧.

(2) غيثان بن علي بن حريس: العرب في مقدشو ١/ ٢٦٤.

ملك لهم إنما يدبّر أمرهم المتقدمون على إصلاح لهم)[1]. وعلى الرغم من ذلك كله فإن هناك من يشير إلى وجود حكومة ائتلافية تجمع رؤساء القبائل فيها، على شكل ما يشبه حكومة الشورى)[2].

وقد أوردت وثيقة عربية عَثَر عليها البرتغاليون في مدينة كلوة، أن المهاجرين من قبيلة الحارث المشار إليها سابقًا بقيادة الإخوة السبعة قد أقاموا حكمًا على مقديشو، وكان طابع هذه الحكومة شورى بين مجلسها الذي كان يتكون من اثني عشر رئيسًا، من ذرية اثنى عشر أخًا. وهذه الحكومة قد امتد نفوذها على طول ساحل بنادر)[3].

وبعد فترة نجحت سلطنة مقديشو في إدارة المنطقة الشاسعة التي امتدت على طول ساحل البنادر. وقد انضوى تحت لوائها عدة إمارات صغيرة مثل إمارة مركة وبراوة. واستمر مجلسها يقود السلطنة بشكل رائع ومزدهر قرابة مائتي عام، حتى اعتلى عرشها السلطان أبو بكر فخر الدين سنة ١١٠٠م حاكمًا على جميع أراضي السلطنة)[4].

وعقب حكم الحارثيين أتت حكومات عديدة أخرى، وقد أشار بعض الباحثين)[5] إلى بعض هذه الحكومات مثل: دولة أُطلِق عليها دولة حلوان التي قامت في مقديشو في أوائل القرن الخامس الهجري الموافق أوائل القرن الثاني عشر الميلادي، وذلك عقب انتهاء حكومة أبي بكر فخر الدين في مقديشو. والقائمون على هذه الدولة كانوا قد أتوا من العراق وبالذات من منطقة حلوان، وكان لهم علاقة قوية مع موطنهم الأصلي، ولا سيما الزعيم محمد شاه الحلواني.

---

(١) ياقوت الحموي: مصدر سابق ٥/١٧٣.

وانظر حمدي السيد سالم: مرجع سابق ١/ ٣٥٦؛ محمد حاج عمر: مرجع سابق ص ٢٩٧.

(٢) الشريف العيدروس: مرجع سابق ص ٥٦.

(٣) حمدي السيد سالم: مرجع سابق ١/ ٣٥٥.

)4(Cerulli , Enrico: Somalia , ScrittVari Editi Ed Inedit , Vol III. ,Roma , 1957 .

(٥) الشريف العيدروس: مرجع سابق ص ٨٣، نقلًا عن مخطوطة قديمة بخط الشيخ محي الدين معلم مكرم مفتي الديار البنادرية الموجودة في مكتبة ولده العلامة أبو بكر. وانظر الشيخ جامع عمر عيسى: مقدشو ماضيها وحاضرها ومستقبلها، ص ٥٢، غير أنه يخالف تاريخ قيام هذه الدولة حيث يرى أنها قامت في أوائل القرن السادس الهجري، وبين التاريخين بون شاسع، الأول راجح لأنه اعتمد على مخطوطة، في حين أن الشيخ جامع عمر لم يقدم أي دليل على معلومته.

وحكم الحلوانيين كان يشمل على جميع أرجاء منطقة بنادر، على الرغم من أن مقديشو كانت مقر إقامة قائد الدولة، وبالتالي كانت تُقام خطبة الجمعة والدعاء للسلطان فيها، إلا أنهم جعلوا مدينة "مركة" جعلها عاصمة دولتهم، أما الوزراء فكانوا يتوزعون على المناطق مثلما كان أحد الوزراء يقيم في منطقة "كندرشاه"[1].

وبعد حكومة حلوان تولى عرش سلطنة مقديشو حكومة زوزن أو زوزان، نسبة إلى مؤسسها زوزن في منتصف القرن الخامس الهجري. ويقال أن حاكم هذه الحكومة كان جائرًا جبارًا لا يراعي مصلحة رعيته، ولا مصالح البلاد حتى كرهه الناس، وقد أثرت سياسته المعوجة في النواحي الأمنية والاقتصادية، حيث قلّ الإنتاج، ولاسيما الإنتاج الزراعي المُعتمد الرئيس للمجتمع في حياتهم المعيشية، وبالتالي تدهورت حياة الناس بسبب سوء الحالة الاقتصادية فحدث قحط طال أمده، كما حدثت القلاقل والاضطرابات في المجتمع وعدم الاستقرار؛ بسبب سوء إدارة النخبة الحاكمة حتى زال ملكهم[2].

ومن الأسر التي تولت حكم مقديشو أسرة المظفر من قبيلة نبهان العربية، وذلك حينما بسطت هذه الأسرة نفوذها على إمارة مقديشو في عام ٧٤٠هـ الموافق ١٣٣١م، حيث كانت قبل ذلك قد أسست إمارة عربية في الساحل الشرقي الأفريقي وعاصمتها مدينة بيت Pate عام (٦٠١هـ/ ١٢٠٣م)، بقيادة سليمان بن المظفر.

وخلاصة القول، فإن كل هذه الممالك والسلطنات التي قامت على منطقة القرن الأفريقي، سواء فيما يعرف باسم الممالك السبعة أو دول الطراز الإسلامي، أو تلك السلطنات التي قامت قبالة المحيط الهندي في مقديشو أو غيرها، فمن المعلوم أنّ هذه الممالك قد اشتهرت بمزاولة التجارة، بحكم أنها على نوافذ بحرية كالزيلع ومقديشو بعد أن سيطروا على زمام أمورها، ومن هنا فلا يُستغرب إذا رأينا قوة علاقاتهم مع الدول

---

(١) كندرشاه: منطقة تقع بين مركة ومقديشو وهي قريبة بمركة .

(٢) هذا ما ذكر الشريف العيدوس في كتابه ص ٨٤، أما جامع عمر عيسى يخالف هذا التحديد التاريخي حيث إنها قامت في أوائل النصف الثاني من القرن السادس الهجري، دون أن نقدم مصدر معلوماته. انظر كتابه مقديشو ماضيها وحاضرها ومستقبلها، ص ٥٢.

العربية الساحلية في الجزيرة العربية ومصر والعراق، حيث كانت لهذه الممالك علاقاتٌ تجارية قوية مع هؤلاء، وكانوا يجلبون من هذه الدول الساحلية بضائع كثيرة مثل القماش والحرير والكتان، في حين كانوا يصدرون إلى هذه الدول المنتجات المحلية الصومالية التي كانت تشتهر بها، من الجلود والعطور والبخور وقصب السكر والفاكهة والخضروات والحبوب)1(.

الحياة العلمية والثقافية في بلاد الصومال:

الحياة العلمية في بلاد الصومال لم تكن على وتيرة واحدة، وإنّما مرت على مستويات مختلفة عبر العصور، بحيث ازدهرت في فترة من الفترات، في حين تدهورت الحياة العلمية في البلاد في وقت من الأوقات، كما أنّ المناطق المستقرة كالمدن الساحلية كانت الحياة العلمية فيها مزدهرة ومتطورة أكثر من غيرها من الأماكن غير المستقرة، والتي كانت متاخمة لأماكن الحروب والنزاعات وخاصة مع الأحباش النصاري؛ لأنّ الحروب قد تسبب قتل آلاف من أهل العلم، وكذلك تدمير مساجد ومراكز علمية، كما تسبب نزوح عدد كبير من السكان بما فيهم العلماء والمثقفين، فضلًا عن ضياع وفقدان آلاف مثل الكتب والمخطوطات النادرة والمدارس العلمية، التي أنتجتها الساحة العلمية والثقافية.

وعلى الرغم من أنّه ليس قصدنا أن نتحدث عن كل ما له علاقة بالحياة العلمية في الصومال، إلا أننا سوف نضطر أن نشير إلى بعض الجوانب من تلك الرحلات العلمية، سواء الرحلة العلمية الوطنية إلى الخارج كاليمن والحجاز ومصر وغير ذلك، أو رحلة العلماء وطلبة العلم الذين وصلوا إلى الصومال عبر العصور المختلفة، ولعلنا نصل أو نثبت بأن بلاد الصومال كانت ناشطة علميًا وثقافيًا، ولم تكن بمنأى عن العالم الإسلامي بدليل استقطابها مئات العلماء من الأقطار والبلاد الإسلامية، كما أننا نشير إلى المراكز والحلقات العلمية، علمًا أنّه من الصعب أن نؤكد ذلك أو نناقشه، بدون الرجوع إلى المصادر الأولية التي أشارت إلى ذلك، وخاصة كتب التراجم والسير، وأولها المصادر اليمنية.

---

(١) القلقشندي: مصدر سابق ٥/ ٣٣٣؛ وانظر إبراهيم طرخان: مرجع سابق ص ٣٤- ٣٨.

أما في مجال المراجع والبحوث، فهناك عدد كبير من ذلك والتي لا يستهان بها، رغم اختلاف مستوياتها، ورغم أنّ هذه البحوث تناولت جوانب من الحياة الثقافية العلمية في البلاد، إلا أنها تحدثت عن جوانب تربوية في المقام الأول، في تتبع طرق التدريس بالعلوم، كما أن بعضها ركز على الصراع الثقافي بين المسلمين وغيرهم على شكل دراسات سياسية .

وطالما نحن بصدد المصادر والمراجع لتاريخ الصومال وحضارته، فلا شك أنَّ الإنتاج الفكري والثقافي له علاقة قوية بتاريخ الصومال بحقبه المختلفة وله قيمته العلمية، بل إنَّ بعض الباحثين يرون أنَّ ذلك من أهم المصادر والمراجع، التي يمكن الاعتماد عليها دون غيرها، ومن هنا سوف نضع نُصب أعيننا هذا النوع من المصادر، من خلال تتبع ما أنتجه العلماء والفقهاء والمبدعون في الصومال، بحيث إن هؤلاء قاموا بالتأليف والإبداع والشرح على أغلب التخصصات العلمية، سواء في الفقه وأصوله أو النحو أو التاريخ أو غيرها من العلوم والمعارف، التي كانت موجودة في العالم الإسلامي، ولا شك أنَّ ذلك له قيمته العلمية، وقد سردنا قائمة هذا الإنتاج في كتابنا " معجم المؤلفين الصوماليين في العربية – قديمًا وحديثًا".

وبمجرد الرجوع إلى كتب التراجم نستطيع القول إنَّ هناك عددًا كبيرًا ممن شدّ الرحال من أبناء الصومال وغيرهم، من منطقة القرن الأفريقي إلى شتى المراكز العلمية في ربوع البلدان العربية، عبر العصور الإسلامية الماضية، رغم ما لاقوا من معاناة ومتاعب في الطريق حتى الوصول إلى الهدف. واتجهت تلك الرحلات العلمية إلى اليمن والحجاز والشام ومصر وغير ذلك . وكانت منطقة الحجاز حيث مكة والمدينة، من أهم الأماكن التي اتجهت إليه الرحلة العلمية، ليس لغرض أداء الشعائر التعبدية فحسب، وإنما طلبًا للعلم، حتى وُجِدَ رواق في المدينة المنورة وآخر بمكة المكرمة على غرار الأروقة الزيالعة والجبرتية في دمشق والقاهرة. وكان هناك أيضًا علماء هاجروا إلى اليمن والحجاز ومصر وغير ذلك، وأثروا على الحياة العلمية والثقافية وحتى الحياة التربوية لهذه البلدان. وأشارت المصادر أيضًا إلى نخبة من العلماء الأجلاء الذين جاءوا من الخارج، وصلوا إلى بلاد الصومال عبر مواني الزيلع والبربرة في شمال الصومال المطل على البحر الأحمر، أو على مدينة مقديشو في أقصى الجنوب، والمشرفة على المحيط الهندي.

وقد ترجم الحافظ ابن حجر العسقلاني في كتابيه: "الدرر الكامنة لأخبار المائة الثامنة"، و"إنباء الغُمر بأبناء العُمر" لعدد لا يستهان به من هؤلاء العلماء وطلبة العلم الزيلعيين والجبرتيين، ممن لهم أصول من منطقة القرن الأفريقي، أو ما كان يعرف في التاريخ الإسلامي ببلاد الحبشة.

ومن بين الذين ترجم لهم ابن حجر العسقلاني عالمين جليلين من أهل الزيلع، هما العالم الفقيه فخر الدين أبو عمر عثمان بن علي بن محجن البارعي الزيلعي (ت٧٤٣هـ)، صاحب كتاب "تبيين الحقائق شرح كنز الدقائق" وكذلك الحافظ جمال الدين أبو محمد عبد الله بن يوسف الزيلعي (ت٥٩٣هـ) صاحب كتاب "نصب الراية لأحاديث الهداية".

كما ترجم السخاوي، شمس الدين محمد بن عبد الرحمن، في أماكن متفرقة من كتابه "الضوء اللامع لأهل القرن التاسع"، عددًا من العلماء وطلبة العلم (نساء ورجالا) من منطقة القرن الأفريقي يحملون ألقاب الزيلعي، نسبة إلى مدينة الزيلع الساحلية في شمال الصومال، أو أراضي شاسعة فيما كان يعرف بدول الطراز الإسلامي.

وأورد كل من حاجي خليفة في كتابه "كشف الظنون عن أسامي الكتب والفنون"، وجلال الدين السيوطي، في كتابه "حسن المحاضرة في تاريخ مصر والقاهرة" تراجم بعض أسماء من أهل العلم الزيلعُيين الذين لهم أثر في الساحة العلمية في مصر.

وتحدثت المصادر اليمنية عن بعض الأعلام من طلبة العلم والعلماء من منطقة القرن الأفريقي الذين انتقلوا إلى القُطر اليمني، ومن هذه المصادر:

١- السلوك في طبقات العلماء والملوك للجندي أبي عبدالله بهاء الدين محمد بن يوسف.

٢- العقود اللؤلؤية في تاريخ الدولة الرسولية، للخزرجي الزبيدي، علي بن الحسن.

٣- "تاريخ النور السافر عن أخبار القرن العاشر"، العيدروسي، شمس الشموس محيي الدين عبد القادر بن شيخ بن عبد الله العيدروسي.

٤- طبقات فقهاء اليمن، للجعدي عمر بن علي بن سمرة.

٥- تاريخ ثغر عدن، لبا مخرمة أبي محمد عبد الله الطيب.

٦- طبقات الخواص أهل الصدق والإخلاص للشرجي الزبيدي، أبو العباس أحمد بن أحمد بن عبد اللطيف.

٧- تاريخ اليمن المسمى بهجة الزمن في تاريخ اليمن، لتاج الدين عبد الباقي بن عبد المجيد اليماني.

٨- تاريخ اليمن المسمى المفيد في أخبار صنعا وزبيد وشعراء ملوكها وأعيانها وأدبائها، لعمارة اليمني، نجم الدين عمارة بن علي اليمني.

٩- المشرع الروي في مناقب السادة الكرام آل أبي علوي، لباعلوي محمد بن أبي بكر الشلي.

وهناك مصادر يمنية كثيرة أخرى جاء في طياتها أخبار العلماء وطلبة العلم من أهل منطقة القرن الأفريقي ونشاطهم العلمي في القطر اليمني، وكذلك نزوح بعض العلماء اليمنيين وغيرهم إلى الساحل الشرقي الأفريقي عمومًا وبلاد الصومال خصوصًا.

ولكي نضرب بعض النماذج من ذلك فيكفي أن نرجع إلى كتابي "الجعدي"[1] و"باعلوي محمد بن أبي بكر الشلي"، لأنّ ذلك خير دليل على ما سبق ذكره، بحيث أورد الجعدي مجموعة من المقدشاويين الزيلعيين الذين رحلوا إلى القطر اليمني، ونبغوا في ساحات العلم، بالإضافة إلى أخبار بعض العلماء الذين أتوا إلى بلاد الصومال ونشاطهم العلمي والثقافي.

أولا: كتاب (طبقات فقهاء اليمن للجعدي):

من خلال تتبع المصادر اليمنية وغيرها وجد الجعدي في هجر العلم وأروقته ومعاقله في اليمن العديد من طلاب العلم والعلماء من بلاد الصومال شماله وجنوبه، وكان لهؤلاء حضور قوي في الميادين العلمية، وأشار الجعدي من بين هؤلاء في القرن السادس الهجري إلى بعضهم مثل: الشيخ موسى بن يوسف[2]، والشيخ أبو القاسم بن عبد الله، والشيخ

____

(١) الجعدي كان حيًا في عام ٥٨٦هـ، - وكتابه من تحقيق فؤاد سيد، دار الكتب العلمية، بيروت – لبنان، ط/ ١، عام ١٩٥٧م.

(٢) موسى بن يوسف: أخو أحمد بن يوسف من منطقة وصاب في اليمن، وكان يدرس في وصاب مع أخيه، كما أنه عاصر الجعدي، وكان أبوه من مواليد ثلاث وخمسمائة . انظر الجعدي: طبقات فقهاء اليمن، مصدر سابق، ص ١٩٨.

إبراهيم بن محمد المثنى، والشيخ عبد الله بن عبده، والشيخ أحمد بن المزكبان . الجدير بالذكر أن هؤلاء الشيوخ أتوا من مقديشو)[1]، من أقصى الطرف الجنوبي من الصومال، وتفقهوا على يديه، وكان هؤلاء المقدشاويين الزيلعيين من أقران الشيخ زكي بن عبد الله الحبشي، كما ذكر ذلك الجعدي في طبقاته)[2].

وكتاب "طبقات فقهاء اليمن" للجعدي، رغم أنّه خصص لفقهاء أهل اليمن، إلا أنّه أورد في كتابه عددًا من فقهاء الصومال باعتبارهم أصبحوا جزءًا من المجتمع اليمني كأقرانهم في ساحات العلم والمعرفة.

أما فيما يتعلق بأخبار من وصل إلى القسم الجنوبي من البحر الأحمر من العلماء، فقد أورد الجعدي خبر رحلة بعض أعلام الفقهاء من أهل اليمن إلى منطقة القرن الأفريقي، ونشاطهم العلمي مثل الفقيه السيد يوسف بن عبد الله المُزكيّ، وكان هذا الفقيه البارع يسكن منطقة شوائط اليمنية وأصله من صنعاء، وقد مكث في منطقة القرن الأفريقي فترة طويلة، وكان له دور كبير في نشر العلم والمعرفة حيث كان مدرسًا في كاجور)[3]، وقد نفع الله به المسلمين حيث "بصّر الله به العمى وأرشد به عباده إلى التقى" وكل من تحدث عنه أثنى عليه وأشار إلى جهوده العلمية في المنطقة)[4].

ثانيًا: كتاب (المشرع الروي في مناقب السادة الكرام آل أبي علوي) للعلامة باعلوي محمد بن أبي بكر الشلي:

فقد سلط باعلوي الضوء على أحد العلماء اليمنيين الذين وصلوا إلى القطر الصومالي، وخاصة مدينة مقديشو الساحلية، مثل الشيخ محمد علوي بن أحمد الأستاد الأعظم الفقيه

---

(1) مقديشو: يطلق الجعدي على مقديشو بأنها جزيرة رغم أن الماء يحيط من جهة واحدة وهو جانب الشرقي حيث تظل على المحيط الهندي، كما أن الجعدي يصف بأن مقديشو من بلاد السودان؛ لأن اسم الصومال لم يظهر إلا في القرن التاسع الهجري، الخامس عشر الميلادي، وأن أسماء بعض المدن الصومالية كانت أشهر من اسم الصومال، حيث ورد في المصادر الأولية خلافًا باسم الصومال، كما سبقت مناقشة ذلك.

(2) انظر الجعدي: المصدر نفسه ص ٢٠٩، والجعدي يطلق على هؤلاء الشيوخ بأنهم من الزيالعة رغم أنهم جاءوا من مقديشو، وهذا دليل واضح بأن كل من أتى من جهة الصومال من المسلمين كان يطلق عليه إما زيلعي أو جبرتي أو حتى حبشي .

(3) كَاجُور: لم أعثر عليها.

(4) انظر الجعدي: مصدر سابق، ص ٢٠٩ – ٢١٠ .

المقدمي، عند طلبة العلم في آفاق كثيرة، وذلك حين قدم إلى الصومال من اليمن في القرن الثامن الهجري، ولا شك أنه قد سمع ما آلت إليه بلاد الصومال من الحالة العلمية قبل مجيئه إلى البلاد، لذلك شدّ الرحال إلى المنطقة ولاسيما مدينة مقديشو التي كانت مليئة بالعلماء الأجلاء الأفاضل، وقد تتلمذ على أيدي العلماء الأفاضل المقدشاويين وأخذ عنهم عدة علوم مختلفة من خلال حلقاتهم العلمية، غير أنه كان يحرص على بعضهم مثل حلقة الشيخ جمال الدين محمد بن عبد الصمد الجهوي، وحاز منه علومًا كثيرةً وبرع وجمع فيها ما جمع، حتى فاق أهل زمانه وتقدم بها على أقرانه، ثم رجع إلى بلده "تريم" في اليمن)[1].

وأخبار الرحلة العلمية بين القطر الصومالي مع الأقطار الإسلامية الأخرى لا تقتصر فقط على كتب التراجم والسير فحسب، وإنما ذلك متناثر في ثنايا الكتب والموسوعات الأدبية واللغوية، ويؤكد ذلك كتاب " تاج العروس من جواهر القاموس للزبيدي السيد مرتضى الحسني، ورغم أنّه ليس كتاب التراجم والسير، وإنما قاموسًا وموسوعةً للغة العربية، إلا أنه ترجم بعضًا من أهل مقديشو عند حديثه لفظة " مقديشو"م ق د ش. ويدل ذلك على أنّ العلوم مرتبطة بعضها ببعض.

وقبل أن ننهي الحديث عن الرحلات العلمية ولا سيما تلك الرحلات التي كانت بين ما كان يعرف ببلاد الحبشة والجزيرة العربية جنوبها وشماله، وكذا الشام ومصر عبر العصور الإسلامية المختلفة، ينبغي أن نشير إلى أنّ مصادر الحديث وعلومه تناولت عددًا من العلماء الذين لهم أصول من منطقة القرن الأفريقي، ونبغوا في أكثر من مكان في خارج المنطقة، ولا غرو في ذلك لأنّ التاريخ له مصادر متنوعة ولا يقتصر مصادره بعلم معين، بل لقد توصل المؤرخون والباحثون بأنّ هناك علومًا كثيرة لها علاقة وطيدت بالتاريخ سواء مباشرة أو غير مباشرة، وأنه لا يوجد علمٌ قائمٌ بذاته دون الاستناد إلى قضايا ومؤثرات أخرى أو علومًا وتخصصات أخرى، راجع الفصل التمهيدي من هذا الكتاب ص٣٦، ٣٧.

____

(١) با علوي، محمد بن أبي بكر الشلي: المشرع الروي في مناقب السادة الكرام آل أبي علوي دون ذكر اسم دار النشر والمكان والتاريخ، وطبع وقف لله تعالى ص ١٨٩ – ١٩٠.

واستكمالًا للموضوع نعرض بعض المراجع لتاريخ الثقافي والعلمي في الصومال، مثل:

– تاريخ التعليم في الصومال.

هذا الكتاب اشترك في تأليفه نخبة من المثقفين الصوماليين أمثال الدكتور أحمد جمعالة محمد إضافة إلى كل من:

محمد علي عبد الكريم، عبد القادر شيخ عبد الله، عمر علسو أحمد، عبد القادر شيخ يوسف، وهؤلاء الباحثون استطاعوا أن يخرجوا مؤلفًا يتناول جميع مراحل التعليم بدءًا من التعليم غير النظامي، والتعليم في عهد الاحتلال وبعد الاستقلال، وكذا في عهد ثورة ٢١ أكتوبر. وهنا يعطي للقاري انطباعًا واسعًا للأدوار التي مر بها التعليم في الصومال، وخاصة في الحياة العلمية بمختلف العصور والظروف التي مرت بها بلاد الصومال. والكتاب يتضمن بعض المعالم على طريقة تاريخ التعليم في الصومال، وسجل بعض المجهودات الرائعة التي بُذلت في مجال التعليم خلال أزمنة متنوعة، وحفظ بعض الخبرات العلمية. ومن بين المواضيع التي تناول الكتاب ما يلي:

١- التعليم غير النظامي.

٢- أقسام التعليم الديني ونظمه في الصومال.

٣- نظام تعليم القرآن الكريم في الدكسي (المكان المعد لتعليم القرآن الكريم) وما يتعلق به.

٤- تعليم علوم الشريعة واللغة وما يتعلق به.

٥- المراكز العلمية الرئيسة في الصومال.

٦- دور المساجد التعليمي في الصومال.

٧- العوامل التي أدت إلى ازدهار التعليم الديني في الصومال، وغير ذلك.

ويظهر للقارئ لهذا الكتاب بأن التعليم في الصومال قد نشأ وتطور على مر العصور، اينت أهدافه تبعًا لطبيعة كل عصر ومؤثراته السياسية والاجتماعية. والكتاب يقع في صفحة، ويضم صورًا كثيرة تحكي عن الشخصيات العلمية للبلاد، وبعض

الصروح العلمية، وطبع بمقديشو الصومال، عام ١٩٧٨ تحت إشراف وزارة التربية والتعليم، بجمهورية الصومال الديموقراطية.

– دور علماء جنوب الصومال في الدعوة الإسلامية (١٨٨٩ – ١٩٤١م)، للدكتور أحمد جمعالة محمد.

والكتاب بحث علمي نال المؤلف به درجة الدكتوراه في التاريخ، وهي دراسة مهمة جدًّا للباحثين عمومًا وأهل الفكر والثقافة خصوصًا سيما في قطرنا الصومالي، كما أن الدراسة من أواخر الدراسات التاريخية التي قام بها المرحوم الدكتور قبل انتقاله من هذه الديار، وهي عصيرة مجهوده الثقافي والبحثي المتعلقة في تاريخ القرن الإفريقي.

– الحركة العلمية في الصومال، للأستاذ محمد عمر أحمد.

يتحدث المؤلف هنا عن الحركة العلمية في بلاد الصومال، بحيث يذكر أوضاع الإسلام وتأثيره في الساحة الصومالية، وخاصة المراكز العلمية والعلوم التي يُتعلم فيها، كما تحدث عن أساليب التدريس وألقاب العلماء من الحلقات العلمية والمدرسة الصومالية وتأثيرها، وكذلك مميزات هذه المدرسة العلمية بدءًا بدخول الطرق الصومالية وأشهرها.

– السياسات الثقافية في الصومال الكبير: قرن أفريقيا (١٨٨٧–١٩٨٦م)، للدكتور حسن مكي أحمد:

طبع بالمركز الأفريقي الإسلامي، سنة (١٤١٠هـ – ١٩٩٠م)، وقد تناول المؤلف السياسات الثقافية في منطقة القرن الأفريقي أو ما يُعرف الصومال الكبير، والكتاب من أهم الدراسات التي تناولت في الحركة العلمية والثقافية في مستوى الصومال الكبير، وقد امتاز المؤلف بأنّ توقف على عديد من المخطوطات والوثائق التي لها علاقة بالموضوع، كما قام بجولة ميدانية في داخل بلاد الصومال في أكثر من موقع، وكان أصل الكتاب دراسة علمية نال صاحبه بها درجة الدكتوراه.

– التعليم في الصومال، للشيخ إبراهيم حاش محمود.

والكتاب ما زال مخطوطًا بحيث لم نرى الكتاب حتى الآن، وقد ذكر المؤلف الأَو ضمن سيرته في كتابه "كفاح الحياة".

ورغم أن هذه البحوث تناولت جوانب من حياة الثقافية العربية في الصومال، إلا أنها تحدثت عن جوانب تربوية في المقام الأول في تتبع طرق التدريس بالعلوم، كما أن بعضها ركز على الصراع الثقافي بين المسلمين وغيرهم على شكل دراسات سياسية.

نستطيع القول إن الأفارقة عمومًا في العصور الإسلامية الزاهية قد قاموا بالإبداع والتأليف، وليس ذلك خاصًا بعلماء المنطقة فحسب، ويكفينا أن ننظر إلى ما ألفه علماء بلاد دولة صنغاي في غرب أفريقيا في هذا المضمار)1(. وكان هذا الأمر سائدًا ومنتشرًا في جميع أنحاء المشرق والمغرب، وجاريًا استعماله لدى العلماء . وهكذا كانت حلقاتهم وإنتاجهم العلمي، فنرى العالِم مفسرًا ومحدثًا ومؤرخًا وفقيهًا في آن واحد. وهذه الحالة لم تكن ببلاد الصومال تشذ عن مثيلاتها من البلدان الإسلامية؛ لأنّ الصومال كانت جزءًا لا يتجزأ من تلك البلدان.

وهناك مراجع مهمة وبحوث علمية خاضت في رحلة العلم من الصومال إلى العالم الخارجي، وكذلك رحلات العلماء الخارجية من العالم الإسلامي إلى بلاد الصومال، وممن تناول ذلك:

زين العابدين السراج: الحياة الثقافية بالصومال في العصور الوسطى، مجلة البحوث والدراسات العربية، العدد ١٣، ١٤، ١٩٨٥ – ١٩٨٧م.

أبوبكر بن محمد الهرري: "تاريخ عمر وإمبراطوريته"، وهذا الكتاب عبارة عن مخطوط غير مطبوع حتى الآن، وهذا المخطوط في الحقيقة يشير إلى أن الشيخ يوسف الكونين الملقب عند أهل الصومال بـ"الشيخ أوبرخدلي" والذي عاش في القرن الحادي عشر الميلادي في الصومال، وقد اتبع الشيخ طريقة لتعليم العربية وهي طريقة التهجي والتشكيل العربي التي تسمى عند الصوماليين "ألف لا كردبي".

---

(١) انظر محمد ألفا جالو: الحياة العلمية في دولة صنغاي خلال فترة (١٠٠٠-٨٤٢هـ / ١٤٦٤-١٥٩١م)، المملكة العربية السعودية، مكة، جامعة أم القرى، كلية الشريعة الدراسات الإسلامية، قسم الدراسات التاريخية والحضارية رسالة ماجستير غير منشورة، ص٢٠٩.

– محمد حسين معلم علي: الثقافة العربية وروادها في الصومال.. دراسة تاريخية حضارية)[1].

يختص هذا الكتاب فقط تاريخ الصومال وحضارته في العصور الوسطى، بدءًا من انتشار الإسلام في ربوع الصومال وحتى القرن العاشر الهجري، ورغم أن المؤلف تناول قليلًا بعض قضايا في القرن الثاني عشر الهجري، إلا أن جُلَّ الكتاب يدور حول تاريخ الصومال في العصور الوسطى، ويمتاز هذا الكتاب بأن مؤلفه اعتمد على المصادر الأولية في الموضوع سواء المصادر اليمنية القديمة أو المصادر العامة في التاريخ الإسلامي بمجالاته المتعددة. والكتاب من مطبوعات دار الفكر العربي، بالقاهرة، عام ٢٠١١م.

– علي الشيخ أحمد أبوبكر: الدعوة الإسلامية المعاصرة في القرن الأفريقي.

ويعتبر الكتاب من أوائل الكتب التي تناولت مجال الدعوة الإسلامية ليس في الصومال فحسب، وإنما في منطقة القرن الأفريقي. وقد تناول الدكتور علي شيخ أحمد كتابه هذا نقاطًا في غاية الأهمية وتحدث عن دخول الإسلام في المنطقة، ثم نشره وبعض العقبات التي واجهت في سبيل نشر الإسلام، وكذلك الثقافة الإسلامية والمنظومات الدعوية في المنطقة وجهودهم، كما تحدث عن ركائز الدعوة الإسلامية في بلاد الصومال ومن خلال هذا الباب أتى سيرة وحياة أعلام الصومال ونشاطاتهم، وجهودهم في الدعوة والدفاع عن الدين الإسلامي. والكتاب يقع في ٣٠٧ صفحات، وطبع بالرياض، من مطبوعات دار أمية، ١٤٠٥.

محمد نور حسين: تاريخ الدعوة الإسلامية في الصومال منذ دخول الإسلام وحتى نهاية فترة الاحتلال الأوروبي.

هذا البحث عبارة عن بحث أكاديمي نال الباحث به درجة الماجستير من كلية أصول الدين بجامعة المدينة العالمية بماليزيا.

إسماعيل علي الأكوع: هجر العلم ومعاقله في اليمن)[2].

(١) انظر الشيخ أحمد ريراش: كشف السدول عن تاريخ الصومال وممالكهم السبع، ص٢٦.

(٢) دار الفكر المعاصر، بيروت، ط/١، ١٩٩٥م.

محمد الطيب بن محمد اليوسف: أثيوبيا والعروبة والإسلام عبر التاريخ.

حمدي سيد السالم: الصومال قديمًا وحديثًا.

محمد حاج عمر: الحضارة الإسلامية في شرق أفريقيا.

الشريف العيدروس: بغية الآمال في تاريخ الصومال.

أحمد جمعالي محمد: التعليم الإسلامي في الصومال[1].

يوسف أحمد جدو: إدارة وتنظيم التعليم في الصومال خلال سنوات الحرب الأهلية (١٩٩٠م – ٢٠٠٠م)، رسالة دكتوراه في عام ٢٠٠٧م، جامعة أفريقيا العالمية.

---

(١) ندوة التعليم في الصومال (الماضي، الحاضر، المستقبل)، ١٥-١٦ / ٥ / ١٩٩٧م تنظيم: مركز السلام الثقافي، لجنة مسلمي أفريقيا، مقديشو – مكتب الصومال.

الفصل الثالث
الصومال في العصر الحديث

- الاحتلال الأوروبي.

- التنصير في القرن الأفريقي.

- النزاع بين الصومال وأثيوبيا.

- أنظمة الحكم في الصومال.

- ثورة ٢١ أكتوبر.

- الأحزاب السياسة.

- القبيلة والسياسة الصومالية.

- الأزمة الصومالية والحروب الأهلية.

- الصحوة الإسلامية في الصومال.

- تاريخ الصومال العام.

الاحتلال الأوروبي:

بلاد الصومال كانت ضمن البلدان الكثيرة في أفريقيا وآسيا التي احتلها الأوروبيون في بدايات القرن التاسع عشر، وإن كانت هناك قبل ذلك محاولات برتغالية للاستيلاء على المنطقة في القرن الخامس عشر الميلادي، عقب دورانهم حول رأس الرجاء الصالح، غير أنّهم لم يتمكنوا المكوث في الصومال، ويرجع سبب ذلك إلى المقاومة القوية التي اعترضتهم في مدينة براوة ومقديشو، بحيث اكتفوا بقذف المدافع على تلك المدن. ولعل ذلك يرجع أيضًا إلى أنّ هدفهم الأسمى كان الوصول إلى الهند والجزيرة العربية، ثم السيطرة الملاحة الدولية في البحر الأحمر وتحويلها إلى المحيط الهندي، حتى تصل إلى البرتغال مباشرة بدلًا من أن تمر على البحر الأبيض المتوسط بعيدًا عن الخلافة العثمانية. ومهما كان الأمر فإنّه لم يخلو الموقف أيضًا عن أهداف دينية، بحيث وصف كثير من الباحثين حملة البرتغال بأنّها على ثوب صليبي حاقد للمسلمين، بل وكان أسمى هدفهم الوصول إلى الأماكن المقدسة وهدم الكعبة المشرفة، ثم نبش قبر الرسول ﷺ.

وعلى أية حال، فبعد أن تمكن البرتغاليون من السيطرة على بلاد المغاربة عسكريًا، فإنهم حاولوا أيضا الالتفاف حول العالم الإسلامي، لتنفيذ الأهداف الصليبية عن طريق توجيه الضربة المباشرة إلى العالم الإسلامي من الخلف، أي عن طريق الالتفاف حول أفريقيا، وكان إصرارهم شديدا للعمل على كشف طريق جديد)[1]. وعلى الرغم من أنّ حركة الكشوف وفكرة الدوران حول أفريقيا والوصول إلى بلاد الهند بدأت في عهد ملك البرتغال هنري المشهور بهنري الملاح، إلا أنّ هذه الفكرة استمرت حتى بعد وفاة هنري، بحيث أخذت الكشوف على الشواطئ الأفريقية تتقدم رويدًا رويدًا، بدليل أنّ ملك البرتغال عمانويل الأول قام يلقى خطبة طويلة لتوديع الحملة البحرية البرتغالية،

---

(١) محمد عبد العال أحمد: البحر الأحمر والمحاولات البرتغالية الأولى للسيطرة عليه، نصوص جديدة مستخلصة من مشاهدات المؤرخ اليمني بامخرمة كما سجلها في مخطوط (قلادة النحر)، الهيئة المصرية العامة للكتاب، الإسكندرية، ١٩٨٠م، ص٦٦؛ وانظر عمر سالم بابكور: حزام الأمن العثماني حول الحرمين الشريفين في القرن العاشر الهجري، رسالة مقدمة لنيل درجة الماجستير في التاريخ الإسلامي الحديث، قسم الدراسات العليا التاريخية، كلية الشريعة والدراسات الإسلامية، بجامعة أم القرى بمكة المكرمة، عام ١٤٠٧هـ/ ١٩٨٦م،/ ص ٢٣ – ٢٤.

وقد وضّح هدف هذه الحملة؛ وقال: إنّ الغرض من اكتشاف الطريق البحري إلى الهند هو نشر المسيحية، لأنّ البرتغاليين يرون أن الكشوف الجغرافية يجب أن تعمل على تحويل المسلمين في غرب أفريقيا وفي غيرها من المناطق إلى المسيحية الكاثوليكية، وكان هذا من أهم أهداف قيامهم بالكشف الجغرافي [1].

وأشار صاحب كتاب تحفة المجاهدين إلى هدف آخر من بين أهداف حملة البرتغاليين للمنطقة، وهو إنزال بعثة دبلوماسية برتغالية إلى السواحل الحبشية؛ لإنشاء علاقات دبلوماسية مع مملكة الحبشة، والتكاتف معها للقضاء على النفوذ الإسلامي في مياه البحر الأحمر [2]. وقد كان البرتغاليون يهدفون من ذلك اتخاذ الحبشة قاعدة عسكرية لهم، واستغلال ثروات الحبشة وتحويل الأحباش من المذهب الأرثوذكسي إلى المذهب الكاثوليكي، وقد جرت بعد ذلك أحداث كثيرة، تبين للأحباش في آخرها أطماع البرتغال في بلادهم، فعملوا على طرد البرتغاليين ونجحوا في ذلك أوائل القرن السابع عشر [3].

ورغم تكرر المحاولات البرتغالية للاستيلاء على مواقع استراتيجية على سواحل البحر الأحمر، للقضاء على السيطرة الاسلامية على مياهه، والوصول إلى الأماكن الإسلامية المقدسة في الحجاز لتدميرها والقضاء على الدين الإسلامي، ورغم ذلك كله إلا أنّ ذلك لم يتحقق كما أُريد لها، بل إنّ جميع هذه المحاولات فشلت تجاه الاستيلاء على منطقة القرن الأفريقي والجزيرة العربية معًا، كما فشل الاستفادة من خيرات المنطقة وثرواتها، بسبب قوة الأتراك العثمانيين الجديدة الذين دخلوا في الميدان بعد استيلائهم على مصر، باعتبارها قوة إسلامية كبيرة ذات شوكة قوية من خلال أسطولها البحري، الذي يُخشى خطره في مياه البحر الأحمر. في حين أنّ البرتغال كان لديها عدم ثقة بالحليف الحبشي، كما أنّ الأخير كان لديه خوف من الأهداف البرتغالية وعدم اطمئنان لهم [4].

---

(1) عمر سالم بابكور: المرجع نفسه، ص ٢٧ – ٢٨.

(2) الشيخ أحمد زين الدين المعبري المليباري (ت: ٩٨٧هـ): تحفة المجاهدين في أحوال البرتغاليين، تقديم وتحقيق وتعليق محمد سعيد، مؤسسة الوفاء، بيروت – لبنان، ص ١٧٥

(3) الشيخ أحمد زين الدين المعبري المليباري: المصدر نفسه، ص ١٧٥.

(4) الشيخ أحمد زين الدين المعبري المليباري: تحفة المجاهدين في أحوال البرتغاليين، مصدر سابق ص١٧٥.

أما فيما يتعلق بمساندة العثمانيين للمسلمين ضد الحلف الحبشي البرتغالي، فنستطيع القول بأنّ ذلك نتيجة تسلل البرتغاليين إلى منطقة القرن الأفريقي في القرن العاشر الهجري/ السادس عشر الميلادي، بعد سيطرتهم على المحيط الهندي والبحر الأحمر، وكانوا يهدفون إلى عقد علاقة مع ملوك الحبشة لكونهم السلطة المسيحية الوحيدة في المنطقة، بل وأمدوا يد العون لمساعدة أباطرتها للوقوف على وجه المسلمين، علمًا أنّ دخول البرتغاليين إلى الحبشة كان في البداية عن طريق التبشير، ثم تطور الأمر إلى عقد علاقات عسكرية، بحيث ساندوا عسكريًا عن طريق التزويد بأحسن ما عرف من الأسلحة في ذلك الوقت . وكان هدف ذلك كله أن يتحقق لهم انتزاع تجارة الشرق من يد المسلمين في الخليج واليمن والشام ومصر، وتنفيذ المشروعات الصليبية بالتعاون مع الحبشة[1]، ومن هنا ليس من الغرابة أن تساند الخلافة العثمانية إخوانهم المسلمين في الحبشة، وقد تناولنا بعضًا من ذلك عند حديثنا عن حركة الجهاد الإسلامي في الحبشة التي كان يقوده الإمام أحمد بن إبراهيم جران ضد الأباطرة الأحباش المسيحيين.

وقد نتج عن تحرك الخلافة العثمانية نحو البحر الأحمر والمنطقة حمايةُ المسلمين ومقدساتهم، عندما شكلت حزامًا أمنيًا يحمي المسلمين ومقدساتهم أمام العدوان الصليبي السافر، ويدل على ذلك أنّ العثمانيين كانوا يهتمون بأمر إخوانهم المسلمين ومقدساتهم في المنطقة.

وحول ما سبق الحديث عنه، بإمكان الباحث القارئ أن يرجع إلى بعض المصادر والمراجع، التي تناولت ما قامت المملكة البرتغالية ومحاولاتها في الاستيلاء على ساحل المحيط الهندي والبحر الأحمر، ثم مساندتهم الأحباش، وموقف الخلافة العثمانية في نجدة إخوانهم المسلمين والدفاع عن المقدسات المسلمين وأراضيهم، ومن تلك المصادر والمراجع ما يلي:

١- الشيخ عمر بن صوفي حسن القادري البكري: الكبريت الأحمر في تاريخ سادات الغرر السّاكنين في مدينة هرر.

---

(١) عمر سالم بابكور: حزام الأمن العثماني حول الحرمين الشريفين، مرجع سابق ص ٢٠٣؛ د. أحمد سيّد دراج: المماليك والفرنج في القرن التاسع الهجري/ الخامس عشر الميلادي، دار الفكر العربي، القاهرة، عام ١٩٦١م، ص ١٠ - ١١.

٢- محمد عبد العال أحمد: البحر الأحمر والمحاولات البرتغالية الأولى للسيطرة عليه، نصوص جديد مستخلصة من مشاهدات المؤرخ اليمني باخرمة كما سجلها في مخطوط (قلادة النحر)، الهيئة المصرية العامة للكتاب، الإسكندرية، ١٩٨٠م.

٣- الشيخ أحمد زين الدين المعبري المليباري (ت ٩٨٧هـ). تحفة المجاهدين في أحوال البرتغاليين، تقديم وتحقيق وتعليق محمد سعيد الطريحي، مؤسسة الوفاء، بيروت – لبنان.

٤- الشاطر بصيلي عبد الجليل: الصراع بين الدولة العثمانية وحكومة البرتغال في المحيط الهندي وشرق أفريقيا والبحر الأحمر، المجلة التاريخية المصرية/ المجلد الثاني عشر، عام ١٩٦٤م/ ١٩٦٥م.

٥- عمر سالم بابكور: حزام الأمن العثماني حول الحرمين الشريفين في القرن العاشر الهجري، رسالة مقدمة لنيل درجة الماجستير في التاريخ الإسلامي الحديث، قسم الدراسات العليا التاريخية، كلية الشريعة والدراسات الإسلامية، بجامعة أم القرى بمكة المكرمة، عام ١٤٠٧هـ/ ١٩٨٦م.

٦- غسان على الرّمال، صراع المسلمين مع البرتغاليين في البحر الأحمر خلال القرن العاشر الهجري/ السادس عشر الميلادي، رسالة ماجستير، كلية الشريعة والدراسات، جامعة الملك عبد العزيز، مكة المكرمة، السعودية.

٧- ابتسام محمد أحمد: أهمية جزر البحر الأحمر في الصراع بين القوى الإسلامية والبرتغالية في القرن السادس عشر الميلادي، رسالة ماجستير، معهد البحوث والدراسات الأفريقية، جامعة القاهرة، ١٩٩٨م.

٨- د. أحمد سيّد درّاج، المماليك والفرنج: في القرن التاسع الهجرى الخامس عشر الميلادى، دار الفكر العربي، القاهرة، ١٩٦١م.

٩- نوال صيرفي، النُّفوذ البرتغاليُّ في الخليج العربي في القرن العاشر الهجري، مطبوعات دار الملك عبد العزيز، الرّياض، ١٤٠٣هـ/ ١٩٨٣م.

١٠- ياسر محمد ياسين البدري الحسيني، في مقدمته وتحقيقه للكتاب كنز العباد في بيان فضائل الغزو والجهاد، للإمام شرف الدين أبي القاسم بن عبد العليم بن إقبال القرتبي الحنفي ٩٧٤هـ، دار الكتب العلمية، بيروت.

١١- حمدي السيد سالم: الصومال قديمًا وحديثًا، الدار القومية للطباعة والنشر، مقدشو، ١٩٦٣م.

١٢- د. الشريف محمد عيدروس: أضواء على تاريخ الصومال، ط/ ١، ١٩٩٩م.

١٣- أحمد محمد بطي: الصراع البرتغالي العثماني في شرق أفريقيا في القرن السادس عشر، رسالة ماجستير، جامعة القاهرة، معهد البحوث والدراسات الأفريقية، ١٩٨٩م.

١٤- حسن إبراهيم محمد: الإمام أحمد بن إبراهيم الصومالي وفتوح الحبشة، ماجستير، جامعة القاهرة، كلية الآداب، ١٩٥٠م.

أما في الحقبة التي اشتهرت في أغلب العالم بالاحتلال الأوروبي، وخاصة في أفريقيا وآسيا، فقد تسابقت ثلاث دول أوروبية إلى احتلال بلاد الصومال، وهم: إيطاليا في الجنوب، وبريطانيا في الشمال، وفرنسا في ما كان يعرف بالساحل الصومالي (جيبوتي حاليًا). فقد برزت كتب وبحوث كثيرة تحدثت بلغات مختلفة، تناولت حيثيات مختلفة، غير أننا نعرض هنا فقط تلك المصادر والمراجع المكتوبة باللغة العربية. وبعض هذه البحوث تحدثت عن أوضاع بلاد الصومال قبل قدوم الاحتلال إلى المنطقة، مثل كتب:

– الصومال قديمًا وحديثًا، لحمدي السيد سالم.

وهذا الكتاب يعتبر من أهم الكتب التي تحدثت عن فترة الاحتلال وعوامل قدومه، وكذا ما جرى بينه وبين شيوخ القبائل وقادات المجتمع، من الاتفاقيات المبرمة ليجد قدمًا على بلاد الصومال، وهو مما حدث لأنّ قدومه على الصومال تعلل بأهداف اقتصادية وحماية البلاد. ويمتاز هذا الكتاب بأن المؤلف أورد صورًا من كل هذه الاتفاقيات في ذيل كتابه، وخاصة الجزء الثاني.

– تاريخ الصومال في العصور الوسطى والحديثة، للشيخ جامع عمر عيسى.

وقد تناول الشيخ الاحتلال سواء في الفترة التي سبقت أو عند احتلاله، وأثره على المجتمع في النواحي السياسية والاقتصادية والاجتماعية ... هذا الكتاب من أهم مؤلفات الشيخ جامع عمر عيسى. وطبع الكتاب في القاهرة بمصر، عام ١٩٦٥م.

- ملامح من التاريخ السياسي والثقافي والاجتماعي والاقتصادي للصومال قبيل الاستعمار)، للدكتور محمد حسين معلم علي:

وهذا البحث يتناول الأوضاع والأحوال التي سبقت فترة الاحتلال الأوروبي الذي غزا على بلاد الصومال. والبحث ضمن البحوث العلمية التي جاءت في كتاب (الطريق إلى الدولة الصومالية) الذي ألفه مجموعة من الباحثين الأكاديميين الصوماليين، وهم: محمد حسين معلم علي، محمد نور جعل، محمد شريف محمود، إبراهيم قاسم فارح، عبد القادر محمد عثمان، وبشير معلم عبد القادر، على التوالي حسب الأوراق البحثية. وجاء في الكتاب المشار إليه أيضًا بحث حول (الأوضاع السياسية في الصومال تحت ظل الاستعمار)، للدكتور محمد نور جعل في الورقة الثانية. والكتاب الإصدار الثاني لمركز الشاهد للبحوث والدراسات الإعلامية.

ومن المعروف أنّ الاحتلال له أطماعه السياسية والاقتصادية، ومن هنا فقد تناول بعض الباحثين حول هذا الموضوع مثل:

- كتاب (الأطماع الاحتلال في الصومال في الفترة ١٨٦٢ – ١٩٠١م)، للأستاذ عمر علي محمود.

وهذه دراسة تناولت الأطماع التي تعرضت لها بلاد الصومال، والتنافس الدولي والتي اشتركت فيها مختلف القوى الاحتلالية لفترة من أصعب الفترات في التاريخ الصومالي الحديث. ولا شك أنَّ هذه الفترة التي يتناولها الباحث كانت البداية الحقيقية للمشكلات الكثيرة، التي عانى منها الشعب الصومالي في تاريخه المعاصر من تقسيم أراضيه، وإقامة حواجز بين أجزاء وطنه وغيرها من ويلات الاحتلال، والبحث يتضمن أربعة فصول وخاتمة. فالفصل الأول تعرض المؤلف فيه لأحوال الصومال قبيل الغزو الأوروبي وخاصة من حيث أسلوب الحكم وحياة الحكومات الوطنية بشكل موجز تتقدمه لمحة جغرافية عن الصومال، كما يتناول هذا الفصل أيضًا النفوذ الزنجباري في جنوب البلاد، والوجود المصري في الشمال، واللذين كانا يمثلان آنذاك أكبر نفوذ سياسي في الصومال، كما يمكن اعتبارهما من أهم المداخل التي نفذ منها الاحتلال. أما الفصل الثاني فيدور حول الأطماع الأوروبية في فترة ما قبل افتتاح قناة السويس للملاحة الدولية

حيث تعرض للنشاطات المبكرة للاحتلال التي تمثلت في البعثات والرحلات الكشفية والمعاهدات التجارية وغيرها من مقدمات الاحتلال، وذلك كخلفية للموضوع، وأما الفصل الثالث فقد عالج فترة ما بعد افتتاح قناة السويس التي تبلورت فيها السياسات الاحتلال بشكل واضح، حيث يتناول المنافسات الدولية في الصومال، واحتلال أراضيه من إقامة المستعمرات، وتخطيط الحدود فيما بين تلك المستعمرات. وفي الفصل الرابع يتناول الاحتلال الحبشي، ودور الحبشة نفسها في عملية التقسيم كقوة محلية اشتركت في ذلك، وعن العوامل التي ساعدت على ذلك، واستفادت الحبشة منها. ثم ذكر المؤلف خاتمة بحثه والنتائج التي توصل إليها. والكتاب حوالي ٢٠٠ صفحة، وهو جزء من متطلبات الحصول على درجة الماجستير في التاريخ الحديث من معهد البحوث والدراسات العربية في بغداد – العراق، قسم البحوث والدراسات التاريخية التابع للمنظمة العربية للتربية والثقافة والعلوم بجامعة الدول العربية، في صفر عام ١٤٠٨هـ الموافق سبتمبر ١٩٨٧م.

ولا شك أنّ الاحتلال الأوروبي بأقسامه الثلاثة قد ترك أثرًا سيئًا على البلاد والعباد في نواحي مختلفة، ومن هنا نجد بعض كتب تناولت هذا الأثر السيئ مثل:

– كتاب (جرائم الاستعمار) للشيخ جامع عمر عيسى.

وهذا الكتاب يمتاز على أنّه تناول الجرائم التي ارتكب الاحتلال الأوروبي، سواء الإيطالي أو البريطاني على بلاد الصومال في مختلف نواحي الحياة، كما يظهر في عنوان الكتاب؛ لأنّ المؤلف تحدث في كتابه هذا عن جرائم الاحتلال التي ارتكبها خلال فترة وجوده في البلاد، والكتاب حجمه صغير ولكنه يحمل معاني كثيرة، وقد طبع الكتاب في مقديشو بالصومال في أوائل الستينيات.

كما أنّ الموقف لم يخل من بعض الكتب والبحوث التي ركزت على أثر الاحتلال الأوروبي في النواحي التربوية والتعليمية في بلاد الصومال، سواء فيما يتعلق بالمنهج أو طريقة التدريس وغير ذلك، ومن هذه الكتب والبحوث:

– كتاب تاريخ التعليم في الصومال، وقد سبق الحديث عنه.

- التربية الاستعمارية وأثرها على التعليم الصومالي من (١٨٨٥ – ١٩٦٩م)، للدكتور أبو بكر شيخ نور.

علمًا أنّ هذا الكتاب عبارة عن بحث أكاديمي نال الكاتب به درجة الماجستير في التربية من قسم أصول التربية بكلية التربية بجامعة أم درمان الإسلامية بالخرطوم. واستعرض الباحث في أطروحته التربية الإسلامية وعمقها في المجتمع الصومالي، والتأثيرات التربوية والفكرية للغزو الأوروبي على الصومال. وعموم البحث حوالي ٢٠١ صفحة.

ومن المعروف أنّ الاحتلال البريطاني جاء يستعمر الصومال بعد أن تمكن من مدينة عدن في جنوب اليمن، وحينها بدأ يتطلع إلى احتلال بلاد الصومال، بحيث وصل فعلًا إلى سواحل القسم الشمالي للبلاد، كميناء بربرة وزيلع في عام ١٨٨٣م، كما وصلت إيطاليا إلى الجزء الجنوبي عقب احتلالها إريتريا، وقد أبرمت إيطاليا معاهدات الحماية مع شيوخ القبائل الصومالية في القطر الجنوبي، من كسمايو وحتى مدينة هوبيو عام ١٨٨٩م وما بعده. أما فرنسا فتوجهت إلى الساحل الصومالي واستطاعت احتلال جيبوتي وأوبوك عام ١٨٦٢م، بعد أن عقدت اتفاقًا مع قادة قبائل عفر وعيسى. وبإمكان الباحث أن يرجع إلى المراجع التي تناولت ذلك مثل:

- الصومال الإيطالي فترة الوصاية حتى الاستقلال (١٩٥٠ – ١٩٦٠م)، للدكتور محمد حاج مختار.

وهي عبارة عن رسالة علمية مقدمة للحصول على درجة الدكتوراه في التاريخ الحديث، جامعة الأزهر، ١٩٨٣.

- الاستعمار الإيطالي والقبيلة في الصومال (١٨٨٥– ١٩٦٠)، للأستاذ عثمان محمود عداوي.

وهذه الرسالة تتكون من مقدمة سلطت الضوء على نظم الحكم في الصومال قبل الاحتلال بالإضافة إلى خمسة فصول تناول الأول والثاني منها المعاهدات المزيفة التي أبرمتها إيطاليا مع بعض زعماء القبائل، وما نهبته من الثروات الوطنية والموارد القومية. أما الفصل الثالث فقد تناول السياسة الإيطالية القائمة على التفريق وضرب القبائل

بعضها ببعض، وقمع المساعي الوطنية لاسترداد حرية وكرامة الأمة والتي قادها علماء الأمة. أما الفصل الرابع فقد تناول مواقف الأحزاب الصومالية بشقيها القومية والقبلية، وكيف تمكنت إيطاليا من تكوين لفيف من المتنفعين فرضتهم كممثلين لبعض القبائل ضد الأحزاب ذات الطابع الوطني؛ للحفاظ على مصالحها في فترة ما بعد الاستقلال. أما الفصل الأخير تناول مساعي إيطاليا الحثيثة وترتيباتها في فترة الوصاية الدولية بقيادة إيطاليا للحفاظ على مصالحها في فترة ما بعد الاستقلال والدور الذي لعبته مصر للتصدي لبعض مخططاتها. وتنبع أهمية الرسالة من توثيق البطولات الوطنية ضد الطليان، والتي قادها علماء وزعماء الأمة وخاصة في الجنوب، تلك البطولات التي لم تلق الاهتمام الكافي وهذا يعتبر ميزة سبق للباحث. كما تنبع أهميتها أيضًا من تركيزها على نقاط الضعف لدى الشعب الصومالي – أعني القبلية – وكيف كان العدو دائمًا يستغلها عند تدني وعي الأمة وانخفاض مناعتها، والتي لا يجبرها إلا رفع الوعي الوطني وتقوية اللحمة الوطنية.

– تاريخ الاستعمار البريطاني في شمال الصومال، للدكتور عبدالقادر نور جيدى.

ويتناول هذا الكتاب تاريخ الاحتلال البريطاني في شمال الصومال خلال ثمانية عقود من (١٨٨٤م – ١٩٦٠م)، وأنجز المؤلف بحثه عبر استخدامه عدة مناهج كالمنهج التاريخي وذلك فيما يتعلق بسرد الأحداث والموضوعات التاريخية منذ دخول الاحتلال في هذه المنطقة حتى استقلالها، والمنهج الوصفي، وذلك فيما يتعلق بتوصيف الأحداث قيد البحث وربط أجزائها المختلفة؛ بغية الوصول إلى المؤثرات التي ساهمت إلى مقاومة الاحتلال والبحث عن الاستقلال. وقد تحدث المؤلف بلاد الصومال قبل قدوم الاحتلال البريطاني، وبعد ظهوره على سواحل خليج وعدن، ثم المقاومة الصومالية الوطنية ضد هذا الاحتلال المتمثلة بالحركات الوطنية التي قامت لأجلها. والبحث ما زال مخطوطًا غير مطبوع ويصل إلى ١٥٠ صفحة تقريبًا.

– تاريخ الاحتلال الإيطالي في الصومال حتى عام ١٩٠٨م، للدكتور محمد حاج مختار.

وهي رسالة ماجستير في التاريخ الحديث مقدمة إلى جامعة الأزهر ١٩٧٣م، وهذه الدراسة من أوائل الدراسات التاريخية الصومالية بأقلام صومالية، كما هي من أوائل الرسائل العلمية باللغة العربية حول الاحتلال. وقد فتحت طريقًا للباحثين فيما بعد.

- المسألة الصومالية في كينيا، للدكتورة محاسن عبد القادر حاج الصافي.

ويُعدُّ هذا الكتاب من أوائل الكتب التي تحدثت عن شأن قضية الإقليم الصومالي في كينيا، وتتناول الدكتورة في كتابها الأصول الصومالية وأنسابها، وبعض طبائع المجتمع الصومالي وعاداته، ثم تركز على الجزء من الأراضي الصومالية الذي تقع تحت الاحتلال الكيني، وتُعرف هذا الجزء بالحدود الشمالية NFD، ويعتبر هذا الكتاب من أحسن ما ألف في المنطقة. وتتحدث المؤلفة عن الاحتلال البريطاني في هذا القسم من البلاد ثم ما قامت به بريطانيا من مؤامرة ضم الإقليم، إلى كينيا التي كانت تحت الاحتلال البريطاني أيضًا. وطبع الكتاب بدار هايل للطباعة والنشر، سنة ١٩٩٨م .

- مشكلة الإقليم الصومالي في كينيا (N.F.D) وأثرها على أوضاع القرن الأفريقي (١٩٢٥ - ١٩٨١م)، للأستاذ محمد آدن محمود المعروف بمحمد صلاة- شيخي .

وأصل هذه الدراسة رسالة علمية نال صاحبها درجة الماجستير في تخصص التاريخ الحديث والمعاصر، من معهد البحوث والدراسات العربية في القاهرة، التابع لمنظمة التربية والثقافية والعلوم بجامعة الدول العربية، وهي رسالة علمية متميزة فريدة من نوعها وفي موضوعها.

- الاستعمار الفرنسي في جيبوتي (١٨٦٢-١٩٧٧م)، للباحث آدم عثمان درار .

والكتاب عبارة عن رسالة ماجستير غير منشورة، حيث نال صاحبها هذه الدرجة من خلال هذا البحث القيم في الدراسات الأفريقية، قسم التاريخ في مركز البحوث والدراسات الأفريقية بجامعة أفريقيا العالمية في الخرطوم في السودان عام ٢٠١٠م. وقد تناول الباحث في البداية معرفة الوجه المخفي للاستعمار الفرنسي طيلة الفترة الاحتلالية لجيبوتي، وذكر أن احتلال فرنسا لجيبوتي لم يكن مجرد رقعة أرض علي الشاطئ الشرقي لأفريقيا تحتلها فرنسا، بل كانت نقطة إستراتيجية يستطيع منها أسطولها أن يمخر في عمق المحيطات، ويحصل على تموينه دون أن تضايقه إنجلترا سيدة البحار في ذلك الوقت، وذكر أنه جرت قِبَل الاحتلال الفرنسي الحملات الاستكشافية لتنوير الحكام الفرنسيين وتعريفهم بسواحل البحر الأحمر، مما أدى إلى الاتفاقيات والمعاهدات غير المتكافئة مع الزعماء المحليين، وكان الزعماء يعانون من نقص مفهوم المعاهدات الاحتلالية وأبعادها؛

لكونهم غير مدركين لأهداف الاحتلال، بل وقَّعوا عليها على أساس الصداقة، والتي تحولت فيما بعد إلى السيطرة الكاملة، إضافة إلى ذلك ففي حالة اختلاف الطرفين فإنه يلجأ إلى التفسير الفرنسي للمعاهدة. وذكر الباحث أن الحضارة الاحتلالية والحداثة المزعومة التي قدمت إلى الشعب الجيبوتي، كان أهمها الثقافة، حيث إن طيلة المراحل الاحتلالية التي استغرقت مائة وخمسة عشر سنة قد تم التقليل من فرص التعليم العالي والالتحاق الجيبوتيين بالجامعات والدراسات العليا، أما نظام الحكم الفرنسي في ظل الاحتلال، فقد اشتهر بأن يكون حكمًا مباشرًا ولم يتح لمواطني جيبوتي اكتساب الخبرة الفنية والإدارية، ليتأهلوا بعد رحيل الاحتلال لحكم البلد، ومن عوامل تأخير ظهور الحركة الوطنية في جيبوتي الآثار التي نجمت عن تغذية الاحتلال للخلافات الإثنية لمراهنة بقاء الاحتلال.

– جمهورية الصومال الديموقراطية: الساحل الصومالي والاستعمار الفرنسي، مطبوعات الحكومة، مقديشو، أكتوبر ١٩٧٥م.

وقد تنبه أهل الصومال لقدوم الاحتلال وأطماعه على احتلال بلادهم، وقد رأى بعض أهل الحل والعقد للمجتمع الصومالي وأغلبهم من العلماء وزعماء القبائل الصومالية، وسن هنا راسلوا بعض القوى الإسلامية في المنطقة للتعاون في الدفاع عن بلادهم، وفي ذلك الأمر نجد رسالة خطية أرسلها هؤلاء إلى سلطان بن صقر القاسمي، وتسمى هذه الرسالة اليوم:

– رسالة الزعماء الصوماليين إلى سلطان بن صقر القاسمي، وقد سبق الحديث عنها.

ومنذ قدوم الاحتلال الأوروبي كان أهل الصومال يقاومون ضده، سواء كانوا أفرادًا أو جماعات جهادية تحررية، كما أنَّ هناك أحزاب سياسية ناضلوا في سبيل الحرية الاستقلال من الاحتلال، وقد أنجز الباحثون بعض الكتب والدراسات حول ذلك،

– كتاب (الأحزاب السياسية ودورها في استقلال الصومال في الفترة ١٩٤٣ – ١٩٦٠م)، للدكتور علي حسن محمد علي.

وقد نال المؤلف من خلاله كتابه هذا درجة الماجستير في الدراسات الأفريقية من أفريقيا العالمية بالخرطوم عام ١٩٩٦م، وتناولت الدراسة نشأة وتطور الأحزاب

السياسية في الصومال وموقف الدول الاحتلال من القضية الصومالية، ودور الأحزاب السياسية في فترة الوصاية حتى الاستقلال والوحدة، إلى الربط بين الظواهر السياسية في الصومال وإيجاد أرضية سياسية يمكن البناء عليها؛ لتحسين الوضع السياسي إلى الأفضل هناك، مع تشخيص الأخطاء السياسية ومسبباتها، أو الطرق المثلى لعدم تكرارها في العمل السياسي في الصومال، وتبيان خطورة استيراد الأنماط السياسية من الغرب، مع أهمية القيم مثل تكاملية النمط القيادى، والتنبيه إلى التفاهم لإنجاح السياسات ورفع مستوى الوعى السياسى لدى القادة وصناع القرار، مع وضع نموذج واضح للنضال الناجح في الصومال، وسار البحث وفق المنهج التاريخي والوصفي التحليلي، والملاحظة والمقابلة الشخصية كأدوات بحث، وتوصل إلى نتائج منها: أن فكرة الصومال الكبير لم تنشأ من فراغ، ظهور تيارات دولية معارضة ومواقف استعمارية تجاه القضية الصومالية..الخ وأوصت الدراسة بعدة توصيات من أهمها؛ تحقيق فكرة التوحيد للأحزاب الخمسة الصومالي، وتنمية الإنسان الصومالى، وتوحيد القبائل المتصارعة، وتشخيص الأخطاء السياسية ومسبباتها. ويقع هذا البحث في حوالي ٢٠٠ صفحة تقريبا.

– (دور حزب وحدة الشباب الصومالي في الاستقلال خلال الفترة من عام ١٩٤٣ – ١٩٦٠م SYL)، لفضيلة الأستاذ محمد إبراهيم العسبلي.

هذا البحث يظهر في عنوانه بأنه يتناول النضال الوطني ضد الاحتلال الأوروبي وذلك لأجل نيل الاستقلال والحرية والكشف عن حقائق المناضلين، ولا سيما حزب وحدة الشباب الذي كان تاريخه متبعثرًا في بطون الكتب. ورتب المؤلف رسالته إلى خمسة أبواب رئيسة. الباب الأول العرف القبلي في البلاد ثم القبلية والسياسة . الباب الثاني تناول الظروف التي أدت إلى تأسيس الحزب وأهدافه وموقف القوى الاحتلالية . الباب الثالث تناول القضية الصومالية أمام الأمم المتحدة، أما الفصل الرابع تحدث عن التطورات الدستورية، وفي الباب الخامس والأخير تناول انهيار الحزب ثم استقلال البلاد. والرسالة تقع في ١٣٣ صفحة، وغير مطبوعة.

– قبيلة بيهال وكفاحها ضد الاستعمار الإيطالي، للشيخ جامع عمر عيسى.

وحسب علمي كان الكتاب مخطوطا غير مطبوع، منذ أن أخبرني الشيخ – عيسى عن الكتاب في أواخر التسعينيات عندما التقيتُ به في مدينة نيروبي بكي جامع

والحقيقية من الصعب إحاطة المصادر والمراجع وكذا البحوث والدراسات الأكاديمية حول الاحتلال الأوروبي في الصومال، ولكن ما عرضناه هنا عبارة عن نموذج مما كُتِبَ عن تلك الحقبة من تاريخ الصومال المعاصر، وإنّ الآثار التي نجمت من سياسات الاستعمار وتصرفاته تجاه البلاد والعباد ما زال جاريًا وجرحه عميقًا في المنطقة، وأبرزها التقسيم الجائر الذي تسببه الاحتلال لأراضي الصومال، بحيث تعرضت إلى أسوأ التقسيمات في العالم قاطبة في العصر الحديث، ناهيك أنّ الصومال ذاقت مرارة أثر الاستعمار السيئ في النواحي السياسية والاجتماعية والاقتصادية، والتي ما زالت الصومال تئنّ من آثاره حتى يومنا هذا.

– الحركة الوطنية الصومالية ودورها في الاستقلال في الفترة ما بين (١٩٣٠ – ١٩٦٠م) الموافق (١٣٥٠هـ – ١٣٨٠م).

وهذا الكتاب وضعه الأستاذ أحمد محمد كاهية، وهو عبارة عن دراسة أكاديمية قام بها المؤلف، ونال من خلال هذا البحث درجة الماجستير، من كلية التربية بجامعة سنار في جمهورية السودان.

– **التوسع الإيطالي في شرق أفريقيا وتأسيس مستعمرتي إرتيريا والصومال**، جامعة القاهرة، ١٩٦٠م، لسيد محمد رجب حراز.

– **تاريخ الاستعمار الصومالي**، مقديشو، ٢٠١٩م، آدم شيخ سعيد.

– زعماء الحركة السياسية في الصومال، للشيخ جامع عمر عيسى، ط/ ١، مقديشو، ١٩٦٥م.

– **الصومال والحركات الوطنية والأطماع الدولية**، للجنرال علي إسماعيل محمد، دون الطبعة.

– الاستعمار الفريسي في الصومال (١٨٨٤ – ١٩٧٧م)، لإبراهيم عبد المجيد، رسالة دكتوراه، معهد البحوث والدراسات الأفريقية.

– تطور الحركة الوطنية في جيبوتي، للأستاذ عايدة عبد الرسول على صقر، رسالة ماجستير، معهد البحوث والدراسات الأفريقية، جامعة القاهرة، عام ١٩٨٥م.

وأشهر من قام بالنضال ضد المستعمر هو المجاهد السيد محمد عبد الله حسن وحركته الجهادية المسماة الدراويش، وقد تناول هذه الحركة وقائدها كل من أراد الحديث عن نضال أهل الصومال ضد المستعمر، ومن ذلك:

- محمد المعتصم سيد: مهدي الصومال بطل الثورة ضد الاستعمار، القاهرة.

- على محمود معيوف: تاريخ حركة الجهاد الإسلامي الصومالي ضد الاستعمار خلال الفترة بين عامي (١٨٩٩ – ١٩٢٠م)، دار النهضة العربية، القاهرة، ١٩٩٢م.

- عبد الصبور مرزوق: ثائر من الصومال، القاهرة، ١٩٦٤م.

- إبراهيم عبد المجيد محمد: الاستعمار البريطاني في الصومال (١٨٨٤ – ١٩٢١م)، مطبوع بمكتبة النهضة المصرية بالقاهرة.

- وائل إبراهيم الدسوقي يوسف: الصومال: قصة التحرر من الاستعمار والحرب على الإرهاب، طبع عام ٢٠٠٨م.

التنصير في القرن الأفريقي:

كان بدايات قدوم طلائع الاحتلال الأوروبي، المتمثل بالبرتغال والإسبان في القرن الخامس عشر والسادس عشر الميلاديين، ثم ما تلاه من زحف مجموعة الدول الأوربية الأخرى في القرن الثامن عشر والتاسع عشر إلى القارة الأفريقية، وقد اتضح في أول الوهلة بأنّ التنصير امتزج مع الاحتلال، وأنّه كان حركة دينية سياسية احتلالية، مما يدل على أنّ الاحتلال كان يتلون بألوان مختلفة، سواء كانت اقتصادية وسياسية، ودينية، وبالتالي فالتنصير أو ما يطلق عليه التبشير كان جزء من مخطط الاحتلال باعتباره ثوبا فضفاضًا ليس فقط العساكر المحتلة وحدها، وإنما كان يشمل أيضًا أكثر من فئة، وكان رجال الدين المسيحي ضمن الاحتلال مباركًا ومؤيدًا بالحركة الاحتلالية للبلدان الأفريقية والآسوية وغيرهما. وقد حاول المبشرون بكل الطرق تنفيذ المخططات التبشيرية ليس في الصومال فقط، وإنما جميع القارة الأفريقية، غير أنّ الصومال أصبحت عصية على هيئات التنصير ومنظماته، ولم يحققوا ما كانوا يهدفون إليه، رغم ما بذلوا من مجهود كبير وأنفقوا في سبيل ذلك أموالًا طائلة، على الرغم أنّهم قاموا بتشييد كنائس فخمة وبعض مدارس تعليمية في المدن الكبرى.

وقد أشرنا من قبل إلى أنّ بلاد الصومال كان لها نصيب بتقاسم ثلاث دول أوروبية في آن واحد، بحيث أخذت المملكة المتحدة بالجزء الشمالي، وإيطاليا بالجزء الجنوبي، كما كان نصيب فرنسا بالساحل الصومالي المعروف بجيبوتي، ولم يقف الأمر إلى هذا الحد، وإنما أشرك ضمّ الاحتلال الأوروبي أجزاء من الصومال إلى أراضي كينيا وأثيوبيا المسيحيتين. ونحن لسنا هنا بصدد الحديث عن أدوار تلك الدول الاحتلالية تجاه البلاد والعباد، وقد تحدثنا عن ذلك في مكانه.

أما فيما يتعلق بالمراجع والبحوث التي كتبت حول حركة التنصير في منطقة القرن الأفريقي، فنستطيع القول بأنّه قد صدرت بحوث وكتب تتناول التنصير في الصومال، سواء فيها أنجز الكُتّاب المحليون أو غيرهم، ومن بين هذه الكتب:

– الصراع بين الإسلام والنصرانية في شرق أفريقيا، للشيخ جامع عمر عيسى.

هذه الرسالة دراسة شاملة وضعها الشيخ جامع عمر عيسى، وتهدف إلى إلقاء الضوء على جهود المنصرين وأهل التبشير في منطقة شرق أفريقيا الذين ركبوا الصعب والذلول لتخريب ضمائر المسلمين وزعزعة عقائدهم، وقد جندوا كل طاقاتهم وإمكانياتهم لتسديد سهام مكائدهم إلى هذا الدّين الحنيف. والمؤلف قدم لكتابه بمقدمة موجزة توضح على وجه التحديد مادة الكتاب والغرض من تأليفه. ومنطقة شرق أفريقيا التي تتناولها هذه الدراسة هي الواقعة من خط العرض ١٨ شمالا عند الحدود السودانية والإريترية على ساحل البحر الأحمر وتمتد على بقية سواحل البحر الأحمر الجنوبية، ثم على شواطئ خليج عدن، فسواحل المحيط الهندي حتى خط ٢٠ جنوبًا، وتشمل أراضي ثمانية دول هي: إريتريا، أثيوبيا، جيبوتي، كينيا، أوغندا تنزانيا، جزر القمر والصومال. غير أن الناظر والفاحص لهذا الكتاب يلاحظ بأن الدراسة لا تشمل جميع الدول التي ذكرها المؤلف وإن كانت تركز على النشاط التنصيري المخططات الصليبية في الصومال وكينيا، وكذا أثيوبيا. أما باقي الدول فتشير الدراسة إلى بعضها إشارة عابرة، دون تعمق إلى جميع الأنشطة التنصيرية والاستراتيجية.

والكتاب صغير الحجم، وكان هدف المؤلف بيان الغوامض والمبهمات التنصيرية والأحداث التي يمارس بها المنصرون؛ لأجل فرض السيطرة على المنطقة عن طريق التغيير العقدي والتعليمي والإعلامي والإجماعي عبر الأساليب الخادعة والوسائل الملتوية،

كفتح المدارس والمعاهد وإنشاء والملاجئ والمستشفيات وتقديم الخدمات الاجتماعية، وعلى العموم فإن الكتاب يحوى تفصيلات قيمة عن أنشطة الهيئات والمنظمات العالمية، سيما تلك التي تتستر خلف إغاثة المنكوبين والملهوفين.

والكتاب يضم ستة أبواب وأربعة وعشرين فصلا. الباب الأول فيه ثلاثة فصول، فجاء فيه لمحات موجزة لظهور الإسلام وانتشاره في شرق أفريقيا، أما الباب الثاني وفيه سبعة فصول، وتحدث عن دخول المسيحية إلى بلاد الحبشة، وعلاقة الإسلام مع الحبشة، والاضطهاد الديني الذي تعرض له المسلمون في أثيوبيا في عهد الأسرة السليمانية. وركز المؤلف على حركة الجهاد والفتوح الإسلامية في المنطقة بقيادة الإمام أحمد بن إبراهيم الجرف، كما تحدث عن الحملات التنصيرية التي قام بها ملوك الحبشة بنحو عام، وأشار إلى جهود الإمبراطور هيلا سلاسي ومحاولاته للقضاء على الإسلام في أثيوبيا، وممارسات منجستو هيلا مريم. والباب الثالث يحتوي على ثلاثة فصول حول حركة التنصير في بلاد الصومال، ومحاولاتهم في عهدي الاحتلال البريطاني والإيطالي، والهيئات المستترة تحت عباءة غطاء الإغاثة والعاملة في مجال التنصير بين الصوماليين، مع ذكر أسمائها في جدول توضيحي خاص. أما الباب الرابع ففيه خمسة فصول وتناول المؤلف فيه بصورة مختصرة الحضارة الإسلامية الزاهرة في سواحل شرق أفريقيا قبل البرتغاليين للساحل، وبداية حركة التنصير في المنطقة. وكما أشار إلى قوى الاحتلال الأوروبي وأوضاع البلاد بعد رحيلهم.

والباب الخامس يشتمل على خمسة فصول بحيث تحدث الشيخ جامع عمر عيسى عن الأديان السماوية الثلاثة وانتشارها في شرق أفريقيا، ونسبة المسلمين وعددهم في المنطقة وجهود علماء المسلمين للتصدي لحركات التنصير، وأهم الطرق الصوفية المنتشرة في شرق أفريقيا إضافة إلى لمحة للمخططات العامة للحركة التنصيرية الموجة ضد الإسلام. وأخيرًا جاء الباب السادس ويتكون من ثلاثة فصول، وجاء فيها الحديث عن الأساليب أو الاستراتيجيات الحديثة التي تنتهجها حركة التنصير في شرق أفريقيا، وسياسات تنصير الصوماليين في شمال كينيا أو المنطقة الشمالية التي يسكنها الصوماليون. وكذا المخططات المستقبلية لتوسيع القاعدة النصرانية في المنطقة عامة، وأخيرًا كشف القناع عن زيف الخدمات الإنسانية للمنظمات الصليبية التي تستغل أزمات الحروب والمجاعة؛ لنشر سموم النصرانية بين الأوساط الشعبية، وخلاصة القول فإن الكتاب يضم معلمات مهمة

في النشاط التنصيري في منطقة شرق أفريقيا، واعتمد صاحبه على المصادر والوثائق ذات الصلة القوية للموضوع، إضافة إلى أنه عمل دراسة ميدانية لاسيما تلك التي عملها في مخيمات اللاجئين في كينيا، وبعض المدن في كينيا عامة والمناطق الساحلية خاصة. والكتاب طبع في نيروبي – كينيا، في ١٤٢٠هـ/ ١٩٩٩م، وهو نحو ١٠٦ صفحة.

– التنصير في القرن الأفريقي ومقاومته، للشيخ أحمد يحيى حاج عبد الله.

طبع هذا الكتاب في جده، دار العمير للثقافة والنشر، ١٩٨٦م.

– أوضاع مسلمي شمال شرق كينيا عبر التاريخ التحديات والحلول، للدكتور يونس عبدلي موسى يحيى.

ونشر هذا البحث القيم في مجلة قراءات أفريقية، العدد ١٨، لندن.

– الإسلام والتحدي التنصيري في شرق أفريقيا، للدكتور عمر سالم بابكر، من منشورات جامعة أم القرى، عام ١٤١٧هـ.

– أساليب المنصرين في الصد عن الإسلام في أفريقيا وطرق مواجهتها، دراسة ميدانية على دولة كينيا في الفترة من عام (١٤١١م– ١٤٢٠م)، لنور الدين عوض الكريم إبراهيم بابكر.

رسالة لنيل درجة الدكتوراه في الدعوة والاحتساب، لقسم الدعوة والاحتساب، كلية الدعوة والإعلام، بجامعة الإمام محمد بن سعود الإسلامية، رياض، السعودية، عام ١٤٢٢م.

– التنصير في القرن الأفريقي ومقاومته، لسيد أحمد يحيى، نشر دار العمير للثقافة والنشر، جده، عام ١٤٠٦هـ/ ١٩٨٦م.

النزاع بين الصومال وأثيوبيا:

الصراع الحبشي الصومالي من أصعب الصراعات في العالم، وقد برز منذ أن أعلن الأحباش النصارى الحرب على المجتمع الإسلامي في منطقة القرن الأفريقي في وقت مبكر، واستمر طيلة العصور الوسطى حتى ظهور الإمارات والسلطنات الإسلامية في المنطقة، وقد اعتاد الطرف الحبشي دائمًا التعدي على أراضي المسلمين، رغم أنّ المسلمين عمومًا كانوا يلتزمون وصية نبيهم محمد ﷺ عندما قال: "دعوا الحبشة ما ودعوكم،

واتركوا الترك ما تركوكم"[1]، ومع هذا كله فقد ظهر في وقت مبكر مشكلة بين الجانبين، ومن هنا ليس من الغرابة إذا ظهرت كتب وبحوث حول هذا الصراع المرير، سواء فيما يتعلق بالعصور الإسلامية الزاهية، أو في العصر الحديث.

واهتمام المسلمين بالحبشة وأهلها لم يتوقف على عصر النبي ﷺ، وعصر الخلفاء الراشدين ومن بعدهم فحسب، بل استمر على مر العصور الإسلامية حتى ظهرت كتب تتحدث عن بلاد الحبشة وأهلها وعاداتها وغير ذلك على أيدي علماء مثل:

١- ابن الجوزي، أبو الفرج عبد الرحمن بن علي (ت٥٩٧هـ): تنوير الغبش في فضل السودان والحبش، تحقيق مرزوق علي إبراهيم، دار الشريف، ط/١، ١٤١٩هـ/ ١٩٩٨م.

٢- السيوطي، جلال الدين عبد الرحمن (ت٩١١هـ): أزهار العروش في أخبار الحبوش، مركز المخطوطات والتراث، الكويت.

٣- السيوطي، جلال الدين عبد الرحمن: رفع شأن الحبشان، الناشر، دار القبلة - مؤسسة علوم القرآن.

٤- أحمد الحنفي القنائي: الجواهر الحسان في تاريخ الحبشان، الطبعة الأولى، القاهرة .

٥- المقريزي، أحمد بن علي (ت٨٤٥هـ): الإلمام بأخبار بمن بأرض الحبشة من ملوك الإسلام، الطبعة المصرية، ١٩٠٨م.

٦- عرب الفقيه، شهاب الدين أحمد بن عبد القادر سالم بن عثمان الجيزاني: تحفة الزمان أو فتوح الحبشة، تحقيق فهيم محمد شلتوت، القاهرة، ١٩٧٤م.

٧- الحسن بن أحمد الحيمي (ت ١٠١٧هـ): سيرة الحبشة رحلة إلى بلاد الحبشة في القرن الحادي عشر الهجري، تحقيق مراد كامل، القاهرة: الهيئة العامة لشئون المطابع الاميرية، ١٩٥٨م.

٨- صادق باشا المؤيد العظم (ت ١٣٢٩هـ): رحلة الحبشة من الأستانة إلى أديس أبابا ١٨٩٦م، ط/١، دار السويدي للنشر في أبوظبي، والمؤسسة العربية للدراسات في بيروت، ٢٠٠١م.

---

(١) أخرجه أبو داود.

٩- منهل العطشان في تاريخ الحبشان، للسيد صادق الولّوي، عام ٢٠٠١م.

وهكذا استمر العلماء يهتمون بالحبشة وخاصة الصراع بين المسلمين والحبشة النصارى، وممن كتب عن ذلك:

- الشيخ عمر بن صوفي حسن القادري البكري: الكبريت الأحمر في تاريخ سادات الغرر السّاكنين في مدينة هرر.

- كشف السّدول عن تاريخ الصومال وممالكهم السبع، للشيخ أحمد ريراش.

هذا الكتاب يتناول تاريخ بلاد الصومال في العصور القديمة والوسطى والحديثة، في جميع مناحي الحياة السياسية والاجتماعية والدينية، لاسيما السلطنات المحلية التي كانت تمتد من أقصى جنوب البلاد إلى البحر الأحمر، بشكل خاص على الممالك السبعة التي اشتهرت بممالك الطراز الإسلامي. والدافع من وراء تأليفه، فقد أغنانا المؤلف مئونة البحث والعناء عن ذلك حيث يقول: "سألني بعض الأصدقاء أن أجمع كتابًا في التاريخ من كتب المؤرخين الجهابذة لوطننا العزيز، سواء كانت مطبوعة أو مخطوطة وإن شاء الله يكون هذا الكتاب نواة صالحة لأسس التاريخ الصومالي، وموقظًا لهمم الشعب المكبلة ونهضة للجيل الناشئ، فأجبت نداءه وإن لم أكن أهلًا لذلك الميدان". والكتاب يعد مصدرًا مهمًّا لتاريخ منطقة القرن الأفريقي، وقد بذل المؤلف جهدًا جبارًا في سبيل إعداد تأليف هذا الكتاب الذي يحتوي على معلومات مهمة بالنسبة لتاريخ الصومال عامة والصومال الغربي بصفة خاصة، وكذلك بالنسبة للدور الذي لعبه أهل الصومال عبر التاريخ دفاعًا عن وطنهم ودينهم وقوميتهم ضد الاحتلال الحبشي والدول الاحتلالية الأخرى، وقد بيّن المؤلف عداوة الحبشة، التقليدية للصومال من ناحية، ونضال الشعب الصومالي ضد الأطماع الاحتلالية الحبشية بصرف النظر عن الأقنعة المختلفة التي كان ولا يزال يتستر وراءها الاحتلال الحبشي. وقد وردت في الكتاب معلومات مدعمة بأدلة تاريخية تكشف بعد المزاعم الحبشية عن الصدق، وتعتبر ردًّا علميًّا على أي تزييف لتاريخ المنطقة، وتشير في نفس الوقت إلى عراقة نضال الشعب الصومالي وقِدَم حضارته. والقارئ لهذا الكتاب يلاحظ أن المؤلف لم يستطع أن يخفي إحساسه وعواطفه وميوله الوطنية، أما المدة التي استغرقها تأليف الكتاب، فيقول المؤلف: "وكان في نيتي منذ

سنوات أن أضع كتابًا يبحث عن تاريخ الصومال قديمًا وحديثًا، ولم يكن لدى من المعلومات الواضحة ما يكفينا للوصول إلى حقائق مقنعة حتى وجدت كتابًا مخطوطًا بخط قديم في ٩٦٠هـ يتكلم عن الملوك الصوماليين الذين أسسوا الممالك السبعة وغيرها . وبعد ذلك عرفنا منابع التاريخ للصوماليين وتطوراتها وكنت في بحثها وجمعها للكتب والمعلومات في مدة لا تقل عن ثلاث عشرة سنة وإن لم يكن هذا الجزء الصغير مناسبًا بهذه المدة الكثيرة، لكن ما احتواه لكبير وعزة الوجود وأرجو من الله أن يكون خالصًا لوجهه الكريم ونافعًا لأبناء وطني العزيز وشعبي الأبي والله الموفق للصواب".

ويتكون الكتاب من ١٦ بابًا، وقد بدأ مؤلفه قطوف من التاريخ الإسلامي عامة وتاريخ الصومال خاصة، وتقسيم التاريخ وعصوره. ثم تحدث المؤلف عن دخول الإسلام وانتشاره في الصومال، وأصل الصومال وأقسامهم، كما تحدث عن ممالك الطراز الإسلامي وغزواتهم ضد الأحباش وبيان مدة ولايتهم، وتحدث بالتفصيل عن جهاد الإمام أحمد بن إبراهيم ضد الحلف الصليبي، وتاريخ المجاهد السيد محمد عبد الله حسن وكفاحه ضد الاحتلال. وقد تناول الكتاب قيام الأحزاب الاستقلالية في الصومال ونضال الشعب الصومالي ضد الاحتلال الثلاثي الأوروبي، وعلى رأس هؤلاء الأحزاب، حزب وحدة الشباب الصومالي، واختتم المؤلف كتابه عن ثورة ٢١ أكتوبر عام ١٩٦٩م في الصومال التي كان يقودها اللواء محمد سياد بري، وأهداف الثورة وإنجازاتها. والكتاب يقع في ٢٥٣ صفحة، وطبع بمطابع وكالة الدولة للطباعة بمقديشو عام ١٩٧٤م . ويضم بعض صور مفيدة لأشخاص وأماكن أثرية.

وفي القرون المتأخرة استمر النتاج حول هذا الصراع.

- الجهاد الإسلامي في شرق أفريقية في القرن العاشر الهجري/ السادس عشر الميلادي، لنوال حمزة يوسف الصيرفي. وهو كتاب تناول عموم حركة الجهاد الإسلامي في منطقة شرق أفريقيا، كما تناول حركة الإسلامي في منطقة القرن الأفريقي وصراع المسلمين مع نصارى الحبشة، والكتاب عبارة عن رسالة الدكتوراه في التاريخ الإسلامي الحديث، بقسم الدراسات العليا التاريخية والحضارية التابع لكلية الشريعة والدراسات الإسلامية، بجامعة أم القرى بمكة، عام ١٤٠٧هـ/١٩٨٧م.

– **كتاب الهزيمة الثالثة:** الكفاح التاريخي للصومال الغربي للشيخ إبراهيم عبد الله ماح، يتحدث عن الكفاح التاريخي للصومال الغربي ضد الاحتلال الحبشي. ويناقش المؤلف بجلاء الصراع المرير بين العنصرين الصومالي والأثيوبي على تراب القرن الأفريقي منذ انتشار الإسلام في المنطقة. ومن ناحية أخرى فإن الكتاب يعطي للقارئ فكرة عن الدولة والثورات وحركات التحرير التي قامت في الصومال الغربي. ويتضح أن الكتاب يحمل في طياته بعض الصور المشرقة من تاريخ الصومال الهام، ويبرهن على وحدة أصول شعوب أروما والصومال وعفر، وأنها هي الأغلبية في العصر والعدد والعقيدة، والمساجد في القرن الأفريقي ومما يجعل أنهم مؤهلون في القيادة لمنطقة القرن الأفريقي.

والكتاب يسلط الضوء على بعض الحقائق التاريخية والسياسية والدينية التي رافقت تطورات النزاع بين الصومال، وقومية أمهرة عبر القرون.

والكتاب يتكون من خمسة فصول، وربما يلاحظ القاري طول بعض الفصول، وإيجاز بعض الفصول الأخرى في الأنباء نظرًا للظروف التي يصدر فيها الكتاب والتي تتطلب سرعة التنفيذ في جبهة القتال وجبهة السياسة والإعلام.

ويمتاز المؤلف – رحمه الله – أنه يشرح بعض الأحداث التاريخية، وعلى كل حال فقد طبع الكتاب بمطبعة مكتبة النهضة المصرية في القاهرة عام ١٩٨٢م، ويقع في ١٤٥ صفحة.

– **تحفة الأوفياء لمسيرة التحرير والتعريب في القرن الأفريقي،** للشيخ إبراهيم عبد الله ماح، يعدّ هذا الكتاب من أضخم الكتب التي ألفت في تأريخ منطقة القرن الأفريقي، وعلى الرغم من أنه غير منتظم وغير متناسق في مادته العلمية المتناثرة في ثنايا الكتاب، إلا أنه يعتبر موسوعة تاريخية غنية بمعلومات مفيدة قد لا تجدها في غيره، لاسيما في القضايا التي عاصر بها المؤلف والتي شكلت هاجسه وأثرت على تفكيره، وهذا الأمر واضح فيما جاء في الكتاب وفي ترتيب فصوله. والكتاب يتناول الصراع الصومالي الحبشي، أو بالأحرى الصراع بين المسجد والكنيسة، ويكشف صمود المسلمين في منطقة القرن الأفريقي أمام تحديات الطغيان المسيحي الصليبي الأثيوبي المتحالف مع الغرب، وحينا مع الشرق، والمؤلف تحدث عن الحقب التاريخية المختلفة وأدوار هذا الصراع غير أنه ركز

على الصراع الصومالي الأثيوبي في العصر الحديث، ودور جبهة التحرير الصومالي الغربي (ONLF)، وأغلب المعلومات المعاصرة مستمدة من خلال خبرته ومعايشته بالأحداث، التي عكس هموم المؤلف تحليل الأحداث بُعدًا إسلاميًّا وعربيًّا، كما أصَّلَ تبعية القرن الأفريقي للمنطقة العربية دينيًّا وتاريخيًّا وحضاريًّا، والحقيقة أن الباحثين لا يستغنون عن المعلومات الغزيرة التي وردت في الكتاب، وكذا بعض الوثائق والخرائط التي جاءت ملحقة في ذيل الكتاب. مثل ما ورد في صفحة ٦٩٦، حيث يذكر بعض الأخبار التي تشير إلى أن سلطة ملكة بلقيس وصلت إلى أرض الصومال، لاسيما مدينة أيل ayl الساحلية في شرقي الصومال وإلى مدينة هرر، وكذا علاقة هذه الملكة بملكة أراويللو الصومالية Arawello[1] وقد طبع الكتاب بالإمارات العربية المتحدة على نفقة الشيخ الدكتور سلطان بن محمد القاسم حاكم الشارقة، دون ذكر اسم المطبعة في عام ٢٠٠١م ويقع الكتاب في ٧٣٦ صفحة.

قد فند زميلنا الباحث الأستاذ سليمان حاج عبد الله جزء من تلك المشكلة وكتب عنها دراسة قيمة سمّاها: **مشكلة الحدود الصومالية الأثيوبية ودور القوى الدولية فيها (١٩٤٨ – ١٩٧٨م)**: وذكر أنّ دراسته تبحث في آخر فترة من فترات الصراع الصومالي الأثيوبي الذي تعود جذوره إلى القرن الأول الميلادي، علمًا أنّ الفترة التي يتناولها الباحث اتسمت بطابعها السياسي والحدودي، حيث ظهرت فيها ما عرف بمشكلة أوجادين، منذ أن قامت بعض الدول الأوروبية الاحتلالية اعتبارًا من سنة ١٩٤٨م، باقتطاع أجزاء من الأراضي الصومالية وضمّها إلى أثيوبيا، ثم رسمت مع الأخيرة حدودًا وهمية على هذه الأراضي عام ١٩٥٠م، إلى أن اكتملت إجراءت نقل إدارة كل المناطق الصومالية المحجوزة إلى السلطات الأثيوبية سنة ١٩٥٤م، ليصبح منذ ذلك الحين شعب الصومال الغربي رهنًا لحل المشكلة المفتعلة. كما تابعت الدراسة تطورات المشكلة حتى نهاية حرب أوجادين سنة ١٩٧٨م.

---

(١) أراويللو: اسم هذه الملكة ورد في القصص الصومالية الأسطورة التي ما زالت ترويها الأجيال شفهيًّا، ويروى أنها كانت تعيش في الأجزاء الشمالية الصومالية، وأنها كانت جبارة تمتلك قوية كبيرة حتى قهرت الرجال وأذلت كثيرًا منهم، كما أنها كانت تحكم أراضي شاسعة.

وقد ذكر الباحث في مدخل دراسته جغرافية الصومال وأثيوبيا والنواحي الاجتماعية فيها، والجذور الدينية والتاريخية للصراع الصومالي الحبشي وطبيعته. كما تطرق إلى ظهور مشكلة الحدود بين الطرفين في الأربعينيات من القرن المنصرم، ودور هيئة الأمم المتحدة في تسوية المشكلة. هذا وقد توصل المؤلف إلى عدة توصيات عامة ومن أهمها: أن الصراع الصومالي الأثيوبي وإن بدأ بدافع توسعات جغرافية وأطماع سياسية، إلا أنه استمد بقاءه وعنفوانه في تاريخه الطويل من معتقدات الطرفين عزة نفس إسلامية وتعصب مسيحي، أي أنّ الصراع أخذ بطابع ديني بحت. كما توصل الباحث بأنه لا يمكن النظر إلى مشكلة الحدود الصومالية الأثيوبية بمعزل عن بقية أدوار الصراع القديم بين البلدين. وهذه الدراسة لها أهميتها الخاصة؛ لأنّها تتناول بالبحث قضية من القضايا الإسلامية العالقة والتي ينبغي أن يُعطي لها حقها من الدراسة العلمية على مستوى الجامعات.

وهذه الرسالة تأتي ضمن رسالة علمية قُدِّمَت لنيل درجة الماجستير في التاريخ الحديث، من قسم الدراسات التاريخية والحضارية التابع لكلية الشريعة والدراسات الإسلامية من جامعة أم القرى بمكة المكرمة، وقد نوقشت هذه الرسالة بتاريخ ١٤١٨/٨/١٧هـ .

وهذا البحث يتكون من مقدمة وفصل تمهيدي وخمسة فصول وخاتمة، وقد بدأ صاحبنا دراسته بالفصل التمهيدي المتمثل بقيام دراسة جغرافية ببلاد الصومال وكذلك أثيوبيا باعتبار هذين البلدين محل الدراسة والبحث، كما امتدت الدراسة إلى النواحي الاجتماعية فيهما، والجذور الدينية والتاريخية للصراع الصومال الحبشي وطبيعته.

وفي الفصل الأول تناول الباحث ظهور مشكلة الحدود بين الصومال وأثيوبيا في فترة الأربعينيات من القرن الماضي . أما في الفصل الثاني فقد تطرق الباحث لدور هيئة الأمم المتحدة في تسوية المشكلة في عهد الوصاية التي كانت ما بين ١٩٤٠م وحتى ١٩٦٠م.

وفي الفصل الثالث تناول الباحث المشكلة بعد أن أصبحت بين الجمهورية الصومالية والإمبراطورية الأثيوبية في عهد الملك هيلا سيلاسي. وفي الفصل الرابع يلقي الباحث الضوء على تدويل المشكلة في السبعينيات ومدى خطورة ذلك على أمن المنطقة . أما في الفصل الخامس قبل الأخير فقد انصب على الحرب الصومالية الأثيوبية لتحرير الصومال الغربي حسب الرؤية الصومالية في عام ١٩٧٧ – ١٩٧٨م. وفي ختام البحث ذكر الأستاذ

سليمان حاج عبد الله نتائج مفيدة توصل بها من خلال بحثه. الجدير بالذكر أن الباحث اعتمد على مصادر ومراجع مفيدة لها علاقة قوية بالبحث، بما فيها وثائق رسمية من الأمم المتحدة والجامعة العربية، وإن كان الباحث لم يتحرر عن نزعته الوطنية التي نستطيع أن نلاحظها من خلال قراءة البحث، حيث معظم مصادره تقوي وجهة النظر الصومالية، وممن كتب:

- بشير أحمد صلاة: **التاريخ السياسي لسلطنة عدل الإسلامي في القرن الأفريقي (٨١٨هـ/١٤١٥م ــ ٩٤٩هـ/١٥٤٣م)**، العراق، بغداد م جامعة الدول العربية لمنظمة العربية للتربية والثقافة والعلوم معهد البحوث والدراسات العربية، بغداد، قسم البحوث والدراسات التاريخية، ذي الحجة ١٤٠٧هـ/ ١٩٨٧م، وهي جزء من متطلبات الحصول على درجة الماجستير في الدراسات التاريخية.

- إبراهيم عبد الله ماح: **أوغادين يتحدى**، وهذا الكتاب من مجموعة رسائل نضالية وحماسية، ويقع تقريبًا في ٤٠ صفحة، وطبع في السودان عام ١٩٩٤م)[1].

- إبراهيم عبد الله ماح: **حرب الخرائط في القرن الأفريقي والهلع الأثيوبي من التغيير الحضاري**، لم يطبع حسب علمي، وقد أخبرني المؤلف – رحمه الله – أثناء لقائي معه في الخرطوم بالسودان في شهر نوفمبر عام ٢٠٠٦م وعلى هامش مؤتمر "الإسلام في أفريقيا" بأنّ الكتاب تحت الطبع ولا أدري الآن مصيره.

- بشير حسن محمد: **النزاعات المسلحة بين النظام الأثيوبي وشعب الأوغادين وأثرها على التنمية في المنطقة في الفترة من (١٩٦٣م –١٩٧٩م)** .

- عبد الرحمن حسين سمتر: **أسباب الصراع في القرن الأفريقي**، وهذا الكتيب كان جزءًا من كتاب السنوات العجاف في الصومال من (١٩٩٠ –١٩٩٩م)، ونظرًا لتأخر صدور الكتاب لظروف خارجة عن إرادة المؤلف – كما صرح ذلك في المقدمة – نلاحظ أن هذا الجزء يمكن فصله من الكتاب وإصداره مستقلا، لأنه كان في ذيل الكتاب بعد سرد أحداث سنوات العجاف، من عرض وتحليل وشرح

---

(١) وقد سبق الحديث عنه.

للأسباب والبواعث والخلفيات. ورغم صغر حجم الكتاب إلا أن المؤلف تناول بعض القضايا التي في غاية الأهمية، بحيث تحدث عن الصراع في القرن الأفريقي وأطراف ذلك الصراع ومراحله وغير ذلك من القضايا المهمة. والكتاب يقع في ٤٥ صفحة وطبع هذا الكتاب بمطبعة أنس بن مالك، بمقديشو في عام ٢٠٠٠م.

– عبد الرحمن حسين سنتر: **لما يتقاتل العالم في القرن الأفريقي**، وأصل هذا الكتاب كان جزء من ضمن سلسلة كتاب " السنوات العجاف في الصومال من ١٩٩٠م – ٢٠٠٠م، وقد بدل المؤلف مجهودًا كبيرًا، وقد تناول أطراف الصراع في المنطقة، ومراحل تطوره، وأدوار الأطراف ودور الفصائل الصومالية في هذا الصراع. ولم ينس المؤلف دور التدخل الخارجي وتأجيجه للصراع مثل الدور الأمريكي. وفي النهاية الكتاب قدم المؤلف الحل الطبيعي لقضية القرن الأفريقي كما يراه، والكتاب يقع في ٩٦ صفحة، وقد أنهى كتابه في عام ١٤٣١هـ الموافق ٢٠١٠م، وطبع في مقديشو – الصومال.

– عبد الله عمر نور: **مسيرة الإسلام في الصومال الكبير**، من أهم الكتب التي تناولت مسيرة حركة التاريخ الإسلامي في الصومال، وتحدث المؤلف عن بعض القضايا المهمة تتعلق بالتاريخ والحضارة الإسلامية، وطبع الكتاب بمقديشو الصومال عام ٢٠٠٤م.

– عبد القادر عمر كاتب: **النزاع الصومالي الأثيوبي حول إقليم أوجادين من منظور القانون الدولي**، وهي دراسة قيمة وترجع أهميتها بأنّها تسلط الضوء على الموقع الاستراتيجى الذي تحتله منطقة القرن الأفريقى، والنزاع حول الإقليم ويكتسب الموضوع أهمية من تلك الاستراتيجية ويعد من أخطر المشاكل التي واجهت منطقة الوحدة الأفريقية، وإن هذه الدراسة تتسم بالطابع القانونى والدعوة إلى التسوية السلمية، وتكمن مشكلة البحث في أن هذه المنطقة أضحت موضع صراع بين الصومال وإثيوبيا، وافترضت الدراسة أن أسرع وسيلة لتحقيق الأمن هو اللجوء إلى الوسائل السلمية لفض النزاعات الدولية، وأن مشاكل الحدود الأفريقية هي تلك التي زرعتها الدول الاحتلالية، وهي ضد حقوق الشعوب الأفريقية المضطهدة، وتطرقت الدراسة إلى طبيعة النزاع الصومالى الأثيوبي حول الإقليم

والحجج التي تستند عليها كل من الدولتين، والطبيعة القانونية للاتفاقات والمعاهدات التي تم بموجبها تقسيم الأراضي الصومالية، والجهود الدولية والإقليمية المبذولة لحل النزاع، والدراسة عبارة أخذت بالمنهج الوصفي التحليلي والتاريخي، وتوصلت إلى عدة نتائج أهمها: أن المعاهدات الاحتلالية التي تم بموجبها تم تقسيم الصومال، تعتبر لاغية وفق القانون الدولي، وأن أسباب النزاع حول الإقليم لها جذور احتلالية، وأن المنظمات الدولية والإقليمية لم تبذل جهودًا فعالة لتسوية النزاع، واختتم بعدة توصيات أهمها إعادة النظر حول المعاهدات الاحتلالية، واللجوء إلى الوسائل السلمية والقانونية المنصوص عليها في الوثائق الدولية لفض النزاع، وعلى الدولتين إعطاء الأولوية لسكان الإقليم لتقرير مصيرهم. والدراسة عبارة عن بحث علمي نال صاحبه درجة الماجستير من كلية الشريعة والدراسات الإسلامية، بجامعة أفريقيا العالمية في الخرطوم، عام ٢٠٠٢م.

- عبد الله آدم موسى محمد: **الحرب الصومالية الأثيوبية (١٩٧٧–١٩٧٨) وموقف القوى الإقليمية والدولية منه**، ونال الباحث من خلال هذا البحث درجة الماجستير في التاريخ الحديث والمعاصر من معهد البحوث والدراسات العربية بالقاهرة. وكان البحث قد اشتمل على فصل تمهيدي وخمسة فصول وخاتمة، ويتناول أصول الصراع الصومالي الأثيوبي، وما قام به الاحتلال الأوروبي والحبشي بالأراضي الصومالية، وما ترتب على ذلك من المقاومة الصومالية للاحتلال الأجنبي.

- عبد الله حسن محمد: **وقفات مهمة في التاريخ الأفريقي**، هذا الكتاب يقع في ١٦٧ صفحة، ويحوي فيه معلومات مفيدة عن القارة الأفريقية تاريخيًّا وحضاريًّا. وحسبما رتب الكاتب الكتاب فإنه قسم إلى خمسة فصول، فالفصل الأول تناول المؤلف أصل الأفريقيين السود، وأصل كلمة أفريقيا، وبعض الحضارات للإمبراطوريات الأفريقية القديمة مثل: إمبراطورية غانا، ومالي، والحبشية.

وفي الفصل الثاني تحدث عن دور أفريقيا السوداء في الحضارات العالمية، حيث تناول بعض رجالات الإسلام في أفريقيا مثل الشيخ عثمان دان فوديا، والسيد محمد عبد الله حسن. وفي الفصل الثالث كان حديثه منصبًّا على أحوال أفريقيا منذ القرن ١٥ إلى القرن ١٩، ومن بين ذلك تجارة العبيد وآثارها والاحتلال وآثاره في أفريقيا.

وفي الفصل الرابع تحدث المؤلف عن الحرب العالمية الأولى والثانية، وأسبابها وآثارها على أفريقيا، ثم تحدث المشاكل التي واجهت بعض الدول الأفريقية بعد استقلالهم عن الاحتلال. كما في الفصل الخامس خصص حديثه عن الشيوعية والاشتراكية. وفي نهاية الكتاب أشار المؤلف إلى تأخر القارة الأفريقية في جميع مجالات الحياة، وردّ هذا التأخر إلى تأخر ظروفها التاريخية والحضارية قديمًا، مضافًا إليه ضعف مستواها الثقافي والعلمي والاقتصادي حديثًا. ولا يتوانى المؤلف أن يقول بأن المشكلة الحقيقية عند الأفريقيين إنما هي عدم وضوح الرؤية، فأصل المتاعب غير معروف والطريق إلى حلها مجهول . وعلى العموم أراد المؤلف من كتابه هذا - كما ذكر سابقا في مقدمته - كمساهمة صومالية في المكتبة العربية، وإيمانا منه بأن الالتحام العربي والأفريقي الذي تدعمه جهات عربية سياسية وعلمية عديدة .. لن يؤتى ثماره ما لم يسخر القارئ على فكرة ولو موجزة عن تاريخ أفريقيا عبر عصورها المختلفة واعيا الظروف القاسية التي مرّت بالإنسان الأفريقي، والتي تؤثر عليه حتى اليوم فكرًا وعملًا؛ لأن فهم الظروف الماضية شرط أساس لإدراك الأحداث الحاضرة كما يقول المؤلف. هذا، ويلاحظ بأن الكتاب لا يُعنى بأحداث قطر معين أو تاريخ خاص ببلد من البلدان الأفريقية، ولكنه مركّز على أقطار القارة كلها. مع تجنب المؤلف قدر المستطاع حشو المعلومات والأحداث التي لا تخدم هذا الفرض أو قد لا تهم القارئ العربي. غير أنه يُعاب على الكاتب أنه لم يوثق معلوماته التي أوردها في كتابه، وبجملتها معلومات مفيدة جدًّا، رغم إدراكه في ذلك إلا أنه لم ير مشكلة في ذلك؛ لأنه اعتبر المعلومات الواردة في كتابه خلاصة تجاربه وتصوراته الخاصة، وبعضها قد توافر لديه في صورة ملاحظات مدوّنة خلال سنوات طويلة من قراءات متعددة لا يعرف لها مرجعًا رغم ثقته في صحتها. بل إن هذه المعلومات هي على درجة من المشاعية.

والكتاب من مطبوعات دار الرفاعي للنشر والطباعة والتوزيع في الرياض - السعودية، الطبع الأولى بتاريخ ذي الحجة عام ١٤٠٢هـ الموافق سبتمبر عام ١٩٨٢م. رغم أن المؤلف أنهى كتابه في ٦/ ٣/ ١٤٠١هـ في مدينة الرياض.

عبد الله المشد: تقرير عن أحوال المسلمين في بلاد الصومال، وأريتريا، وعدن، والحبشة، وكتب المؤلف هذا الكتاب بالمشاركة بأحد أعلام الأزهر الشريف الشيخ محمود خليفة، والكتاب من مطبوعات مطبعة الأزهر بمدينة القاهرة، في السنة ١٩٥١ .

- عبدى عواله جامع: أساس مشكلة القرن الأفريقي، هذا الكتاب طبع في مقديشو الصومال عام ١٩٧٨م.

ويتحدث المؤلف في كتابه عن أساس مشكلة القرن الأفريقي كما يبدو من عنوان الكتاب.

- **محمد إبراهيم عبدي: مشكلة الصومال الغربي وأثرها على العلاقات الصومالية العربية والأفريقية (١٩٦٠م –١٩٨٨م).** وتطرق الكتاب إلى مشكلة من أكثر المشكلات الأفريقية تعقيدًا، وهي: مشكلة الصومال الغربي، سواء من ناحية المدى الزمني الذي استمر جرحها ينزف، أو من ناحية قوة تأثرها على مصالح القوى الإقليمة والدولية من ناحية أخرى، كما تعد المشكلة أحد إفرازات كل من الصراع الصومالي الأثيوبي في العصور الوسطى والحديثة. ونظرًا لأهمية القرن الأفريقي وارتباطه بالبحر الأحمر والخليج العربي، وتداخل الهويات العربية والأفريقية فيه، فإن المشكلة باتت إحدى محددات العلاقات العربية الأفريقية، والكتاب بطبيعة الحال هو إسهامة ومحاولة من أحد أبناء المنطقة؛ لإلقاء الضوء على طبيعة القضية وتأثيراتها الإقليمية في أصعب مرحلة مرت بها. والكتاب منشور بمكتبة دار الفكر العربي بالقاهرة.

- **محمد آدن محمود المعروف بمحمد صلاة – شيخي: الملامح الاجتماعية والاقتصادية في شرق أفريقيا (تنزانيا– كينيا– أوغند)،** ورغم أنّ عموم الكتاب يتناول عن منطقة شرق أفريقيا وخاصة تنزانيا، كينيا وأوغندا إلا أنّ المؤلف تحدث عن سقوط هرر تحت الاحتلال الحبشي وأبعاده السياسية والثقافي والاجتماعية والاقتصادية.

- **مصطفى شيخ آدم أمين: الدور الأثيوبي في السياسة الداخلية الصومالية في الفترة من (١٩٩٠م–٢٠٠١م).**

رسالة علمية للحصول على درجة الدكتوراه في مركز البحوث والدراسات الأفريقية التابعة بجامعة أفريقيا العالمية. وتناولت الدراسة جغرافية الصومال والإرث الحضاري الثقافي والسياسي في الصومال، والدور الذي تؤدية دول القرن الأفريقي مركزة على دولتى أثيوبيا وجيبوتي وعلى مجريات الأحداث السياسية الداخلية في الصومال وربط الدور الذي

يمكن أن تؤديه أثيوبيا بمدى اقتناع أصحاب الشأن السياسى في الصومال، خاصة أن سياسة أثيوبيا تجاه الصومال يكتنفها الغموض، أما علاقة الصومال بجيبوتي فهى علاقة ذات طابع خاص يتمثل في اللغة والدين والأصل المشترك، ولجيبوتي دور ملحوظ في دعم وتقليل حجم المأساة التى تعرض لها الصومال نتيجة للصراعات الداخلية، كما أن لها دورًا في مستقبل الصومال في القضايا السياسية والاقتصادية والاجتماعية، وقد استخدمت الدراسة المنهج الاستنباطي والاستقرائي والتاريخي والوصفي ومنهج دراسة الحالة، بينما استخدمت المصادر والمراجع والتقارير والوثائق المنشورة كأدوات لجمع البيانات، وخلصت الدراسة إلى أن الدور الأثيوبي في السياسة الداخلية يغلب عليه طابع الانتهازية نتيجة للصراع المؤسس على الدين مما جعل الشعب الصومالى لا يثق بأي دور أثيوبي، كما أن أثيوبيا تستخدم مفهوم الأمن القومي الأثيوبي في سبيل إعاقة استمرارية الحكومة الانتقالية، وأن رفض أثيوبيا لأي دور عربي وإسلامي في الصومال ساهم في فشل كثير من المساعي والمصالح الوطنية، كما أن لأثيوبيا دورًا كبيرًا في الدعم اللوجستي والمعنوي والمادي لفصائل المعارضة الصومالية، أما جيبوتى فلها دور إيجابي كبير في حل الأزمة الصومالية، تمثل في عقد مؤتمرات المصالحة الوطنية و أهمها مؤتمر عرتة.

- يوسف سيد علي طوح: نضال الصومال الغربي (أوجادين) وأطماع أثيوبيا التوسعية عبر التاريخ، وقام المؤلف الشيخ الفاضل يوسف سيد علي طوح بعرض وتحليل لتاريخ منطقة القرن الأفريقي بصفة عامة ومنطقة الصومال الغربي المعروفة بأوجادين بصفة خاصة، منذ أن دخل الإسلام فيها، وهو بمثابة دراسة ميدانية حول ما يجري في المنطقة من تصادم. وأشار المؤلف إلى الصراعات المحلية التي مرت بها المنطقة بين المسلمين الصوماليين بإماراتهم قبل دخول الاحتلال، وبين نصارى الأحباش، كما أشار إلى المقاومات الوطنية الجهادية والسياسية النضالية، حتى استقلال جزئين من أرض الصومال. والكتاب يُعدُّ فريدًا من نوعه، ويحمل في طياته أخبارًا وأحداثًا تاريخيةً حدثت في المنطقة، ويقدم دراسة تجسد خفايا الصراع والأدوار التي مرّ بها الصراع، لذا فهو مصدر مهم في موضوعه، ويقع في ٣٩٤ صفحة، طبع الكتاب المركز الصومال للطباعة بمقديشو – الصومال، الطبعة الأولى عام ١٤٢١هـ/ ٢٠٠٠م.

– يوسف سيد علي طوح: **دور أثيوبيا في الصومال بعد سقوط حكومته**، وحد علمي أن الكتاب كان مخطوطًا غير مطبوع في حوزة المؤلف وكان ذلك في عام ٢٠٠٢م عندما كنا نعمل معًا بالجامعة الإسلامية قبل سفري إلى شمال أوروبا، وقد أكد لي الشيخ عبد السلام يوسف أحد أبناء المؤلف بأنّ هذه الرسالة كانت ملحقة بالكتاب السابق، وأنّها سوف تنار النور إن شاء الله، وما زالت غير مطبوعة.

– محمد علي سيرار: **الجهاد الإسلامي لمقاومة الاحتلال الأجنبي في الصومال**، للسيد محمد عبد الله حسن. بحث مقدم إلى معهد البحوث والدراسات الأفريقية – جامعة القاهرة، ١٩٨٨. طبع بدار العمير للثقافة والنشر بجده – السعودية في الطبعة الأولى، عام ١٤٠٦هـ/ ١٩٨٦م، وعدد صفحات الكتاب يصل إلى ٢٣٠ صفحة. وكان أصل هذا الكتاب كان رسالة علمية نال صاحبها درجة الماجستير في الثقافة الإسلامية كلية الشريعة بجامعة محمد بن سعود الإسلامية بالرياض – المملكة العربية السعودية عام ١٩٨٥م.

– **١٠٠ يوم مع ثوار أقليم أوغادين المنسي**، للأستاذ أحمد أبو سعدة.

ورغم أن الكاتب سوري الجنسية، إلا أن نضال الشعب الصومالي في محاولاته في تحرير أراضيه في منطقة أوغادين موجودة في حسّه ولم تغب عن ذاكرته، بل قام أن سطر شيئًا من معانات هذا الشعب مع الاحتلال الحبشي. ويتحدث الكاتب ثورة الشعب الصومالي، ولا سيما نضال جبهة التحرير للصومال الغربي مع أثيوبيا في عام ١٩٧٧م، ويمتاز هذا الكتاب بأنّ المؤلف نفسه شارك تحركات المجاهدين نحو تحرير أراضيهم، حيث مكث معهم أكثر من ثلاثة شهور متتالية، وبذلك يعتبر شاهد العيان، وأنّ غالب الكتاب يتناول معلومات لها علاقة بعملية التحرير والنصال.

– **الصراع الصومالي الأثيوبي حول منطقة الأوغادين، دراسة في الجغرافية السياسية**، للأستاذ نايف داود السعدي.

وهذا الكتاب تحدث كما يبدو عنوانه الصراع الصومالي الحبشي في منطقة الأوغادين من أراضي الصومال، ويركز الكاتب دراسته نحو ما يسمى الجغرافية السياسية. والكتاب عبارة عن دراسة نال صاحبها درجة الماجستير، كلية التربية بجامعة البصرة عام ١٩٩٠م.

- صراع القوى العظمى حول القرن الأفريقي، لصلاح الدين حافظ.

والمؤلف عرض أسباب العلاقات التاريخية الوثيقة بين العرب والأفارقة منذ فجر التاريخ، وأنّ هذه العلاقات البالغة القِدَم نتيجة الهجرات العربية الأولى، التي قفزت إلى القارة السمراء عن طريق البر وأمواج البحر على السواء، وكذلك الهجرات الأفريقية إلى بلاد العرب، ومن ثم الامتزاج والتلاحم بين الجنسين خلال العقود القديمة. وهذه الدراسة تحدثت عن دور اليمنيين والعمانيين في دق أبواب القرن الأفريقي، وكذا دور مصر التي تعتبر همزة الوصل الكبرى في ربط العرب بأفريقيا، لا سيما دور الأزهر وكنيسة الاسكندرية في تحقيق درجات أسمى من الترابط والتمازج بين العنصرين، واستمر الحديث حتى في عصور القهر والاستبداد التي قادها الاستعمار الأوروبي، علمًا أنّ المؤلف حاول ايضاح التأثير الاستراتيجي المتبادل بين المنطقتين العربية والأفريقية، حيث تتبع ذلك حتى في الصراع الدائر في العصور المتأخرة الحديثة، غير أنّ المؤلف قسّم هذا الصراع إلى قسمين حسب منظور شامل عميق وهما، أولًا: الصراع العربي الإسرائيلي الذي ما زال يشكل عامل التوتر الأساسي في المنطقة. ثانيًا: الصراع المحتدم بين القوى العظمى في فترة الحرب الباردة على المصادر وحقول البترول العربي الإيراني، وعلى التحكم في مراكز نقله وطرق عبوره، بما فيها الممرات والمضايق الاستراتيجية الحاكمة والمتحكمة. ويمتاز الكتاب بأنّه يحمل عدة ملاحق مهمة ومفيدة، وهي عبارة عن اتفاقيات مبرمة بين الأوربيين والقبائل الصومالية لتبرر التدخل والسيطرة على الأراضي الصومالية، وكذلك الاتفاقيات الإيطالية الحبشية لتحديد الحدود الحبشة مع الصومال الإيطالي. والكتاب يقع في ٢٦٣ صفحة، وهو ضمن سلسلة كتب ثقافية شهرية يصدرها المجلس الأعلى للثقافة والفنون والآداب في الكويت، ومن مطبوعات مجلة عالم المعرفة في عددها ٤٩، في ربيع الأول- ربيع الآخر ١٤٠٢هـ/ يناير (كانون الثاني) ١٩٨٢م.

- وثائق عن الصومال والحبشة وإريتريا، للأستاذ أحمد برخت ماح.

كتاب كبير الحجم ويتناول مواضيع كثيرة مختلفة، ومن هذه المواضيع الحديث عن الصراع الصومالي الحبشي عبر التاريخ. وقد طُبعَ الكتاب بمؤسسة الطوبجي للتجارة والطباعة والنشر بالقاهرة في مصر، عام ١٩٨٢م.

- محمد المعتصم سيد: **دول إسلامية في شرق أفريقيا (هرر والصومال)**، القاهرة، المجلس الأعلى للشئون الإسلامية، ١٩٦٤م.

الكتاب يدور حول الصراع الديني بين المسلمين والمسيحيين في بلاد الحبشة، وكذا الجهاد الإسلامي ضد الأمهرة بقيادة الإمام أحمد بن إبراهيم جران، ويعطي نبذة عن تاريخ السلطنات الإسلامية التي قامت في القرن الأفريقي، المسمى دول الطراز الإسلامي، وكذلك الإمارات الإسلامية الأخرى من زيلع وهرر. وتحدث المؤلف عن سياسة مصر نحو الصومال قديمًا، لا سيما في العصور الحديثة حتى قدوم الاحتلال وما بعده. وفي بعض فصول الكتاب خصص ساحل الصومال وهرر أيام الإدارة المصرية، بالإضافة إلى التنافس الدولي والاحتلال وأثر ذلك. ويقع الكتاب حوالى ١١٧ صفحة، وهو ضمن سلسلة دراسات في الإسلام التي يصدرها المجلس الأعلى للشئون الإسلامية بالقاهرة، عدد ٣٦، ١٥ ربيع الأول ١٣٨٣هـ/ ٢٤ يوليو عام ١٩٦٤م.

وقد اهتم كثير من الكُتَّاب بشأن الصراع الصومالي الحبشي، حتى أنتجوا قائمة من المصادر والمراجع تخص في هذا الشأن، مما يدل على أنّه صراع مرير لا يستهان بأمره، بل إنّ البعض ذهب إلى أنّه من أصعب الصراعات الأممية التي شغلت في بال القاطنين في منطقة القرن الأفريقي، ومن هؤلاء:

١- عبد المجيد عابدين: **بين العرب والحبشة**، ط/ ٢ القاهرة، دار الفكر العربي، ١٩٤٧م.

٢- يوسف أحمد: **الإسلام في الحبشة**، القاهرة، مطبعة حجازي، ١٩٣٥م.

٣- محمود علي توريري: **قضية القرن الأفريقي في ضوء القانون الدولى**، القاهرة، الهيئة المصرية العامة للكتاب، ١٩٧٩.

٤- زاهر رياض: **الإسلام في أثيوبيا في العصور الوسطى**، القاهرة، دار المعرفة، ١٩٦٤م.

٥- علي أحمد نور (طرابلسي): **النزاع الصومالي الأثيوبي**، القاهرة، مطبعة أطلس، ١٩٧٨.

٦- فتحى غيث: **الإسلام في الحبشة عبر التاريخ**، الجامعة الليبية، كلية التربية، شركة الطباعة الفنية المتحدة، مكتبة النهضة المصرية، القاهرة.

٧- إبراهيم محمد حسن: **الإمام أحمد بن إبراهيم الصومالي وفتوح الحبشة، المسلمون في الحبشة**: رسالة لنيل درجة الماجستير، جامعة القاهرة، معهد البحوث والدراسات الأفريقية.

٨- زاهر رياض: **مظاهر العلاقات بين المسلمين والمسيحيين في الحبشة في العصور الوسطى**، رسالة لنيل درجة الماجستير، جامعة القاهرة، كلية الآداب، عام ١٩٥٠م.

٩- مراد كامل: **الحبشة بين القديم والحديث**، الخرطوم، ١٩٧٥م.

١٠- تمام همام تمام: **حركة الجهاد الصومالي، (١٩٠٠ – ١٩٦٤م)**، القاهرة، ١٩٨٣م.

١١- موسى فارح حسين: مشكلة الصومال الغربي وتأثيرها على العلاقات الصومالية الأثيوبية من سنة ١٩٦٠م وحتى سنة ١٩٨٨م، رسالة ماجستير، معهد البحوث والدراسات العربية، القاهرة، عام ٢٠٠٣م.

١٢- السيد فايفل: **مشكلة أوجادين بين الاحتلال الحبشي والانتماء العربي الإسلامي**، الجزء الأول، مكتبة النهضة المصرية، ١٩٨٧م.

١٣- **جبهة التحرير الصومال الغربي**: الصومال الغربي، عام ١٩٨٠م.

١٤- جلال يحيى ومحمد نصر مهنا: **مشكلة القرن الأفريقي وقضية الشعب الصومالي**، دار المعارف، القاهرة، ١٩٨١م.

١٥- بيركيت سيلاسي: **الصراع في القرن الأفريقي**، ترجمة عفيف الرزاز، بيروت، مؤسسة الأبحاث العربية، ١٩٨٠م.

١٦- حورية توفيق مجاهد: **الصومال في المحيط الدولي**، رسالة علمية، جامعة القاهرة، كلية التجارة، ١٩٦٠م.

١٧- نجيب صالح: القرن الأفريقي ثورة مستمرة، سلسلة بونت، إصدار علي أحمد نور (طرابلسي).

١٨- جمهورية الصومال الديموقراطية: **الإقليم الصومالي الخاضع للاستعمار الأثيوبي**، مقديشو، مطبوعات الحكومة، يونيو ١٩٧٤م.

كما ناقش الباحثون قضية الصراع الدولي في منطقة القرن الأفريقي وبُعدها القانوني، مما يدل على أنّ الباحثين أسهموا في مناقشة حيثيات مختلفة في الموضوع. ومن هؤلاء: حورية توفيق مجاهد: مشكلة الحدود بين الصومال وأثيوبيا، بين القومية والأمن وتوازن القوى، مكتبة نهضة الشرق، جامعة القاهرة، ١٩٨٦م.

غير أنّ هذا الصراع أخذ بُعدًا آخر، بحيث تدخل في الموقف القوى الجديدة في العالم، مثل الصراع بين الولايات المتحدة الأمريكية والاتحاد السوفيتي في القرن الأفريقي، على ذلك ناقش الأستاذ محمد عثمان أبو بكر: الصراع بين الولايات المتحدة الأمريكية والاتحاد السوفيتي في القرن الأفريقي، وموقف دول الجوار العربية منه في فترة من (١٩٧٤ – ١٩٨٧م)، رسالة دكتوراه، معهد البحوث والدراسات العربية، القاهرة، عام ٢٠٠٣م.

ومن الكتب التي يتناول هذا الموضوع ما يلي:

١- الصراع الدولي في الصومال، دراسة في التاريخ السياسي حول الأطماع الخارجية، للأستاذ عبدي يوسف فارح، دار الأمين للنشر والتوزيع، ٢٠٠٧م.

وهذا الكتاب أرخ لأغلب الفترات التاريخية السياسية في العصر الحديث، بدءًا بأيام الاحتلال وحتى الاستقلال، كما تحدث بإسهاب عن الأحزاب السياسية وأدوارهم المختلفة.

٢- التدخلات الخارجية وأثرها على الاستقرار في الصومال في الفترة من (١٩٩١- ٢٠٠٢م)، الأمين عبد الرزاق آدم، سطور للإعلام، ط/ ١، الخرطوم، عام ٢٠٠٦م.

٣- جلال يحيى: التنافس الدولي في بلاد الصومال، دار المعرفة، القاهرة، عام ١٩٥٩م.

٤- النزاع الصومالي والصراع الدولي في القرن الأفريقي، لعاطف صقر، دمشق، ١٩٩٦م.

٥- التدخل الدولي المتذرع باعتبارات إنسانية دراسة حالة الصومال، غيث مسعود مفتاح، رسالة ماجستير غير منشورة، معهد البحوث والدراسات العربية، قسم الدراسات السياسية، عام ٢٠٠٤م.

٦- الصومال والتعامل مع القانون، لمحمود علي توريري مقديشو، عام ٢٠٠٤م.

٧- **عمليات الأمم المتحدة لحفظ السلام في أفريقيا في التسعينيات – حالة الصومال ورواندا –** لطارق يحيى إبراهيم محمد بشارة، رسالة دكتوراه في ٢٠٠٢م، مركز البحوث والدراسات الأفريقية.

٨- **النزاع العرقي بين أورومو والصوماليين في أثيوبيا،** مؤسسة الصومال الجديد للإعلام والبحوث والتنمية، تاريخ الإصدار: الاثنين ٢٥ سبتمبر ٢٠١٧م، التقرير الأسبوعي الرقم ٧.

٩- **أوضاع الصومال في القرن الأفريقي وأثرها على الأمن في إقليم البحر الأحمر،** لأنور قاسم الخضري مقديشو.

١٠- **النزاع الصومالي الأثيوبي: (الجذور التاريخية)،** لعلي أحمد نور، مطبعة أطلس، القاهرة، عام ١٩٧٨م.

١١- **عمري المشري محمد: بلاد القرن الأفريقي: نصوص ووثائق من المصادر العربية،** طرابلس، وحدة الكتاب، شعبة التثقيف والإعلام والتعبئة، عام ١٤٢٨هـ.

١٢- **سياسة الأباطرة الأثيوبيين تجاه المسلمين في أثيوبيا (١٨٥٥ – ١٩١٣م)،** لعطا محمد أحمد كنتول، رسالة دكتوراه، جامعة الخرطوم، كلية الآداب، قسم التاريخ، سنة ٢٠٠٤م.

١٣- **أثر الإسلام في الحبشة مع إشارة الخاصة لحركة الإمام أحمد إبراهيم،** للسر بابكر سيد، الخرطوم، جامعة أفريقيا العالمية، مركز البحوث والدراسات الأفريقية، عام ١٩٩٩م.

أنظمة الحكم في الصومال:

عندما نالت الصومال استقلالها من الاحتلال الأوروبي دخلت في مرحلة جديدة، وتطلعت إلى وحدة أراضيها؛ لأنّ الصومال المستقبل لم يكن يعني تحقيق حلم الصومال الكبير، بحيث قسم الاحتلال بلاد الصومال إلى خمسة أقسام – كما سبق الحديث عن ذلك – ولم يتوقف هذا الحلم حتى يومنا هذا، على الرغم مما طرأ عليه من غموض وإشكاليات كبيرة في داخل المنظومة الصومالية وخارجها، بسبب تصرفات بعض القادة الصومالية

من سوء استخدام الاستقلال والحرية إلى تحقيق مآرب إقليمية وقبلية، وقبل ذلك مؤامرة الاحتلال على الشعب الصومالي الذي رفض شروطه، وأبى إلا أن يتحقق الاستقلال على الطريق التي يريدها دون التزام بشروط المحتل البريطاني، بل أصرّ على تحقيق حلم الصومال الكبير. ومع هذا كله لم تتوقف بعض أقلام من أهلنا الذين يتطلعون إلى إمكانية تحقيق ذلك بعد تداوي الجرح. ومنذ أن نالت الصومال استقلالها ظهرت في الأفق كتابات تدعو إلى توحيد المجتمع الصومالي وأراضيه... ويلاحظ في بعض البحوث تركيزها على هذا الجانب وتفنيد خباياه مثل:

١- **سياسات جمهورية الصومال تجاه مشروع الصومال الكبير (١٩٦٠– ١٩٩١م)**، للأستاذ محمد معلم علي حاشي.

بحث علمي نال المؤلف من خلاله درجة الماجستير في العلوم الساسية، من معهد البحوث والدراسات العربية في القاهرة بمصر، ويعتبر البحث من أوائل البحوث العلمية التي تمّ إنجازها على أيدي أهل الصومال التي تناولت هذا المشروع، ومن هنا استحق الإعجاب حيث، لدى المؤلف خبرة عالية وإلمام كاف عن أوضاع الصومال السياسي والاجتماعي.

٢- **الوحدة الصومالية: دراسة في المؤثرات الإيجابية**، للدكتور عبد القادر عبد الله عبار.

وهذه الدراسة ناقش فيه الدكتور المؤثرات الإيجابية للوحدة الصومالية، ولم يتطرق في دراسته للمؤثرات السلبية. ومن خلال هذا البحث حصل الباحث على الماجستير من قسم البحوث والدراسات التاريخية، بمعهد البحوث والدراسات العربية في القاهرة، عام ١٩٩٧م.

٣- **المؤثرات السلبية للوحدة الصومالية**، للدكتور عبد القادر عبد الله عبار أيضًا.

وهنا تحدث المؤلف عن المؤثرات السلبية للوحدة الصومالية المنشودة، وكأنّ المؤلف يُكمل دراسته السابقة، وكان أصل هذا البحث دراسة نال بها المؤلف درجة الدبلوما في عام ١٩٩٧م.

٤ - أحمد صوار: **الصومال الكبير**، الدار القومية للطباعة والنشر، القاهرة ١٩٥٩م.

يتناول هذا الكتاب صفحات من تاريخ الصومال، وعلى الرغم من أنّ جل الكتاب ينصب على تاريخ الصومال المعاصر إلا أنّه لم يغفل الحديث عن الصومال تاريخًا وحضارةً، وقد ابتدأ حديثه عن الموقع الجغرافي للبلاد، ثم المجتمع الصومالي وتكوينه القبلي، وكذا أصول الجنس الصومالي، وظاهرة التأثير العربي في الأصول والثقافة الصومالية. كما تناول الجاليات الأجنبية التي كان تقطن الصومال من فترة بعيدة. وذكر المؤلف اللغة والدين للمجتمع الصومالي وعلاقة الاحتلال بذلك، وركز أغلب صفحات كتابه في التاريخ الحديث، بدءًا من تاريخ دخول الاحتلال لأراضي الصومال الكبير، وشيئًا من تاريخ حركة التحرير الوطني وسبل مقاومة هذا الاحتلال سواء بالمعارضة السياسية من خلال الأحزاب ونضالهم السياسي، أو بالمعارضة المسلحة، وقد تناول المؤلف كثيرًا من الأحزاب السياسية للصومال قبل الاستقلال، وأعطى مساحة عن تاريخ تأسيسها. وقد أطنب المؤلف في الحديث عن سياسة الاحتلال ضد الصومال، لا سيما الاضطهادات والسياسات الاحتلالية التي واجهها الشعب، ويمتاز الكاتب بنظرته الشمولية تجاه الصومال الكبير عندما يتناول فترة الاحتلال، علمًا أنّ المؤلف لا يفرق بين الاحتلال الأوروبي المتمثل في إيطاليا وبريطانيا وفرنسا، وبين الاحتلال الأفريقي المتمثل في أثيوبيا وكينيا. الجدير بالذكر أنّ المؤلف أشار إلى مؤامرات أمريكا تجاه الصومال، وكذلك النشاط الاقتصادي والنشاط السياسي، واختتم المؤلف كتابه بالحديث عن الحكومة الصومالية في فترة الوصاية الدولية، وموقفها تجاه الاستقلال ومشروع الصومال الكبير. والكتاب طُبع في ٢٣ أغسطس عام ١٩٥٩م.

٥ - **خواطر عن تاريخ الصومال في السنين الأولى من الاستقلال**، لمعالي عبد الله محمد أحمد قَبْلن.

هذا الكتاب يتحدث فيه كاتبه بإسهاب عن فترة مهمة من التاريخ السياسي للصومال، حيث وضع المؤلف في كتابه جملة من الحقائق التي تعاقبت على الصومال، ذات صلة بالتطور السياسي بدءًا من فترة الاستقلال، ومرورًا بالأنظمة البرلمانية المدنية التي جاءت إلى السلطة بعد الاستقلال عام ١٩٦٠م، ثم الأنظمة البرلمانية المدنية التي استمرت حتى عام ١٩٦٩م، وانتهاءً برحلة النظام العسكري الدكتاتوري السلطوي الذي وصّل إلى السلطة في ٢١

أكتوبر عام ١٩٦٩م، مُنهيًا بذلك التجربة البرلمانية الديموقراطية التي سادت الصومال لمدة ٩ أعوام. ويمتاز الكتاب بكون مؤلفه من المسئولين في الدولة في حقبة الحكم المدني، حيث أصبح نائبًا في البرلمان ونائبًا لوزير المالية، ووزيرًا للتخطيط. لذلك سجل في كتابه حقائق تاريخية لها صلة قوية بالتاريخ السياسي الحديث للبلاد، حيث عاصرها لاسيما في العشر السنوات الأولى من الاستقلال. كما تناول المؤلف في كتابه فترة الحكم العسكري وما أعقبها من الفوضى بعيد انهيار الدولة. وفي الأخير سجل المؤلف بعض إحساسه وشعوره نحو الوطن وبعض الأطروحات في عودة الصومال من جديد. وعلى العموم فإن السيد عبد الله محمد أحمد قَبْلَن كتب أحداثًا مهمة للعمل السياسي في الصومال وهو ما عايشه على مدى ثلاثين عاما عن قرب. والكتاب طبع في عام ١٩٩١م.

٦- أنظمة الحكم والتدخلات الأجنبية مآثرها ومساويها وأثرها في استقرار الصومال، حسن معلم محمود سمتر.

هذه الدراسة نتجت ضمن الجهود العلمية التي بذلها المؤلف، الذي خاض في خضم المصادر والمراجع لدراسته العلمية، وقد رتب معلوماته ترتيبًا مناسبًا في رسالته العلمية، والتي نال من خلالها درجة الدكتوراه في اليمن.

٧- الفيدرالية في الصومال النشأة والتّطور (دراسة نظرية تحليلية)، فؤاد عبد الله الشافعي.

بحث مقدم لنيل درجة الماجستير في التاريخ، مقدم من الباحث في قسم التاريخ، بكلية الدراسات العليا والبحث العلمي بجامعة البطانة في السودان.

٨- الفيدرالية في النظام السياسى الصومالي .. مبرراتها وملامحها، للأستاذ عبد الرحمن إبراهيم عبدي، وهذا البحث قُدِّمَ إلى المؤتمر الوطني العلمي في ٢٩ سبتمبر- ٣ أكتوبر عام ٢٠١٤م، مقديشو – الصومال.

٩- إشكالية بناء الدولة في الصومال وأثر المتغيرات الإقليمية والدولية، للباحثة سعيدة محمد عمر. وهذا البحث كان أصله ورقة بحث مقدمة للمؤتمر العربي التركي الثالث للعلوم الاجتماعية المنعقد في جامعة إسطنبول، ٢ – ٥ مايو عام ٢٠١٣م، إسطنبول – تركيا.

١٠- **الصومال بين حياتين: بناء الدولة وحياة القبيلة**، لعبد العزيز المهنا، ط/١، ١٩٩٢م، الرياض – السعودية.

١١- **المجتمع المدني والتحول الديموقراطي في الصومال**، للدكتور محمود علي توريري، ط/١، عام ١٩٩٥م، مركز ابن خلدون للدراسات الإنمائية، دار الأمين، القاهرة.

١٢- د. الشريف محمد عيدروس: **أضواء على تاريخ الصومال**، ط/١، ١٩٩٩م.

١٣- محمود علي توريري: **الحياد الإيجابي وسياسة الصومال الخارجية**، مقديشو، عام ١٩٦٩م.

١٤- الفاتح التجاني عمر حسن: **وحدة الصومال هدف ومصير**، الخرطوم، عام ١٩٦٦م.

١٥- راشد البراوي: **الصومال الكبير حقيقة وهدف**، مكتبة الأنجلو المصرية، ١٩٦١م.

ثورة ٢١ أكتوبر:

تعدُّ ثورة ٢١ أكتوبر التي قادها اللواء محمد سياد بري عام ١٩٦٩م، من أطول أنظمة الحكم التي مرت جمهورية الصومال حتى الآن، وقد قام العسكر انقلابًا على الديموقراطية الصومالية الحديثة، بعد أن صادروا الأحزاب وطريقة الحكم وحرية القول، بل زُجَّ في السجون أعدادًا غير قليلة بسبب آرائهم السياسية، وبذلك فتحت ثورة ٢١ أكتوبر ثقافة جديدة في البلاد ودخلت مرحلة جديدة. وقد وجدنا بعض مصادر ومراجع تناولت هذه الثورة بين مادح وقادح، ومن بين ذلك:

- **الإسلام وثورة الحادي والعشرون من أكتوبر المباركة**، للسيد أحمد علي أحمد "برالي".

هذا الكتاب صغير الحجم، وأراد مؤلفه أن يُظهر دور ثورة ٢١ أكتوبر في دعم الإسلام ومنجزاتها الإسلامية. وبدأ كتابه المساجد في الإسلام، حيث تحدث عن تاريخ المساجد في الإسلام ووظيفة المسجد، كما تحدث عن المساجد ودورها في بلاد الصومال، وأشار إلى مدارس تحفيظ القرآن الكريم وعلماء الصومال ودورهم في الوعظ والإرشاد، ودور الثورة في ذلك، وكذلك موقف الثورة في التصدي لتعاطي الخمور، وتأميم المدارس

التبشيرية، ثم تناول المؤلف نشاط الثورة في المؤتمرات الدولية والإقليمية الإسلامية، وبعض خطب الرئيس محمد سياد بري عن الإسلام في عدد من المناسبات الدينية المختلفة. واختتم المؤلف ببعض المعلومات التاريخية والجغرافية البسيطة عن الجمهورية الصومالية الديمقراطية. وطُبعَ الكتاب بمطابع الحكومة في مقديشو سنة ١٩٧٨م.

- **الصومال في ظل حكم سياد برى ١٩٦٩-١٩٩١**، للأستاذ آدم سليمان صلب.

قام المؤلف بمناقشة الأوضاع في عهد سياد بري، ورصد الجانب الاقتصادي والسياسي والاجتماعي في فترته، وبرزت أهمية الدراسة بإعطاء فكرة عن الصوماليين قبل الاستقلال ومميزاتهم وتقاليدهم، وإنجازات وسلبيات حكم سياد برى، ومن أهم فروض الدراسة، قيام حكومة ذات ركائز للحد من الحروب الأهلية، وأن غياب الإدارة الوطنية يؤدى لعدم الاستقرار، ودعم إنجازات الحكومة العسكرية فهي مسئولة عن غياب كيان موحد. استخدمت الدراسة المنهج التاريخي الوصفي، وقدمت الدراسة بعض نتائج مهمة، كما قدمت الدراسة أيضًا توصيات علمية، ومن أهم هذه التوصيات الاستفادة من التجارب والخبرات السابقة، مع قيام حكومة عادلة غير عسكرية. والكتاب عبارة عن رسالة علمية نال الباحث من خلالها درجة الدكتوراه من معهد البحوث والدراسات الأفريقية، التابع لجامعة أفريقيا العالمية بالسودان.

- **ثورة ٢١ أكتوبر**، للشيخ جامع عمر عيسى.

هذا الكتاب يتناول ثورة ٢١ أكتوبر التي استولى فيها محمد سياد بري على مقاليد الحكم في الصومال عام ١٩٦٩م . والكتاب محاولة جادة لفهم حقيقة الثورة، والتقدم في الجمهورية الثورية خلال الثلاث سنوات الأولى. وعمل المؤلف عرضًا سريعًا في مقدمة كتابه عن الاحتلال ومذاهبه، مقتصرًا بذلك على ثلاث صور رئيسة، ثم أعطى نبذة عن الثورة والظروف التي جاءت بها. وقسم المؤلف كتابه هذا إلى أربعة أبواب يتناول الباب الأول بالاختصار لمحات عن تاريخ الصومال، وركز في الموقع الجغرافي والحياة الاجتماعية في الصومال ثم تحدث عن التاريخ السياسي أيام الاحتلال الأوروبي المختلف وكذا الحبشي، وجهاد المسلمين ضد الأحباش بقيادة الإمام أحمد بن إبراهيم الجرن فيما بين عام ١٥٤٠ - ١٥٥٣م، ثم قيام الثورات والحركات التحررية ضد الاحتلال في الصومال

وميلاد الدولة الصومالية. وفي الباب الثاني تناول عوامل قيام ثورة ٢١ أكتوبر وأسبابها السياسية والاقتصادية والاجتماعية والثقافية، وأشار المؤلف كذلك إلى أسباب خارجية وداخلية. أما في الباب الثالث تكلم عن خطوات الثورة وأهدافها، وذلك منذ إعلان الثورة ثم ترحيب الأمة بها، ثم خطوة إلغاء الدستور وحل الجمعية الوطنية. أما أهداف الثورة فقسمها المؤلف إلى أهداف داخلية وخارجية، وتحدث في الباب الرابع عن منجزات الحكومة الثورية في ظل الاشتراكية العلمية. ويمتاز الكتاب بأنه يؤرخ يوميات الثورة في ذيل الكتاب خلال عمر الثورة في ذلك الوقت، ويضم الكتاب بعض صور تذكارية وتاريخية، وطبع الكتاب بمطابع الحكومة بمقديشو عام ١٩٧٢م.

- **الحكم العسكري في الصومال**، للأستاذ خالد حسين يوسف هلال.

هذا الكتاب يتناول تاريخ الصومال خلال فترة زمنية محددة، تنحصر بين ١٩٦٩م وحتى في أوائل التسعينيات، والمؤلف قسم بحثه إلى ثلاث فصول، حيث تناول الفصل الأول ثورة ٢١ أكتوبر التي استولت على زمام الأمور عام ١٩٦٩م بقيادة اللواء محمد سياد بري ومنظومته العسكرية، عقب اغتيال رئيس الجمهورية عبد الرشيد علي شرماركي، وعقب تفشي الفساد وإنهاك الدور البرلماني والديموقراطي التي كانت وليدة مع الاستقلال. والمؤلف أطلق على هذه المرحلة مرحلة الاستقرار وقد أطنب في الحديث عن تحرك القوات المسلحة بفرعيها الجيش والشرطة للاستيلاء على مقاليد الحكم وسلطة البلاد، وبدأ حديثه ببرنامج الثورة وتوجهها السياسي على المستوى الخارجي والداخلي، وكذلك المجلس الأعلى للثورة، والصراع الذي أدى إلى تصفية بعض أعضاء المجلس الأساسيين. وجاء في هذا الفصل أيضًا الحديث عن الميثاق الأول والثاني لثورة أكتوبر وتناول الكتاب أيضا عضوية الصومال في منظمة الجامعة العربية، وموقف الصومال تجاه القضية الفلسطينية، والحرب الأثيوبية – الصومالية سنة ١٩٧٧م وما نتج عنه، واختتم الفصل بالحديث عن تأسيس الحزب الاشتراكي الثوري الصومالي. وفي الفصل الثاني تناول الكاتب مرحلة أطلق عليها مرحلة الغليان، وفي البداية تحدث عن قضية القبلية وآثارها السلبية على الفرد والمجتمع، ثم طرح بعض الأساليب للقضاء عليها وبعد ذلك تناول قضية الهجرة، وقسم المؤلف هذا الأمر إلى نوعين: أولهما الهجرة الداخلية من القرى

والأرياف والمدن والحضر، وهذا النوع أثر في الحياة الاجتماعية والاقتصادية، ثم أشار إلى بعض الحلول الضرورية لمعالجة المشاكل التي نتج عنها هذا النوع، وثانيهما الهجرة الخارجية وطرح بعض نماذج لبعض الظواهر المرضية، كما تناول قصة جماعة بيان مقديشو والظروف التي تأسست فيها والبنود الرئيسة للبيان، وأعضاء اللجنة التحضيرية والقوى المطلوب مشاركتها في المؤتمر، وفي ذيل هذا البيان أسماء بعض الشخصيات من موقع بيان مقديشو. وأشار أيضًا إلى قصة الحلف الرباعي ويقصد بذلك زعماء الجبهات الصومالية، وهم عيديد، وعبد الرحمن محمد علي، وأحمد عمر جيس، إضافة إلى أثيوبيا التي كملت الحلف تجاه إسقاط نظام سياد بري، كما تحدث عن دور القوى الخارجية في المشكلة الصومالية، لاسيما الدول المعنية بالقضية. وفي الفصل الثالث والأخير تناول مرحلة التمزق، ويقصد بذلك عندما حدث انهيار للحكومة الصومالية، وما صاحبها من الدمار وتمزيق البنية التحية للوطن، وأشار المؤلف إلى حركة الانفصال عن شمال الصومال مبتدئًا نبش جذور الانفصال منذ عام ١٩٦١م. والكتاب يقع في ١١٦ صفحة، وطبع دار يعقوب بدمشق — سوريا، الطبعة الأولى سنة ١٩٩٦م.

‑ **من سياد بري إلى عيديد**، للأستاذ حسين علي دعالة.

الكتاب يتناول موضوع العشائر الصومالية وصراعها وتنافسها ومعاركها المختلفة عبر الزمن، وخاصة الصراع بين العشائر الكبرى في السلطة والثروة. ويلقي الكاتب اللوم على الرئيس سياد بري ونظامه، حيث يذكر أسرارًا كثيرةً عن شخصية سياد بري، كما يذكر أنه عاش معه فترة طويلة حين كان ضابطًا يعمل مع سياد بري عندما كان قائدًا للجيش، وسفيرًا أثناء الحكم العسكري. ويذكر الكاتب أسرار الحرب بين الصومال وأثيوبيا عام ١٩٧٧م، وينحي باللائمة على سياد بري في تدمير الصومال وخاصة القوى العسكرية الوطنية. والكتاب من مطبوعات مطبعة نيروبي، كينيا في ١٩٩٤م.

‑ **الثورة الصومالية**، للويجي بستالوزا، ترجمة إبراهيم العريس، بيروت، دار ابن خلدون للطباعة والنشر، عام ١٩٧٥م.

‑ **سياد بري ألغى الشريعة**، لخالد نعيم، المختار الإسلامي للنشر والتوزيع، القاهرة.

الأحزاب السياسية:

ليس هدفنا هنا أن نستعرض الأحزاب من حيث النشأة والتطور، وتاريخها السياسي، وإنّما نريد أن نشير فقط ما كُتِبَ عن الأحزاب السياسية الصومالية بدون قيد بفترة خاصة أو بالتركيز على جوانب معينة، علمًا أننا سوف نعرض هنا ما توفر لدينا من المعلومات لها علاقة بإنتاج مصادر أو مراجع باللغة العربية تجاه الأحزاب مع علمنا أنّ هناك كمًّا هائلًا، ونعتذر سلفًا بما يظهر لغيرنا وقد غاب هنا، والكمال لله سبحانه وتعالى، ولكن ثقتنا أن يكمل الباحثون فيها بعد إن شاء الله.

– دور حزب وحدة الشباب الصومالي في الاستقلال خلال الفترة من عام (١٩٤٣ – ١٩٦٠م) SYL، الأستاذ محمد عسبلي إبراهيم وقد سبق الحديث عنه.

– التعددية الحزبية في جمهورية الصومال (١٩٤٣– ١٩٦٩)، عبدالله يوسف شيخ نور.

تسلط هذه الدراسة الأضواء الكاشفة على مسألة التعددية الحزبية في الصومال، في الفترة ما بين ١٩٤٣-١٩٦٩م، ومن خلال هذه الدراسة أشار الباحث إلى أن الصومال عرفت نظام تعدد الأحزاب في وقت كانت فيه معظم دول أفريقيا تموج بالاستبداد، وتناول المؤلف في دراسته هذه العوامل التي أدت إلى إخفاق تجربة التعددية الحزبية في الصومال، والضعف التنظيمي لمعظم الأحزاب الصومالية التي ارتكزت على القبلية في ذلك الوقت، علاوة على كون كثير منها صنائع للاحتلال؛ الذي أوهم بخروجه من البلدان الأفريقية، كما تطرق إلى انحراف رجال السياسة مما جعلهم لا يهتمون بتحرير بلادهم من التبعية للاحتلال. والمعروف أن بلاد الصومال مرت بمراحل سياسية أخرى مختلفة مثل المرحلة التي تناولها الباحث فيها سبق في التعددية الحزبية، ثم مرحلة الحزب الواحد في فترة ثورة ٢١ أكتوبر التي قادها اللواء محمد سياد بري، ثم مرحلة التعددية عقب اندلاع الحرب الأهلية في الصومال، التي قادت الأمة للفوضى في جميع أنماط الحياة بها فيها الحياة السياسية. والكتاب أصله بحث أكاديمي علمي نال عنه المؤلف درجة الماجستير في الدراسات التاريخية من معهد البحوث والدراسات العربية، التابع للمنظمة العربية للتربية والثقافة والعلوم في عام ٢٠٠٨م.

- الأحزاب السياسية ودورها في استقلال الصومال في الفترة (١٩٤٣ – ١٩٦٠م)، للدكتور علي حسن محمد علي، وقد سبق الحديث عنه.

- الصومال وقضية التحول من مجتمع رعوي إلى مجتمع مدني، وللدكتور عبد القادر محمد جيدي.

وهو عبارة عن دراسة حالة للفترة من (١٩٦٠م – ٢٠٠٠م). وقد تناولت الدراسة خلفية تاريخية عن سياسة الصومال منذ الاستقلال الوطني، وما كان مأمولا لها من الحكومات الوطنية المتعاقبة، في سبيل تحول المجتمع من الحياة الرعوية التي كانت سائدة إلى الحياة الحضرية المدنية. والدراسة تحاول أن تثبت فشل الدولة الصومالية في الاستجابة لمطالب الشعب الصومالي وتحقيق أهداف الاستقلال، التي تكمن في انتقال المجتمع من حالة القبلية ذي التركيبة العشائرية الانقسامية، إلى حالة مجتمع مدني مؤسسي يحظى بالاندماج القومي. وهذه الدراسة تعتمد على المنهج التاريخي الوصفي والتحليلي، إذ يتم عرض الأحداث والوقائع في إطارها الزماني والمكاني ومن ثم وصفها وتحليلها بهدف الوصول إلى الأسباب والنتائج فيها وتمتاز هذه الدراسة بأنها استمدت معلوماتها من المصادر الأولية، التي تشمل التقارير والمقابلات الأولية، وكذلك التقارير الثانوية كالكتب والدوريات. وعلى العموم فإن هذا البحث يدور في عدة محاور أساسية منها:

- إعطاء خلفية تاريخية اجتماعية عن الشعب الصومالي.

- دراسة المجتمع الصومالي بشقه التقليدي

- دراسة الأحزاب السياسية وبقية قطاعات المجتمع المدني في الفترات المختلفة-

تعطي الدارسة عمومًا تفسيرًا للأزمة الصومالية بعد انهيار حكومته، ومع ذكر الأسباب التي أدت إلى ذلك.

ويتضح من هذه الدراسة أنها تهدف إلى فهم العوامل والأسباب، التي أدت إلى انهيار مؤسسة الدولة، وتحليل فشلها في تحقيق غاياتها في البلاد، وإبراز مدى فعالية المجتمع المدني ودوره في مرحلة غياب الدولة الصومالية. وصاحب الكتاب ينبه لخطورة أضرار القبلية وأغراضها السيئة، ولم ينس الباحث أن يبين دور الأعراف القبلية

والتقاليد الشعبية عند إخماد الحروب وحل المشاكل التي تنجم عن القبلية، ومنازعاتها؛ لذلك فالكتاب يحاول أن يضع أسسًا قوية يمكن من خلالها أن تحل الأزمة المعاصرة للصومال. والحقيقة أن هذه الدراسة لها أهمية كبيرة حيث لا أحد يستغني عنها، لاسيما الدارسين من الأفراد والمؤسسات العلمية كونها أول دراسة علمية أكاديمية تطرقت إلى هذا الجانب، وخاصة القطاع الأهلي التقليدي والمدني الحديث، وقد قامت بتشخيص الأزمة الصومالية، التي لم تكن وليدة سقوط الحكومة ولكنها أزمة مؤسسية، وفي نهاية الكتاب استخلص الباحث النتائج التي تمخض عنها، ووضع توصيات ومقترحات يراها مناسبة لاستكمال الحلول ومعالجة للمشكلة. الجدير بالذكر فأن هذا البحث نال صاحبه درجة الماجستير من مركز البحوث والدراسات الأفريقية من جامعة إفريقيا العالمية بجمهورية السودان، في يوليو ٢٠٠١م الموافق ربيع أول ١٤٢٢هـ، ويقع البحث في ٢٩٤ صفحة، وهي غير مطبوعة.

القبيلة والسياسة الصومالية:

يرى البعض بأنّ القضايا السياسية في بلاد الصومال لم تنفصل يومًا من الأيام عن القبلية، بل إنّ القبيلة كان لها دور ملموس في الحياة السياسية في الصومال، سواء في فترة الكفاح ضد الاحتلال وفي فترة الوصاية، أو بعد حصول البلاد على استقلالها حتى يومنا هذا، وذلك استقراءً للواقع السياسي للصومال، ومن هنا فطن بعض الكُتَّاب إلى هذا الأمر بحيث ناقشوا مختلف جوانبه، مثل:

- **دور القبيلة في الصراع السياسي وعلاقتها ببناء الدولة في الصومال من وجهة نظر التحليل**، للأستاذ حسن شيخ عبد الله.

ويتطرق الكاتب هنا إلى دور القبيلة الصومالية في الواقع السياسي لبلاد الصومال، وكيف أثر هذا الدور في بناء الدولة الصومالية، ويقدم الكاتب بعض التحليلات العلمية تجاه ذلك. وهذه عبارة عن رسالة علمية نال الباحث من خلالها درجة الماجستير من معهد البحوث والدراسات العربية بالقاهرة، ويظهر لمن يقرأ تلك الرسالة بأن الباحث حفظه الله بذل جهدًا كبيرًا من الناحية المنهجية وسلامة اللغة إلى حد كبير. والرسالة عمومًا تفيد الباحثين في العالم العربي عموما وأهل الصومال خصوصًا.

- المستقبل السياسي للصومال، للسيد عبدي عواله جامع.

يستهل المؤلف كتابه بالتعرض لتاريخ البلاد السياسي وخاصة في الحقب الاحتلالية، بحيث يشير إلى أن الشعب الصومالي واحد، غير أنّ الاحتلال هو الذي قسمه. ثم أشار المؤلف إلى أنّ القبلية المتأصلة في أعماق الشعب الصومالي عقبة في وجه عملية إعادة بناء البلاد، إلى جانب الدور الذي يلعبه التدخل الخارجي المنفلت في شؤون الصومال الداخلية مصحوبًا بدور أمراء الحرب وزعماء العشائر ومن يسمّون "المثقفون"، الذين يستغلون القبلية لخدمة مصالحهم الذاتية وغاياتهم الانتهازية. وتناولت أيضًا دور العشائر في مستقبل الصومال السياسي، وغير ذلك من قضايا سياسية لها علاقة بالوضع الصومالي الراهن. والكتاب من منشورات مركز الإمارات للدراسات والبحوث، وعدد صفحات الكتاب حوالي ٣٣ صفحة وطبع بطبعته الأولى في عام ٢٠١٠م.

- **الدولة والقبيلة في الصومال من الاستقلال إلى الحرب الأهلية (١٩٦٠م – ١٩٩١م)، عبد القادر عبد الله عبار.**

رسالة علمية نال الكاتب من خلالها درجة الدكتوراه من معهد البحوث والدراسات العربية التابع لجامعة الدول العربية في القاهرة. ويتناول المؤلف عبد القادر عبد الله عبار واحدة من القضايا الجوهرية في الصومال، والكتاب مطبوع بالقاهرة عام ٢٠١٣م ومتداول في الأسواق.

- **مفهوم القبيلة وتأثيرها في المجتمع الصومالي: مقاربة لغوية، اجتماعية وسياسية، من خلال وسائل الإعلام ومصادر على الإنترنت، لمحمود محمد أذر.**

وهذا الكتاب عبارة عن دراسة أُعدّت لنيل درجة الماجستير، كلية الآداب، شعبة اللغات الأجنبية، بجامعة الكيب الغربي، مارس ٢٠١٦م.

وهذه الدراسة تهتم بمفهوم القبيلة والعشيرة الصومالية ومدى تأثيرها في السياق الاجتماعي والسياسي ونفوذها في المجتمع الصومالي، كما أنّ البحث يركز على دراسة القبيلة الصومالية ضمن صيرورتها التاريخية، بالتالي يقوم البحث بتوضيح الدور السلبي الذي تلعبه القبيلة في تقويض الوحدة الوطنية الصومالية، كما أنّها سلطت الضوء على الأسباب التي جعلت الصوماليين يعتمدون دومًا على النظام القبلي، إذ ينصب التركيز

أولًا على المفهوم العام للقبيلة في الثقافة العربية، والدراسة أيضًا تهتم بتوضيح الآثار السلبية للعصبية القبلية على الحياة المدنية الصومالية داخل الوطن أو الآثار السلبية لها ضمن أوساط الشتات الصومالي بدول العالم.

الأزمة الصومالية والحروب الأهلية:

منذ انهيار بلاد الصومال عقب سقوط حكومته المركزية على أيدي فوضويين غير منظمين دخلت البلاد في مأزق سياسي وفوضى عارمة، وبالتالي انهارت البلاد كلية، وقد حاول كثير من الدول والمنظمات العالمية والإقليمية إعادة المياه إلى مجاريها، كما حاول أهل الصومال ترتيب البيت المنهار، وكان دور أهل الفكر والثقافة بارزًا في الساحة من خلال الخطابة والكتابة، ونتج عن ذلك نتاج علمي وثقافي لا يستهان به، وهدفه الكشف عن تلك الأزمة وبحث حلول مناسبة لها، ومن بين ذلك أقلام وطنية صومالية عديدة وغيرها، ساهمت في إثراء الموضوع، بهدف إيجاد حلول مناسبة للمشكلة، وتختلف هذه الكتابات بين بحوث أكاديمية نال أصحابها درجات علمية في الصروح العلمية في الخارج، وبين كتابات عادية مستقلة بغية إيجاد الحل للأزمة العويصة التي أكلت الأخضر واليابس، وجعلت البلاد شذر مذر.

ومن أوائل البحوث التي تناولت الأزمة الصومالية:

- كتاب (**الصومال وجذور المأساة الراهنة**) للكاتب فضيلة الدكتور علي شيخ أحمد أبو بكر، وصدر الكتاب في بيروت، دار ابن حزم، سنة ١٩٩٢م، في بدايات الأزمة، وقد حاول الدكتور الحفر للوصول إلى جذور الأسباب، والعوامل التي أدت إلى هذه الأزمة، والتي جعلت جعل الكيان الصومالي ينهار بهذه السهولة. ويبدو للقارئ بأن الكتاب كان جاهزًا لدى كاتبه قبل سقوط الحكومة الصومالية، وقد سمحت له فرصة أن يضيف إلى كتابه أخبار تلك الأزمة خلال المدة القصيرة التي شاهدها قبل أن يصدر كتابه.

- كتاب (**محنة الصومال: دروس وعبر دراسة تحليلية للوضع الراهن**) بقلم الأستاذ عبد الرحيم يوسف أحمد، وهو بحث قيم ومن أوائل الدراسات الصومالية التي تناولت الأزمة الصومالية وهي عبارة عن رسالة تكميلية لمرحلة الماجستير في

الجامعة الإسلامية العالمية بماليزيا، قسم معارف الوحي والتراث من كلية معارف الوحي والعلوم الإنسانية – سنة ١٩٩٧م. والكتاب يتناول الأوضاع التي كانت جارية في الصومال، بالتحديد الانهيار الذي أصاب الحكومة الصومالية في عام ١٩٩١م بعد قرابة أربعين عامًا من الاستقلال، ويرد الباحث هذا الانهيار إلى أصوله الجذرية كالتنافس الدولي في المنطقة، ثم ما بعده من الاحتلال والتجزئة للصومال والظروف التي ساعدت في ذلك. ثم تناول الحكومات الصومالية بعد الاستقلال، وبالتحديد الحكومة المدنية في الفترة ما بين (١٩٦٠م – ١٩٦٩م)، وما لها وما عليها من القصور في حق الشعب، من حيث العدالة الاجتماعية والخدمة العامة، ثم الحكومة العسكرية في الفترة ما بين (١٩٦٩م – ١٩٩٠م) وتصرفات هذه الحكومة، وخاصة بعد الحرب الصومالية الأثيوبية في الصومال الغربي، وما ترتب على ذلك من المعارضة المسلحة، وموقف العالم تجاه تلك الحرب، ومدى تأثيرها في انهيار الحكومة الصومالية، ثم ناقش الباحث الأوضاع الداخلية فيما بعد الانهيار من الحروب القبلية، وما تلى ذلك من موت آلاف من الأبرياء، ولجوء آخرين إلى البلاد المجاورة، وما لاقوه من الذل والمهانة، وتناول الباحث أيضًا المصالحة الوطنية المختلفة التي عقدها الصوماليون لاستعادة هيبة الصومال من جديد، وموقف الدول والمنظمات الدولية تجاه قضية الصومال، والتدخل الدولي في الصومال وما ترتب عليه، وتناولت الدراسة مدى تأثير غياب الصومال عن الساحة الدولية، وركز الباحث على الدروس والعبر المستفادة من هذه المشكلة.. وتساءل الباحث عن الخيارات أمام الشعب الصومالي لهذه المحنة. وفي الختام ألمح إلى بعض التوصيات والوسائل، للخروج من تلك الأزمة العويصة التي ألمت بالإنسان الصومالي كثيرا. والباحث قدم في مقدمة بحثه دراسة مختصرة لأهم المصادر والمراجع التي اعتمد عليها سواء كانت مراجع عربية أو أجنبية، كما قدم نبذة عن الخلفية التاريخية والجغرافية عن بلاد الصومال. ويمتاز هذا الكتاب بأنه يتناول أسباب انهيار بلاد الصومال فقد سرد عدة أسباب في ذلك إضافة إلى أنه ساق أحد عشر درسًا أو عبرة مستفادة من محنة الصومال. والكاتب قد أبدى حيادًا كاملًا حينما تناول دور المحاكم الإسلامية والحركات الإسلامية، وعرض معلومات غزيرة مفيدة في ذلك . والبحث على

العموم مفيد لتأريخ الأزمة الصومالية، عقب انهيار الحكومة عام ١٩٩١م، ويقع الكتاب في حوالي ١٠٠ صفحة ويضم عدة ملاحق.

- وكان سعادة السفير عبد الله محمود محمد أيضًا من أوائل الكتاب الذين كتبوا عن أزمة الصومال، بحيث وضع كتابه: (**ماذا تعرف عما يجري في الصومال**). وهذا الكتاب عبارة عن مجموعة تقارير خاصة عن الوضع الصومالي وأزمته في الفترة ما بين مارس ١٩٩٢م وفبراير ١٩٩٤م، وكان هدف المؤلف في إعداد هذه التقارير إثارة اهتمام المجتمع الدولي المعالجة أزمة الصومال حينها، وفي نفس الوقت ليذكر الأمة الصومالية مسئوليتها وتاريخها المجيد، وليحذّر الأخطار التي تهدد كيانه. وهذه التقارير أعدها المؤلف في فترات متلاحقة وفي مناسبات مختلفة، وعددها أربعة: التقرير الأول عنوانه: الحرب الأهلية في الصومال، خلفياتها وأبعادها السياسية والاجتماعية. وهذا التقرير يتناول الأخطاء التي ارتكبها أهل الصومال خلال الحرب الأهلية؛ لأن التقرير نشر بعد فشل المحاولات التي بذلت للمصالحة الوطنية الصومالية. وعدم تنفيذ قرارات مؤتمر جيبوتي في يونيو عام ١٩٩١م، وهذا التقرير يثير اهتمام الصوماليين للتذكير بالأخطار الخارجية. والتقرير الثاني: ضمّن المجتمع الدولي عن المآسي في الصومال. وهذا التقرير يدين المجتمع الدولي الذي لم يشارك في أزمة الصومال، فضلًا عن معالجة القضية سياسيًّا واجتماعيًّا، وتناول التقرير المواقف الدولية والإقليمية المعنية بالقضية، وبيّن المؤلف حقيقة الوضع الصومالي في هذه الفترة. أما التقرير الثالث فيتناول: إعادة بناء الوطن، والوضع بعد تدخل المجتمع الدولي في القضية بصفة غير عادية، بإرسال قوات دولية ضخمة إلى الصومال، لأجل إنقاذ البلاد من المجاعة والحرب المدمرة، وهذا التقرير يتناول مكاسب التدخل الدولي إنسانيًّا، وما حققه من إعادة الأمل والبسمة في نفوس الشعب المنكوب، وتقريب وجهات النظر بين الجبهات المتنازعة في السلطة، وعقد مؤتمرات دولية. أما التقرير الرابع والأخير في هذه المجموعة من التقارير: الصومال والمنعطف الجديد في عملية السلام. ويتناول هذا التقرير بتحذيرات ومناشدات من قِبَل بعض زعماء العالم المعنيين بالقضية، ويلفت

التقرير انتباه الصوماليين بأن المسئولية الأكبر في حل الأزمة تقع على عاتقهم، والتقرير أيضًا يناشد العالم لمعالجة الأزمة الصومالية.

- أن هذا الكتاب في قالبه وشكله التقريري لا يعتبر كتابًا منظمًا في صياغته وأسلوبه، إلا أنه في وحدة واحدة وسياق متسق، حيث يتناول معالجة الأزمة الصومالية العويصة التي أنتجت الانهيار الذي حدث في البلاد ومس المؤسسات الدولة كلية. ومن هذه الناحية يعد الكتاب مصدرًا مهمًّا لتأريخ الصومال في تلك الحقبة لاسيما أن كاتبه عاصر فترة الاحتلال والحركات التحررية إلى أن استقلت البلاد، بل وكان عنصرًا سياسيًّا مهمًّا حيث شارك في جميع النشاطات السياسية والدبلوماسية للدولة الصومالية على مختلف مراحلها الماضية زهاء أربعة عقود. ويقع الكتاب في حدود ١٤٥ صفحة، وفي ذيله ملحقان: أحدهما عبارة عن رسالة وجهها المؤلف إلى الرئيس الصومالي السابق محمد سياد بري قبل تنحيته عن الحكم في ١٩٩١/١/٤م. أما الملحق الثاني: فهو أيضا عبارة عن رسالة وجهها المؤلف إلى الرئيس الصومالي المؤقت آنذاك/ السيد على مهدي محمد فور تنصيبه على منصب رئاسة الجمهورية. وطبع الكتاب في المطبعة التجارية الحديثة، بالقاهرة — مصر، في أبريل عام ١٩٩٤م.

- وكتب أيضًا السيد أحمد برخت ماح كتابًا سماه: (ماذا يحدث في الصومال) ويناقش بدايات الأزمة الصومالية، وما جرى في القُطر الشمالي من البلاد في أواخر الحكومة العسكرية من تدمير وقتل وتهجير.

- وامتاز الكاتب الراحل الشيخ عبد الرحمن حسين سمتر (أبو حمزة) في كتابه: الوقائع والأحداث الصومالية منذ اندلاعها، بحيث وضع عدة كتب مثل: كتاب: (السنوات العجاف الأولى في الصومال ١٩٩٠-١٩٩٤م)، و(السنوات العجاف في الصومال ١٩٩٥ - ١٩٩٩م (الجزء الثاني).

- وناقش السيد عبدي جامع آدم خلفيات النزاع في الصومال عن طريق كتابه: (خلفيات النزاعات القبلية في الصومال)، وتناول المؤلف تاريخ الصراع الصومالي الصومالي بعد انهيار الحكومة المركزية عام ١٩٩١م، وقسم كتابه إلى ثلاثة فصول . الفصل الأول: تحدث عن جغرافية بلاد الصومال وتاريخها القديم، وعلاقتها

التاريخية مع الحضارات القديمة، حتى فيما بعد ظهور الإسلام إلى العصر الحديث. كما تناول تركيبة المجتمع الصومالي، وعاداته وتقاليده وتقسيماته. أما في الفصل الثاني يتناول الحركات السياسية الصومالية والانعكاسات القبلية، وأسهب في هذا الفصل عن حركة الجهاد الإسلامي ضد الأحباش وخلفائهم البرتغاليين، ثم تحدث عن دور ثورة الدراويش في الحرب ضد الاحتلال الإنجليزي وتاريخ نضالهم، ثم تناول النضال السياسي الصومالي ضد الاحتلال الأوروبي (الإيطالي والبريطاني) في الصومال، وتاريخ تطور حزب وحدة الشباب وكفاحه في الحرية والاستقلال، منذ أن كان ناديًا حتى تحول إلى حزب سياسي يقود زمام أمور البلاد بعد الاستقلال. ثم تحدث عن ثورة ٢١ أكتوبر التي قامت عام ١٩٦٩م بقيادة اللواء محمد سياد بري، وأوجز تاريخ الثورة وإنجازاتها، ومواقف القبائل الصومالية منها، حتى سقوطها. واختتم هذا الفصل بالحديث عن أبرز الأحداث في عهد الرئيس محمد سياد بري على طريقة سؤال وجواب، وكذلك الأحداث بعد سقوطه أيضًا على قالب سؤال وجواب . وفي الفصل الثالث تناول الكاتب القبائل الصومالية وأثرها في الحرب الأهلية، وقدم أخيرًا بعض النصائح حول الأزمة الصومالية العصرية وسبل حلّها . ولا شك أن المؤلف حاول أن يسجل بعض المعلومات التاريخية المتعلقة بالصومال، ولكن يظهر عند تقديمه الأحداث الصومالية بأنه ينظرها بمنظور قبلي لا لمنظور باحث وكاتب يحاول الوصول إلى الحقيقة، بل يظهر بأنه منحاز إلى فئة معينة مما يقلل من قيمة الكتاب، والجهد الكبير الذي بذله خلال كتابته وعرضه الأحداث المهمة، والتي أغلبها عاصرها المؤلف. ومهما كان الأمر فالكتاب لا يخلو من معلومات مفيدة للباحث الصومالي. والكتاب طبع في إسلام أباد في باكستان في عام ١٩٩٣م، ويقع في ٨٠ صفحة.

- الجدير بالذكر أنّ بعض الباحثين اهتموا بأزمة انهيار الدولة الصومالية وما أعقبها من الحرب الأهلية، وتأثيرها على جوانب معينة للحياة كالجانب التعليمي والتربوي مثل ما قام به الباحث أحمد معلم محمود في بحثه (**أثر الحرب الأهلية على التعليم الابتدائي الأهلي في الصومال – مقديشو**)، وهي عبارة عن رسالة ماجستير غير منشورة، من معهد البحوث والدراسات العربية، القاهرة، ٢٠٠٩م.

- والباحثة التربوية الأستاذة صفية شيخ علي ياسين عبر بحثها " أبرز الآثار النفسية والتربوية للحرب الأهلية على الأطفال في الصومال في الفترة ١٩٩١-٢٠٠١م"، هذه الدراسة عبارة عن رسالة ماجستير غير منشورة ٢٠٠٢م من جامعة أفريقيا العالمية في الخرطوم بالسودان.

ومن الباحثين من تناول الأزمة الصومالية في بُعدها السياسي، كما فعل الدكتور عبد القادر معلم محمد جيدي في بحثه (أزمة الصومال: إشكالية الدولة وآفاق إعادة البناء)، ويعالج الدكتور في هذا البحث إشكالية الأزمة الدولية في الصومال المعاصر سياسيًّا وإمكانية حلها، ويحاول تقديم تفسير لأزمة الدولة في الصومال وأزمة السلطة وتداولها.

- وقد أنجز الدكتور عبد القادر كتابًا آخر تحت عنوان (إشكالية تداول السلطة وأثرها على بناء الدولة في الصومال)، وهذا الكتاب عبارة عن دراسة أكاديمية لنيل درجة الدكتوراه في العلوم السياسة من كلية التجارة والاقتصاد والعلوم الاجتماعية، بجامعة النيلين بالخرطوم في السودان. والموضوع الذي يتناوله الدكتور هنا ليس في الحقيقة أمرًا هينًا، حيث يعتبر التداول السلمي للسلطة من أخطر الموضوعات في مجال العلوم السياسة، ويسمى في بعض الدول بالتناوب، وهو عملية فتح مجال السلطة أمام الجميع في الإدارة وتدبير للقوى التي رسمها الجمهور لإدارة الدولة، وهو الحق الذي يقرره المواطنون بالإرادة الحرة والمعبر عنها في الانتخابات، وهي واحدة من مقومات النظام الشورى والديموقراطية بالإضافة إلى الدستور، وحرية الرأي والتعبير، والتعددية السياسية والنظام التمثيلي المحلي والوطني. وتحت هذا المفهوم تقدم الكاتب ببحث نظري يعالج مشكلة تداول السلطة، علمًا أن هذا العمل الثقافي والإنتاج العلمي ما هو إلا نتيجة من جهد وبحث عميق، قام بها الدكتور في تلك المرحلة الصعبة، التي كان يمر بها الوطن الصومالي من حروب وتفكك، وعدم الاستقرار.

- وللمرحوم شريف صالح محمد علي جهد مشكور حاول من خلاله جمع معلومات لها علاقة بالنواحي السياسية في قالب مذكرات سماه: (ملحمة البرلمانيين الأحرار) وهي يوميات تاريخية سجلها المؤلف في فترة حساسة من

تاريخ المجتمع الصومالي الذي يعاني شحًا كبيرًا في توثيق أحداثه، بالرغم من أهميتها لضبط تدهور أوضاع الصومال خاصة والمنطقة عامة.

ومن هؤلاء أيضًا: اللواء علي إسماعيل محمد الذي وضع كتاب (الصومال والحركات الوطنية والأطماع الدولية وأهمية وحدة الصف الوطني). وللباحث أنور أحمد ميو معلم يوسف بحث سماه (أثر الأزمة السياسية على التيار الإسلامي في الصومال)، والأخير عبارة عن بحث أكاديمي نال صاحبه به درجة الماجستير في الدراسات الأفريقية من قسم العلوم السياسية من مركز البحوث والدراسات الأفريقية بجامعة أفريقيا العالمية في السودان عام ٢٠١٠م.

وبعض البحوث والكتب تتبعت مؤتمرات المصالحة واستتاب الأمن والسلام، مثل ما أنتج الشيخ جامع عمر عيسى في كتابه "جمهورية جيبوتي ودورها في حل الأزمة الصومالية"، والسيد محمد سالم الصوفي في (جيبوتي والمصالحة الصومالية: قراءة في الدور الإقليمي وجهود التنمية في عهد الرئيس إسماعيل عمر جيلي). والدكتور محمد شيخ أحمد علي في بحثه "مساعي السلام في الصومال ما بين (١٩٩٠هـ/ ١٩٩٧م)" علمًا أنّ المؤلف نال عبر هذا الكتاب درجة الماجستير العلمية من جامعة أفريقيا العالمية، مركز البحوث والدراسات الأفريقية. وممن أدلى بدلوه الرجل المخلص وصاحب كلمة العربية الدكتور عبد الرحيم حاجي يحيى في كتابه (المصالحة الصومالية وإدمان الفشل).

وبما أن سبب الأزمة الصومالية قد انطلقت من منظور قبلي عصبي، فإن كثيرًا من الباحثين لم يهملوا الحديث عن هذا الموضوع، مثلما عمل الأستاذ حسن شيخ عبد الله في كتابه (دور القبيلة في الصراع السياسي وعلاقتها ببناء الدولة في الصومال من وجهة نظر التحليل)، وهي عبارة عن رسالة علمية نال الباحث من خلالها درجة الماجستير من معهد البحوث والدراسات العربية بالقاهرة. والسيد عبدي جامع آدن له كتاب (خلفيات النزاعات القبلية في الصومال)، ويتناول هذا الكتاب تاريخ الصراع الصومالي الصومالي بعد انهيار الحكومة الصومالية عام ١٩٩١م. وللدكتور محمد نور جعل (القبلية وأثرها على النزاع في الصومال)، وهو بحث علمي حصل المؤلف به الدبلوم العالي في عام ١٩٩٩م. وكتاب الأستاذ محمود يوسف بحث علمي مسوم بـ(القبلية وأثرها في السياسة

الصومالية في الفترة (١٩٩٠ – ١٩٩٧م)، وهو بحث نال به صاحبه درجة الماجستير من مركز البحوث والدراسات الأفريقية التابع لجامعة أفريقيا العالمية بالخرطوم في السودان وذلك في سنة ١٩٩٩م.

وقد استخدم بعض الكُتَّاب اسم الحرب الأهلية في بحوثهم، وتارة "الصراع" أو "النزاع المسلح" وأحيانا عبارة جريمة أو جرائم الحرب مثل ما عمل صاحب المعالي محمد علي حامد في كتابه (الحرب الأهلية في الصومال)، ويعتبر هذا الكتاب من أوائل الكتب والبحوث التي تناولت تلك القضية.

ورغم أن حجم الكتاب صغير حيث يصل إلى ٩٠ صفحة، إلا أن المؤلف تناول فيه قضايا مهمة وجوهرية، بحكم أنه كان قريبًا من الأحداث، كما أنه لم يهمل الأوضاع التي كانت قبل الحرب وانهيار البنية التحية للبلاد، لاسيما الجاني السياسي، كما أشار إلى أهم شخصية صومالية في ذلك المجال في فترة من فترات التاريخ الصومالي، وهو شخصية أول رئيس مدني للبلاد السيد آدم عبد الله عثمان.

وصار زميلنا الأستاذ طاهر محمود جيلي على نفس الدرب في بحثه (الحرب الأهلية في الصومال: جذورها وأسبابها ونتائجها)، علمًا أن أصل الدراسة كانت رسالة علمية نال بها صاحبها درجة الماجستير من معهد البحوث والدراسات العربية عام ١٩٩٥. وكذا عمل الطبيب عبد الله شيخ محمد عثمان في كتابه "الصراع الأهلي في الصومال"، بحيث تناول كتابه الأبعاد المختلفة للصراع الأهلي في الصومال الذي بدأ مطلع تسعينيات القرن المنصرم، وما زالت فصوله تتوالى دون أن يكون هناك رؤية واضحة لحل هذا الصراع تعيد للصومال وحدته وتماسكه الاجتماعي. وهذا الكتاب يلقي الضوء على ما يجري في الصومال، ويوضح طبيعة الصراع الممتد فيه، ثم يبين جذور الصراع الأهلي في الصومال، وآثار ذلك الصراع في المجالات السياسية والاقتصادية والاجتماعية، ثم يتناول عوامل استمرار الصراع، وجهود تسوية الوضع في الصومال، ويقدم تصورًا للحل كما يراه الباحث. ويظهر أنّ المؤلف لم يحاول في دراسته رصد تفاصيل عناصر النزاع في الصومال، وقسم المؤلف الكتاب إلى أربعة أبواب وخاتمة، فيتناول الباب الأول جذور الصراع الأهلي في الصومال. وتطرق الباب الثاني إلى بدء الصراع الأهلي في الصومال، وآثار ذلك

الصراع في المجالات السياسية والاقتصادية والاجتماعية. وتناول الباب الثالث عوامل استمرار الصراع في الصومال، أما الباب الرابع والأخير فعرض جهود تسوية الوضع في الصومال، وتقديم تصور للحل كما يراه الباحث، وتناول في الخاتمة عرضًا لأهم استنتاجات الدراسة. والكتاب من منشورات مركز الملك فيصل للبحوث والدراسات الإسلامية في الرياض سنة ١٤٢١هـ، ويقع في ١٢٠ صفحة.

وعند اندلاع الحرب الأهلية في البلاد قامت جبهات وفصائل أججت المشكلة، وقد تناول الباحث الأستاذ حسن حاج محمود عبد الله ذلك، وقام بتأليف كتابه (الجبهات الصومالية: النشأة والتطور)، حيث ركز على الجبهات الصومالية التي كانت جزء من الصراع السياسي الذي جرى في الصومال، قبل وبعد انهيار الحكومة الصومالية في أواخر السبعينيات وبداية الثمانينيات وحتى سقوط الحكومة، وقد طبع الكتاب في طبعته الأولى عام ٢٠٠٠م، ثم أعيد مرة أخرى عن طريق دار زيلع، والتي تولت طبع الكتاب في القاهرة في دار الأندلس عام ٢٠١٣م. ويمتاز الكتاب بأنه يحوي بعض أسماء الجبهات، وأسماء شخصيات مهمة في ذلك الصراع، وتاريخ كفاحهم.

ومن ناحية أخرى ظهر في الساحة أقلام سلطت الضوء على تلك الحروب والمنازعات من منظور مختلف، مثل كتاب (جرائم الحرب في الصومال (جريمة القتل) دراسةٌ مقارنة) بقلم الأستاذ الشيخ حسن عبد الله عثمان الحسني وهو بحث نال به صاحبه درجة الماجستير من الجامعة الحرة في هولندا في الآونة الأخيرة. والمحامي والرجل القانوني عبدالرحمن محمد جوليد أصدر: كتاب بعنوان: (جمهورية أرض الصومال: رؤية شمالية للمعضلة الصومالية)، والكتاب إسهام كبير في فهم أفضل سبل معالجة الحرب الأهلية، التي يعاني منها شعب الصومال، وتحدث عن الحركة الوطنية الصومالية SNM، وكفاحها ضد النظام السابق. كما تحدث أيضا عن إعلان أهل الشمال الاستقلال والانفصال، وإعلان جمهورية مستقلة عن باقي أجزاء البلاد من جانب واحد.

كما تناول بعضهم عمليات التدخل العسكري الدولي للصومال، بغية تأمين المساعدات الدولية للمتضررين، أو نصرة النظام الحاكم، ومن ذلك ما كتبه السيد عبدالرحمن ميري هيرابي "عملية تدخل الأمم المتحدة والولايات المتحدة في الصومال في الفترة ١٩٩٢–١٩٩٥م" وهو عبارة عن بحث تكميلي لنيل الدبلوم العالي من جامعة

أفريقيا العالمية-الخرطوم ١٩٩٦-١٩٩٧م.. وللدكتور محمد أحمد شيخ علي بحث نفيس بعنوان: (**التدخل الدولي في الصومال.... الأهداف والنتائج**)، ويحتوي الكتاب على ٢٣ موضوعا يتعرض فيه بالشرح والتحليل وبأحداث متسلسلة ومتشعبة، تبدأ من بعد انهيار الحكم المركزي في البلاد عام ١٩٩١م، إلى انسحاب القوات الدولية من الصومال وهي تجر ذيول الفشل والهزيمة. ومن خلال حديث المؤلف تناول الحركات الصومالية الأولى المناوئة في الصومالية وأوجه صراعها في الميدان، حيث تحدث بإسهاب وعمق عن تأصيل تلك الصراعات، وما آلت إليه من الحروب والدمار، كما تناول بعض سبل وأوجه المحاولات لإعادة اللحمة من جديد، من خلال المؤتمرات التصالحية التي عُقِدَت طيلة تلك الفترة. وبعد فشل تلك المبادرات والمؤتمرات تطرق الباحث إلى ما حدث للبلاد من تدخل دولي، والعوامل التي مهدت الطريق للتدخل الدولي. والكتاب من إصدارات مركز الراصد للدراسات في الخرطوم، عام ٢٠٠٥م. وعدد صفحاته يصل إلى ١٧٠ صفحة بالإضافة إلى التقديم والمحتويات.

وألف الأستاذ عبد الحفيظ شيخ عبد القادر محمد ألف كتابه "**المنظمات الدولية والإقليمية ودورها في إرساء السلام في الصومال – الأمم المتحدة دراسة تطبيقية**"، وقد حصل المؤلف من خلاله بحثه هذا على درجة الماجستير في العلاقات الدولية من أكاديمية السودان للعلوم بالخرطوم.

ومن البحوث الأكاديمية كتاب (**التدخل الأجنبي وأثره على الصراع في الصومال ١٩٩٠م –٢٠٠٠م**)، لعبد الرحمن محمد حسين، علمًا أنّ هذه الدراسة تهدف إلى تحليل العوامل التي أدت إلى انهيار الدولة، والدور الأجنبي في المشكلة والربط بين النزاع وصراع المصالح، والتدخلات الدولية والإقليمية لحل المشكلة، وتنبع أهمية البحث من أنه يحاول إبراز قوة التدخل ودوره في استمرار النزاع، كما أنه أعطى خلفية تاريخية وجغرافية واجتماعية للصومال، وتطرق لعلاقاتها الخارجية، وبروز الحروب الأهلية والتدخلات الأجنبية فيها، واستخدمت الدراسة المنهج التاريخي والوصفي والتحليلي، وتوصلت الدراسة إلى عدة نتائج أهمها: أن السياسة التي انتهجها الاحتلال تجاه الصومال أدت إلى تقسيمه ونشوب صراعات مع جيرانه، كما أن وجوده في منطقة استراتيجية جعله يشهد التدخلات والتوترات، وإن عدم نضوج السياسة الخارجية أدى

أيضا إلى الارتماء في أحضان الدول الأجنبية، وأن انهيار الحكومة الصومالية أدى إلى ظهور الأطماع الدولية والإقليمية، وأوصت الدراسة باتباع سياسة وطنية حكيمة تعتمد على مصلحة الأمة، وتنفيذ قرار حظر الأسلحة، وأن تهتم أمريكا بأن تكون علاقتها مع الصومال على أساس المصالح المتبادلة، وإعطاء الدور العربي دورًا أكثر حرية في التحرك من أجل المصلحة الصومالية.

وعلى هذا المنوال وضع الدكتور عبد القادر معلم محمد جيدي كتابًا سماه: **"التدخل الدولي في الصومال: الأهداف والنتائج"**، وهو بحث صغير يتناول كما يظهر العنوان التدخل الدولي العسكري في الصومال عام ١٩٩٣م، كما يتناول موضوعات أخرى من مأساة الصومال عقب الانهيار، والبحث عمومًا غير منشور.

كما ناقشت الباحثة القديرة الأستاذة فاطمة الزهراء علي الشيخ أبو بكر أحمد في بحثها: (التدخل الأمريكي العسكري في الصومال، إعادة أمل أم ضربة ألم)، في شهر ديسمبر، عام ١٩٩٢م. هذا التدخل لم يكن خاصًا بالصومال، وإنّما يشترك معه دول إسلامية أخرى ليست بعيدة عن المنطقة مثل السودان وليبيا واليمن، وهذا الأمر ليس مخفيًا، وظهرت على أثره بعض البحوث مثل: (**مشروعية الجزاءات الدولية والتدخل الدولي ضد ليبيا، السودان، الصومال**)، للباحث جمال حمود الضمور، من إصدارات مركز القدس للدراسات السياسية، ٢٠٠٤م.

ومن البحوث حول ذلك (**أثر التدخل الدولي الإنساني على السلم والأمن الدوليين دراسة حالة الصومال**)، لمصطفى موسى محمد علي، وهي رسالة دكتوراه، جامعة أم درمان، الخرطون، ٢٠٠٨م. والباحث قام بتحليل موضوع التدخل الدولي الإنساني على السلم والأمن الدوليين بخصوص الصومال، وارتبط ارتباطًا وثيقًا بتدويل حقوق الإنسان والتغيرات البنيوية التي تمر بها نظرية السيادة، من خلال التطورات التي شهدها المجتمع الدولي.

التدخل الأثيوبي وأثره على الاستقرار السياسي في الصومال (١٩٩٢ – ٢٠٠٧م)، لعبدالملك محمد معلم حسن، رسالة دكتوراه، جامعة إفريقياالعالمية، الخرطوم، عام ٢٠١٦م. وقد تناول الباحث في دراسته هذه التدخل الأثيوبي في بلاد الصومال، وأشار إلى العلاقات الأثيوبية الصومالية عبر التاريخ، كما تناول آثار هذا الصراع على الاستقرار

السياسي في منطقة القرن الأفريقي، والجدير بالذكر أنّ الباحث أشار إلى نوعين من التدخل وهما السياسي والعسكري، والأول كان طيلة فترة غياب الدولة الصومالية منذ انهيارها عام ١٩٩١م، ثم حدث التدخل العسكري الأثيوبي المباشر، في الصومال أواخر عام ٢٠٠٦م وأوائل عام٢٠٠٧م. ومع ذلك لم يهمل الباحث المحترم الدور الإقليمي لحل النزاعات في الصومال.

وألف الدكتور محمد إبراهيم عبدي كتابًا سماه **(سياسة جامعة الدول العربية تجاه الصومال)**، وتناول المؤلف في كتابه سياسة الجامعة العربية تجاه الصومال منذ قيام الأزمة الصومالية، ومحاولاتها لإعادة المياه إلى مجاريها، ونال المؤلف من خلال الكتاب درجة الدكتوراه، من معهد البحوث والدراسات العربية، التابع لجامعة الدول العربية في القاهرة.

أما كتاب (القرن الأفريقي بين أساما وأباما) للشيخ عبد الرحمن حسين سمتر، فيتتبع المؤلف فيه الأحداث الدامية التي حدثت في الصومال فيها بين عام ٢٠٠٩م وعام ٢٠١٠م. وعرض المؤلف الأحداث على قالب مسارات، بحيث يتناول خمسة مسارات كالمسار السياسي، والعسكري، والإنساني. والكتاب يحمل أخبار أحداث كثيرة ومتنوعة، وينقسم الكتاب إلى قسمين كبيرين، القسم الأول: يشمل ١٢٠ صفحة، والقسم الثاني: يشمل أكثر من ١١٨ صفحة. وعمومًا الكتاب له فوائد جمة، وغزير بمعلومات كثيرة تتعلق بالأحداث السياسية التي حدثت في عامي ٢٠٠٩م و ٢٠١٠م. وقد عرضها المؤلف بطريقة غير منتظمة.

في حين تعمق بعض الباحثين في إبراز الأزمة وأسبابها مثل **(الأزمة الصومالية الحالية وأسبابها وطبيعتها ونتائجها، دراسة استراتيجية)** بقلم الدكتور علي حسن محمد علي، والبحث عبارة عن دراسة علمية في غاية الروعة والجمال، وقد نشر البحث ضمن البحوث العلمية الأكاديمية التي نشر في مجلة الدراسات الاستراتيجية بالخرطوم، السودان في العدد ٤ أغسطس عام ١٩٩٥م. وللدكتور علي حسن بحث آخر **(الجذور الاجتماعية للمشكلة الصومالية)**، وهو أيضا بحث علمي نفيس، وقد نشر البحث في مجلة الدراسات الاستراتيجية بالخرطوم في السودان في عددها السادس في الفترة أبريل، مايو، ويونيو في عام ١٩٩٦م. كما وضع السيد محمد حسن علي دريل (جذور النزاع الصومالي –

دراسة نقدية حول المشكلات الاجتماعية والسياسية والاقتصادية في الصومال). وهذا الكتاب حاول فيه صاحبنا وزميلنا إبراز حقيقة أصل النزاع الصومالي وأزمته الراهنة، من نواحي مختلفة. وللدكتور محمد معلم عبدالرحمن نظيف كتاب أطلق عليه (الدبلوماسية ودورها في إنهاء الصراع في الصومال) ونال من خلاله دبلومًا عاليًا من معهد البحوث والدراسات الأفريقية بجامعة أفريقيا العالمية. وكهذا عمل الزميل معالي الدكتور محمد نور جعل بحثا سماه (جذور النزاعات السياسية وآلية فضها في الصومال من عام ١٩٦٠م إلى ١٩٩٩م)، ونال الكاتب في هذا البحث درجة الماجستير من معهد الكوارث واللاجئين في عام ٢٠٠١م، التابع لجامعة أفريقيا العالمية بالخرطوم في السودان.

وهكذا توالت جهود الباحثين لم تتوقف وتلا الواحد تلو الآخر مما يدل على أنّ الأمر لم يكن هينًا، حتى جاء الشيخ يوسف علي عينتي الداعية المعروفة وألف كتابا سمّاه "الصومال- الجذور والأزمة الراهنة"، والذي طبع بالقاهرة بطبعته الأولى عام ١٤٣٠هـ/ ٢٠٠٩م، من مطبوعات دار الفكر العربي. وكذا قام سعادة السفير عبد الرحمن فارح إسماعيل بتأليف كتاب (أسباب الأزمة الصومالية) وهو كتاب يتحدث بعمق عن الأزمة الصومالية المعاصرة التي طال عمرها، وحتى بعد رحيله رحمه الله، ويمتاز هذا الكتاب بأن كاتبه دبلوماسي مخضرم، وطبع الكتاب بمقديشو عام ٢٠٠٢م.

وأنتجت جمهورية مصر العربية المتمثلة بوزارة الدفاع كتابًا أطلقت عليه (الصومال والأزمة الراهنة) مما يدل على بُعد القضية الصومالية الإقليمية والدولية. وخصص الباحث حسن حاج محمود عبد الله أحمد الحسني بحثًا قيمًا في "الجبهات الصومالية النشأة والتطور(٢٠٠٠م)".

أمّا (كتاب الصومال .. الداء والدواء) والذي وضعه الباحث الشاب الشيخ منير عبدالله الحاج عبده الحسني، كان لي شرف أن كتبتُ فيه بعض السطور في تقويم الكتاب، فرأيتُ أنّ الكتاب فريدًا في نوعه، بل وقلتُ أنّه " ليس بدعًا مما سبق ويُعدُّ من قبيل ما ذكرناه من الدراسات والبحوث، ويحاول الكاتب هنا معالجة القضية الصومالية العويصة، بيد أنه يعرض بمنظور آخر مختلف من ذي قبل بحيث يرى فضيلته بأن مشكلة الصومال تكمن في عدة أمراض تفشت في المجتمع، ومن هنا ألزم نفسه بعرض وتتبع الداء الذي تشتكي منه الأمة، ثم أردف بالدواء والعلاج الناجع لهذه الأمراض والمشاكل التي تعاني البلاد منها".

ولم يكن منير عبد الله الحاج أول من قام بتأليف كتاب في الداء والدواء، وإنما هناك كتاب الداء والدواء المسمى بـ (الجواب الكافي لمن سأل عن الدواء الشافي) للشيخ محمد بن أبي بكر ابن قيم الجوزية (ت٧٥١هـ)، علمًا أنّه وضع الكتاب إجابة لسؤال طُرِح عليه من رجل مريض، مصاب ببلية أعيته، ولم يجد لها حيلة أو دواء. ومن ناحية أخرى لعل في ذهن مؤلفنا الشيخ منير حديث الرسول ﷺ، الذي ثبت في صحيح البخاري من حديث أبي هريرة ﷺ عن النبي ﷺ أنه قال: "ما أنزل الله داء إلا أنزل له شفاء". وعلى العموم فإنّ كتاب "الصومال الداء والدواء" وما ورد في طياته من أخبار لم يأت من فراغ، وإنما نتيجة ما رأى المؤلف - حفظه الله - بأعينه ومن خلال اختلاطه بالمجتمع، بحيث كان جزءًا منه، التحم معهم وسكن بينهم وتاجر معهم في أكثر من بقعة من ربوع بلاد الصومال.

والمتمعن في الكتاب يستشف بأنّ همّ المؤلف ليس إلا أن يجد الحل للمعضلة الصومالية العويصة، ومخرجًا صالحًا لأزمة بلاده الراهنة. ومن مميزات هذا الكتاب أن مؤلفه كان شاهد عيان لأغلب الوقائع والأحداث التي تحدث عنها ونقل منها، ويتساءل المؤلف كيف أن أهل الصومال رغم توافر عناصر الوحدة كالدين واللغة والقومية، إلا أنهم خاضوا في حروب مريرة بأسباب تافهة من قبيل المحسوبية والإقليمية والقبلية وما إلى ذلك؟، بل وتستمر أزمتهم التي يئس منها العالم لمعالجتها. والباعث الحقيقي التي انطلق منه المؤلف لوضع كتابه هذا بأنه لم يجد في الساحة الصومالية كتابًا وافيًا تطرق إلى أزمة الصومال المعاصر من حيث عرض المشكلة، ثم طرح الحل الناجع في سبيل معالجتها بصورة مستقلة، ومن هنا فرض على نفسه ملء هذا الفراغ منطلقًا من حس وطني وديني، لكي يقدم دراسة فريدة من نوعها بإضافة جديدة للبحث العلمي، ثم اختتم كتابه ببعض التوصيات والمقترحات التي رآها مناسبة لمحاولة علاج الأزمة الصومالية، وأهم داء تطرق له المؤلف داء الجهل والقبلية والفقر وحب السلطة، وكذلك القات والتعصب والعجلة والثأر والانتقام واللاوطنية، ثم بعد ذلك أردف المؤلف كل داء بدوائه المناسب. وخلال عرض المؤلف لهذه الأمراض كان أولًا يقوم بتعريف هذا الداء لغة واصطلاحًا حتى يعرفه القارئ، ثم يسرد أدلة من الكتاب والسنة وبعض الأمثال السائرة لكي يبرهن على ما يقوم به.

والقارئ لهذا الكتاب سوف يجد فيه بعض مصطلحات علمية وشرعية وسياسية تطرق لها المؤلف، وقد حاول الكاتب عرض رسالته بطريقة سهلة ليس فيها اعوجاج ولا

ركاكة، كما نجد في الرسالة أحداثًا تاريخية مرت على البلاد، في الفترة التي يتحدث عنها المؤلف، وقد أطنب المؤلف في الحديث عن الحروب الأهلية وما نتج عنها من الانتهاكات الحقوقية في أيام الاحتلال الأثيوبي في عاصمة مقديشو، ثم المقاومة المسلحة التي خاضها الشعب ضد هذا الاحتلال والحكومة المساندة بقيادة الرئيس الراحل العقيد عبدالله يوسف أحمد.

والكاتب حاول تفنيد المشكلة، حتى إنه وجَّه سهامه إلى الإسلاميين وذلك من باب العدل والإنصاف، ومن باب نقد الذات والغيرة الإسلامية، وأرجو من الله أن لا يكون هذا الكتاب آخر إنتاج للشيخ منير، وأدعو الله أن يوفقه في إصدار بحوث ودراسات علمية وثقافية أخرى، لاسيما أنّه يمتلك قدرة على ذلك، وقد عرفناه عبر مقالاته ومداخلاته العلمية والثقافية في أكثر من منبر، وله خالص الشكر والعرفان وأتمنّى له التوفيق في الدارين.

أما مذكرات الشيخ حسن طاهر أويس، أمير المجاهدين في القرن الأفريقي – كما سمى نفسه – من إصدارات مكتب الدعوة والإعلام للحزب الإسلامي بمقديشو، وطبع عام ١٤٣١هـ/ ٢٠١٠م، ففيها أخبار لها علاقة بالصراع الفكري والجهادي الذي خاضه الحزب الإسلامي مع الفصائل المحلية والحكومة الصومالية التي كانت تساندها من القوات الأجنبية.

وهناك مجموعة كبيرة من الكتب تخصصت في الأزمة الصومالية، وقد تمّ أغلبها على أيدي أهل الصومال، كما أنّه يوجد أقلام غير الصوماليين مثل:

- مسيرة السلام والمصالحة، للدكتور إبراهيم الدسوقي، المركز العربي الأفريقي، مقديشو، عام ٢٠٠١م.

- الصومال الوعي الغائب، خالد محمد رياض، دار الأمين، ط/ ١، عام ١٩٩٤م، القاهرة.

- الأزمة الداخلية: في الصومال وانعكاساتها، دراسة خاصة، لسمير حسني القاهرة، عام ١٩٩٥م.

- الأزمة الصومالية وعام من التدخل الدولي، لنجوى الفوال، مجلة السياسة الدولية، العدد رقم ١١٥، مؤسسة الأهرام، القاهرة، عام ١٩٩٤م.

- الصومال بين انهيار الدولة والمصالحة الوطنية: دراسة في آليات تسوية الصراعات في أفريقيا ... للدكتور أحمد إبراهيم محمود، مركز الأهرام للدراسات السياسية والإستراتيجية، القاهرة، ٢٠٠٥م.

- تجربة المحاكم الإسلامية في الصومال: التحديات والإنجازات، للدكتور عمر إيمان أبوبكر.

- صعود المحاكم الإسلامية في الصومال، بين ثورة للتغيير وتجسيد للتطرف، لعبدي يوسف فارح، دار الفكر العربي، ٢٠١٦م.

- مذكرة توضيحية: خطة عمل متكاملة للعودة المستدامة وإعادة إدماج اللاجئين الصوماليين من كينيا إلى الصومال.

- دور منظمة الأمم المتحدة في فض النزاعات: الصومال دراسة حالة نجلاء عمر طه دفع الله؛ جامعة الخرطوم. كلية الاقتصاد والدراسات الاجتماعية العلوم السياسية.

- الصومال.. مفردات الأزمة وأبجديات الحل، لأمير سعيد، مركز الرسالة للدراسات والبحوث الإنسانية، القاهرة، ٢٠١٠م.

- أزمة الصومال بين الداخل والخارج، لإجلال محمود رأفت، كلية الاقتصاد والعلوم السياسة، جامعة القاهرة، عام ٢٠٠٧م.

- التطورات الأخيرة في الصومال وموقف الجامعة العربية منها، لسمير حسني، بحث غير منشور.

- انهيار الصومال، لسيد أحمد خليفة، مؤسسة الشرق الأوسط للنشر والتوزيع، ١٩٩١م.

- محنة الصومال من التفتيت إلى القرصنة، عايدة العزب موسى، مكتبة الشروق الدولية، عام ٢٠٠٩م.

- الأزمة الصومالية دراسة في الأسباب وسبل التجاوز، مركز زايد للتنسيق والمتابعة، أبوظبي، بدون تاريخ.

- المعوقات الرئيسة للمصالحة الصومالية، لأحمد عمر علي، بحث غير منشور، ٢٠٠٦م.

- الأبعاد الداخلية والإقليمية والدولية للأزمة الصومالية، لعلاء عبد القادر بهجت، رسالة ماجستير غير منشورة، جامعة قناة السويس، كلية التجارة، قسم العلوم السياسية، عام ٢٠٠٩م.

- المضمون السياسى للتغطية الإخبارية المصرية لأحداث الصومال، الفترة من (١٩٩٢/ ١٩٩٤م)، هبة جمال الدين عابدين، رسالة دكتوراه، قسم النظم السياسية، بمعهد البحوث والدراسات الأفريقية، جامعة القاهرة، ١٩٩٨م.

- مؤتمر "عرتا" وانبعاث الصومال الجديد، لشعيب عجال الصغير، مطبعة الرعيدي، بيروت – لبنان، عام ٢٠٠٣م.

- مفهوم القبيلة وتأثيرها في المجتمع الصومالي: مقارنة لغوية اجتماعية وسياسية من خلال وسائل الإعلام ومصادر على الإنترنت، لمحمود محمد أذر، رسالة ماجستير بجامعة كيب الغربي، كلية الآداب في شعبة اللغات، مارس ٢٠٠٣م.

- أغرب مؤتمر في تاريخ البشر، للشيخ عبد الرحمن حسين سمتر. والكتاب عبارة عن رواية قصيرة عن الصراع القائم في الصومال، وطبع الكتاب في عام ١٩٩٩م.

- جمهورية الصومال الثالثة في عامين، للشيخ عبد الرحمن حسين سمتر أيضًا. ويعني المؤلف هنا بجمهورية الثالثة، الحكومة التي انبثق تكوينها من المؤتمر الذي عقد في جيبوتي عام ٢٠٠٠م والذي اختير فيها السيد عبد القاسم حسن صلاة رئيسًا للجمهورية في ٢٩ /٨ / ٢٠٠٠م. ويرى المؤلف بأن هذه الحقبة انتهت في نهاية أغسطس عام ٢٠٠٢م. وهذا الكتاب يشمل على متابعة الأحداث عن معاناة الصومال من خلال السنتين من عمر الجمهورية المذكورة. وقد تطرق الشيخ إلى مواضيع تصب على معلومات في الجمهورية بدءًا من السنة الأولى من عمر الجمهورية، ومساعي أثيوبيا المعارضة للحيلولة دون نجاح الحكومة الانتقالية، ثم موقف المجتمع الدولي، وقد أطنب المؤلف أسباب فشل تلك الجمهورية وعوامل انتهائها. والكتاب يقع في ١٢٨ صفحة، وصدر هذا الكتاب في مقديشو بالصومال عام ٢٠٠٣م.

- الطريق إلى الدولة الصومالية، لمجموعة من الباحثين. والكتاب يسلِّط الضوء على العوامل المسببة للأزمة السياسية في الصومال، والتداعيات المانعة لإعادة تكوين الدولة الصومالية. وفي هذا العمل تقدم هذه النخبة أوراقًا بحثية فيها يخصُّ الشأن الصومالي، في محاولة لتتبع مسيرة الدولة الصومالية في إطارها التاريخي والسياسي والاجتماعي، مرورًا بمرحلة الاحتلال والحركة الوطنية فالاستقلال وتبعاته، إلى وقتنا الحاضر لتلمس الحل الأنسب للمعضلة الصومالية. وقد أنجز هذا الكتاب كل من:

١- محمد حسين معلم علي.

٢- محمد نور جعل.

٣- محمد شريف محمود.

٤- إبراهيم قاسم فارح.

٥- عبد القادر محمد عثمان.

٦- بشير معلم عبد القادر.

- مصر – أفغانستان – الصومال: الدولة المدنية وشعار الخلافة، لرفعت السعيد. وهذا الكتاب صدر في عام ٢٠١٠م في طبعته الأولى.

- **المستقبل السياسي للصومال**، لعبدي عوالة جامع. والكتاب من منشورات مركز الإمارات للدراسات والبحوث.

- قراصنة الصومال إسرائيل.. أمريكا.. ومسمار جحا، لمجدي كامل. يشرح المؤلف المؤامرة الإسرائيلية على البحر الأحمر، ويثير الكتاب كثيرًا من الأسئلة المهمة، ويحاول التطرق إلى الدور العربي ووجوب تفعيله، حتى لا ينفرد الأمريكيون والإسرائيليون بالساحة تحت ستار دولي، وقد نشر الكتاب دار الكتاب العربي للنشر والتوزيع.

- التحولات الثقافية السياسية وأثرها على بناء الدولة الصومالية، للأستاذ عبد القادر محمود علي جولني. والكاتب هنا يحاول أن يلقي الضوء على التحولات الثقافية السياسية وأثرها على بناء الدولة الصومالية في الفترة ما بين ١٩٤٣ – ٢٠١٦م. وهذه الدراسة عبارة عن رسالة علمية أراد الكاتب بها نيل درجة الدكتوراه من قسم العلوم السياسية من مركز البحوث والدراسات الأفريقية التابع لجامعة أفريقيا العالمية بالسودان.

- **انهيار الدولة في الصومال: دراسة في الجغرافية السياسية**، لزينب عبد العال سيد رمضان.

وهذه الدراسة تأخذ بعدها الجغرافي، بحيث تتحدث الدراسة عن الجغرافية السياسية الصومالية من خلال منظور الجغرافيا السياسية، وأشار الباحث إلى العوامل الجغرافية الطبيعية المؤثرة في انهيار الدولة، كما أشار في النهاية إلى الجهود المبذولة من أجل استعادة كيان الدولة وإعادة بنائها، وذلك من خلال دراسة الدور الإقليمي، والعربي، والدولي، ودور المنظمات. وانتهت الدراسة بتقديم نظرة مستقبلية عن الصومال، وخاصة الجغرافية الطبيعية. وكان أصل الدراسة رسالة ماجستير من قسم الجغرافيا ونظم المعلومات الجغرافية، كلية الآداب، من جامعة بني سويف، عام ٢٠١٣م.

- **الصومال والحركات الإسلامية: فراغ البطون وتخمة السلاح**، لمجموعة من الباحثين.

وهذا الكتاب يتناول دور الإسلاميين في المجتمع الصومالي، والمراحل التي مرت بها الحركة الإسلامية في الصومال، وهيئة علماء الصومال، مع مناقشة لدور القبيلة والقبلية في الحركات الإسلامية الصومالية. كما اشتمل على التصورات المتباينة للجماعات الإسلامية الصومالية لقيام الدولة الإسلامية، والعلاقة المفترضة بين تنظيم شباب الجهاد الصومالي والقاعدة، وسرد قصة التيار السلفي في الصومال. وفي الختام دراسة الحالة الإسلاميّة الصومالية، بتشخيص طبيعة العلاقة بين الصوفية والسلفية في الصومال. والكتاب من منشورات مركز المسبار للدراسات والبحوث في دولة الإمارات العربية المتحدة، في ٢٠١٢م.

- **أنت والصومال**، للدكتور راغب السرجاني.

يتناول هذا الكتاب أزمة الصومال من خلال دراسة واعية للقضية، ويفهم عميق لجذور قصتها، وقراءة متأنية لواقعها، وحصر دقيق لحجم المشاكل وأبعادها، ثم إيجاد الحلول المناسبة التي تُخرج أهلنا هناك من هذا الوضع الحرج إلى الأمن والأمان، والسكينة والاستقرار. وفي عمق الكتاب حديث عن مجموعة من الحقائق التاريخية والجغرافية والاقتصادية للصومال. كما تناول الكتاب التاريخ الحديث للصومال، وبالتحديد منذ وقوعه في ربقة الاستعمار وأطماعه؛ فالصومال بسواحله المطلّة على المحيط الهندي كان مطمعًا لجارته أثيوبيا الدولة الداخلية المختنقة بعيدًا عن أي محيطات أو بحار، كما كان مطمعًا للقوى الاستعمارية الكبرى، التي أرادت تأمين الطريق إلى مستعمراتها في الشرق؛ كما فعلت بريطانيا عام ١٨٣٩م، وإيطاليا عام ١٩٣٦م، كما يعرض الكتاب الحرب الأهلية التي تسببت في تمزُّق الصومال إلى إمارات متنازعة متفرقة. كما يعرض الكتاب تاريخ المحاكم الإسلامية في الصومال بزعامة شيخ شريف شيخ أحمد، وتاريخ الاقتتال بين المحاكم الإسلامية وحركة شباب المجاهدين والحزب الإسلامي ذوي الأفكار المتشدِّدَة، كما يتناول الكتاب قصة القراصنة في الصومال. ومما تناوله الكتاب أيضًا خطر التنصير في الصومال، حيث يتعرَّض الصومال المسلم لمحاولات التنصير منذ زمن بعيد؛ من أجل إبعاد المسلمين عن دينهم، والكتاب صدر من دار أقلام للطباعة والنشر والتوزيع والترجمة، ط/ ١، عام ١٤٣٣هـ/ ٢٠١٢م.

- **الصراعات في أقاليم الصومال، للمؤلف اسولومون ديرسو، وبيروك مسفين.**

والكتاب عبارة عن عدد خاص لحولية دورية، ويسلط هذا العدد الضوء على الصراع الناشب في داخل الصومال منذ عام ١٩٩١، محللًا الأسباب التاريخية والاجتماعية والسياسية الكامنة وراء اندلاع الصراع، وطبيعة الصراع، ودور الأطراف الداخليين والخارجيين في إدامته، ومساعي صنع السلام وحفظه في هذا البلد الذي يعد "دولة فاشلة". ويركز العدد أيضًا، على أحد تداعيات الفوضى والاضطراب والاقتتال في الصومال، وهو الممثل ببروز نزعة الانفصال والاستقلال لدى بعض أقاليمه؛ فيتناول الأوضاع السياسية فيما يسمى جمهورية أرض الصومال، كما يعرض للصراع الحدودي بين هذه الأخيرة وبين ما يسمى إقليم بونتلاند. والكتاب من إصدارات مركز الإمارات للدراسات والبحوث، الطبعة الأولى، سنة ٢٠١٠م، وعدد صفحاته ١٠٥ صفحات.

- بطرس بطرس غالي: **خمس سنوات في بيت من زجاج**، مركز الأهرام للترجمة والنشر، القاهرة، ١٩٩٩م.

- عبد الوهاب بن أحمد عبد الواسع: **الأمة الصومالية وقضاياها المعاصرة**، مكتب العبيكان، ط/ ١، ١٩٩٣م.

- علي حسن محمد: **العشائر وأزمة الحكم في الصومال**، الخرطوم، أطروحة الدكتوراه، عام ٢٠٠١م.

- الشريف محمد عيدروس: **أضواء على تاريخ الصومال**، ط/ ١، ١٩٩٩م.

- محمد حسين عمر: دور **الإذاعات المحلية الخاصة في الصومال**، دبلوم عالي، معهد البحوث والدراسات العربية، القاهرة، ٢٠٠٩م.

- عبد القادر محمود علي (جولني): **دور الأبعاد السياسية في المصالحة الوطنية في الصومال (١٩٩١م – ٢٠٠٩م)**، رسالة ماجستير في العلوم السياسية، مركز البحوث والدراسات الأفريقية، جامعة أفريقيا العالمية، الخرطوم، ٢٠١١م.

- محمود يوسف سوسى: **القبلية وأثرها في السياسة الصومالية**، جامعة أفريقيا العالمية، مركز البحوث الأفريقية، الخرطوم.

- سيد أحمد موسى الأزهري: **نظام الحير**، دون التاريخ والمكان والطبعة.

- الدور الإقليمي لحل النزاعات في الصومال (دلالات ومآلات ١٩٩٠ – ٢٠١٦) لحليمة حسن محمد.

رسالة لنيل درجة الدكتوراه في العلوم السياسية، قسم العلوم السياسية، بجامعة أفريقيا العالمية، الخرطوم، عام ٢٠١٩م. وهذه الدراسة تتحدث عن الدور الإقليمي لحل النزاعات في بلاد الصومال في الفترة المحددة ما بين ١٩٩٠ – ٢١٠٦م كما يبدو من عنوانها، والباحثة أثارت مشكلة البحث ومدى فعالية هذا الدور في تحقيق الأمن والاستقرار وإنهاء النزاع، وتمثلت فروض الدراسة في أن جذور المشكلة الصومالية تعود إلى تقسيم الاحتلال للصوماليين وضم أجزاء منهم إلى دول الجوار. وكان هدف هذه الدراسة رصد الدور الخارجي ومساهمته في الأزمة الصومالية، وتمثلت أهمية الدراسة في أنها تظهر الاهتمام

بالصومال من جانب القوى الإقليمية والمنظمات الإقليمية، والاعتماد على دورهم في إنهاء الأزمة الصومالية والمصالحة برعاية منظمة الاتحاد الأفريقي عبر الإيجاد.

– آدم شيخ حسن حسن: مسارات التسوية السياسية في الصومال.

كتاب يتناول الصراع السياسي الصومال وكيف تم تقسيم الصومال، ودور الاحتلال في ذلك، والمحاولات التي تلتها لبناء الدولة الصومالية، ومواقف النخب السياسية في مرحلة العهد المدني والعسكري . كما يتطرق إلى مواضيع أخرى مهمة كالهوية وتأثير السياسة الخارجية أثناء الحرب الباردة على كيان الدولة الصومالية والصراع مع أثيوبيا . ويعرج الكاتب كذلك على مرحلة الحرب الأهلية والصراعات القبلية والقوى، التي أسقطت النظام وصولًا إلى مرحلة المصالحة عبر المؤتمرات والأطراف الوسيطة. ويتحدث الكاتب عن دور الدول والمنظمات الإقليمية في عمليات التسوية للصومال. واختتم بعد ذلك بالحديث عن التسوية في مرحلة ما بعد الحرب الأهلية، متحدثًا على الأدوات والمسارات. والكتاب عبارة عن دراسة تحليلية حول ماجرى في الصومال من صراعات وتسويات منذ الاستقلال حتى الانتقال إلى الدولة الرسمية في عام ٢٠١٢م، مع استشراف ما ستئول إليه الأمور مع التركيز على مسار الدولة الحديثة وضررروة الانتقال إليها . والكتاب تحت الطبع.

الصحوة الإسلامية في الصومال:

الحديث عن الحركات الإسلامية حديث شيّق وشائك في الوقت نفسه، ولهذه الحركات إيجابيات لا أحد يستطيع أن ينكر عليها سواء فيما يتعلق بالنواحي الدينية أو الاجتماعية أو الثقافية، كما كان لهم بعض السلبيات والمخالفات الشرعية عبر تاريخه الحركي؛ لأنّ الكمال لله وحده سبحانه وتعالى، والعصمة لأنبيائه، ورسله، عليهم أفضل الصلاة والتسليم، وربما تكون هذه السلبيات نتيجة انحرافهم عن الطريق القويم، أو نتيجة ما ورثوا من مجتمعاتهم من بعض العادات والتقاليد التي لا تمتّ بصلة للإسلام، بالإضافة إلى نتيجة الإرث الاحتلالي الكبير الذي ورثته الأمة، وعليه لم يكن مستغربا أن تظهر بعض المشاكل في بدايات عهد هذه الحركات الإسلامية مع السلطات الوطنية، أو حدوث بعض الانشقاقات داخل منظومة حركية معينة، بل أكثر من ذلك فكان الصراع الفكري يحدث في داخل الجماعة الواحدة بدءًا بحركة " الإخوان المسلمون" في سبعينيات

القرن الماضي، ذلك الصراع والخلاف الذي أدى إلى قلاقل عندما أحدثت بعض الأفكار للأستاذ سيد قطب – رحمه الله – هزة كبيرة في داخل الجماعة، وقد اضطرت الجماعة في حينه إلى التبرء من ذلك، وظهرت في الساحة أيضا بعض الكتب الفكرية مثل كتاب "**دعاة لا قضاة**" للمرشد حسن الهضيبي ردًّا على أولئك الشباب في داخل الجماعة والذين قرأوا قراءة خاطئة لأفكار شكري أحمد مصطفى المؤسس لفكر التكفير والهجرة في مصر، ثم بعد ذلك منه استلهمت جلّ الحركات الإسلامية الجهادية في العالم الإسلامي هذا الفكر منه فيما بعد.. وقد ظهرت في الساحة الإسلامية مؤلفات وبحوث مختلفة تناولت تلك الحركات الإسلامية في وقت مبكر، بل ما زالت تظهر يومًا بعد يوم كتب وبحوث في المجال نفسه على أيدي أبناء الحركة الإسلامية، على شكل مراجعات أو بحوث تؤرخ الحركة، كما ظهرت بعض الكتابات ولكن على أيدي غير مسلمين من الباحثين في المراكز الثقافية والعلمية في العالم. وفي هذا الأمر يكفينا أن نشير إلى أن مركز المسبار للدراسات والبحوث في دبي الذي أصدر كتاب "**خلاصات أهم ما كتب عن الجماعات الإسلامية**"، وهو كتاب موسوعي في تسعمائة صفحة يعنى بالحركات والجماعات الإسلامية في العالم، وجاء الكتاب كما ذكر رئيس المركز تركي الدخيل في تقديمه للكتاب: في ظرفٍ فرضت الحركات الإسلامية نفسها على الإعلام ومراكز البحوث والصحافة، لتكون مثار حديث وجدل، وتفرعت عن إشكالياتها مفاهيم حركية مأخوذة عن التأويلات، التي تؤول من خلالها كل جماعة نصوص الإسلام المؤسسة.

وفي القطر الصومالي نحا بعض الكتاب نحو أقرانهم في العالم الإسلامي، بحيث ظهرت في الساحة الصومالية مجموعة من الكتب والبحوث، والتي ألقت الضوء على تاريخ الصحوة الإسلامية في العالم الإسلامي أو في أفريقيا ولاسيما بلاد الصومال، ومن هذه الكتب والبحوث:

• "**الصحوة الإسلامية في أفريقيا مهددة بالانهيار**"[1]، للشيخ سيد أحمد يحيى الصومالي – رحمه الله – فقد تناول الشيخ في كتابه عموم الدعوة والصحوة في القارة الأفريقية، بالإضافة إلى ما له علاقة ببلاد الصومال.

---

(١) طبع الكتاب مرتين حتى الآن، فالطبعة الثانية طبع عام ١٤١٧هـ / ١٩٩٦م، والكتاب حوالي ٢٥٠ صفحة. ولم يذكر اسم المطبعة ومكانها.

- وكتاب "التعددية في فكر الحركات الإسلامية المعاصرة وعلاقتها بالمشروع الإسلامي" للكاتب القدير الأخ الأستاذ محمد طاهر روبلة، حيث يتناول الباحث هنا الحركات الإسلامية في العالم الإسلامي عمومًا.

- ومن البحوث على أيدي أقلام صومالية "محنة الصومال: دروس وعبر: دراسة تحليلية" للباحث عبد الرحيم يوسف أحمد حيث قام بدراسة تحليلية للوضع الراهن في فترة التسعينيات من القرن المنصرم، كما أشار إلى بعض الحركات الإسلامية ورموزها.

- ومن الكتب "مسيرة الإسلام في الصومال الكبير" للشيخ عبد الله عمر نور الأجاديني البارجوني، وفيه بعض الأحاديث عن الحركات الإسلامية.

- ومن الكتب المهمة جدًا التي تحدثت عن الحركات الإسلامية في الصومال "الإسلاميون في الصومال: من الهامش إلى مركز الأحداث" وهو من إصدارات مركز الشاهد العربي في لندن، بأيدي أقلام وباحثين صوماليين، مما رفع مستوى الكتاب.

- ولفضيلة الدكتور علي الشيخ أحمد أبوبكر بحث مهم وهو "الدعوة الإسلامية المعاصرة في القرن الأفريقي"، وعلى الرغم من أنّ الدكتور لم يكن يتحدث عن الصحوة والحركات الإسلامية مباشرة، إلا أن الكتاب يتناول أساس الدعوة الإسلامية وسبل الانتشار الإسلامي في منطقة القرن الأفريقي .

  وحسب رأيي كل من يريد أن يتناول الحركات الإسلامية في الصومال لا بد أن يرجع إلى الوراء وما قبل تلك الحركات، وهذا الأمر سوف يجد القارئ أو الباحث بغيته في هذا الكتاب.

- أما كتاب "تنامي الصحوة الإسلامية في الصومال" (kobocii islaamiyiinta soomaaliya) للأخ عبد شكور مري آدم رحمه الله، يعتبر أول كتاب أرخ للحركات الإسلامية في الصومال، من حيث الشمولية رغم أنه مكتوب باللغة الصومالية، وقد حاول المؤلف أن يتناول جميع الحركات الإسلامية في الصومال بمختلف ميولها ومناهجها ومدارسها المتعددة.

- كما ظهر في الساحة الصومالية كتاب "تاريخ الحركة الإسلامية الصومالية" ظروف النشأة وعوامل التطور" للأستاذ القدير والكاتب الموهوب حسن حاج محمود عبد الله أحمد الحسني، وهذا الكتاب من أحسن الكتب والبحوث التي تناولت تاريخ الحركة الإسلامية في الصومال عمومًا وحركة الإصلاح في الصومال خصوصًا. وينطوي بين جنبات الكتاب معلومات مفيدة وجديدة، بل نادرة في أحيان كثيرة إذ إنّ صاحبها قريب الحدث وهي داخل البيت الحركي من الحركة الإسلامية، واعتمد على ملفات مهمة بما فيها محاضر ووثائق مهمة، غير أنّ الكتاب يسلط الضوء على حركة واحدة من بين الحركات الإسلامية في الصومال، وهي الحركة الإسلامية في القرن الأفريقي المعروفة بحركة الإصلاح، التي تنهج نهج جماعة الإخوان المسلمين، على الرغم من أن المؤلف أشار أكثر من مرة إلى الحركات الأخرى الإسلامية في الصومال عند اقتضاء الضرورة. وفي الفصل الأول تناول المؤلف الحركة الإسلامية وظروف النشأة، وكذا عوامل التطور، وقد أفاض المؤلف في هذا الفصل حول حركة التأسيس والعمل والانطلاق في الصومال، من خلال الفهم الصحيح للإسلام كجهاد وكفاح وتطبيق كامل للإسلام، ثم تحدث عن المراحل التي مرت بها الحركة في الصومال، وتاريخ المراحل والأفق التي وصلت إليها. وفي الفصل الثاني تحدث المؤلف عن النظام الأساسي للحركة الإسلامية الصومالية، حيث أشار فيه إلى الاسم والتعريف، والشعار، كما أشار إلى الغايات والأهداف والوسائل لدى الحركة، وأفاض في ذلك، وتحدث عن الأعضاء وشروط العضوية، ووضح جوانب الهيكل التنظيمي، وأشار أيضًا إلى النظام الأساسي للحركة. أما الفصل الثالث فوضح أهداف الحركة الإسلامية، التي من بينها خدمة المجتمع والإصلاح والرعاية الاجتماعية للأمة والعمل على راحة الشعب الصومالي. والفصل الرابع تحدث المؤلف عن الحركة الإسلامية وعلاقتها بالأمة. وفي الفصل الخامس تناول في حديثه الحركة الإسلامية والعمل التأسيسي في الصومال. والفصل السادس تحدث عن تفاعلات الواقع السياسي للصومال . والفصل السابع تكلم عن الحركة الإسلامية والنقد الذاتي. وفي الفصل الثامن

تناول الحركة الإسلامية والعمل الإسلامي مشيرا إلى عدة جوانب ومجالات للعمل. وفي الفصل التاسع تناول العقبات التي تقف في الطريق حين تطالب الإصلاح والتغيير. وفي الفصل العاشر والأخير تحدث عن الحركة الإسلامية في الصومال بين المحاكم الإسلامية والحكومة الصومالية آنذاك. والكتاب يقع في ٣٠٤ صفحات ومكوّن من مقدمة وتمهيد وعشرة فصول وعدة ملاحق.

• أما كتاب "الحركات الإسلامية الصومالية – النشأة والتطوُّر" للأستاذ أنور أحمد ميو، فيُعدّ من الكتب القليلة التي تناولت تأريخ جميع الحركات الإسلامية الصومالية تقريبًا بحيث لم يقتصر على جماعة أو حركة معينة، حيث تناول المؤلف هذه الحركات من حيث الشمولية ودقة المعلومات وغربلتها حسب منهج البحث العلمي، وهو مكتوب باللغة العربية، وهو كتاب مهم ملأ فراغًا علميًّا للمكتبة العربية عمومًا والصومالية خصوصا. ومما لا شك فيه فإن هذا الكتاب سيكون عونًا قويًا للباحثين، بحيث يجدون فيه معلومات إضافية لها علاقة بالحركات الإسلامية في بلادنا بمختلف مسمياتها وانتماءاتها، وقد عرض الكاتب كتابه بأسلوب سهل من غير تكلف، ويمتاز الكتاب بأن صاحبه غير منحاز ويعزو أحيانا كثيرة لمصادر معلوماته، ولا شك بأنّ هذا الكتاب يفتح للباحثين آفاقًا جديدةً ونافذة مفيدة لأخبار الجماعات الإسلامية في الصومال من خلال الحديث عن أسرار هذه الحركات ودهاليزها، وقد أحسن المؤلف بأن يبدأ كتابه الحديث عن الحركات التحرُّرية التي مهَّدت الطريق لظهور الصَّحوة الإسلامية في الصومال، ودورها في محاربة الاحتلال والحركات التبشيرية، من خلال تتبع بعض رموز هذه الحركات في البلاد، ثم ما تمخض عنه من اللبنات الأولى التي انبثقت منها الحركة واستقلال الصومال، وكذا إرهاصات التنظيم الحركي في الصومال، ثم الجمعيات التقليدية التي سبقت الحركات التنظيمية الإسلامية في الصومال، وقد تتبع المؤلف هذه الحركات منذ بَدئها ونَشْأتها وتطوُّرها وازدِهَارها وانكِمَاشَها، فبارك الله في عمله العلمي وسعيه الدؤوب في خدمة البحث العلمي والثقافي المتنامي في البلاد في الآونة الأخيرة.

- وللمؤلف جهود مضنية أخرى في المجال نفسه، بحيث كتب بعض الأخبار المتعلقة بالصحوة الإسلامية في الصومال وبعض رموزها في كتابه "مراجعات إستراتيجية في الصومال". وأيضًا في كتابه المعنون " أثر الأزمة السياسية على التيار الإسلامي في الصومال" وهو عبارة عن بحث أكاديمي.

- ومن الكتب أيضًا كتاب (حقائق عن الجماعات الدعوية العاملة في الصومال)، لفضيلة الشيخ عبد القادر شيخ محمد عكاشة، بالاشتراك مع الشيخ محمد عبد طاهر، والكتاب يتحدث عن الجماعات الإسلامية في الصومال، بحيث ركز على أربع جماعات إسلامية في بلاد الصومال وهم: حركة الاعتصام بالكتاب والسنة، وحركة التجمع الإسلامي، وحركة الإصلاح، وحركة الشباب المجاهدين.

ورغم صغر حجم الكتاب، إلا أنه فيه معلومات مفيدة، ويظهر بخبر الشيخين للدعوة الإسلامية وما يسمى الصحوة الإسلامية في بلاد الصومال، بل وحنكتهما في مجالات الجماعات والأحزاب الإسلامية، إضافة إلى أنهما زجّى الكتاب بنقولات من أهل العلم قديمًا وحديثًا، ويقع الكتاب في ٦٢ صفحة .

- كتاب (مذكرات داعية)، للشيخ محمد عمر أحمد، هذه المذكرات محاولة للتأريخ للدعوة الإسلامية بتفاعلاتها مع مناحي الحياة ومناشطها السياسية والاقتصادية والعلمية في أطوار متتالية، منذ ستينيات القرن الميلادي المنصرم وحتى اللحظة الراهنة، وفي واقع متقلب مليء بالشجون والمحن، كما ذكر المؤلف نفسه عند تقديم تلك المذكرات.. والمذكرات تنطلق في نظرتها للدعوة بأنها عنصر مؤثر في بناء الأحداث المؤثرة، وعنصر مهم في صناعة الشخصية الصومالية. والحياة ليست جزرًا منعزلة، بل إيقاع هادر، متناغم متكامل، يتبادل التأثير والتأثر.

وراوي هذه الأحداث في هذه المذكرات عالم سلفي من أعلام الدعوة الإسلامية المعاصرة في الصومال، هو الشيخ عبد القادر نور فارح المعروف بعبد القادر جعمي، خريج الجامعة الإسلامية بالمدينة المنورة، كبير علماء الصومال والذي استقر في أواخر حياته في منطقة بونتلاند الحالية شرق الصومال، قبل اغتياله على أيدي مجرمين من حركة الشباب في الصومال. والحقيقة أنّ هذه المذكرات نتيجة لقاءات متقطعة عملها

الأخ الكاتب القدير مع الشيخ عبد القادر نور فارح، والتي بدأها لأول مرة في مدينة جاروي في ٢٠ جمادى الأولى ١٤٢٤هـ شهر يوليو٢٠٠٣م، بحيث سجل معه شريطين وحين أفرغهما، أصبحت كتيبًا يحمل الكثير من المعلومات، ثم أراد التوسع فيها لتشمل كثيرًا من الأحداث في خط سير الدعوة الإسلامية تقييمًا ونقدًا وتأريخًا لأحداث العصر، ثم حدثت لقاءات أخرى في بوصاصو في شهر صفر ١٤٢٧هـ. ثم تواصلت اللقاءات في أعوام ١٤٣٣هـ أي ٢٠١٢م. وكانت حبيسة عنده قبل أن تخرج إلى النور في قالب حلقات مسلسلة في شبكة الشاهد العربي، بحيث تردد في نشرها كحوار لأنها طويلة للغاية؛ ولأن فيها كثيرًا من المصارحات والشهادات التي تصلح للنشر بعد مضي الأحداث، ثم عني المؤلف بطباعتها في شكل كتاب عن الحركة الإسلامية في الصومال.. ثم رأى أن يضعها بين أيدي القراء. والحقيقة التي لا مراء فيها، فإن قيمة هذه المذكرات ظهرت بعد وفاة الشيخ عبد القادر والطريقة التي قُتِلَ بها فضيلته رحمه الله، مما جذَّب الناس إلى تلك المذكرات حتى تهاتف القراء والمتابعون عبر المقالات التي كان ينشرها المؤلف قبل طباعته. وحسب علمي ما زال الكتاب غير منشور، وقد أخبرني المؤلف في صيف عام ٢٠١٣م في مقديشو أنه سوف يبحث مطبعة مناسبة لطباعة الكتاب.

• أما كتاب (صفحات من تاريخ اليقظة الإسلامية في الصومال)، للشيخ عبد القادر محمود أو موسى الصومالي، فلا شك أنّ الكاتب – كما يظهر – لديه معلومات غزيرة ودقيقة، وكان جزءًا من الحركة الإسلامية في الصومال في منتصف القرن المنصرم، وبذلك عاصر أهم محطات الصحوة، ومن هنا ظهرت معلوماته مهمة خاصة عند حديثه عن جماعة "الأهل" وبدايات الدعوة الإسلامية في أواخر الستينيات وبدايات السبعينيات. والكتاب من مطبوعات مكتبة الهدي المحمدي، القاهرة، ط/ ١، عام ٢٠١٦م، وجاء في مجلد كبير.

• ومن الكتب أيضًا كتاب (رحاب الدعوة الإسلامية في الصومال)، للشيخ محمد عمر أحمد، ويتناول في رسالته هذه الحديث عن صاحب الفضيلة الدكتور أحمد حاج عبد الرحمن، وخواطره ومذكراته في مجال الدعوة الإسلامية، علمًا أنّ فضيلة

الدكتور أحمد كان داعيًا وعالمًا في قضايا الشريعة، وماهرًا بعلم الحديث وعلومه، وتوفي إثر اغتياله على أيدي عناصر من حركة الشباب في الصومال.

• وهناك بحوث ومقالات مهمة منشورة في المواقع الإلكترونية كموقع إسلام أونلاين islamonline، مثل ما كتبه الباحث الصومالي القدير الأستاذ محمد عمر أحمد وهو بحث في منتهى الروعة والجمال، وفيه يؤرخ الكاتب الحركات الإسلامية في الصومال. وفي الموقع نفسه يوجد مقال نفيس تحت عنوان "الإسلاميون في الصومال.. تاريخ من الانشقاقات" بقلم الأخ الأستاذ شافعي محمد[1]. كما نشر الشيخ عبد الرحمن شيخ عمر سلسلة من المقالات أطلق عليها "Uur doox" باللغة الصومالية في موقع صومال توك، بحيث أرّخ فيها للحركة الإسلامية بدءًا بحركة الأهل ومرورًا بحركة الاتحاد وانتهاءً بالاعتصام[2].

• ومن الكتب أيضًا كتاب مذكرات أبي الفضل القمري المسوم (الحرب على الإسلام)، وهو من تأليف عبد الله فاضل هارون القمري، وقد نشر الكتاب عن طريق إلكتروني في الشبكة العبكبوتية.

تاريخ الصومال العام:

هناك كتب وبحوث تناولت تاريخ الصومال وحضارته بشكل عام ولم تقتصر على فترة محددة أو على جوانب معينة، حتى وإن ركزت على جزئية معينة تتحدث تاريخ الصومال العام إلا أنها تقف على هذه الجزئية.

وهذه الكتب تناول بعضها تاريخ الصومال في النواحي السياسية والاجتماعية والاقتصادية والعلمية والحربية وغير ذلك، في حين أن بعضها يتطرق فقط إلى بعض الجوانب أو في مواضيع معينة تؤرخ فقط لنقطة ما .

ومن بين هذه الكتب التي تناولت تاريخ الصومال العام كتاب:

- كشف السدول عن تاريخ الصومال وممالكهم السبعة، للشيخ أحمد عبدالله ريراش الصومالي، وكتابه يتناول تاريخ الصومال في العصور القديمة والوسيطة

)1(http://www.islamonline.net/ara/article/1304970853372

(2) http://somalitalk.com/tag/uur-doox/

والحديثة في مناحي الحياة السياسية والاجتماعية والدينية، غير أنه يركز كلّ اهتمامه على السلطنات الإسلامية المحلية التي كانت تمتدّ من أقصى جنوب البلاد إلى البحر الأحمر.

ويذكر بشكل خاص الممالك السبعة التي اشتهرت فيها ممالك الطراز الإسلامي. والحقيقة أن هذا الكتاب يُعدّ مصدرًا مهمًّا لتاريخ منطقة القرن الإفريقي عمومًا وتاريخ السلطنات الإسلامية وممالكهم في الجزء الشمالي والغربي لبلاد الصومال، والتي كانت تصارع وتقارع دومًا الحبشة المسيحية. وميزة هذا الكتاب أنه يعتمد على كتاب مخطوط قديم لم ينشر من قبل، ويتحدث عن الملوك والسلاطين المسلمين الذين أسسوا الممالك السبعة وغيرها، وتاريخ حروبهم وجهادهم، وكذا عن تاريخهم السياسي والحضاري والاقتصادي.

والمخطوط يسمى: (تاريخ عمرو لسمع وإمبراطوريته) للشيخ أبي بكر باعلوي المتوفي في سنة ٩٥٠هـ، كما أشرنا من قبل.

ومؤلف المخطوط كان معاصرًا ومرافقًا لحركة الجهاد الإسلامي ضد الأحباش المسيحيين، مما أعطى ميزة خاصة لمعلوماته، علمًا أن هذا المخطوط بكامله منشور بخطه الأصلي في ذيل الكتاب. أما كتاب كشف السدول الذي نحن بصدده ففيه أيضًا قطوف عن تاريخ الصومال الإسلامي وأطواره التاريخية، بحيث يتحدث عن تاريخ دخول الإسلامي وانتشاره في الصومال، وأصل الصومال وأقسامهم، وفيه أيضًا أخبار حركة الجهاد التي كان يقودها الإمام أحمد بن إبراهيم جران ضد الأحباش وحلفائهم البرتغاليين. والكتاب يتألف من ١٦ بابًا ويقع في ٢٥٣ صفحة ويضم بعض صور ووثائق مفيدة قد لا توجد في غيره، سواء كان ذلك من الشخصيات التاريخية والأماكن الأثرية المهمة)[1].

وينبغى أن نشير إلى أن هناك بعض المؤلفين الصوماليين المعاصرين، الذين حذوا حذو من سبقهم من علماء الصومال في تأليف ووضع كتب تناولت تاريخ السلطنات الإسلامية فيها يسمى ممالك الطراز الإسلامي وصراعهم مع الأحباش، على غرار الكتب السابقة.

___

والحديثة في مناحي الحياة السياسية والاجتماعية والدينية، غير أنه يركز كلّ اهتمامه على السلطنات الإسلامية المحلية التي كانت تمتدّ من أقصى جنوب البلاد إلى البحر الأحمر.

ويذكر بشكل خاص الممالك السبعة التي اشتهرت فيها ممالك الطراز الإسلامي. والحقيقة أن هذا الكتاب يُعدّ مصدرًا مهمًّا لتاريخ منطقة القرن الإفريقي عمومًا وتاريخ السلطنات الإسلامية وممالكهم في الجزء الشمالي والغربي لبلاد الصومال، والتي كانت تصارع وتقارع دومًا الحبشة المسيحية. وميزة هذا الكتاب أنه يعتمد على كتاب مخطوط قديم لم ينشر من قبل، ويتحدث عن الملوك والسلاطين المسلمين الذين أسسوا الممالك السبعة وغيرها، وتاريخ حروبهم وجهادهم، وكذا عن تاريخهم السياسي والحضاري والاقتصادي.

والمخطوط يسمى: (تاريخ عمرو لسمع وإمبراطوريته) للشيخ أبي بكر باعلوي المتوفي في سنة ٩٥٠هـ، كما أشرنا من قبل.

ومؤلف المخطوط كان معاصرًا ومرافقًا لحركة الجهاد الإسلامي ضد الأحباش المسيحيين، مما أعطى ميزة خاصة لمعلوماته، علمًا أن هذا المخطوط بكامله منشور بخطه الأصلي في ذيل الكتاب. أما كتاب كشف السدول الذي نحن بصدده ففيه أيضًا قطوف عن تاريخ الصومال الإسلامي وأطواره التاريخية، بحيث يتحدث عن تاريخ دخول الإسلامي وانتشاره في الصومال، وأصل الصومال وأقسامهم، وفيه أيضًا أخبار حركة الجهاد التي كان يقودها الإمام أحمد بن إبراهيم جران ضد الأحباش وحلفائهم البرتغاليين. والكتاب يتألف من ١٦ بابًا ويقع في ٢٥٣ صفحة ويضم بعض صور ووثائق مفيدة قد لا توجد في غيره، سواء كان ذلك من الشخصيات التاريخية والأماكن الأثرية المهمة)[1].

وينبغى أن نشير إلى أن هناك بعض المؤلفين الصوماليين المعاصرين، الذين حذوا حذو من سبقهم من علماء الصومال في تأليف ووضع كتب تناولت تاريخ السلطنات الإسلامية فيها يسمى ممالك الطراز الإسلامي وصراعهم مع الأحباش، على غرار الكتب السابقة.

---

(١) طبع هذا الكتاب بمطابع وكالة الدولة للطباعة والنشر في مقديشيو، ١٩٧١م.

حتى حصلت الصومال على الاستقلال، ولم ينس المؤلف أيضًا دور الجماعات الدينية وثوراتهم ضدّ الاحتلال. ومع كل ذلك فالكتاب صغير الحجم ويقع في ٩٠ صفحة.

- الجمهورية الصومالية، دراسة لبيئتها الطبيعية وإمكانياتها الاقتصادية ونظم الصوماليين الاجتماعية وعاداتهم وعلاقتهم بمصر في مختلف العصور، للدكتور عبد المنعم عبدالحليم سيد. وجزء كبير من الكتاب تناول المؤلف فيه جغرافية الصومال وبيئتها الطبيعية مع قضايا أخرى لها علاقة بأمور اقتصادية واجتماعية وتاريخية. وقد صدر هذا الكتاب بمدينة القاهرة – مصر، وكان يحمل الكتاب رقم العدد ٢٩١.

- سلسلة من مقتطفات **تاريخ الصومال المعاصر**، للسيد عبد الله محمود محمد. هذا البحث عبارة عن رسالة صغيرة ولكنها قيمة مليئة بالأحداث والمعلومات المفيدة في تاريخ الصومال المعاصر. وتظهر قيمته بأن صاحبه معاصر بالأحداث التي يتناولها المتعلقة بالصومال المعاصر إبان الحكم الاحتلالي الأوروبي. ويورد الكاتب أهم الأحداث في العقد ١٩٤١م إلى ١٩٤٩م وموقف القوى الدولية قضية الشعب الصومالي نحو الصومال إلى الاستقلال التام من الاحتلال، ثم توحيد أراضيه دون قيد أو شرط. والمؤلف استهل بحثه موقف بريطانيا، ثم ذكر مؤتمري لندن وباريس وما جرى فيهما، وسياسة بريطانيا تجاه الصومال، وأشار إلى حادثة عام ١٩٤٧م التي وقعت في مقديشو بين الصوماليين وعلى رأسهم حزب "وحدة الشباب الصومالي"، وبين الإيطاليين، والمعروف أن هذه الحادثة راح ضحيتها ما يقارب مئة إيطالي وعدد أقل من الصوماليين، والواضح أن الكاتب لم يتناول هذه القضية بحذافيرها وحيثياتها ومحاورها المختلفة. وأشار أيضا المؤلف إلى وصول اللجنة الرباعية إلى مقديشو في ٦ / ١ / ١٩٤٨م، وكان هدف هذه اللجنة التعرف على الاتجاهات السياسية للأحزاب الصومالية لمستقبل بلادهم. ولم ينس المؤلف دور الأمة الصومالية تجاه استقلال البلاد وآراءهم المتباينة في ذلك، عبر الأحزاب والمنظمات السياسية آنذاك. واختتم الشيخ عبد الله محمود محمد كتابه هذا بملخص

حتى حصلت الصومال على الاستقلال، ولم ينس المؤلف أيضًا دور الجماعات الدينية وثوراتهم ضدّ الاحتلال. ومع كل ذلك فالكتاب صغير الحجم ويقع في ٩٠ صفحة.

- الجمهورية الصومالية، دراسة لبيئتها الطبيعية وإمكانياتها الاقتصادية ونظم الصوماليين الاجتماعية وعاداتهم وعلاقتهم بمصر في مختلف العصور، للدكتور عبد المنعم عبدالحليم سيد. وجزء كبير من الكتاب تناول المؤلف فيه جغرافية الصومال وبيئتها الطبيعية مع قضايا أخرى لها علاقة بأمور اقتصادية واجتماعية وتاريخية. وقد صدر هذا الكتاب بمدينة القاهرة – مصر، وكان يحمل الكتاب رقم العدد ٢٩١.

- سلسلة من مقتطفات تاريخ الصومال المعاصر، للسيد عبد الله محمود محمد. هذا البحث عبارة عن رسالة صغيرة ولكنها قيمة مليئة بالأحداث والمعلومات المفيدة في تاريخ الصومال المعاصر. وتظهر قيمته بأن صاحبه معاصر بالأحداث التي يتناولها المتعلقة بالصومال المعاصر إبان الحكم الاحتلالي الأوروبي. ويورد الكاتب أهم الأحداث في العقد ١٩٤١م إلى ١٩٤٩م وموقف القوى الدولية قضية الشعب الصومالي نحو الصومال إلى الاستقلال التام من الاحتلال، ثم توحيد أراضيه دون قيد أو شرط. والمؤلف استهل بحثه موقف بريطانيا، ثم ذكر مؤتمري لندن وباريس وما جرى فيهما، وسياسة بريطانيا تجاه الصومال، وأشار إلى حادثة عام ١٩٤٧م التي وقعت في مقديشو بين الصوماليين وعلى رأسهم حزب "وحدة الشباب الصومالي"، وبين الإيطاليين، والمعروف أن هذه الحادثة راح ضحيتها ما يقارب مئة إيطالي وعدد أقل من الصوماليين، والواضح أن الكاتب لم يتناول هذه القضية بحذافيرها وحيثياتها ومحاورها المختلفة. وأشار أيضا المؤلف إلى وصول اللجنة الرباعية إلى مقديشو في ١٩٤٨/١/٦م، وكان هدف هذه اللجنة التعرف على الاتجاهات السياسية للأحزاب الصومالية لمستقبل بلادهم. ولم ينس المؤلف دور الأمة الصومالية تجاه استقلال البلاد وآراءهم المتباينة في ذلك، عبر الأحزاب والمنظمات السياسية آنذاك. واختتم الشيخ عبد الله محمود محمد كتابه هذا بملخص

مفيد للقارئ لها علاقة بتاريخ الصومال. والبحث مكتوب بالحاسب الآلي ويقع في حوالي ٢١ صفحة. وما زال الكتاب مخطوطًا غير مطبوع حسب علمي.

- وثائق عن الصومال وإريتريا والحبشة، أحمد برخت ماح. وقد سبق الحديث عنه.

- الصومال – **تاريخ وحضارة**، عبد الرحمن عثمان عمر. هذا الكتاب يتضمن مواضيع هامة من تاريخ الصومال وحضارته الإسلامية، وقد تناوله المؤلف بنظرة تاريخية وحضارية، وهو عبارة عن مواضيع وأخبار متشعبة ومشتتة في المصادر والمراجع التي تناولت تاريخ الصومال وحضارته في مختلف العصور والعهود، وقد حاول المؤلف أن يجمع ما كان متفرقًا في بطون الكتب ليسهل لمن يريد أن يقرأ أو يطالع على تاريخ الصومال، شعبًا وموطنًا، وما كان يدور حول الصومال من التحديات، ويبدو أن المؤلف أطلق على كتابه في أول الأمر اسم (تاريخ الصومال ونضاله في الحضارة العربية الإسلامية)، ثم استقر ذهنه بأن يكتفي باسم: الصومال- تاريخ وحضارة، والسبب في ذلك التغير لكون الكتاب يتناول مواضيع كثيرة ليس لها رابط زمني ولا منهج معين، وإنما المؤلف قام بمجرد اختيار وجمع من عدة مصادر مختلفة.

وعلى أي حال فإن الكتاب يفيد الباحثين الذين يرغبون معرفة وفهم حقيقة شعب الصومال، وموقعه من الحضارة الإسلامية.

وقد استهل المؤلف كتابه بجغرافية الصومال وموقعه، ثم بعد ذلك تناول علاقة أهل الصومال بالإسلام، والروابط الإسلامية التي تربط المجتمعات الإسلامية الأخرى، لاسيما المجتمعات المجاورة مثل: الدناكل ومسلمي الحبشة الآخرين.

ولم يهمل الكاتب الحديث عن الصراع الإسلامي المسيحي في منطقة القرن الأفريقي، مكملًا حديثه بتتبع الزعماء المناضلين على وجه المستعمر المغتصب، حيث سرد تسلسل هؤلاء الزعماء مثل الإمام أحمد بن إبراهيم الغازي المشهور بالأشول، والمناضل السيد محمد بن عبدالله حسن وحركته الدراويش. وبعد ذلك تحدث عن التاريخ السياسي للصومال بادئا بالسلطنات والإمارات الإسلامية غير الصومالية التي قامت على بلاد الصومال، واختتم حديثه بثورة ٢١ أكتوبر وأسبابها ومنجزاتها، كما تناول المؤلف مواضيع

أخرى لها علاقة بتاريخ الصومال وحضارته الإسلامية. وخلال متابعة هذه المواضيع نستطيع أن نلاحظ بأن الكتاب عمومًا غير مترابط منهجيًا بحيث إن فيه مواضيع متشعبة غير متصلة. والكتاب يقع في ٧٧ صفحة، وطبع في ١٥ نوفمبر عام ١٩٨٨م في طبعته الثانية.

ويمكن الباحث أن يرجع إلى هذه المراجع أيضًا:

- عبد الرحمن عثمان طويل: الصومال تاريخ وحضارة، ط/ ٢، عام ١٩٨٨م.

- حمدي الطاهري: قصة الصومال، مطابع دار الشعب بالقاهرة.

- محمد عبد الفتاح هندي: تاريخ الصومال، القاهرة، عام ١٩٦٢م.

- عبد الصبور مرزوق: أضواء على الصومال، مطبعة الرسالة، القاهرة، ١٩٥٩م.

- عبد المنعم عبد الحليم: الجمهورية الصومالية (الإقليم الجنوبي أو صوماليا)، مكتبة الشروق بالفجالة، القاهرة، ١٩٦٠م.

- محمد عبد المنعم يونس: الصومال وطنًا وشعبًا، دار النهضة العربية، عام ١٩٦٢م.

- محمد فريد السيد حجاج: صفحات من تاريخ الصومال، المكتبة الأفريقية، دار المعارف، ١٩٨٣م.

- المسح الشامل لجمهورية الصومال الديموقراطية، معهد البحوث والدراسات العربية، بغداد، ١٩٨٢م.

- محمد عبد الغني سعودي: الصومال – عضو بالجامعة العربية، مجلس البحوث والدراسات العربية، العدد الخامس، يونيو ١٩٧٤م.

- الشريف محمد عيدروس: أضواء على تاريخ الصومال، ط/ ١، ١٩٩٩م.

الفصل الرابع
دراسات صومالية مهمة

- التراجم والسير.

- النسب والقبيلة.

- الإعلام والصحافة.

- المدن والقرى.

- التصوف والزهد.

السير والتراجم:

هنا ليس هدفنا أن نقوم بتعريف الترجمة وفنّ كتابة السير، أو أن نتساءل ما هي الترجمة وأقسامها وفنونها، وما الفرق بين التراجم والسير؟ وقد ناقشنا ذلك في أماكن أخرى[1]، ولكننا نشير إلى أن كتب التراث الإسلامي تستخدم لفظتي السيرة والتراجم على أنّ مدلوليهما يبدوان في أول الوهلة بأنهما يدلان على معنى واحد، غير أن العادة جرت عند مؤرخي الإسلام بأن تقتصر السيرة على حياة الرسول ﷺ فقط دون غيره، إلا أنه بعد مرور من الزمن وفي أواخر القرن الثالث الهجري، ظهرت كُتيبات تُطلق على حياة شخصيات غير الرسول بالسيرة، ككتاب "سيرة أحمد بن طولون" الذين وضعه أبو جعفر أحمد بن يوسف الكاتب المشهور بابن الداية المتوفى سنة (٣٤٠هـ / ٩٥١م). ويفرق بعض الباحثين بين لفظتي الترجمة والسيرة، حيث يرى بعضهم بأن الترجمة تتناول تعريف حياة علَم من الأعلام المقصودة وإبرازه فيها يتعلق بأحد مجالات الثقافة والعلم، بينما يُعرف البعض الآخر السيرة بأنها ترجمة مطولة تختلف عن الترجمة العادية من حيث الطول وتناولها جميع حيثيات شخصية الرسول ﷺ، ونظرتنا تجاه السيرة النبوية تنصب على الفترة ما قبل الرسول ﷺ وولادته ونشأته، ثم بعد ذلك تكليفه ﷺ بالرسالة الخاتمة وإلى أن انتقل إلى الرفيق الأعلى، أي بمعنى أن السيرة عبارة عن ترجمة مطولة لا تختلف عنها بالترجمة إلا بسبب إمعانها في الطول.

وفن التراجم وذكر أخبار سير الأعلام من العلوم التي لها سبق عند المسلمين من أهل الدراية والرواية، وقد برع فيها المؤرخون والأخباريون في العصور الإسلامية الزاهية، ولا يوجد علم من العلوم الإسلامية يستغني عن ذلك الفن. والترجمة – كما هو معروف – هي تتبع حياة علَم من الأعلام في حياته منذ ولادته حتى وفاته، بدءًا بذكر مولده واسمه وكنيته ونسبه ورحلته العلمية والمجالات التي برز فيها، وأهم أعماله إذا كان له أعمال، ثم وفاته وآثاره العلمية والسياسية، ثم تطور علم التراجم في العصور المتأخرة إلى ذكر العصر الذي عاش ذلك الشخص المُتَرجم له، وكذا محيطه الاجتماعي والثقافي والعلمي، غير

---

(١) رسالتنا (أخبار التراجم والسير في التراث الإسلامي والصومالي)، غير مطبوعة؛ وانظر سلسلة من المقالات في العنوان نفسه في موقع الشاهد الدولي؛ وانظر أيضًا تقديمنا لكتاب (كتاب عرف الريحان في تراجم أعلام آل مريحان السيد علي شيخ آدم يوسف المشهور بعلي صومالي).

أن التراجم تتفاوت من شخص إلى آخر، حسب أهمية ذلك الشخص والطبقة التي ينتمي إليها، وبعض التراجم تتناول التعريف بحياة شخص معين، أو ربما أكثر شخصية معينة، في حين أن بعضها تأتي بتعريف يطول ويطغى، إلى حد يتخيل القراء إلى أنها ملحمة تاريخية مطولة، وربّ ترجمة قصيرة ولكنّها عميقة تحمل في طياتها أخبارًا مهمة، بل وفيها معلومات دسمة ونادرة وفريدة من نوعها، ولا شك أن أسوأ التراجم هي تلك التي تبدو معلوماتها سطحية غير عميقة، كل ذلك يخضع للظروف والحالة التي كتبت فيها تلك الترجمة، كما أن بعضها مرتبطة بثقافة الكاتب الذي قام بالترجمة، ومدى قدرته على استقصى المعلومات وسبل عرضه واستفادته.

ونحن لا نشكُّ في أنّ من يريد الخوض في معركة التراجم وسير الأعلام في بلاد الصومال الكبير، فعليه أن يستقي منابع جهود أهل الصومال في هذا الميدان؛ لأنّ لدينا كمًّا هائلًا من المصادر والمراجع المتنوعة لها علاقة بمجال الترجمة والسير في القطر الصومالي)[1]، بل يصعب الوصول إلى ذلك دون الرجوع إلى الأقلام الصومالية، التي كان لها حظٌّ في كتابة المناقب والتراجم التي نحن بصدد الحديث عنها، إذ أن فنّ الترجمة وكتابة السيرة لشخصيات لها وجاهتها عبر العصور المختلفة. عمومًا ـ، كان أمرًا معروفًا عند المسلمين في العالم الإسلامي، غير أنه ينبغي أن نعرف بأن أغلب تلك الأقلام في بلاد "الصومال"، انطلقت من منظور فكري عقدي، حيث إن جُلّ الكتب وضعها علماء التصوف، الذين ترجموا لبعض مشايخهم وذكروا مناقبهم، كما أن بعضًا منها قد وضعها أشخاصٌ، كانوا ينتمون إلى تلك المدارس الفكرية والثقافية.

• ومن هذه الكتب كتاب: (جلاء العينين في مناقب الشيخين) وهو كتاب وضعه الشيخ عبدالرحمن بن الشيخ بن عمر العلي الأبغالي الورشيخي، وتناول الكتاب تاريخ شيخين كريمين، وذكر فضلهما ومناقبهما، وهما الشيخ حاج أويس بن محمد البراوي القادريّ، والشيخ عبدالرحمن بن أحمد الزيلعي القادري- رحمهم الله جميعا-، وينبغى أن نعرف أنّ الشيخ عبدالرحمن بن عمر العلي الأبغالي الورشيخي جمع في هذا الكتاب رسالتين هما: (أنس الأنيس في مناقب الشيخ أويس)، وكتاب:

---

(1) وبمجرد الرجوع إلى كتاب (معجم المؤلفين الصوماليين) لدكتور محمد حسين معلم علي يجد القارئ بأنّ ذلك متناثر في جنبات الكتاب.

(راحة القلب المتولع في مناقب الشيخ عبدالرحمن بن أحمد الزيلعي)، والكتاب الأول ألفه الشيخ (قاسم بن محيي الدين البراوي)، ويدور حول ذكر مناقب الشيخ" أويس بن محمد القادري الصومالي، ويقع في ٥٨ صفحة. أمّا الكتاب الثاني فيطلق عليه: (راحة القلب المتولع في مناقب الشيخ عبد الرحمن بن أحمد الزيلعيّ) فقد كتبه الشيخ عبدالرحمن بن عمر، ثم جمع بين الكتابين وأطلق عليهما اسم: (جلاء العينين في مناقب الشيخين)، والكتاب الأخير يتناول فقط مناقب الشيخ عبدالرحمن بن أحمد الزيلعي، وزيّنته بعض القصائد والنظم، يجلي فيها بعض كرامات الشيخ وتوسلاته. والكتاب يقع في ١٠٢ صفحة. ولمّا تم ذلك للمؤلف اختار اسمًا يجمع الكتابين فكان (جلاء العينين في مناقب الشيخين).

- ومن الكتب التي تناولت تراجم ومناقب العلماء كتاب: (تذكرة أهل اليقين في مناقب الشيخ محي الدين) ومؤلف هذا الكتاب الشيخ علي بن مومن الشافعي الصومالي، وتحدث فيه عن مناقب شيخه الشيخ محيي الدين بن الشيخ محمود، وبعض آثاره، ورتب كتابه هذا على مقدمة وبابين وخاتمة، وعمومًا فالكتاب يتناول في البداية ترجمة مفصلة عن الشيخ، نسبه وأولاده وآثاره، ثم عمد المؤلف إلى ذكر بعض مناقب الشيخ "محي الدين" وكراماته، واختتم كتابه بسرد بعض قصائد ومنظومات في مدح الشيخ، كانت لبعض محبيه ومريديه. والكتاب لا يخلو من بعض الشطحات ومخالفات يصعب تصديقها، ومع هذا فإن هذا الكتاب مشتمل على قدر كبير من الثروة التاريخية، وخاصة من حيث الترجمة للشيخ محي الدين وأولاده، وتفصيل للعصر الذي عاش فيه، وكذلك أحواله ومحيطه الديني)[1].

- ومن الكتب التي تناولت الترجمة وذكر المناقب كتاب: (سر الأسرار في مناقب الشيخ نور حسين)، والكتاب رغم صغر حجمه حوى ترجمة وافية لحياة الشيخ نور حسين بن معلم، وهو أحد علماء الصومال الذين عاشوا في جنوب البلاد، وفي الكتاب ذكر لأخبار الشيخ من ولادته ونشأته ورحلاته العلمية، و على الرغم من أن هذا الكتاب يحوي بعض الخرافات وأمور تخالف عقيدة أهل الاسلام،

____

(١) طبع هذا الكتاب بمطبعة مصطفى البابي الحلبي، بالقاهرة في ٢٢ ذي الحجة سنة ١٤٠٧هـ، الموافق ٢٢ يولية سنة ١٩٨٧م .

فالكتاب مصدر للتاريخ الصومالي. في حين أن واضع هذا الكتاب لم يبيّن اسمه، إلاّ أن الظاهر أنّ المؤلف كان من ضمن طلبة الشيخ ومريديه ومحبيه، حيث كان ملازمًا للشيخ في أغلب الأوقات، في حله وترحاله، ليكون بتلك الإحاطة بحاله، أو أن يكون قد أخذ معلوماته من مصدر عالٍ، والكتاب يقع في ٤٣ صفحة)[1].

- ومن هذه الكتب أيضًا كتاب: (تهوين صعب الزمن بمناقب الشيخ حسن بن مؤمن) للشيخ أحمد عادل عمي علسو، وجلّ الكتاب يتناول ترجمة أحد شيوخ الصومال وهو الشيخ حسن بن مؤمن، وقد وضع هذا الكتاب السيد أحمد عادل عمي علسو، ويظهر أنه من طلبة الشيخ ومحبيه، وكتابه فيه فوائد تاريخية رغم صغر حجمه وهو قرابة ٢٠ صفحة.

- ومنه كتاب (تاريخ الشيخ عبد الرحمن عمر العلي) للشيخ داود محمد نور، وهذا الكتاب يتناول ترجمة أحد العلماء من أهل الصومال وهو الشيخ عبد الرحمن عمر الأبغالي العلي المشهور بعلم اللغة وخاصة علم الصرف، والكتاب ما زال مخطوطا غير مطبوع.

- ومن ذلك كتاب (الضوء اللامع في ترجمة الشيخ عبد السلام حاج جامع) للشيخ يوسف بن الشيخ حسن الأبايونس، ويتناول المؤلف نسب الشيخ وتعليمه وشيوخه في العلم والتصوف وكذا طلابه. وعلى هذا فالكتاب عبارة عن ترجمة لأحد مشايخ الصومال، وخاصة في منطقة هرجيسا في شمال البلاد. والكتاب ضمن قائمة مكتبة أبي سمية في الأحقاف باليمن، وكان أصله قد طبع بهرجيسا.

- وقد وضع فضيلة الشيخ أحمد بن عثمان الشاشي المقدشي المشهور بـ (أحمد منير) رسالة ترجم فيها لشيخه وخاله الشيخ محمد أحمد محمود المشهور بـ (شيخ أبا) وسمّاها: (كشف السر المخبا في ترجمة الشيخ أبا)، وهذه الرسالة مفيدة؛ لأنّ واضعها - وهو الشيخ أحمد - كان يرافق شيخه في حلّه وترحاله.

- أما راوي تاريخ الصومال وأدبه الشيخ جامع عمر عيسى - رحمه الله -، فقد وضع عددًا من المؤلفات لها علاقة بمجال الترجمة وسير الأعلام، مثل كتابه الذي ترجم

____

فيه لزعماء الحركة السياسية الذين أسسوا حزب وحدة الشباب الصومالي، وعددهم ١٣ شخصا، وسماه: (زعماء الحركة السياسية في الصومال).

• وله أيضًا كتاب آخر تحدث فيه عن تاريخ السيد محمد عبد الله حسن وحركته التحررية.

• وللشيخ جامع رسالة صغيرة اقتصر فيها على ترجمة للجنرال داود عبدالله حرسي.

• واستطاع الأخ ياسين عبده سعيد القرطاوي جمع بعض تراجم الأعلام الصومالية – وجلها علماء – في رسالة سماها: (ذخائر النخبة من تراجم علماء شرق أفريقيا) وطبعت هذه الرسالة بصنعاء في اليمن.

• كما ألف الأخ المجتهد الشيخ حسن خيرة درر كتابا سماه: (النجوم السّاطعة في تراجم العلماء الزّيالعة). وقد قرأت الكتاب مخطوطًا غير مطبوع في هرجيسا عام ٢٠٠٩م، واستطاع المؤلف جرد مادته العلمية من المصادر التاريخية القديمة التي لها صلة بالموضوع، والكتاب ما زال غير مطبوع.

• ووضع فضيلة الشيخ الفقيه عثمان بن عمر بن شيخ داود المشهور بشيخ (عثمان حدغ) رسالة يترجم فيها لجده وهي رسالته: (الإمام الشيخ داوود علسو وجهوده في نشر العلم والدعوة إلى الله).

• ومن بين هذه الكتب كتاب "الغيث الهطال في تاريخ الصومال" للفقيه العلامة المؤرخ الفلكي الطبيب الشيخ "محمد بن أحمد محمود الشاشي المقدشي الصومالي" المعروف (بشيخ أبا)، ورغم أن هذا الكتاب لم أطلع عليه حتى الآن، إلا أن الشيخ ـ رحمه الله ـ أخبرني به قبل فاته وفي عام ١٩٩٥م، بأنه على وشك الانتهاء منه، ويحوى الكتاب تراجم أغلب علماء الصومال وأعيانهم، لاسيا طبقات الفقهاء وأهل التصوف، ويمتاز هذا الكتاب بأن مؤلفه نهج إلى وضع تراجم كل مائة سنة كطبقة خاصة، أي طبقة لكل قرن. وإذا ظهر هذا الكتاب إلى حيز الوجود فلا شك أنه سيكون مرجعًا مهمًّا للباحثين في تاريخ الصومال، خصوصًا فيما يتعلق بالحياة العلمية والثقافية.

- وفي كتاب (**الثقافة العربية وروّادها في الصومال**) لمحمد حسين معلم، نجد عددًا كبيرًا من تراجم علماء الصومال في العصور الوسطى حتى القرن ١٢ الهجري.

- ويُعدُّ كتاب (**نيل الآمال في تراجم أعلام الصومال**) للأخ أنور أحمد ميو، من أحسن كتب التراجم وسير الأعلام في وقته، بحيث يمتاز هذا الكتاب بأن الكاتب لم يحصر عمله على فئة معينة وكذا جنس معين، بل شمل عمله الذكور والإناث، وضمّ أغلب شرائح المجتمع الصومالي من العلماء والساسة والمثقفين والعسكريين والفنانين والرياضيين وغير ذلك.

- وقد رأينا في جيبوتي كتابًا يترجم لقاضي البلاد السابق الراحل، وهو قاضي موجي درر – رحمه الله – في كتاب (**قاضي موجه درر سمتر ورحلاته القضائية في جيبوتي**)، بقلم الشيخ محمد عبد القادر جيلاني.

- ومن المعروف أن الحكومات الصومالية قبل الحرب الأهلية أصدرت عددًا هائلًا من المؤلفات لها علاقة بالتراجم مثل كتاب: (**الرياضة في الصومال**)، طبع بمقديشو عام ١٩٨٣م، وجاء هذا الكتاب وغيره ليقدم تراجم أشهر الرياضيين من أهل الصومال في أكثر من مجال رياضي.

- وكذلك أصدرت وزارة الاستعلامات في الجمهورية الصومالية كتاب (**آدم عبد الله عثمان**) رئيس الجمهورية الصومالية. وطبع الكتاب بمقديشو سنة ١٩٦٣م.

- وكتاب (**خطب وتصريحات الدكتور عبد الرشيد علي شرماركي - رئيس مجلس الوزراء**)، طبع أيضا بمقديشو سنة ١٩٦٣م.

- كتاب (**برنامج الحكومة لصاحب السعادة محمد إبراهيم عجال - رئيس المجلس الوزراء**)، وهو من مطبوعات الحكومة بمقديشو، في شهر أغسطس عام ١٩٦٧م.

- وهناك كتاب (**تقرير عن زيارة وفد الصداقة الصومالي للبلدان العربية**) من مطبوعات مقديشو في ٧ أبريل إلى ١٩ مايو ١٩٦٦.

- وعلى هذا النمط أنجز بعض الباحثين إنتاجًا علميًا في هذا المنحى، مثل (**السيد محمد عبدالله حسن الصومالي حياته ومنهجه في الإصلاح**)، للد

معلم حسن، وهذا البحث عبارة عن رسالة ماجستير غير منشورة نال صاحبها من خلاله في جامعة أفريقيا العالمية في جمهورية السودان عام ٢٠١٠م.

• وكتاب "الرئيس آدم عبدالله عثمان ودوره في تاريخ الصومال الحديث ١٩٦٠ – ١٩٦٩"، للباحث عبد الرحمن أبوبكر أحمد، وهذا البحث يتكون من مقدمة وثلاثة فصول – كل فصل تحته أربع مباحث، وهو عبارة عن رسالة علمية أكاديمية نال صاحبه بها درجة الماجستير في التاريخ الحديث من معهد البحوث والدراسات الأفريقية، التابع لجامعة أفريقيا العالمية بالخرطوم في السودان، والرسالة فريدة من نوعها، وتُعد ضمن الرسائل القلائل التي تناولت تاريخ الصومال السياسي الحديث والتي تتمتع بالحيوية والرصانة وبُعد النظر. والرسالة عمومًا تصل إلى ١٦٠ صفحة مع الملاحق.

• وأخرج فضيلة الشيخ يوسف أحمد محمد رسالة سماها: (تحفة الأخلاء بسيرة بقل صوم)، رسالة صغيرة وضعها المؤلف ليترجم فضيلة الشيخ الشاب محمد أحمد روبلة المشهور بدعوته وجرأته في أوساط أهل الصومال. رغم صغر الرسالة التي لا تتجاوز ٤٧ صفحة، إلا أن المؤلف الشيخ يوسف حاول أن يذكر شيئًا من حياته وسيرته الدعوية والتي لا يعرفها كثير من الناس، وخاصة فيما يتعلق بسيرته الدعوية ومناقبه العديدة التي كان يعرفها المؤلف، علمًا أنَّ الشيخ يوسف عاش ردحا من الزمن مع الداعية الشاب، ومن هنا رأى أن يشارك هذا الأمر مع الأحباب من أهل الصومال ولمن كان يعرف فضيلة المترجم له رحمه الله. الجدير بالذكر أن المؤلف لم يَحذُ حذو المترجمين والسابقين، بحيث لم يركز على الجوانب التقليدية للمترجم له من حيث الاسم والولادة وما إلى ذلك، بل أنه – كما صرح في مقدمته – قال: " .. فأردت – مستعينا بالله – أن أدوِن نتفا ورءوس أقلام عن سيرة وحياة صاحبنا، وأخينا الشاب الداعية (بقل صوم)؛ لأن كثيرين لا يعرفون جوانب كثيرة من سيرته الدعوية ومناقبه العدّة التي وقفنا عليها، وعشنا مع فصول حلقاتها، لذا نرى أن نرويَ ما شاهدناه شريطة أن يكون فيه فوائد جمّة، ونعرض صفحا عن جوانب أخرى لعدم جفوها – حسب تقديري – كتاريخ ولادته وتحديد يوم وفاته. وكذلك سأسرد الوقائع بطريقتي الخاصة التي أرى أنها

مفيدة وسلسة". والرسالة مفيدة جدًّا وتحمل في طياتها أخبارًا كثيرة تتعلق بالشيخ محمد أحمد المشهور ببقل صوم، وكذا بعض الجوانب الدعوية والتاريخية في الساحة الصومالية. وقد طبعت الرسالة في دار السلام للطباعة والتوزيع، بالقاهرة في مصر عام ١٤٢٦هـ الموافق عام ٢٠٠٥م.

● وهناك من ترجم لوالده مثل الأستاذ آدم شيخ حسن حسين هلولي، حيث ترجم لوالده في كتاب "الشيخ حسن هلولي سيرة ومسيرة"[1]، وقد نجح المؤلف في تغطية أغلب جوانب حياة والده المترجم، بدءًا بنسبه وولاده ونشأته وحياته التعليمية والتربوية ورحلاته، ودوره في إصلاح المجتمع ومواقفه من العادات والتقاليد المحلية، وكذا نشاطه الدعوي والعلمي وأثره الفكري والأدبي. وقد أطنب المؤلف كثيرًا في علاقة الشيخ بالطريقة الصالحية التي أصبح من أهم دعاتها في جنوب الصومال في عصره، لاسيما علاقته مع المعاقل العلمية والحضارية للصالحية، وأشار المؤلف أيضًا إلى بدايات تلك العلاقة، ثم تطورها حتى صار رمزًا من رموزها. ومن خلال الكتاب نستطيع أن نقرأ بعض أخبار لعدد من الشخصيات المهمة في الساحة الدعوية الصومالية، التي لم تنل حقها من الدراسة، ولكن المؤلف يتحفنا بأخبار هؤلاء، ولو بصورة مختصرة مما يحفز على التتبع في تواريخهم.

● ومثل ذلك فعل الأستاذ محمد شيخ عمر الفاروق الحاج عبد السلطان، في كتابه "فضيلة الشيخ عمر الفاروق حياته العلمية والدعوية وجهوده الإصلاحيّة"[2]، وقد ترجم الأستاذ محمد سيرة والده فضيلة الشيخ الإمام عمر الفاروق، بحيث تتبع سيرة العلّامة عمر الفاروق بطريقة سهلة، جمعت مادة علمية ثرية، ولعلها تكون مصدرًا مهمًّا عن حياة الإمام وجهوده في الدعوة الإسلامية، وخاصة مدرسته التفسيرية، ومنهجه في التربية والتعليم.

---

(١) آدم شيخ حسن حسين: الشيخ حسن هلولي سيرة ومسيرة، دار الفكر العربي، القاهرة، عام ١٤٤١هـ/٢٠٢٠م.

(٢) الكتاب لم يطبع حتى الآن.

وهذا العمل لم يكن بدعًا من تراثنا التاريخي، بل ونستطيع أن نقول بأنّ بعض العلماء كانوا يكتبون تراجم آبائهم، كما فعل ذلك العلّامة صالح بن أحمد بن حنبل الشيباني (ت: ٢٦٦هـ)، حيث ألّف "سيرة الإمام أحمد بن حنبل" هو أبوه الإمام. وقد اتجه بعض المؤلفين إلى تأليف رسالة مستقلة عن سيرة والده، فشاع ذلك وانتشر بينهم، وخصوصًا في القرون المتأخرة، فجاء أحد الباحثين من أهل مكة المكرمة وهو الأستاذ فهد بن تركي العصيمي فألف كتابًا سماه: " إتحاف النبيه بمن ألّف كتابًا في سيرة أبيه"، حيث جمع المؤلف في كتابه من ألّف كتابًا في سيرة والده، وعددهم مائة وستة وثمانين مؤلفًا، من ضمنهم إحدى عشرة امرأة ألّفن في سيرة آبائهن، أقدمهنّ الأميرة عائشة أوغلي بنت السلطان عبدالحميد الثاني المتوفي عام ١٣٨٠هـ.

• ولم يهمل أهل الصومال تراجم بعض الأعلام ولو عاشوا في خارج حدود البلاد مثل: كتاب (الشهداء) لفضيلة الشيخ يوسف أحمد محمد، وقد تناول فضيلته هذه الرسالة الصغيرة بعدد من المجاهدين من أهل الصومال الذين استشهدوا حين اشتركوا في جهاد الأفغال ضد الاتحاد السوفييتي في الثمانينيات، وبحكم أن المؤلف كان مقيمًا بباكستان للدراسة كان يرى ويقابل بعض الشباب من أهل الصومال الذين لم يأتوا بباكستان إلا للجهاد والنضال ضد العدو الغازي لأراضي المسلمين حسب رأيهم رغم أن أفغانستان كانت لها دولتها التي لها علاقة بالاتحاد السوفييتي. وقد ترجم المؤلف بعض الشباب الذي انتهزوا فرصة الذهاب إلى تلك الدول ليس إلا للجهاد وعلى سبيل ذلك قدموا أرواحهم لينالوا الشهادة عند الله، والمؤلف دوّن بعض تواريخ هؤلاء الشباب لاسيما أنه يركز فقط على هؤلاء الصوماليين الشهداء الذين انخرطوا في جهاد الأفغان حين احتلت قوات السوفييت أراضي أفغانسان، وقد حقق هؤلاء ما أرادوا في نيل الشهادة والكرامة في أرض أفغان على حسب تعبير المؤلف، علمًا أن سبب تأليف هذه الرسالة وهدفها هو تدوين وتحليل تاريخ الشهداء عموما، وهؤلاء الشباب خصوصا لكي يستأنس غيرهم ولترتفع بهم الهمم وليكون هؤلاء الشباب مفخرة للشعب الصومالي الذي لم يظن في عصر من العصور بتقديم شهداء من أبنائه في سبيل رفع راية التوحيد والحفاظ على كرامة المسلمين وعقيدتهم. والميزة لهذه الرسالة هي أنّ

صاحبها شاهد عيان على الرغم من أنه لم يذهب إلى أرض المعركة، إلا أنه كان مرابطا بباكستان يؤدي رسالته التعليمية في إكمال مرحلة الدارسات العليا، ومع ذلك كان له صلة بهؤلاء بل ودع بعضهم عند خروجهم من باكستان، وترجم المؤلف خمسة من هؤلاء الشهداء من أهل الصومال بدءًا بمجيئهم وحتى استشهادهم.

وفيما بعد فقد طور أهل الصومال فنّ ترجمة وذكر سير الأعلام، إلى ما يعرف بالسيرة الذاتية، وكان من ذلك أن ترجم بعض العلماء لأنفسهم، حيث تناولوا سيرهم الشخصية بأنفسهم، مع ذكر معاصريهم والبيئة التي عاشوا فيها. وأشهر من قام بذلك عند أهل الصومال فضيلة الشيخ إبراهيم حاش محمود حيث ألف كتابا لحياته وما يتعلق بمحيطه الاجتماعي والثقافي والسياسي في كتاب سماه: (كفاح الحياة) على غرار ما كان يفعل بعض العلماء فيترجموا لحياتهم بأنفسهم، ليكون في ذلك فائدة لمن بعدهم، ولتتعرف الأمة إلى بعض القضايا والأحداث التي كانت غامضة أو أصبح تفسيرها صعبًا بمرور الزمن. وعمومًا فإنّ كتاب كفاح الحياة يؤرخ لحياة الشيخ إبراهيم حاش محمود، ويبرز مظاهر كفاح مرير مرت بالمؤلف في حياته منذ نعومة أظفاره والتي كان من الصعب التعرّف عليها بدون تناول الشيخ لذلك، فضلًا عن أن الكتاب يذكر بعض الشخصيات التي كانت لها وجاهتها ولعبت أدوارًا حقيقية في التأثير على الحياة الفعلية للمؤلف. كما نجد في الكتاب أخبار إنتاج الشيخ إبراهيم حاش محمود الفكري والأدبي وما قام به من جهودٍ مضنيةٍ للمساهمة في تحرير البلاد من الاحتلال والجهل. ورغم أن الكتاب فيه أخبار عن مؤلفه وتاريخ حياته العلمية والاجتماعية إلاّ أنّ الكتاب تطرق أيضًا لذكر شخصيات بارزة في النواحي العلمية والاجتماعية والسياسية، وكذا أخبار الزمان الذي عاش فيه المؤلف سياسيًا واقتصاديًا واجتماعيًا وعلميًا. وصاحب الترجمة أيضًا له كتبٌ أخرى أهمّها كتاب "التعليم في الصومال"[1]، وهذا الكتاب يؤرخ بالحركة العلمية والثقافية لبلاد الصومال، وحال أوضاع المنطقة في النواحي العلمية والثقافية في عصر المؤلف وما قبله.

---

(١) وهذا الكتاب طبع في مقديشو بالصومال، عام ١٩٨٥م.

وترجم لفيف من العلماء لأنفسهم في ذيول كتاباتهم، وبعضهم في مقدمة كتاباتهم. وأبرز هؤلاء الشريف العيدروس النضيري صاحب كتاب (بغية الآمال في تاريخ الصومال)، والشيخ محمد ريراش صاحب كتاب "كشف السدول عن تاريخ الصومال وممالكهم السبع".

وفي مجال فنّ الذكريات أو ما يسمى المذكرات فإن القلم الصومالي كان له حضوره أيضا رغم قلته وبعثرته وكتابته في لغات مختلفة كالصومالية والعربية والإنجليزية والإيطالية وغير ذلك. غير أننا نسلط الضوء هنا فقط على تلك المذكرات التي كتبها أصحابها بلغة الضاد فحسب؛ لأننا نعرف بأنّه صدرت كتب بلغات مختلفة في ذلك المجال، مثل مذكرات الرئيس الراحل عبدالله يوسف أحمد باللغة الصومالية، والكتاب له أهميته وقيمته التاريخية، بحيث تناول الرئيس عددًا من المجالات المختلفة تتعلق بشئون البلاد السياسية والعسكرية والنضالية. وقبل أن نتناول الأمر ينبغي أن نعرف بأنّ صاحب المذكرات والمدون لذكرياته وأيامه، ليس بالضرورة أن يدوّن جميع حياته وما لاقاه في مراحل حياته، بل الشخص ربما يدوّن جزءًا ويهمل جزءًا آخر من حياته. وفيما يتعلق بما كتب باللغة العربية التي نحن بصددها فهناك عدة كتب تناولت هذا المجال مثل:

• كتاب (يوميات صومالية) للسيد سعيد عثمان جوليد، وقام المؤلف بتسجيل وتدوين وقائع وأحداث لها علاقة بالمجتمع الصومالي في اليمن، وخاصة مدينة عدن، وكان المؤلف قريبا في هذه اليوميات والأحداث. وأصل الكتاب متواجد في جامعة إنديان Indiana University ويقع في ٥٨ صفحة، وقد طبع الكتاب في عام ١٩٦٩م.

• أما كتاب (ملحمة البرلمانيين الأحرار: ٢٠٠٦-٢٠٠٩) بقلم صاحب المعالي شريف صالح محمد - رحمه الله - فيعتبر من أحدث المذكرات، بحيث ركز المؤلف الضوء على مرحلة مهمة في الصراع السياسي ولاسيما بين ما كان يسمى المحاكم الإسلامية والحكومة الصومالية، التي كانت تجد دعمًا من قبل أثيوبيا الدولة المجاورة. والكتاب عبارة عن ذكريات ويوميات تاريخية وتسجيل أحداث

ويوميات، سجلها المؤلف في فترة حساسة من تاريخ المجتمع الصومالي، الذي يعاني شحًا كبيرا في توثيق أحداثه، بالرغم من أهميتها لضبط تدهور أوضاع الصومال خاصة والمنطقة عامة. وفي الحقيقة فإن أهمية هذا الكتاب تكمن في كون كاتبه يعد أحد أعمدة الثقافة والتعليم في القطر الصومالي في العصر الحديث، وأنه ضمن الكُتّاب القلائل الصوماليين المعاصرين الذين يتحلون بالصدق والأمانة العلمية إضافة إلى إبداع ووضع لمسات قوية عميقة في سطور الحضارة والثقافة الصومالية والعربية في منطقة أفريقيا الشرقية عامة، والقرن الأفريقي خاصة. كما أن الكاتب من الذين شغلوا خلال العقود الأربعة الماضية مناصب أكاديمية وسياسية ودبلوماسية في الدولة الصومالية وفي مجال المجتمع المدني بعد انهيار الحكومة المركزية في الصومال، وبكونه نشر كتبًا عديدة في مجال الثقافة والتاريخ واللغة والسياسة في العقدين الماضيين. وخلال قراءة الكتاب يظهر بأن الكاتب لم يهمل جانبًا ذي صلة بالحدث الصومالي، سواء كان محليًا أو إقليميًا أو دوليًا، كما أنه بذل جهودًا مضنية في سبيل الوصول إلى المعلومة ومن ثم تدوينها لتكمل الحلقة المفقودة رغم الظروف الصعبة التي كانت تمر بالبلاد والحالة النفسية السيئة الذي كان يعاني منها الإنسان الصومالي، بالذات المبدعون وأصحاب الغيرة والنخوة مثل صاحب الكتاب. وامتاز المؤلف بأنه ربط الحدث الاجتماعي بالحدث السياسي، والحدث الرياضي بالحدث الفني والمعماري في أوروبا مع الأحداث التي تشهدها بلاد الصومال. وعلى العموم فإن رحى الكتاب تدور حول ما حدث في الصومال من احتلال القوات الأثيوبية الذي بدأت إرهاصاته أثناء مؤتمر الطوريت/ امبغاثي (٢٠٠٢-٢٠٠٤)، وبعده وخاصة عندما استقرت الحكومة في بيدوا ووجدت تعزيزات عسكرية من أثيوبيا. كما تحدث عن الجهود الكبيرة التي بذلها النواب "الأحرار" في البرلمان الصومالي الذين اتجهوا إلى العاصمة، بدلًا من جوهر أو بيدوا؛ لإيقاف حدوث مواجهات بين الحكومة وبين اتحاد المحاكم الإسلامية الذي تمكن من تحقيق الأمن والاستقرار في مناطق سيطرتهم، لكنهم كانوا يفتقرون إلى حنكة سياسية ودبلوماسية في التعاطي مع الحدث السياسي، على المستوى المحلي والإقليمي والدولي. وصاحب المعالي شريف صالح ليست أول مرة يكتب ذكرياته وإرهاصاته، بل إنّ له كتابا آخر باللغة الصومالية سماه

"Xusuustebyo Eldoret: shirweynihii nabadaynta Soomaaliya,
2002-2003"، وهو عبارة عن مذكرات للمؤلف في مؤتمر الدوريت[1]، وما دار
في خباياه، وصدر في نيروبي عام ٢٠٠٥م، وقيمة هذا الكتاب يكمن في كون
المؤلف كان ضمن المشتركين بذلك المؤتمر، الذي انبثقت عنه الحكومة الصومالية
التي كان يقودها العقيد عبد الله يوسف محمد.

النسب والقبيلة:

علم الأنساب يهتم بأنساب القبائل والعشائر والأسر، وهو علم مستقل وكان معروفًا
عند الأمم السابقة، وخاصة عند العرب منذ العصر الجاهلي وحتى يومنا هذا، ومن خلال
هذا العلم يستطيع المرء أن يتعرف أنساب الناس وقواعده الكلية والجزئية، أو الأصولية
والفرعية. وقد ورد القرآن الكريم في الأنساب بقول تعالى: ﴿ يَـٰٓأَيُّهَا ٱلنَّاسُ إِنَّا خَلَقْنَـٰكُم مِّن
ذَكَرٍ وَأُنثَىٰ وَجَعَلْنَـٰكُمْ شُعُوبًا وَقَبَآئِلَ لِتَعَارَفُوٓا۟ إِنَّ أَكْرَمَكُمْ عِندَ ٱللَّهِ أَتْقَىٰكُمْ إِنَّ ٱللَّهَ عَلِيمٌ خَبِيرٌ ۝١٣ ﴾
[الحجرات]، كما ورد أيضًا في السنة النبوية حيث رغب رسول الله ﷺ وحثَّ في تعلمه
قائلًا: "تعلموا الأنساب من أنسابكم ما تصلون أرحامكم". وكان سيدنا أبو بكر بن
الصديق عالمًا وخبيرًا في أنساب العرب. وقد تسابق بعض العلماء إلى تأليف هذا العلم،
حتى ظهر في الساحة العلمية عدد من المصادر في ذلك مثل: "جمهرة النسب" لهشام بن
محمد بن السائب الكلبي، وله أيضًا كتاب أنساب حمير وملوكها، وهناك كتاب "أنساب
الأشراف" لأبي الحسن أحمد بن يحيى البلاذري، وكتاب "الأنساب الشعراء" لأبي جعفر
محمد بن حبيب البغدادي النحوي، وكتاب "الأنساب للسمعاني"، وكتاب "جمهرة نسب
قريش وأخباره" للزبير بن بكار القريشي، وكتاب "قلائد الجمان في التعريف بقبائل عرب
الزمان للقلقشندي وغير ذلك. وقد اهتم المسلمون في هذا العلم لأهميته في جوانب الحياة
مثل الزواج والميراث وتوزيع العطاء، كما اشتهر ديوان الجند في التاريخ الإسلامي، ومع
ذلك فقد نهى الدين الإسلامي عن العصبية والتفاخر بالأنساب في أكثر من موضع.

- وفيما يتعلق بقضية الأنساب في بلاد الصومال، فهناك بعض الكتب تناولت في
ذلك مثل: كتاب (تاريخ قبيلة المهري في الصومال – العرب محمود صالح) للسيد

---

(١) منطقة في دولة كينيا المجاورة.

محمود محمد علي بن نيمر، والمؤلف السيد محمود محمد علمي بن نيمر ينتسب إلى قبيلة النيمر المعروفة بقطرنا الصومالي بقبيلة عرب محمود صالح، إحدى بطون قبائل المهرة العربية. وكتابه من الكتب التي تتحدث عن تاريخ القبائل الصومالية وأصولها وحضارتها، والكتاب يركز فقط على القبيلة المشهورة لقطرنا الصومالي، قبيلة عرب محمود صالح. ويقول المؤلف مبينًا لأصل هذه القبيلة ما يلي: "تنحدر قبيلة عرب محمود صالح من قبائل المهرة من قبائل العرب القدماء، التي سكنت في جنوب اليمن، وخاصة في محافظة المهرة، وهي تتكلم بلغة تختلف عن اللغة العربية وهي من اللغات القديمة في جنوب الجزيرة العربية..". واستطرد المؤلف عن معلومات تلك القبيلة، وذكر في كتابه بأن الذي جاء إلى الصومال هو محمود صالح وأخوه حسن صالح وعمهما عمرو موسى، وهم ينتمون إلى عشيرة بني نيمر المهرية، وكانوا تجارًا وسكنوا في ساحل الشمال الشرقي وصاهروا قبيلة مجيرتين إحدى قبائل الدارود.

- كما ذكر فروع هذه القبيلة التي منها ابن نيمر الجدحي بن شوله بن عنتوني بن عفرير. ويشير الكتاب إلى أشهر رجال قبيلة عرب محمود صالح ومن ينتسب إليهم من مشاهير، وعلى سبيل المثال لا حصر: لرجل الأعمال المشهور السيد حاج يوسف عغال، نائب رئيس البرلمان في عهد عبد الرشيد شرماركي، والجنرال محمد علي مري قائد القوات الصومالية في منطقة هرجيسا، وعبد الله شيخ مرسل بن نيمر واضع المناهج العربية في وزارة التعليم والتربية وغيرهم.

- ولمفتي جمهورية جيبوتي السابق القاضي موجه درر مؤلفات مثل: (التقليد المتوارث في تولية الأجاس عند العيسى)، والكتاب من إصدارات الدار الطباعة والنشر الإسلامية، ١٩٩٥.

- وله أيضًا كتاب (**شعب وتاريخ: تأملات في الفكر الفلسفي والسياسي والاجتماعي عند العيسى**)، والأخير حجمه كبير ومنشور ويتناول المؤلف نظرته الفلسفية تجاه المجتمع العيسوي، والذي يعيش في ثلاثة أوطان مختلفة وهي الصومال، جيبوتي وأثيوبيا.

- ووضع عبد الرحمن عمر العلي الأبغالي الورشيخي كتابًا لطيفًا حول قبائل أهل الصومال في كتاب سماه: (تاريخ قبائل الصومال)، وقد ركز فضيلته على جانب الأنساب الذي كان بارعًا فيه، وقد اعتمد على هذا الكتاب السيد الشريف العيدروسي المقديشي عند تأليف كتابه (بغية الآمال في تاريخ الصومال) لا سيما فيما يتعلق بأنساب أهل الصومال في ذيل الكتاب.

- وفي كتاب (الثقافة العربية وروادها) للدكتور محمد حسين معلم علي ناقش أصل أهل الصومال وفروعهم، وقسم إلى عدة فروع في الفصل الأول من كتابه.

- كما ناقش الدكتور محمد أحمد شيخ علي دودش في بحث مفيد أطلق عليه (القبائل الصومالية: الأصل، البناء، الوظيفة) نشر في مجلة الراصد في السودان.

- وقد خصص الأستاذ أنور أحمد ميو كتابًا مستقلًا عن الحديث حول القبائل الصومالية أصولها وفروعها وهو كتابه (القبائل الصومالية – النشأة والتكوين والتطور).

- ومن المؤلفين من فند عروبة أهل الصومال مثل سعادة السفير الراحل السيد عبد الرحمن فارح إسماعيل في كتابه (عروبة الصومال)، وهذا الكتاب يدافع المؤلف فيه عن عروبة الصومال وثقافتها العربية، وفي الوقت نفسه يردُّ على الأكاذيب التي يروجها البعض بأن الصومال ليست عربية وأنها كوشية.

- كما أنجز الأستاذ عبدالرحمن محمود عبدالقادر بحثًا سماه: "التنشئة الاجتماعية والانتماء القومي العربي في الصومال: دراسة تحليلية"، وقد توصل الكاتب إلى عدة نتائج مهمة تؤكد لعروبة الصومال ثقافية وحضارية.

- ومن ذلك أيضًا كتاب (الصومال .. الهوية والانتماء)، للباحث حسين علي علمي.

- وهناك ورقات بسيطة وضعها السيد عبد القادر علسو عسبو (دنان) قبل رحيله، وقد أطلق هذه الورقات (مقالات عن تاريخ السمالي)، وتدور هذه الكتابات حول فكرة يؤمن بها الكاتب ويدعو لها وهي سماليا اسمًا علمًا على بلادنا، ويرى الباحث أن تصحيفًا وتحريفًا وقع على هذا الاسم وحوله إلى الصومال، مدعيًا

بذلك بعض البراهين والحجج يراها الكاتب ويؤكد على ما ذهب إليه، وقد ولدت هذه الفكرة عند المؤلف أثناء سفره في أفريقيا، وركز الفكرة بصفة خاصة بعد رجوعه إلى بعض المراجع والوثائق، وعقد لقاءات علمية مع بعض المفكرين والمعمرين على أن الاسم الحقيقي لهذا الشعب الذي يقطن في منطقة القرن الأفريقي "سمالي" واسم بلاده سماليا، ويشير إلى أن اسم " الصومال " دخيلة لا وجود لها فضلا عن أن الحرف الصاد نفسه لا وجود له في اللغة الصومالية . وجاء في ثنايا البحث والمقالات أن هذا الشعب ينتسب إلى الجنس الكوشي لا السامي خلافا لما يعتقده بعض الباحثين، وهاتان الفكرتان ليستا جديدتين في الساحة الصومالية، وفي المؤلفات التاريخية التي تهتم بمنطقة القرن الأفريقي إلا أن الفكرتين كما وردتا في المقالات تختلف نوعا عن عرضها في الكتب التاريخية التي تتناول المواضيع العلمية الموضوعة – أو ببرودة كما يؤمن الكاتب بل إنها معروضتان في البحث بأسلوب تبشيري حي. ومما يظهر في الورقات أن كاتبها متمكن باللغة العربية، درس آدابها وأجاد مصطلحاتها، فانقاد له الأسلوب سلسًا عذبًا، وهذا الإتقان بالإضافة إلى ميوله الفطرية واجتهاده الكبير استطاع أن ينجز في سبيل وصول مآربه. وهذا البحث يتكون من خمس مقالات وتقع على عشرين صفحة مكتوبة بالحاسب الآلي، واستطاع الكاتب أن يقرأ على بعض الأساتذة الأجلاء أمثال د/ محمود على توريري، والأستاذ فارح أحمد عمر (قري)، والأستاذ عمر علسو أحمد، وقد مجدوا كلهم الكاتب وبحثه، بل قدّموا له بعض تقاريظات وتعليقات. والبحث ما زال مخطوطا لدى مؤلفه حسب علمي قبل وفاته. وقد رأيتها في أواخر التسعينيات من القرن المنصرم، بل وقرأتها حتى ظهر لي بهذا التصور والانطباع الذي من خلاله كتب بتلك السطور الماضية، كما أشرتُ إلى ذلك في معجم المؤلفين الصوماليين.

وقد أشار الدكتور الشريف محمد عيدروس في كتابه (أضواء على تاريخ الصومال) إلى أهل الصومال وبعض روابطهم القبلية. الكتاب يعطي فكرة واضحة عن أهم الحوادث التاريخية التي عاشتها الأمة الصومالية حتى نهاية هذا القرن العشرين الميلادي.

الإعلام والصحافة:

لم يكثر الباحثون في تأليف ما يتعلق بمجال الإعلام والصحافة في الصومال، مع ذلك لدينا عدد لا يستهان به، وأغلبها مما أنجزه الباحثون الصوماليون، ومن هؤلاء:

الأستاذ حسين علي علمي حيث أنجز:

- تاريخ الإعلام الصومالي، وله أيضًا:

- كتاب تاريخ الصحافة الصومالية قبل الاستعمار، ويصل هذا الكتاب لحوالي ١٨٠ صفحة.

الدكتور إبراهيم محمد مرسل.

- **دور الصحافة الصومالية في التنمية والمصالحة بعد سقوط الحكومة المركزية – دراسة وصفية تحليلية في الفترة من (١٩٩١-٢٠٠٥م).** هذا الإنتاج الثقافي عبارة عن بحث علمي نال صاحبه به درجة الماجستير في الإعلام، من كلية علوم الاتصال بجامعة الجزيرة في السودان.

وتحدث الدكتور إبراهيم عن مفهوم الصحافة، نشأتها وتطورها ووظائفها، وكذلك المراحل الأربعة التي مرت بها الصحافة الصومالية، وهي فترة الاحتلال، وفترة الحكومات المدنية (١٩٦٠-١٩٦٩)، وفترة الحكومة العسكرية (١٩٦٩-١٩٩١)، فترة الحرب الأهلية (١٩٩١-٢٠٠٥)، وتمثل المرحلة الأخيرة الفترة الزمنية للدراسة. كما تحدث عن دور الصحافة الصومالية في التنمية والمصالحة في الفترة من (١٩٩١م – ٢٠٠٥م)، والمشكلات التي واجهت الصحافة الصومالية بعد سقوط الحكومة المركزية بشقيها الداخلي والخارجي، موضحًا الفرص والآفاق المستقبلية. وقد توصل الدكتور إلى عدة نتائج أهمها:

- أن الصحافة الصومالية تأثرت سلبًا في غياب الحكومة المركزية في الصومال، بحيث انعدمت الفلسفة الصحفية والسياسات الإعلامية.

- أن الحرب الأهلية التي اندلعت في الصومال في بداية ١٩٩١ كان لها آثارها السلبية على الصحافة الصومالية.

- لعبت الصحافة الصومالية في بداية الأزمة دورًا مدمرًا في الحرب الأهلية، واحتلت الموضوعات السياسية المرتبة الأولى في اهتمامات القارئ الصومالي.

- غياب بحوث إعلامية هادفة ترمي إلى الكشف عن مواطن الضعف لدى المؤسسات الإعلامية في الصومال، فضلًا عن ضعف الإمكانات المادية وقلة الخبرات، بالإضافة إلى العامل الأمني والنفوذ القبلي. وقد طبع الكتاب في دار الفكر العربي بالقاهرة عام ٢٠١٤م.

- مشكلات إدارة المؤسسات الصحفية في الصومال:

وهي دراسة تطبيقية تحليلية في الفترة من (٢٠٠٦ – ٢٠١٢م)، وأطروحة الدكتوراه في الإعلام، كلية الإعلام، جامعة أم درمان يوم الخميس ٥ نوفمبر ٢٠١٥م. وشملت الدراسة الإطار المنهجي الذي يتضمن خمسة فصول يشمل كل منها عدة مباحث. ففي الفصل الأول تحدث الباحث عن الإطار المنهجي، بينما تناول في الفصل الثاني مفهوم الإدارة أهميتها وأهدافها، وظائف الإدارة ونظرياتها مدارسها. أما الفصل الثالث فقد تحدث الباحث فيه عن مفهوم المؤسسات الصحفية وخصائصها، والعناصر الأساسية للمؤسسات الصحفية، والهياكل التنظيمية لها، والعوامل المؤثرة عليها. في حين تناولت الدراسة في الفصل الرابع المراحل الأربعة التي مرت بها الصحافة الصومالية، وهي الفترة الاحتلالية، وفترة الحكومات المدنية (١٩٦٠– ١٩٦٩م)، وفترة الحكومة. العسكرية (١٩٦٩-١٩٩١م)، وفترة الحرب الأهلية (١٩٩١– الآن)، إضافة إلى مشكلات إدارة المؤسسات الصحفية في الفترة (٢٠١٢-٢٠٠٦) التي تمثل الفترة الزمنية للدراسة. أما الفصل الخامس فتناول الدراسة الميدانية التي تمثلت في (الاستبانة والمقابلات الشخصية، والملاحظات والمشاهدات).

والباحث داود علي شيخ نور أنجز دراسة قيمة، وهي:

- دور وسائل الإعلام في تشكيل الوعي السياسي لدى الشباب الصومالي.

وعبر هذه الدراسة قام الباحث بالتعريف بدور وسائل الإعلام في تشكيل الوعي السياسي لدى الشباب الصومالي، كما تجلت أهمية الدراسة في أنها اختارت عنصر الشباب

محورًا لها من حيث تشكل وعيه السياسي عبر وسائل الإعلام المختلفة، واختيار هذه الفئة تحديدًا نابع عن الأهمية التي تمثلها في المجتمع، حيث تمثل فئة الشباب نسبة ٦٧٪ من مجموع السكان بحسب أحدث دراسات الأمم المتحدة، وفوق ذلك يتمتع الشباب بمزايا وقدرات مهمة من قبيل وعيه المرتفع نسبيًا وتفاعله مع الأحداث والتطورات السياسية في البلاد، ثم إن الدراسة هدفت للتعرف على الدور الذي تقوم به وسائل الإعلام في تشكيل الوعي السياسي لدى الشباب الصومالي من خلال الكشف عن أكثر الوسائل الإعلامية والمصادر الاتصالية اعتمادًا لديهم، كما هدفت إلى التعرف على رأي الشباب حول الأسباب الكامنة وراء المشكلة في بلادهم وطرق حلها. كما دارت تساؤلات هذه الدراسة حول محورين: الأول يتعلق بتعرض الشباب الصومالي لوسائل الإعلام، ودورها في تشكيل وعيه وما تقدمه من موضوعات سياسية مختلفة، والتساؤلات الدائرة بشأنه. أما المحور الثاني فيتعلق بمستوى الوعي السياسي لدى الشباب الصومالي. واستخدم الباحث المنهج الوصفي لرصد دور وسائل الإعلام في تشكيل الوعي السياسي لدى الشباب الصومالي، حيث سعت دراسته إلى الخروج برؤية تفسيرية لأبعاد الظاهرة موضع الدراسة. وقد توصل الباحث إلى عدة نتائج مفيدة بغية الوصول إلى تشكيل الوعي السياسي لدى الشباب الصومالي مثل:

- توخي الدقة والمهنية تجاه الأحداث الجارية؛ لبناء وتنوير الوعي السياسي لدى الجمهور بشكل موضوعي ومنطقي بعيدًا عن دوافع الفئوية والقبلية.

- ضرورة زيادة حجم البرامج السياسية والاجتماعية والوطنية التي تقدمها وسائل الإعلام المختلفة، بحيث يكون الهدف دومًا تغيير مناخ الفرقة والتشرذم ونبذ العنف والمصالح الضيقة.

ومعالي الدكتور عبد الفتاح نور أحمد المشهور بـ (أشكر) وضع دراسة حول الإعلام والصحافة باسم:

- الدور الاستراتيجي للإعلام الصومالي في تحقيق السلام – دراسة وصفية تحليلية، بالتطبيق على عينة من المحطات بالفضائيات القومية في فترة (٢٠١٣ – ٢٠١٦م).

وهذه الدراسة عبارة عن رسالة دكتوراه في التخطيط الاستراتيجي للإعلام، من قسم الإعلام بمعهد البحوث والتخطيط، التابع لجامعة أم درمان الإسلامية.

والأستاذ عبدالله براله له:

- أثر الإعلام في نشر اللغة العربية في جيبوتي (٢٠٠١– ٢٠٠٣م).

ونال الكاتب من خلال بحثه هذا درجة الماجستير في عام ٢٠٠٣م.

أما كل من الأستاذ محمد حسين محمد يوسف، والأستاذه رقية بارو، اهتما فيما له علاقة بالإعلام والصحافة ولكن خارج حدود بلاد الصومال. الأول أنجز:

- استخدامات الشباب الأفريقي في مصر لوسائل الإعلام العربية والإشباعات المتحققة.

وهذه الدراسة عبارة عن درجة الماجستير من قسم الإعلام بمعهد البحوث والدراسات العربية بالقاهرة في عام ٢٠١١م.

أما الأستاذة رقية بارو كتبت:

- التلفزيون وتدريس المهارات اللغوية العربية.

واستطاعت الباحثة انجاز بحثها النفيس في عام ١٩٨٩م. والباحثة لها أيضًا بحث آخر صغير الحجم، بعنوان:

- دور وسائل الإعلام في نشر اللغة العربية في الصومال.

- التليفزيون وتدريس المهارات اللغوية لأبناء الصومال، اللغة العربية في الصومال: وقائع الندوة العلمية حول تقوية اللغة العربية المنعقدة في مقديشو في الفترة ٢٢/٦ ٣/٧/ ١٩٨٦م.

- وسائل الإعلام الصومالية، النشأة والتطور، دراسة تحليلية نقدية، لحسن محمود عبد الله، دار الأندلس الجديد للنشر، ٢٠١٥م.

المدن والقرى:

فنّ العمارة والخطط وتشييد المدن كانت مشهورة في الحضارة الإسلامية، بحيث استطاع المسلمون تشييد المدن مبكرًا في عهد الخلفاء الراشدين، كمدينة البصرة التي تمّ إنشاؤها في زمن أمير المؤمنين عمر بن الخطاب ﷺ، ثم مدينة الكوفة في زمن الخليفة علي ابن أبي طالب كرم الله وجهه، غير أن نشأة المدينة الإسلامية بدأت قبل ذلك من "يثرب" بعد هجرة الرسول ﷺ إليها، والتي حولتها إلى المدينة بمفهوم حضاري واضح، بعد تغيير

اسمها إلى المدينة. فبعد الهجرة حدث تغيير واضح، سعى إلى تحقيقه الرسول محمد ﷺ، أساسه الدعوة إلى الإسلام)[1]. وقد قدم الباحثون دراسات في هذا المنحى من خلال بحوث ودراسات عن الفن المعماري، على الرغم من أنّ ذلك كان مرتبطًا بالوضع الاجتماعي والاقتصادي. ولا شك أنّ البحث العلمي التاريخي له مذاقه الخاص ورونقه الفريد، لا سيما فيها يتعلق بتاريخ المدن وحضارتها، وقد أشرتُ أكثر من مرة بأنّ محاولة كتابة تاريخ المدن والأمصار والأقاليم والأقطار كانت مشهورة في أوساط أهل العلم، وخاصة عند أهل التاريخ والأخبار عبر العصور الإسلامية الزاهية، ولم تتوقف حتى الآن، بل مستمرة إلى أن يرث الله الأرض ومن عليها.

أما فيها يتعلق بحركة تدوين الكتب ومصادر المعلومات، فقد ظهر في الساحة كتابات تسلط الضوء على المدن والخطط قديمًا وحديثًا، سواء كانت هذه المدن أو القرى كبيرة أو صغيرة، ومن هنا وبالتالي ظهر في الساحة الثقافية كتب وبحوث على أيدي أهل العلم تتحدث عن تاريخ المدن وحضارتها، على غرار كتب البلدان أو التي تناولت تاريخ مدينة أو قطر معين، كما هو مشهور في التاريخ الإسلامي في العصور الوسطى.

وعند الرجوع إلى مصادرنا ومراجعنا الإسلامية المعنية، يتضح لنا بأنّ أهل التاريخ والحضارة أعطوا اهتماماتهم الأولية كتابة تأريخ المدن والأمصار، سواء المدن الدينية المقدسة كمكة والمدينة والقدس، أو تلك المدن الأخرى كالكوفة والبصرة ودمشق وبغداد والقاهرة والقيروان وفاس ونيسانبور وبلق وبخاري وسمرقندا، بحيث نرى مصادر وكتبًا تتحدث بإسهاب عن تاريخ تلك المدن وجغرافيتها ومن مرّ بها، والأحداث المهمة التي حدثت فيها وغير ذلك من الأمور، فتركوا لنا قائمة طويلة بين مخطوط ومطبوع يصعب حصرها. ويُعد مثل هذه الصنوف من الكتب وغيرها مصدرًا مهمًّا يُستلهم لتاريخ هذه المدن المقدسة وغيرها، بل لا يوجد مدينة من المدن في العالم المتحضر إلا وقد كتب عن تاريخها وجغرافيتها. ومن هذه الكتب على سبيل مثال: (أخبار مكة وما جاء فيها من الأثار) للأزرقي، و(تاريخ المدينة) لعمر ابن شبة، و(تاريخ دمشق) لابن عساكر، و(تاريخ بغداد) للخطيب البغدادي، و(تاريخ اليمن) للصنعاني، و(فتوح مصر والمغرب

---

(١) د. محمد عبدالستار عثمان: المدينة الإسلامية، سلسلة عالم المعرفة، الكويت، سنة ١٩٧٨م .

والأندلس) لابن عبدالحكم، و(البيان المغربي في اختصار أخبار ملوك الأندلس والمغرب) لابن عذاري والمراكشي، بل وقلّ أن تجد مدينة إسلامية لم يكتب لها كتابًا يُؤرخ ويقدم معالم حضارتها. وعلى هذا النمط أيضًا ظهر في الصومال مؤلفون تناولوا هذا المنحى وساروا على نهج سابقيهم، مثل كتاب" الكبريت الأحمر في تاريخ سادات الغرر الساكنين في مدنية هرر"[1] لعمر بن صوفي حسن القادري البكريّ، والكتاب مخطوط لم يطبع حتى الآن، ويتحدث عن بعثة عسكرية جردها حكام مقديشو إلى هرر لمساندة حكامها ضد البرتغال في القرن التاسع الهجري، الخامس عشر الميلادي، علمًا أن حكام مقديشو ورعاياهم نجحوا في رد البرتغاليين على أعقابهم عن سواحل مقديشو، ثم بعد ذلك انتهزوا فرصة استنجاد إخوانهم الهرريين ضد الغزو البرتغالي، فأرسلوا جزءًا من حاميتهم إلى شمال غرب الصومال عندما اكتشفوا ضعف البرتغاليين، وأنهم لا يصمدون في الحروب الأرضية إذا نزلوا في الأرض)[2]. والكتاب يؤرخ لحركة الجهاد الإسلامي ضدّ هجمات الأحباش وحلفائهم البربغاليين في منطقة هرر وما حولها، بقيادة الشيخ عمر الرضى المعروف بالشيخ أبادر. كما يؤرخ الكتاب لحضارة هرر والحياة السياسية والاجتماعية، وإن كان الجانب العسكري يغلب على الجوانب الأخرى .

ومن الكتب في هذا المضمار كتاب: (مقديشو ماضيها وحاضرها) للشيخ جامع عمر عيسي، ويُعدّ هذا الكتاب مرجعًا مهمًّا ورائدًا في تاريخ مقديشو ويرسم صورة واضحةً لفترات ازدهار المدينة ومعالم حضاراتها . وتناول الكتاب تاريخ المدينة منذ نشأتها وما طرأ عليها من الأحداث والتطورات، ونظم حكمها وسلاطينها بفترات مختلفة من عمر المدينة، وكذا مساجدها القديمة والحياة الاجتماعية والاقتصادية والسياسية. ويمتاز الكتاب أن المؤلف دوّن في كتابه أشهر من مر على المدينة من الرحالة، والغزو البرتغالي للمدينة. ويرى بعض من علق على الكتاب أن المؤلف يسرد الحوادث سردًا متتابعًا ولا يعلق عليها إلا نادرا كأنما يسير بسرعة العصر، ويقبض قبضة العجلان، ولا يلتفت إلى ما

---

(١) هكذا موجود في المخطوطة، وتقع في ٤٢ ورقة، ولديّ صورة منها، وأصلها في مدينة هرر حيث يحتفظ بها أهلها هناك .

(٢) وانظر تعليق الشيخ إبراهيم عبد الله أحمد في كتابه: تحفة الأوفياء لمسيرة التحرير والتعريب في القرن الأفريقي ص ١١٦، عندما يعلق ما جاء في المخطوطة .

وراءه بل ينظر إلى أمامه ويقدم انضمامه زهورًا يجمعها من كل بستان زهرة والكتاب يقع في ٨٤ صفحة، ويضم الكتاب بعض صور تاريخية مفيدة. الجدير بالذكر أن سبب وضع هذا الكتاب يرجع إلى أن مؤلفه أراد أن يشترك في مسابقة أعلن عنها مدير قسم الثقافة بوزارة التربية والتعليم آنذاك، السيد ياسين عثمان كنديد في أوائل ١٩٦٨م)[1].

وهكذا جرت العادة عند أهل الإبداع والتأليف كتابة بحوث لها علاقة بتاريخ المدن والبقاع مما هو مشهور في أوساط الباحثين. وهناك لفيف من أهلنا في القطر الصومالي ركزوا على كتابة مدن معينة في بلاد الصومال مثل:

- المنارة الهادية إلى تاريخ إمارة بارطيرى الإسلامية للأستاذ آدم شيخ سعيد البردالي.

- بوصاصو، عبق الماضي وجوهرة المدن الصومالية للأستاذ عبد الفتاح نور أحمد (أشكر).

- حُدُر وتاريخ جنوب الصومال شريف صالح محمد علي، منشور بالإنجليزية رغم أنّ بداياته كانت باللغة العربية.

- تاريخ مدينة مقديشو السياسي والاجتماعي والاقتصادي (١١٠١–١٩٦٠م)، للأستاذ صالح علي محمود حسين.

- تاريخ مدينة جوهر، دراسة تاريخية حضارية.

- المدن الصومالية، للأستاذ أنور أحمد ميو.

- مقديشو عبر التاريخ، مرسي أحمد جوليد، رسالة ماجستير، جامعة الخرطوم، ١٩٨١م.

- المعالم المؤثرة في تاريخ مدينة بيدو (١٩٩٠–٢٠١٦م)، بقلم الأستاذ عبد الفتاح عبد العزيز شيخ محمد روبلي.

عبارة عن مشروع ثقافي فريد يضم في جنباته معلومات وحقائق عن هذه المدينة، من حيث تاريخها وجغرافيتها ومعالمها، وقد جمع المؤلف – كما يقول بنفسه – الحديث عن النواحي السياسة والمعيشية، وكذلك تاريخها القديم والحديث. وهذا الكتاب يمتاز بأن صاحبه ركز على دراسة ميدانية ولا يتكل على غيره، وهو شاهد عيان في أخباره الحديثة

____

(١) طبع على نفقة الحكومة المحلية بمقديشو في مطبعة الحكومة عام ١٩٧٩م.

المتعلقة بمدينة بيدوا. وتحدث المؤلف عن جغرافية مدينة بيدوا، حيث تناول المناخ والفصول الموسمية والرياح وكذا المحاصيل الزراعية، كما تحدث عن حياة بيدوا السياسية والاجتماعية. ولم يهمل الكاتب الإشارة إلى آثار مدينة بيدوا ومعالمها، من خلال ذكر مشاهيرها ولا سيما العلماء والسياسيين وأهل الأدب والطرب.

وينبغي أن نشير إلى أنّ هناك بعض الباحثين تناقلوا معلومات عن مدينة بيدوا وتحدثوا عنها بحيثيات مختلفة، بحيث تجرأ البعضُ على تخصيص بحوث أكاديمية تناولوا فيها مواضيع لها صلة ببيدوا، ومن هذه البحوث:

- **إعداد وتدريس معلمي اللغة العربية في المدارس الابتدائية في مدينة بيدوا بالصومال**، للأستاذ إبراهيم محمد نور المشهور بـ إبراهيم الليساني، وهذا البحث عبارة عن رسالة تكميلية لنيل درجة الماجستير من معهد الخرطوم الدولي التابع لجامعة الدول العربية.

ومن ذلك أيضًا:

- **الحرب الأهلية ومشكلات الأسرة في المجتمع الصومال - الدراسة الميدانية لمدينة بيدوا**- للأستاذ حسن محمد علي أدم. وهذا البحث عبارة عن جهد علمي ودراسة ميدانية عملها الباحث في مدينة بيدوا في جنوب غرب الصومال. وهدف المؤلف في دراسته هذه التعرف على المشكلات التي يعاني منها المجتمع الصومالي عامة وسكان بيدوا وضواحيها خاصة.

والحق أنّ المدن الصومالية وأقاليمها تستحق أن يُكتب عنها وتُجرى بحوث ودراسات تحليلية عميقة، تسلط الضوء على جميع جوانب الحياة الثقافية والاجتماعية والسياسية والعمرانية فيها عبر العصور المختلفة.

أما كتاب " **المعالم المؤثرة في تاريخ مدينة بيدوا (١٩٩٠ – ٢٠١٦م)** " للأستاذ عبد الفتاح عبد العزيز شيخ محمد روبلي، الذي أشرنا إليه آنفًا.

ونجد بحوثًا أخرى سلطت الضوء على المدن الصومالية ولا سيما المدن الساحلية من النواحي التاريخية والثقافية والحضارية، مثل: بحث (الملامح التاريخية والحضارية والثقافية في الصومال قبل الاستعمار الأوروبي) للباحث محمد حسين معلم علي، وهذا

البحث ضمن الأوراق البحثية من كتاب الشاهد الثاني المسمى **"الطريق إلى الدولة الصومالية"** الذي يسلِّط الضوء على العوامل المسببة للأزمة السياسية في الصومال وتداعياتها، والتحديات العائقة أمام إعادة تكوين الدولة الصومالية. وفي هذا العمل يقدم نخبة من المثقفين والأكاديميين من أهل الصومال أوراقًا بحثيةً تتناول الشأن الصومالي، وتتبع مسيرة الدولة الصومالية في إطارها التاريخي والسياسي والاجتماعي مرورًا بمرحلة الاحتلال والحركة الوطنية فالاستقلال وتبعاته، إلى وقتنا الحاضر لتلمس الحل الأنسب للمعضلة الصومالية. ومن هنا جاء بحثنا المنشور في الكتاب من بين الأوراق البحثية التي تتناول هذا الشأن وهو الورقة الأولى تحت عنوان "ملامح من التاريخ السياسي والثقافي والاجتماعي والاقتصادي للصومال في المرحلة التي سبقت الاستعمار، ويدور الحديث حول المدن الساحلية الحضارية التي كانت لها علاقة بالعالم الخارجي. الجدير بالذكر أن كتاب **"الطريق إلى الدولة الصومالية"** هو العدد الثاني، قامت بطباعته الدار العربية للعلوم في بيروت.

وأخيرًا هناك نوع آخر في كتابة التاريخ، حيث كان لأهل الصومال نصيب في تأليف تاريخ غير بلادهم، مما أعطى ذلك أهمية ثقافية وإلمامًا بغيرهم، وهذا دليل واضح بأن الكُتّاب في الصومال كانوا أيضًا يهتمون بأوضاع العالم الإسلامي، وأحوال المسلمين، مثل كتاب: "اليمن والحياة الاجتماعية" للدكتور محمد علي توريري، وكتابه هذا تحدث عن الحياة الاجتماعية في بلاد اليمن، خاصة في العاصمة صنعاء، في فترة كان المؤلف يعيش فيها، وكأن الكتاب عبارة عن ذكريات ويوميات دوّنها المؤلف في الفترة التي عاش في اليمن أيام شبابه لأغراض تعليمية في الخمسينيات من القرن الماضي. ويمتاز هذا الكتاب بأن صاحبه شاهد عيان في أمور كثيرة وردت في هذا الكتاب. وعلى الرغم من أن المؤلف عنوّن كتابه "اليمن والحياة الاجتماعية" إلا أنه تناول فيه جميع أنماط الحياة في اليمن وليس فقط بالنواحي الاجتماعية. والحقيقة أن الكتاب قيّم جدًا وقد عرضه صاحبه بطريقة أدبية رفيعة، والكتاب مازال مخطوطًا، وقد قرأت النسخة الوحيدة لدى المؤلف.

وكانت بعض المدن أبرز من غيرها من حيث الاهتمام والانتشار حيث كان يجري في مراكزها ومدارسها دراسات تخص اللغة العربية وخاصة المدن الساحلية الصومالية من زيلع حتى براوة، بل وإنّ بعض هذه المدن مثل براوة في أقصى جنوب الصومال

اشتهرت بأنشطتها العربية، وما يتعلق بالعلوم العربية والأدبية حتى صارت كجزيرة عربية كعبة المعرفة، يفد إليها طلبة العلم من الأماكن الأخرى، بفضل علمائها وآدابها وحلقاتها العلمية.

كتب تناولت جغرافية الصومال بحيثيات مختلفة، مثل:

- **صائر التاريخية والجغرافية في الصومال، للكاتب أحمد فيلتو.**

والكتاب عبارة عن إرهاصات المؤلف وإحساسه لتاريخ الصومال، وخاصة الأحداث الأخيرة في الصومال عقب انهيار الدولة الصومالية، منذ سقوط حكومة محمد سياد بري، وفي الكتاب أخطاء لغوية وعلمية مثل: عنوان الكتاب نفسه. ويحتوي بعض صور لشخصيات لهم دور في صناعة الأحداث الصومال الأخيرة، وعلى الرغم من أن الكتاب غير منظم، إلا أنه فيه أخبار مفيدة تتعلق بتاريخ الصومال الحديث، وهذا الكتاب نشر في مقديشو في عام ٢٠٠٨م، من معهد دراسات الأمة في مقديشو.

- **استخدام الأرض في حوض نهر شبيلي في جمهورية الصومال الديموقراطية، للباحث أبشر الإمام الأمين.**

والكتاب يتناول الأراضي الزراعية وسبل استغلالها في حوض نهري شبيلي، وبذلك يكون موضع الكتاب ما يسمى بالجغرافيا الاقتصادية. والكتاب عبارة عن رسالة علمية نال صاحبها درجة الدكتوراه في الجغرافيا من كلية الآداب بجامعة الإسكندرية، في ١٩٨٨م.

- **الإنتاج الزراعي ومقوماته الجغرافية في الصومال، للباحث محمد محمود أحمد محمدين.**

وموضع هذه الدراسة تدور حول الإنتاج الزراعي في بلاد الصومال ومقوماته الجغرافية لا سيما جغرافية الزراعية، والرعي، وأثره على الدخل القومي. وعموم الدراسة عبارة عن بحث أكاديمي نال المؤلف به درجة ماجستير من قسم الجغرافية، كلية الآداب بجامعة الإسكندرية، عام ١٩٧٤م.

- **الصومال الجنوبي (دراسة في الجغرافية الإقليمية)، مجيب ناهي النجم.**

والكتاب من منشورات وزارة الثقافة والإعلام للجمهورية العراقية، سنة ١٩٨٢م.

- وثائق تاريخية وجغرافية وتجارية عن شرق أفريقيا، جيان: مسيوجيان شارل الفرنسي.

وقد ترجم الكتاب ملخصًا يوسف كمال، القاهرة، ١٩٢٧م.

- كتاب الجغرافيا، لابن سعيد المغربي، أبو الحسن علي بن موسى (ت ٦٨٥هـ - ١٢٨٦م).

حقق هذا الكتاب وقام بالتعليق عليه الأستاذ إسماعيل العربي، وصدرت الطبعة الأولى، من منشورات المكتب التجاري للطباعة والنشر والتوزيع، بيروت ١٩٧٠م.

- أحمد كامل محمد: القطن ووسائل النهوض به بالجمهورية الصومالية، سجل العرب، مقدشو، ١٩٦٣م.

- محمدين، محمد محمود أحمد: **الإنتاج الزراعي ومقوماته الجغرافية في الصومال**، رسالة ماجستير غير منشورة، كلية الآداب، جامعة الإسكندرية.

- **الجمهورية الصومالية، دراسة لبيئتها الطبيعية وإمكانياتها الاقتصادية ونظم الصوماليين الاجتماعية وعاداتهم وعلاقتهم بمصر في مختلف العصور**، للدكتور عبد المنعم عبدالحليم سيد.

وجزء كبير من الكتاب تناول المؤلف فيه جغرافية الصومال وبيئتها الطبيعية، مع قضايا أخرى لها علاقة بأمور اقتصادية واجتماعية وتاريخية. وقد صدر هذا الكتاب بمدينة القاهرة - مصر، وكان يحمل الكتاب رقم العدد ٢٩١.

التصوف والزهد:

إنّ مجال التصوف له علاقة وطيدة بالتاريخ الصومالي من حيث المصادر والمادة العلمية، وأن علماء الصوفية في شرق أفريقيا عمومًا وبلاد الصومال خصوصًا كان لهم دور بارز في نشر الإسلام، بل وأسهموا في إبلاغ رسالة الإسلام إلى أنحاء كثيرة في المنطقة في فترة مبكرة، وقد كان من إسهاماتهم إنشاء مراكز إسلامية عني فيها بتدريس أصول الدين لتلك المجتمعات الإسلامية، وعرض العقيدة الإسلامية على الوثنيين ومن ليس لهم دين، ومن خلال تتبع هذه الحركة وجهودها يبرز انتشار الإسلام واتساعه واحتكاكه السلمي في المجتمعات الأفريقية، علمًا أنّ الصوفية دخلت إلى الصومال كغيرها من البلاد

في شرق أفريقيا بواسطة علماء اليمن والحضارمة الذين استقروا فيما بعد في المدن الساحلية مثل مقديشو وزيلع وبربرة وبراوه ومركة[1]، وكان لهم أثر كبير في نفوس الأمة، رغم ما طرأ عليها من الانحرافات العقدية والفكرية، إلّا أنّ أساسها كان نشر الإسلام ودعم عقيدته السمحة وعرضها على الناس كافة بالمصابرة، ومن هذا الباب يستطيع المؤرخ والمهتم بالتاريخ والحضارة أن يستشف الحالة الدينية والاجتماعية في المنطقة. كما أننا لا ننسى الدور البارز التي لعبته الحركة الصوفية في هذا المنحى، وما حققته من إيجابيات في عملية المقاومة للتنصير، ونشر الإسلام، ومن هنا وبالرجوع إلى المصادر التاريخية اليمنية في الفترة الإسلامية له أهميته الكبيرة، ربما يساعد الباحث النابه للعثور على مبتغاه.

وفي هذا المقام ينبغي أن نشير إلى أنّ هنا عددًا من الكتب والرسائل التي وضعها أهل العلم في الصومال من الطرق الصوفية بمختلف طرائقهم ومشايخهم، ومشاهيرهم ومذاهبهم، ونشير هنا إلى بعض هذه المؤلفات والمصادر بغية معرفة كونها تكمن في طياتها بعض الأخبار التاريخية مثل: تراجم شيوخ وسيرهم وأشخاص أخرى في المنطقة كقادتهم وروادهم، وكذا أخبارا لها علاقة بحركة التصوف وتطورها. وقد استخدمت الصوفية طرقًا متعددة للمادة العلمية سواء في قالب نثري أو شعري كالقصائد والمواليد.

ومن هذه الكتب التي ألفها أبناء الصومال كتاب يحوي خمس رسائل مطولة ويسمى مجموعة القلنقولي، نسبة إلى قرية قلنقول التي تقع في غرب الصومال، وهي مسقط رأس صاحب الكتاب وموطن دفنه، وهو الشيخ عبد الله بن معلم يوسف القطبي، والرسائل الخمسة هي:

١- رسالة عقيدة أهل السنّة والجماعة .

٢- سراج الظلام في سلسلة السادة الكرام .

٣- تحذيرات بليغة تسمى بالسكين الذابحة على الكلاب النابحة .

٤- نصر المؤمنين على المردة الملحدين مع بقية أحكام الدين .

---

(١) أحمد ريراش: مرجع سابق، ص١٧٧-١٧٨.

٥ - أنيسة العاشقين في تذكر المحبين .

والكتاب عبارة عن ردود على الخصوم بالطريقة الصالحية وغيرهم، ممن اعترض على أفكار الطريقة القادرية وعقائدهم التي ينتمي إليها المؤلف، وقد استخدم المؤلف عبارات ذات لهجة شديدة .

كما تناول الكتاب وناقش بعض قضايا عقدية وأخلاقية وأمور فقهية . وفي الجزء الأخير من الكتاب تناول المؤلف فيه بابًا خاصًا لعلم التصوف وما يتعلق به، والكتاب فيه نظم ونثر، وقد أورد المؤلف نظمًا كثيرًا وقصائد عدة، كلها تتناول التصوف ومدح الرسول ﷺ ومدح بعض الصالحين وذكر مناقبهم .

ومن هذه القصائد: قصيدة الحاج صوفي في نظم أسماء الله الحسنى، وقصيدة الشيخ قاسم بن محي الدين البراوي، وقصيدة مهيجة الأفراح في مدح سيدنا محمد نور الأرواح للشيخ نور الزيلعي، والقصيدة المسماة: النفحة المسكية في مناقب غوث البرية للمؤلف، وقصائد أخرى. والكتاب يتكوّن من جزءين، الأول يقع في ١٥٩ صفحة، والثاني يقع في ١٩٨ صفحة، وطبع بمطبعة المشهد الحسيني، بالقاهرة.

ومن هذه الكتب كتاب: (**إرشاد الأذكياء في حكم التوسل بالأولياء**) ومؤلفه الشيخ علي بن حاج إبراهيم والكتاب يعزز رؤية صاحبه حول التوسل مستدلا ببعض الآيات القرآنية والأحاديث النبوية حسب ما يراه صوابًا، وقد وضع الكتاب أساسًا للدفاع عن بعض المعتقدات الصوفية، كما أنّ صاحبه يهاجم الذين يعارضون شطحات وترهات الصوفية كما هو موجود في كتاباتهم مثل كتاب: (**الفيوضات الربانية في المآثر والأوراد القادرية**) الذي كتبه الحاج إسماعيل بن السيد محمد سعيد القادري . ويكشف الكتاب عن طبيعة الصراع الدائر بين المتصوفة ومخالفيهم من السلفيين[1] . وقد استخدم المؤلف كتابه بعبارات سلسة لا غموض فيها ولا ركاكة، كما حذر من تكفير المسلمين بسبب التوسل بالصالحين والتبرك بهم، ويقع في ٥٨ صفحة، وطبع بمطبعة الحكومة بمقديشو عام ١٩٧٧م الموافق رمضان سنة ١٤٠٢هـ في طبعته الثانية .

---

(١) انظر حسن مكي: مرجع سابق، ص٥٣ .

وهذا النوع من المصادر تبرز مدى حدة الصراع الديني بين الطرق المتصوفة، وكيف ومستوى الخلاف فيما بينهم، رغم أنّ الساحة كانت خالية لهم في تلك الفترة المتقدمة، بحيث لم تظهر قوة الاتجاه السلفي في المنطقة إلا في الفترات المتأخرة)[1].

وكما أشرنا فيما سبق بأنّ علماء الصوفية في الصومال تناولوا أيضًا تراجم ومناقب بعض مشايخهم، ومن ذلك كتاب: (الفيض الرحماني في نبذة من مناقب الجيلاني) للشيخ عبد الرحمن الزيلعي. وهذا الكتاب تتبع المؤلف فيه نسب الشيخ عبد القادر الجيلاني وأوصله إلى الحسن بن علي بن أبي طالب ﷺ، ثم تناول سيرته مبتدأ بمولده ورحلاته، وما قال عنه الشيخ العز بن عبد السلام، واختتم الكتاب بذكر بعض كرامات الشيخ عبد القادر الجيلاني)[2].

وإذا كانت هذه الترجمة تتعلق بشخصية مثل الشيخ عبد القادر الجيلاني المدفون بالعراق، وهو خارج ما نصبوا إليه من المصادر والمعلومات، إلا أنّ الشيخ له علاقة قوية بالطريقة القادرية المنسوبة إليه، وهي – أي الطريقة القادرية – جزء من تاريخ الصومال الفكري والعقدي، وقد أخذت دورًا قويًّا في سبيل مدافعة البلاد والعباد من الاحتلال، وحماية البيضة من وجه المنصرين ورجال التبشير خلال القرنين المنصرمين.

بيد أنّ هناك كتبًا أخرى تناولت حياة علماء الصوفية ومناقبهم، ويُعدُّ من المصادر التاريخية للصومال مثل كتاب "الجوهر النفيس في خواص الشيخ أويس". والكتاب تناول في البداية ترجمة الشيخ أويس وذكر بعض سيرته ثم شرع في ذكر كيفية الدخول في الطريقة القادرية والانتماء إليها لا سيما فرعها الأويسية. ويضمّ الكتاب عددًا من القصائد مرتبةً حسب الحروف الهجائية، والكتاب فيه شطحات صوفية كبيرة وترهات عظيمة، نسأل الله العافية)[3].

والحق أن التراث الصوفي في الصومال له قِدَم إذ انتشر التصوف في الصومال مع انتشار الإسلام بشرق أفريقيا، غير أنّه في القرنين الأخيرين نرى أنّ هذا التراث صار

____

(١) ولمزيد من المعلومات والأخبار حول إنتاج أهل الصومال فيما يتعلق بالتصوف والزهد فليرجع إلى كتاب "الثقافة العربية وروادها في الصومال للمؤلف وخاصة الفصل الخامس.

(٢) حسن مكي: مرجع سابق، ص٤٥.

(٣) حسن مكي: مرجع سابق، ص ٤٥.

"مستغرقًا في القضايا المطلقة كحبّ الرسول ﷺ، ومتابعة الترقيات الروحية بترديد الأوراد والأذكار، والفناء في حبّ الصالحين كالجيلاني وغيره، فهي ثقافة تعالج أشواق الروح ولا تنزل إلى عالم الأرض والانشغال بأوضاع ساكنيها وأوضاعهم اليومية السياسية والاجتماعية "[1].

ومن الكتب التي تصدت إلى عقيدة التصوف وما طرأ عليها من انحرافات عقدية وفكرية كتاب (**الانحرافات العقدية في المجتمع الصومالي**) للمفكر الصومالي فضيلة الدكتور عبد القادر محمد عبد الله رحمه الله، وهذا الكتاب يناقش أفكارًا وقضايا تسربت إلى المجتمع الصومالي، ومن بين ذلك التصوف وأنواعه والبدع الاعتقادية في الصومال، حيث عرض المؤلف في الكتاب نبذة تاريخية عن العقائد، مثل دخول الإسلام وتاريخه في الصومال، كما تناول فكرة التأويل ونفي الصفات، وتطرق أيضًا إلى بعض الفرق المخالفة لعقيدة أهل السنة والجماعة، مثل الفرق البهائية والشيعة والقاديانية، إضافة إلى بعض المذاهب المعاصرة. وتناول التنصير وحركات المبشرين، أمّا حديث التصوف فاختصر كلامه حول القادرية والصالحية والإدريسية والديدية والرفاعية والمرغنية، على ضوء منهج أهل السنة والجماعة. وعلى هذا نستطيع القول بأنّ أهل الفكر والثقافة في بلاد الصومال قديمًا وحديثًا، تطرقوا لمجالات مختلفة تتعلق بالعقيدة في وجهات النظر المختلفة والمدارس المتنوعة، والمذهب المتضادة .

ولكن في الوقت نفسه هناك أقلام تدافع عن التصوف في بلاد الصومال منذ قدومه حتى وقتنا الحاضر، بل يرى هؤلاء بأنّ الصوفية لهم فضل كبير في نشر الإسلام وأخلاقه في المنطقة، ويقدم هؤلاء نماذج لترجمة هؤلاء المتصوفين مثل الشيخ حسن معلم محمود سمتر المشهور بحسن البصري في كتابه: (**مدارس التصوف الإسلامية في الصومال**)، والكتاب عبارة عن رسالة علمية نال صاحبها مرة أخرى إلى درجة الماجستير. وله أيضًا كتاب آخر سماه: (**تاريخ الدعوة في قرن أفريقيا**).

وألف الباحث أحمد حسن بري عيسى كتاب (**المدائح النبوية في الصومال في العصر الحديث، دراسة موضوعية فنية**)، وأصله بحث أعدّ لنيل درجة الماجستير في الأدب

---

(١) حسن مكي: مرجع سابق، ص٥٥ .

العربي والنقد الأدبي من كلية اللغات، قسم الأدب العربي والنقد الأدبي من جامعة المدينة العالمية بماليزيا، عام (١٤٣٦هـ/ ٢٠١٥). وهذا الدراسة دراسة موضوعية فنية، وذلك بالتعريف إلى نتائج شعراء العربية في الصومال في المدائح النبوية، وإبراز نصوص شعرية مدحية لبعض الشعراء المادحين الصوماليين، وبالتحليل الفني لبعض النصوص الشعرية المدحية، وإعطاء ترجمة لهؤلاء الشعراء المادحين، ووصف مراحل المدائح وظهورها ونشأتها، وعرض بعض موضوعات المدائح النبوية وأغراضها.

فهرس المصادر والمراجع

أولاً : المصادر:

- ابن الأثير، أبو الحسن علي بن أبي المكارم الشيباني : الكامل في التاريخ ، تحقيق على شيري، دار إحياء التراث العربي، الطبعة الأولى، بيروت .

- الشيخ أحمد زين الدين المعبري المليباري (المتوفى بعد سنة ٩٩١هـ): تحفة المجاهدين في أحوال البرتغاليين، تقديم وتحقيق وتعليق محمد سيعد الطريحي، مؤسسة الوفاء، بيروت – لبنان.

- أحمد بن ماجد: الفوائد في أصول علم البحر والقواعد والفصول، تحقيق وتحليل إبراهيم خوري، سنة ١٩٨٩م.

- أحمد بن ماجد: ثلاث أزهار في معرفة البحار، تحقيق ونشر تيودور شوموفسكي، ترجمة وتعليق د/ محمد منير مرسي، عالم الكتب، القاهرة .

- الإدريسي، أبو الحسن محمد بن إدريس الحموي، الحسني، الطالبي، المعروف بالشريف الإدريسي (ت ٥٦٠): نزهة المشتاق في اختراق الآفاق، دمشق – سوريا.

- الشيخ إسحاق بن حسين المنجم (من علماء القرن الخامس الهجري): أكام المرجان في ذكر المدائن المشهورة في مكان، باعتناء الدكتور فهمي سعد، عالم الكتب، ط/ ١، بيروت، عام ١٤٠٨هـ/ ١٩٨٨م.

- البخاري، أبو عبد الله محمد بن إسماعيل (ت ٢٥٦هـ): صحيح البخاري، دار ابن كثير، دمشق – بيروت، ط/ ١، ١٤٢٣هـ/ ٢٠٠٢م.

- ابن بطوطة، أبو عبد الله محمد بن عبد الله بن إبراهيم اللواتي الطنجي : تحفة النظار في غرائب الأمصار وعجائب الأسفار، دار إحياء العلوم، تحقيق الشيخ محمد عبد المنعم العريان، راجعه وقدم له فهارسه مصطفى القصّاص.

- الجعدي كان حيًّا في عام ٥٨٦هـ، - وكتابه من تحقيق فؤاد سيد، دار الكتب العلمية، بيروت – لبنان، ط/ ١، عام ١٩٥٧م.

- الجوهري، أبو نصر إسماعيل بن حمّاد (ت ٣٩٨هـ): الصحاح راجعه واعتنى به د. محمد محمد تامر، أنس محمد الشامي، وزكريا جابر أحمد، دار الحديث، القاهرة، ١٤٣٠هـ/ ٢٠٠٩م.

- ابن حجر العسقلاني، أحمد بن على (ت ٨٥٢هـ): فتح الباري بشرح صحيح البخاري، تصحيح وتحقيق عبد العزيز بن عبد الله بن باز، رقم كتبه وأبوابه محمد فؤاد عبد الباقي، إخراج وتصحيح محب الدين الخطيب، دار المعرفة، بيروت.

- ابن حجر العسقلاني، أحمد بن علي (ت ٨٥٢هـ): الإصابة في تمييز الصحابة، دار الكتب العلمية، بيروت، الطبعة الأولى، ١٤١٥هـ - ١٩٩٥م.

- ابن حجر العسقلاني، أحمد بن علي (ت ٨٥٢هـ): الدرر الكامنة في أعيان المائة الثامنة، دار الجيل، بيروت .

- ابن حجر العسقلاني: التبصير المشتبه ٤/ ١٣٨٤، المكتبة العلمية، بيروت، بتحقيق علي محمد البجاوي.

- خليفة بن خياط بن خليفة بن خياط العصفري أبوعمرو البصري: تاريخ خليفة ابن خياط، تحقيق الدكتور أكرم ضياء العمري، مطبعة الآداب في النجف الأشرف، العراق، ط/ ١، عام ١٣٨٦هـ/ ١٩٦٧م.

- أبو داود، سليمان بن الأشعث السجستاني (ت ٢٧٥هـ): سنن أبي داود، تحقيق محمد عبد العزيز الخالدي، دار الكتب العلمية، بيروت – لبنان، ط/ ١، سنة ١٤١٦هـ/ ١٩٩٦م.

- الدمشقي (شيخ الربوة): شمس الدين عبد الله محمد بن أبي طالب الأنصاري: تحفة الدهر في عجائب البر والبحر، دار إحياء التراث العربي، الطبعة الأولى، ١٤٠٨هـ - ١٩٨٨م .

- الذهبي، أبو عبد الله شمس الدين محمد بن أحمد (ت ٧٤٨): معجم الشيوخ "المعجم الكبير"، مكتبة الصديق، تحقيق أستاذنا الدكتور / محمد الحبيب الهيلة.

- الذهبي، أبو عبد الله شمس الدين محمد بن أحمد (ت ٧٤٨): سير أعلام النبلاء، مؤسسة الرسالة، الطبعة الخامسة، بيروت .

- الرازي، محمد بن أبي بكر بن عبد القادر: مختار الصحاح، مكتبة لبنان، سنة ١٩٨٦م.

- السخاوي، شهاب الدين أبو الخير محمد بن عبد الرحمن (٩٠٢هـ): الإعلان بالتوبيخ لمن ذمّ بالتاريخ، تحقيق فرانز روزنتال، تحقيق الدكتور أحمد صالح العلي، بغداد سنة ١٩٦٣م.

- سعيد بن علي المغيري : جهينة الأخبار في تاريخ الزنجبار، القاهرة، ١٩٧٩م.

- ابن سعيد المغربي، أبو الحسن علي بن موسى (ت ٦٧٣هـ/ ١٢٧٤م): كتاب جغرافيا، تحقيق وتعليق محمد العربي، وصدرت الطبعة الأولى، من منشورات المكتب التجاري للطباعة والنشر والتوزيع، بيروت ١٩٧٠م.

- صادق باشا المؤيد العظم: رحلة الحبشة من الأستانة إلى أديس أبابا ١٨٩٦م، ط/١، دار السويدي للنشر في أبوظبي، والمؤسسة العربية للدراسات في بيروت، ٢٠٠١م.

- الطبري، محمد بن جرير (ت ٣١٠هـ) : تاريخ الملوك والأمم والرسول، تحقيق محمد إبراهيم أبو الفضل، طبعة دار المعارف القاهرة (١٩٦١- ١٩٦٢م).

- ابن عبد البر، أبو عمرو يوسف بن عبد البر النمري (٤٦٣هـ): الدرر في اختصار المغازي والسير، تحقيق الدكتور شوقي ضيف .

- با علوي، محمد بن أبي بكر الشلي: المشرع الروي في مناقب السادة الكرام آل علوي دون ذكر اسم دار النشر والمكان والتاريخ، وطبع وقف لله تعالى.

- القلقشندي، أبو العباس أحمد بن علي (ت ٨٢١هـ): صبح الأعشى وصناعة الإنشاء، المطبعة الأميرية، القاهرة، ١٩١٣هـ .

- المسعودي، مروج الذهب ومعادن الجوهر، تحقيق محمد محي الدين عبدالحميد، مكتبة الرياض الحديث، البطحاء، الرياض - الرياض.

- المسعودي، أبو الحسن علي بن الحسين (٣٥٦هـ): التنبيه والإشراف، وطبع في مدينة، بمطبعة بريل، عام ١٨٩٣م، توزيع دار الصادر في بيروت - لبنان.

- المهري ، سليمان بن أحمد سليمان : العمدة المهرية في ضبط العلوم البحرية ، دمشق ، مجمع اللغة العربية ، (١٣٩٠ - ١٣٩٢هـ / ١٩٧٠ - ١٩٧٢م).

- المهري، سليمان بن أحمد سليمان: شرح تحفة الفحول في تمهيد الأصول في أصول علم البحر، تحقيق إبراهيم خوري، دمشق، مجمع اللغة العربية، (١٣٩٠ - ١٣٩١هـ / ١٩٧٠ - ١٩٧٢م).

- ابن منظور: لسان العرب، دار صادر، بيروت، الطبعة الثالثة، (١٤١٤هـ - ١٩٩٤م).

- ابن منظور، لسان العرب، دار الجيل، بيروت، د.ط، ١٩٨٨م.

- ابن الناصر الدين الدمشقي، شمس الدين محمد بن عبد الله بن محمد القيسي (ت ٨٤٢هـ): توضيح المشتبه (في ضبط أسماء الرواة وأنسابهم وألقابهم وكناهم)، حققه وعلق عليه محمد نعيم العرقسوي، مؤسسة الرسالة، الطبعة الأولى، ١٤١٤هـ - ١٩٩٣م.

- النجدي، شهاب الدين أحمد بن محمد السعدي: حاوية الاختصار في أصول علم البحار ألفها ٨٦هـ / ١٤٤٢م.

- ياقوت الحموي، شهاب الدين أبو عبد الله ياقوت بن عبد الله الرومي (ت ٦٢٦هـ): معجم البلدان، دار صادر، بيروت - لبنان، (١٣٩٧هـ/١٩٧٧م).

- ابن هشام: السيرة ١/ ٢٠٥ تحقيق مصطفى عبد الستار وآخرون، مطبعة الحلبي، مصر ١٣٥٥هـ/١٩٣٦م.

ثانياً: المراجع:

- الشيخ إبراهيم عبد الله أحمد: تحفة الأوفياء لمسيرة التحرير والتعريب في القرن الإفريقي، ط/ ١، الشارقة، عام ٢٠٠١م.

- الدكتورة أجية يونان جرجس : البحر الأحمر ومضايقه بين الحق العربي والصراع العالمي ، مكتبة الغريب، القاهرة، سنة ١٩٨٤م.

- أحمد برخت ماح: وثائق عن الصومال وارتريا والحبشة، مؤسسة الطوبجي الطباعة والنشر، القاهرة، عام ١٩٨٢م.

- د. أحمد سيّد درّاج: المماليك والفرنج في القرن التاسع الهجري/ الخامس عشر الميلادي، دار الفكر العربي، القاهرة، عام ١٩٦١م.

- أحمد شلبي: موسوعة التاريخ الإسلامي والحضارة الإسلامية مكتبة النهضة المصرية، القاهرة، الطبعة الرابعة، ١٩٨٣م.

- أحمد الشناوي: دائرة المعارف الإسلامية، الإسلامية، القاهرة - مصر .

- الشيخ أحمد عبد الله ريراش: كشف السدول عن تاريخ الصومال وممالكهم السبعة، طبع بمطابع الدولة للطباعة بمقدشو ١٩٧٤م.

- أحمد محمود حسين صابون: حول موقع ميناء لويكي كومي، منشور في مركز الخدمة للاستشارات البحثية، إصدار رقم ٢٨ في أبريل عام ٢٠٠٩م. جامعة المنوفية بمصر.

- آدم شيخ حسن حسين: الشيخ حسن هلولي سيرة ومسيرة، دار الفكر العربي، القاهرة، عام ١٤٤١هـ/ ٢٠٢٠م.

- الدكتورة بلقسم رحماني والأستاذ حرفوش مدني: الدور المصري في جنوب شبه الجزيرة العربية والشرق الإفريقي، مراجعة الدكتور سيد أحمد علي الناصري، مكتبة زهراء الشرق، القاهرة، عام ١٩٩٧م.

- الشيخ جامع عمر عيسى: مقديشو ماضيها وحاضرها، مقدشو، مطبعة الحكومة، ١٩٧٩م.

- الشيخ جامع عمر عيسى : تطور تاريخ القرن الإفريقي (مخطوط) .

- جمال زكريا قاسم: الأصول التاريخية للعلاقات العربية الإفريقية، دار الفكر العربي، القاهرة، ١٤١٦هـ .

- الدكتور جواد علي: المفصّل في تاريخ العرب قبل الإسلام، الطبعة الثانية، سنة ١٤١٣هـ/ ١٩٩٣م.

- جورج فضلوا حوراني: العرب والملاحة في المحيط الهندي في العصور القديمة وأوائل القرون الوسطى، ترجمه الدكتور السيد يعقوب بكر، الناشر مكتبة الأنجلو المصرية، من مطابع دار الكتاب العربي بالقاهرة.

- الدكتور حسن مكي أحمد: السياسات الثقافية في الصومال الكبير (١٨٨٦ – ١٩٨٦م)، طبع بالمركز الإفريقي الإسلامي، الخرطوم، سنة ١٤١٠هـ – ١٩٩٠م.

- حسين مؤنس: التاريخ والمؤرخون.. دراسة في علم التاريخ – ماهيته وموضوعاته ومذاهبه ومدارسه عند أهل الغرب، وأعلام كل مدرسة وبحث وفلسفة التاريخ، ومدخل إلى فقه التاريخ، دار المعارف، سنة ١٩٨٤م، القاهرة.

- حمدي السيد سالم: الصومال قديمًا وحديثًا، الدار القومية للطباعة والنشر، مقديشو، ١٩٦٣م.

- د/ حسن حسين الخولي: أنماط تحركات السكان في الصومال، المهاجرون واللاجئون، (ضمن بحوث كتاب المسح الشامل لجمهورية الصومال).

- ديتلف نيلسن وزملاؤه: التاريخ العربي القديم، ترجمة د. فؤاد حسنين علي، مكتبة النهضة المصرية، القاهرة، ١٩٥٨م.

الرائد وليد محمد جرادات : الأهمية الاستراتيجية للبحر الأحمر، دار الثقافة، الدوحة – قطر، عام ١٤٠٦هـ/ ١٩٨٦م.

- زعماء الصومال: رسالة إلى سلطان صقر بن القاسم، دار الخليج للطباعة والنشر، الشارقة – الإمارات، عام ١٩٩٦م.

- سعيد الصوبان: المأثورات الشفهية، الدوحة، مركز التراث الشعبي لدول الخليج العربية، ١٩٨٥م.

- سليمان بن حمد العودة : الهجرة الأولى في الإسلام، وفقه المرويات، دار طيبة للنشر والتوزيع، عام ١٩٩٨م.

- سليمان عبد الغني مالكي: سلطنة كلوة الإسلامية، دار النهضة العربية، الطبعة الأولى، ١٤٠٦هـ – ١٩٨٦م.

- السيد حامد حريز: المؤثرات العربية في الثقافة السواحلية في شرق إفريقيا ، دار الجيل / بيروت، ١٩٩٨م.

- السيد حامد حريز: مناهج التراث والتاريخ الشفهي عند العرب، أبو ظبي، جامعة الإمارات العربية المتحدة، كلية الآداب، عام ١٩٩٢م.

- السيد يان فانسينا كتابًا سماه: المأثورات الشفهية، دراسة في المنهجية التاريخية"، ترجمه أحمد علي مرسى، القاهرة، دار الثقافة للطباعة والنشر، عام ١٩٨١م.

- شاكر مصطفى: التاريخ العربي والمؤرّخون .. دراسة في تطوّر عِلم التّاريخ ومعرفة رجاله في الإسلام، الجزء الأول، دار العلم للملايين، بيروت – لبنان، الطبعة الثالثة سنة ١٩٨٣م.

- الشريف بن عيدروس الشريف علي العيدروس النضيري العلوي : بغية الآمال في تاريخ الصومال، مطبعة الإدارة الإيطالية الوصية على الصومال بمقدشو في ١٢ شوال ١٣٧٤هـ الموافق ٤ يونيو ١٩٥٥م.

- صالح محمد على: أصول اللغة الصومالية في العربية ، مكتبة النهضة المصرية، القاهرة، الطبعة الأولى عام ١٩٩٣م .

- عبد الرحمن النجار: الإسلام في الصومال، مطابع الأهرام التجارية، القاهرة، سنة ١٩٧٣م.

- عبد الرحمن عثمان الطويل: الصومال تاريخ وحضارة ، ط/ ١ ، القاهرة .

- عبد الرزاق حسين حسن: المسح اللغوي في الصومال وتأثير اللغة الصومالية، الدوحة، جامعة قطر، سنة ١٤١١هـ/ ١٩٩١م.

- عبد العزيز الدوري: نشأة علم التاريخ عند العرب، مركز زايد للتراث والتاريخ، سنة ١٤٢٠هـ/ ٢٠٠٠م.

- د/ عبد الفتاح مقلد الغنيمي: الإسلام والمسلمون في شرق إفريقيا، عالم الكتب، القاهرة، الطبعة الأولى، ١٤١٨هـ - ١٩٩٨م.

- عبد الله الشيبة: دراسات في تاريخ اليمن القديم، مكتبة الوعي الثوري للطباعة والنشر، ط/ ١، صنعاء، ١٩٩٩ - ٢٠٠٠م.

- عبد المنعم عبدالحليم سيد: البحر الأحمر وظهيره في العصور القديمة، مجموعة بحوث نشرت في الدوريات العربية والأوروبية، دار المعرفة الجامعة، الإسكندرية، يناير عام ١٩٩٣م.

- عبد المنعم عبد الحليم سيد: الجمهورية الصومالية "الإقليم الجنوبي وصوماليا، مكتبة الشرق بالعجالة، القاهرة، عام ١٩٦٠م.

- عصام بن عبد الرؤوف الفقي: اليمن في ظل الإسلام منذ فجره حتى قيام بني رسول، دار الفكر، الطبعة الأولى، ١٩٨٢م.

- علي الشيخ عبد الله يلحو: الأدب الصومالي المعاصر، من منشورات منظمة التربية والتعليم، اليسكو، الرباط – المغرب، سنة ١٤٠١هـ – ١٩٨١م.

- عمر رضا كحالة: معجم المؤلفين، مؤسسة الرسالة، ط/١، بيروت، عام ١٤١٤هـ/١٩٩٣م.

- غيثان بن علي بن جريس: في العصور الوسطى، وآثارها الاجتماعية والثقافية والتجارية حتى القرن الرابع الهجري، من منشورات جامعة الملك سعود، فرع أبها، ١٤١٦هـ – ١٩٩٥م.

- غيثان بن علي بن جريس: العرب في مقديشو وأثرهم في الحياتين السياسية والثقافية في ظل الإسلام، ضمن بحوث في التاريخ والحضارة الإسلامية، دار المعرفة الجامعية، إسكندرية، عام ١٩٩٣م.

- غيثان بن علي بن جريس: الهجرات العربية إلى ساحل شرقي أفريقيا في العصور الوسطى، وآثارها الاجتماعية والثقافية والتجارية حتى القرن الرابع الهجري، من منشورات جامعة الملك سعود، فرع أبها، ١٤١٦هـ – ١٩٩٥م

- فاطمة السيد علي الزين: التاريخ السياسي لسلطنة زنجبار الإسلامية، من مطبوعات نادي مكة الثقافي والأدبي، الطبعة الأولى، ١٤١٦هـ – ١٩٩٦م.

- فوزى عبد المجيد الأسدى: جغرافية المدن والمراكز الحضارية، دبي: دار القلم للنشر والتوزيع بيروت – لبنان، سنة ١٩٩٠م.

- د/ فوزي مكاوي: الصومال في العصور الوسطى، ضمن بحوث كتاب المسح الشامل لجمهورية الصومال الديمقراطية، معهد البحوث والدراسات العربية، التابع بالمنظمة العربية للتربية والثقافة والعلوم، بغداد، ١٩٨١م.

- قاسم عبده قاسم: فكرة التاريخ عند المسلمين قراءة في التراث التاريخي العربي، الطبعة الأولى، سنة ٢٠٠١م، القاهرة.

- مجيب ناهي النجم: الصومال الجنوبي، من منشورات وزارة الثقافة والإعلام لجمهورية العراقية، سنة ١٩٨٢.

- محاسن عبد القادر حاج الصافي: المسألة الصومالية في كينيا، دار هايل للطباعة والنشر، سنة ١٩٩٨م.

- الشيخ محمد أحمد محمود (الشيخ أبا): مجموعة من أسئلة وأجوبتها حول تاريخ الصومال الجنوبي، مخطوط.

- محمد بركات البيلي: التنافس الدولي في منطقة القرن الإفريقي حتى ظهور الإسلام ٢ / ٨٤٥ – ٨٤٦، تحث ضمن أعمال الندوة الدولية للقرن الإفريقي ١ – ٧ يناير ١٩٨٥، القاهرة.

- محمد بيومي مهران: تاريخ العرب القديم، الطبعة السابعة عشرة، الإسكندرية ١٩٩٤م.

- محمد حسين معلم على: الثقافة العربية وروادها في الصومال، دراسة تاريخية حضارية، دار الفكر العربي، القاهرة، سنة ١٤٣٢هـ/ ٢٠١١م.

- محمد حسين معلم على: معجم المؤلفين الصوماليين في العربية، دار الفكر العربي، القاهرة، سنة ٢٠١٦م.

- محمد حسين معلم علي: أخبار التراجم والسير في التراث الإسلامي والصومالي، غير مطبوعة.

- محمد الصغير غانم: التوسع الفينيقي في غربي البحر المتوسط، المؤسسة الجامعية للدراسات والنشر، ط/ 2، بيروت، سنة ١٩٨٢م.

- د. محمد عبد الستار عثمان: المدينة الإسلامية، سلسلة عالم المعرفة، الكويت، سنة ١٩٧٨م.

- محمد عبد العال أحمد: البحر الأحمر والمحاولات البرتغالية الأولى للسيطرة عليه، نصوص جديد مستخلصة من مشاهدات المؤرخ اليمني با مخرمة كما سجلها في مخطوط (قلادة النحر)، الهيئة المصرية العامة للكتاب، الإسكندرية، ١٩٨٠م.

- محمد عبد الفتاح هندي: الصومال، دار المعارف، بمصر، سنة ١٩٦١م.

- محمد عبد الله النقيرة: انتشار الإسلام في شرقي أفريقيا ومناهضة الغرب له، دار المريخ للنشر، الرياض، طبعة ١٤٠٢هـ - ١٩٨٢م.

- محمد علي عبد الكريم وآخرين : تاريخ التعليم في الصومال، مقدشو ١٩٧٨م، من مطبوعات وزارة التربية والتعليم .

- محمد شيخ عمرالفاروق الحاج عبد السلطان: فضيلة الشيخ عمر الفاروق حياته العلمية والدعوية وجهوده الإصلاحيّة. غير مطبوع.

- محمد محمد أمين: الصومال في العصور الوسطى الإسلامية ، ضمن بحوث كتاب (المسح الشامل لجمهورية الصومال الديمقراطية، المنظمة العربية للتربية والثقافة والعلوم ، معهد البحوث والدراسات العربية، بغداد ، ١٩٨١م.

- محمد عبد الله النقيرة: انتشار الإسلام في شرقي إفريقية ومنهاضة الغرب له، دار المريخ للنشر، الرياض ١٤٠٢هـ- ١٩٨٢م.

- الميسوجان: وثائق تاريخية جغرافية تجارية عن شرق إفريقية، ترجمه ولخصه الأمير يوسف كامل، سنة ١٩٢٧م.

- محمود محمد الحويري: ساحل شرق أفريقية منذ فجر الإسلام حتى الغزو البرتغالي، ط/ ١، دار المعارف، القاهرة.

- مهاب درويش: البحران الأبيض والأحمر في التاريخ المصري القديم، مكتبة الإسكندرية، صفحة مصريات.

ثالثا: الرسائل العلمية:

- أسامة محمود عبد الولي: تجارة البخور جنوب شبه الجزيرة العربية في الفترة من القرن العاشر حتى نهاية القرن الأول قبل الميلاد، رسالة الماجستير في التاريخ والحضارة، جامعة الزقازيق، القاهرة، عام ٢٠١٣م.

- بشير أحمد صلاد : التاريخ السياسي لسلطنة عدل الإسلامية في القرن الإفريقي (٨١٨هـ- ١٤١٠م) ، جامعة الدول العربية قسم البحوث والدراسات التاريخية ، ذي القعدة ١٤٠٧هـ ، أب ١٩٨٧م.

- رياض أحمد سعيد باكرموم: نقوش عربية جنوبية قديمة من اليمن، رسالة الماجستير، قسم النقوش، كلية الآثار والأنثروبولوجيا بجامعة اليرموك، عام ١٤٣٦هـ/٢٠١٤م.

- عبد المعطي بن محمد عبد المعطي سمسم: العلاقات بين شبه الجزيرة العربية والحبشة منذ القرن السادس ق.م، وحتى نهاية العهد الحبشي باليمن، رسالة ماجستير في التاريخ القديم من قسم الدراسات العليا التاريخية والحضارية ، كلية الشريعة والدراسات الإسلامية، جامعة أم القرى بمكة المكرمة، السعودية، عام ١٤١٠هـ.

- عمر سالم بابكور: حزام الأمن العثماني حول الحرمين الشريفين في القرن العاشر الهجري، رسالة مقدمة لنيل درجة الماجستير في التاريخ الإسلامي الحديث، قسم الدراسات العليا التاريخية، كلية الشريعة والدراسات الإسلامية، بجامعة أم القرى بمكة المكرمة ، عام 1407هـ/ ١٩٨٦م.

- محمد الفا جالو: الحياة العلمية في دولة صنغاي خلال فترة (٨٤٢-٩٦٩هـ /١٤٦٤-١٥٩١م)، المملكة الغربية السعودية، مكة، جامعة أم القرى، كلية الشريعة الدراسات الإسلامية، قسم الدراسات التاريخية الحضارية رسالة لماجستير غير منشورة.

- محمد حسين معلم: الروايات التاريخية في كتاب العقد الفريد لابن عبد ربه الأندلسي، المتعلقة بالخلفاء الأمويين، دراسة نقدية، رسالة ماجستير غير منشورة

بجامعة أم القرى ، قسم الدراسات العليا التاريخية والحضارية ، سنة ١٤١٨هـ – ١٩٩٨م .

– محمد حاج مختار حسن: تاريخ الاستعمار الإيطالي في الصومال حتى عام ١٩٠٨م ، مصر، القاهرة، جامعة الأزهر ، كلية اللغة العربية ، قسم التاريخ والحضارة ، عام ١٩٧٣م .. رسالة الماجستير غير منشورة .

– محمد حاج عمر شيخ محمد : الحضارة الإسلامية في شرق أفريقيا، رسالة قدمت لنيل درجة ماجستير في التاريخ من جامعة الخرطوم، جمادى الأولى ١٤٠١هـ – مارس ١٩٨١م.

رابعًا: المجلات والدوريات:

– إبراهيم إسحاق: الرواية الشفهية بين مناهج التراثيين والمؤرخين التقليديين، مجلة المأثورات الشعبية، العدد الثاني، يناير ١٩٨٩م.

– بشار أكرم جميل: ممالك المسلمين في الحبشة، من خلال كتاب مسالك الإبصار في ممالك الأمصار، لابن فضل الله العمري، منشور في العدد (٥٦) لمجلة آداب الرافدين لسنة ٢٠١٠م.

– حاتم الطحاوي: تاريخ البحر الأحمر، مواعيد الإبحار وأسطورة جبال المغنطيس، جريدة الحياة، السبت ١٨ أبريل/ نيسان ٢٠١٥م، موقع اللغة والثقافة العربية.

– زينب فاضل كامل: دراسة حول كتاب "الإلمام بأخبار من بأرض الحبشة من ملوك الإسلام" المسمى بأخبار الحبشة، مجلة جامعة بابل، العلوم الإنسانية، المجلد ٢٤، العدد ١، عام ٢٠١٦م.

– عبد الله بن إبراهيم العسكر: أهمية تدوين التراث الشفاهي كمصدر تاريخي" في رابط:

https://arab-yes.ahlamontada.com/t356-topic

– عبد المنعم عبد الحليم سيد: محاولة لتحديد موقع بونت، هذا البحث ضمن بحوث مجلة دراسات تاريخية وأثرية، العدد رقم ٥ من مطبوعات جمعية الآثار الإسكندرية

١٩٧٤م. والبحث أيضًا ضمن مجموعة بحوث نشرت في الدوريات العربية والأوروبية في كتاب "البحر الأحمر وظهيره في العصور القديمة "، للمؤلف نفسه المشار إليه آنفاً.

- علي أحمد نور (طرابلسي): ملامح صومالية قديمة ، من منشورات سلسلة البونت، القاهرة.

- مبارك جعفري: التراث الشفهي وأهميته في الكتابة التاريخية، قسم العلوم الإنسانية جامعة أحمد دراية، أدرار، الجزائر، التراث الشفهي وأهميته في الكتابة التاريخية، مجلة الدراسات التاريخية والاجتماعية ، دورية أكاديمية دولية محكمة، تصدر عن كلية الآداب والعلوم الإنسانية، جامعة نواكشوط- موريتانيا، العدد ١١، سنة ٢٠١٦م.

- محمد حسين معلم علي: السلطنات الإسلامية في منطقة القرن الإفريقي، وقد كان هذا البحث ضمن البحوث العلمية التي نوقشت في المؤتمر الدولي "الإسلام في إفريقيا" الذي نظمته جامعة إفريقيا العالمية ما بين (٢٦ – ٢٧ نوفمبر عام ٢٠٠٦م / ٦ -٧ ذو القعدة عام ١٤٢٧هـ) بخرطوم – السودان، الكتاب الخامس.

- محمد حاج مختار: الصومال في المصادر العربية: ضمن البحوث في مجلة شهرية الثقافة العربية التى كانت تصدر المكتب الإقليمى بشرق إفريقيا مقديشو التابع بالمنظممة العربية للتربية والثقافة والعلوم، في عام ١٩٨٣م، العدد رقم ١٦، بتاريخ ١٥ / ٤ /١٩٨٢م.

خامسًا: الكتب والبحوث غير العربية:

- Ahmed hange: Dhulkii Udgoonaa , Muqdisho – Somalia.

- Cote somalienne arabie meridionale vol. 1,Roma. C.DE Landberg :

- Cerulli Enrico : Somali Vari Screeti editi ed enediti , Roma 1957.

- Cerulli, Enrico: Somalia, ScrittVari Editi Ed Inedit , Vol III. ,Roma ,
  1957.

- Fritz Hommel: On the Historical Results of Eduard Glaser's Explorations in South Arabia

- Hebraica, Vol. 6, No. 1 (Oct., 1889), Published by: The University of Chicago Press

- Muxamed Ibrahim Muxamed (Liiq Liiqato): Taariikhda Soomaaliya (Dalkii Filka Weynaa ee Punt), Muqdisho febraayo 2000.

- R . Burton : First Footsteps in East Africa , Routledge & Kegen, London 1966.

- R . Reuach : Hiatory of East Africa (London , 1895).